根据《全日制义务教育语文新课程编写标准》编

小学语文知识宝典

主编　王学荣

班主任推荐畅销经典
双色
升级版

吉林大学出版社

图书在版编目（CIP）数据

小学语文知识宝典/王学荣主编. —长春：吉林
大学出版社，2010.9
ISBN 978-7-5601-6470-0

Ⅰ.①小… Ⅱ.①王… Ⅲ.①语文课—小学—教学参
考资料 Ⅳ.①G624.203

中国版本图书馆 CIP 数据核字（2010）第 187350 号

书　　名：**小学语文知识宝典**

作　　者：王学荣　主编

责任编辑：李国宏　　张宏亮

责任校对：李国宏　　张宏亮

封面设计：天之赋设计室

出版发行：吉林大学出版社

社　　址：长春市明德路 421 号

邮　　编：130021　　发行部电话：0431－88499826

网　　址：http：//www.jlup.com.cn　E-mail：jlup@mail.jlu.edu.cn

印　　刷：三河市吉祥印务有限公司

开　　本：710mm×1000mm　1/16

印　　张：23.25

字　　数：930 千字

版　　次：2010 年 9 月　第 1 版

印　　次：2020 年 1 月　第 6 次印刷

书　　号：ISBN 978-7-5601-6470-0

定　　价：58.00 元

前　言

　　语文是人类最重要的交际工具，也是人类文化的重要组成部分。语文素养是学生学好其他课程的基础，也是学生全面学习和终身发展的基础。

　　小学阶段是学生学习语文的开端，无论哪一个版本的教材都致力于达成《新课程标准》所要求的以下目标：

　　语文课程的特点是工具性和人文性的统一，语文学习的重点要落在学生语文素养的形成和发展上。学生要有热爱祖国语文的思想感情，能够正确理解和运用祖国语文，丰富语言的积累，培养语感，发展思维，并且具有适应实际需要的识字写字能力、阅读能力、写作能力、口语交际能力，逐步形成良好的个性和健全的人格。

　　然而，由于各版本教材中的知识点和训练点相对分散，所以很多小学生直至毕业时对语文学习都没能形成一个整体的概念，对所学的知识也不能构建成一个完整的体系，不能达到《标准》的目标要求。

　　针对上述情况，本书编委参阅了各版本教材，将小学阶段的所有知识点、训练点及拓展知识、课外阅读等划分为六大板块，旨在帮助学生系统梳理所学知识，构建清晰的语文知识体系。

　　板块一：基础知识。包括语音（学习拼音并运用口诀强化记忆）、汉字、词语、句子。

　　板块二：成语、熟语。包括成语、谚语、名言警句、诗词名句、歇后语、对联、方言俚语。

　　板块三：阅读积累。包括阅读的基本方法、记叙文（说明文）阅读、阅读鉴赏（童话、寓言、故事、童谣、古诗词、中外诗歌、现代文赏析及小学生必背古诗文）。

　　板块四：写作表达（用口诀的形式强化要点，提高写作能力）。包括写作综合能力、写作基本功、名师点津。

依据《标准》，本书所含的六大版块内容均着重语文的人文性，既凸现工具性，同时也具有很强的示范性；尤其在阅读、写作与综合实践部分的实例选择与评析上都做了与以往同类书籍不同的处理，不仅注重知识的传递，还教授能力形成的方法，传递美好的思想、情感、态度和价值观，深入浅出、可读可感。

总之，《小学生语文知识宝典》是广大小学生在语文学习过程中不可多得的工具书，是增长语文知识的教科书，是丰富语言积累的资料书，是拓展阅读的必备书，是你随时都可请教的良师益友！

编　者

目　录

板块一　　基础知识

板块二　成语熟语

板块三　阅读积累

板块四　写作表达

板块一　基础知识

第一章　语　音

语音是人类发音器官发出的具有区别意义功能的声音，它是语言符号系统的载体；它是由人的发音器官发出，负载着一定的语言意义，语言依靠语音实现它的社会功能。而语言是音义结合的符号系统，语言的声音和语言的意义是紧密联系着的，语言虽然是一种声音，但又与一般的声音有着本质的区别：不能把语音看成纯粹的自然物质；语音是最直接地记录思维活动的符号系统，是语言交际工具的声音形式。

在人类的沟通交际中，语音起着不可或缺的作用，相同的语言，语音的高低或急缓则能表达不同的意思。

学会汉语拼音。能读准声母、韵母、声调和整体认读音节。能准确地拼读音节。正确书写声母、韵母和音节。认识大写字母。熟记《汉语拼音字母表》。

——《全日制义务教育语文课程标准》

（中华人民共和国教育部制定）

第一节　汉语拼音方案

1. 汉语拼音口诀歌

a o e，i u ü，标调多按此顺序；
如果 i u 紧相连，标到后者头上去。
拼写规则讲得细，任何声母不独立；
zh ch sh r z c s，自成音节后加 i。
iou uei uen，别犹豫，单用头变 y 或 w；
如果前面有声母，去掉 o e 合规矩。
i 母打头搞独立，i n ing 前加大 y；
其他所有复韵母，都把小 i 变大 y。
u 母单拼莫迟疑，前加大 w 就可以；
u 母为首独为户，要把小 u 变大的。
凡带 ü 母要注意，独立去点前加 y；
n l 相拼不去点，去点只指 j q x。

《汉语拼音方案》是 1958 年 2 月 11 日由第一届全国人民代表大会第五次会议批准实行的。它包括字母表、声母表、韵母表、声调符号和隔音符号五项内容。

2. 字母表

《字母表》引出了 26 个汉语拼音字母。规定了汉语拼音字母的排列顺序，规定了《字母表》的顺序和体式完全依照国际通用的拉丁字母。

字母表

Aa	Bb	Cc	Dd	Ee	Ff	Gg
Hh	Ii	Jj	Kk	Ll	Mm	Nn
Oo	Pp	Qq		Rr	Ss	Tt
Uu	Vv	Ww		Xx	Yy	Zz

在这 26 个字母中，除了 V 是用于拼写外来语、少数民族语言和方言音外，其他字母在拼写普通话的音节时都要用到。

3. 声母表

声母表

b	p	m	f	d	t	n	l
g	k	h		j	q	x
zh	ch	sh	r	z	c	s

（1）23 个声母

声母就是音节开头的辅音。《汉语拼音方案》中的声母有 23 个，除声母表的 21 个字母外再加上 w、y。

（2）分清 n 和 l

普通话里，鼻音 n 和边音 l 分得很清楚，但在有些方言中，n 和 l 是不分的。如何辨别呢？

①根据与韵母相拼的关系来记忆

➡和 ü 相拼的字除"女"（nǚ）外，其他字的声母都是 l，如缕、吕、驴、旅等。

➡和 ou、un 相拼的音节声母都是 l，如楼、搂、漏、论、陋等。

➡和 ang 相拼的音节用 l，如狼、朗、浪等，只有"囊"（náng）字例外。

➡跟 iang 相拼的音节中只有"娘"、"酿"的声母是 n，除此之外的音节的声母都是 l，如良、亮、凉、两等。

➡跟 in 相拼的字中只有"您"（nín）的声母是 n，其余的都以 l 开头。

②利用代表字类推帮助记忆

n 声母代表字：内（呐、纳等），那（哪、娜、挪等），乃（奶），尼（呢、泥等），宁（咛、泞、拧等），扭（钮、纽等），农（浓、脓等），你（您）等。

l 声母代表字：立（拉、笠等），兰（拦、栏、烂等）。

常见的 l 声母字还包括以下代表字的类推字：来、蓝、览、良、力、老、乐、了、累、雷、凌、令、里、离、利、列、两、连、脸、练、恋、凉、嘹、林、鳞、留、凛、流、六、龙、娄、卢、庐、吕、仑、虑等。

（3）分清 z、c、s 和 zh、ch、sh

受各地方言的影响，许多人说话时，常常把声母为平舌音 z、c、s 的字和声母为卷舌音 zh、ch、sh 的字读音相混淆，如把"重来"读成"从来"、"早到"和"找到"不分、"炒菜"念成"草菜"等。

下面介绍一些方法，帮助辨别记忆。

①利用普通话声韵的配合规律类推

例如：ua、uai、uang 这三个韵母，决不和 z、c、s 相拼，因而有些字就可以放心地读卷舌音，如：爪、抓、拽、庄、桩、妆、装、状、撞；揣、踹、窗、疮、闯、创；耍、甩、双、霜、爽、帅、率。再如，普通话的 ong 韵母和 s 拼，不和 sh 拼，所以，"松、耸、送、宋、颂、诵"等字的声母只能是平舌音 s。

②利用形声字偏旁类推

zh 声母代表字，如：丈—杖、仗。常见的 zh 声母代表字有：专、支、中、长、正、主、占、召、只、执、至、贞、朱、旨、争、折、者、直、知、珍、真、振、章、啄、詹、朝、爪、枕、之、治、周、州、撞、卓、乍、斩、庄、壮、住、遮等。

ch 声母代表字，例如叉—杈、权，斥—拆（"诉"例外）等。常见的 ch 声母代表字有：产、出、场、成、抄、辰、呈、昌、垂、春、喘、厨、筹、查、搀、颤、尝、撤、乘、橙、丞、尺、虫、愁、车、吹、刍等。

sh 声母代表字，如：少—纱、沙、砂，申—伸、呻、绅、神、审、婶等。常见的 sh 声母代表字有：生、式、师、诗（"寺"例外）、叔、尚、受、舍、刷、删、稍、率、署、衫、勺、舌、失、十、史、寿、疏、属、栓、说等。

③记单边字

除了以上一些有规律可循的字外，还可以采用记单边字的方法帮助辨别。

例如，a、e、ou、en、eng、ang 等韵母，和平舌音 z、s、c 相拼的字很少，而和卷舌音 zh、ch、sh 相拼的字很多。如 ca 只有几个字，而 cha 却有三十多个字；又如 za 只有七八个字，而 zha 则有四十多个字；再如 sen 只有一个汉字"森"，而 shen 却有四十多个字。根据"记少不记多"的原则，就可以记住一大批字。

4. 韵母

韵母，就是一个音节中声母后面的部分。如 fā（发），f 是声母，它后面的 a 就是这个音节的韵母。

（1）分类

按结构分，韵母可分为 4 类 24 个。

①单韵母（6个）：a、o、e、i、u、ü。

②复韵母（8个）：ai、ei、ui、ao、ou、iu、ie、üe。

③鼻韵母（9个）：an、en、in、un、ün（以上为前鼻韵母）、ang、eng、ing、ong（以上为后鼻韵母）。

④特殊韵母（1个）：er。

（2）拼写知识

①"知、蚩、诗、日、资、雌、思"七个音节的韵母用 i，即：知、蚩、诗、日、资、雌、思等字拼作 zhi、chi、shi、ri、zi、ci、si。

②韵母儿化写成 er，用作韵尾的时候写成 r。例如："儿童"拼作 er'tong，"花儿"拼作 huar。

③i 行的韵母，前面没有声母的时候，写成 yi（衣）、ya（呀）、ye（耶）、yao（腰）、you（忧）、yan（烟）、yin（因）、yang（央）、ying（英）、yong（雍）。

u 行的韵母，前面没有声母的时候，写成 wu（乌）、wa（蛙）、wo（窝）、wai（歪）、wei（威）、wan（弯）、wen（温）、wang（汪）、weng（翁）。

ü 行的韵母，前面没有声母的时候，写成 yu（迂）、yue（约）、yuan（冤）、yun（晕）；ü 上两点省略。

ü 行的韵母跟声母 j、q、x 拼的时候，写成 ju（居）、qu（区）、xu（虚），ü 上两点也省略；但是跟声母 n、l 拼的时候，仍然写成 nü（女）、lü（吕）。

④iou、uei、uen 前面加声母的时候，写成 iu、ui、un。例如 niu（牛）、gui（归）、lun（论）。

⑤在给汉字注音的时候，为了使拼式简短，ng 可以省作 ŋ。

（3）分清鼻音韵尾 n 和 ng

普通话里鼻音韵尾 n 和 ng 分得很清楚，如 an 和 ang、en 和 eng、in 和 ing、uan 和 iong。但在有些方言中，对 n 和 ng 却分不清楚，读出来是一样的，如：

反问—访问　　陈旧—成就　　平凡—平房　　人民—人名
深水—生水　　开饭—开放　　亲近—清静　　金银—经营

其中尤其是 en—eng、in—ing 更难区别。有困难时，可参考以下几种方法，帮助记忆。

①利用形声字偏旁类推。

en 代表字有：分、门、艮、贞、辰、甚、申、壬、刃、肯、温等。

eng 代表字有：孟、呈、正、争、朋、蒙、风、蜂、登、更、成、生、仍、曾、亨、彭、翁等。

in 代表字有：斤、心、引、林、民、今、因、阴、金、禁、尽、辛、秦、频、凛、亲、禽、宾（兵 bīng、浜 bāng 除外）等。

ing 代表字有：宁、令、并、丙、廷、丁、平、名、明、冥、亭、景、敬、竟、青、星、幸、英、婴、定、京、刑、应等。

an 代表字有：甘、占、半、曼、判、坦、南、番、旦、阑、单、善、干、安、盘（般、搬）、反、产、搀、斩、擅、喘、赞、凡、敢、官、贯、灌、函、奂、览、兰、满、难、删、弯、宛等。

ang 代表字有：旁、亡、荒、章、长、昌、亢、邦、方、仓、汤、尚、当、冈、扛、广、王、康、良、两、襄、唐、相、羊、央、象、庄、文、壮等。

②利用声韵配合规律帮助记忆。

如普通话声母 d、t、n、l，除了"嫩（nèn）、扽（dèn）"以外，不与韵母 en 相拼；再如普通话声母 d、t、n 不与 in 相拼，只有"您（nín）"一个字例外。

5. 声调及标号方法

普通话的声调有四种：阴平（ˉ）、阳平（ˊ）、上声（ˇ）、去声（ˋ），平时我们习惯地称作第一声、第二声、第三声、第四声。

汉字的读音，除了极少数无调号读轻声外，都有声调。声调符号只能标在 a、o、e、

i、u、ü六个单韵母上，标调的方法可以以一个小口诀来记忆：

见到 ɑ 母别放过，

没有 ɑ 母找 o、e。

i、u 大小难分辨，

末尾标调不能错。

i 上标调先去帽，

没有标调轻声叫。

6. 隔音符号

隔音符号主要用于以下两种情况：

①ɑ、o、e开头的音节连接在其他音节后面的时候，为了避免音节界限发生混淆，要用隔音符号"'"将其隔开。如"皮袄（pí'ǎo）、翻案（fān'àn）"。

②ɑ、o、e开头的音节即使音节界限不会发生混淆，但为看清楚，也要用隔音符号加以隔开。

第二节　轻　声

普通话的每一个音节通常都有一定的声调。但是，有些音节在词语或句子里常常失去原有的声调，读成一种较轻、较短的调子。这种又轻又短的调子，叫做轻声。轻声不标调。

1. 轻声有区别词义的作用

如：
- 东西（dōngxī）　指方向
- 东西（dōngxi）　指物品
- 兄弟（xiōngdì）　指哥哥和弟弟
- 兄弟（xiōngdi）　指弟弟

2. 轻声经常出现的情况

①重叠式名词的后一个音节读轻声，如妈妈、星星、娃娃等。

②重叠式动词的后一个音节读轻声，如看看、走走、问问等。

③肯定、否定相叠的动词或形容词，后边两个音节念轻声，如行不行、好不好等。

④趋向动词念轻声，如跑出来、爬进去等。

⑤方位词念轻声，如床上、公园里等。

⑥名词后面的"子、儿、头、巴"等念轻声，如儿子、孙儿、石头、尾巴等。

⑦部分代词、副词的后缀读轻声，如他们、这么、那么等。

⑧助词"的、地、得、了、着、吗、吧、呀、哇、啦"一般都读轻声，如好的、吃了、看着、好吧等。

⑨人们语言中习惯读轻声的一些双音词，如大方、灯笼、本事、葡萄、骆驼、朋友、耳朵等。

还有一些轻声的使用情况必须在实践中去逐步掌握。

第三节　儿　化

普通话中，韵母er除了自成音节外，不能同声母相拼，但它可以和其他韵母合成一个音节，使这个韵母变为卷舌韵母，这就叫儿化。拼写儿化音节，就是在原来的音节之后加上"r"表示。带儿化韵母的音节，用两个汉字来表示。如：本儿běner—běnr，皮儿píer—pír。儿化后的词，在词义、词性和感情色彩上都有变化。

①区别词义

如：头（脑袋）——头儿（领导）　眼（眼睛）——眼儿（小洞）

②区别词性

如：画（动词）——画儿（名词）

尖（形容词）——尖儿（名词）

③表示细小、亲切、轻松或喜爱的感情

如：小孩儿、球儿、小狗儿。

第四节　变　调

两个相同的声调相连而发生变化。两个上声相连，如"粉笔"，前一上声变成阳平。另外还有"很好、洗手、总理、指导"等。

"一、七、八、不"等字在去声前要变为阳平即二声，单念或在词尾时都念本调。另外，在序数词"第一、之一、一一"等要标本调即一声。

1."一"在单念或在词句末时念原调阴平声。

2."一"在去声音节前面，变为阳平。如：

一道　一次　一定　一致　一律

一晃　一动　一并　一刻　一路

3."一"在阴平、阳平、上声前面时变为去声。如：

在阴平前：一般　一端　一经　一边

在阳平前：一时　一群　一条　一团

在上声前：一举　一早　一手　一体

4."一"夹在重叠式的动词之间轻读。如：

看一看　想一想　问一问　学一学

5."不"在单念或在句末时念原调去声。"不"在去声音节前面，变为阳平。如：

不会　不但　不论　不必　不变

不是　不信　不料　不愧　不错

6."不"夹在动词或形容词之间，夹在动词和补语之间轻读。如：

好不好　行不行　看不清　打不开。

第五节　汉语拼音的有关知识

1. 音节

音节是语音结构的基本单位，也就是人们在听觉上最容易分辨出来的语言单位。汉语的一个汉字就是一个音节。例如"汉语拼音"说出来的就是四个音节，而且每个音节都是很容易分辨出来的。

音节是由声母、韵母和声调组成的。普通话的声母和韵母按照拼合规律，可以拼出 400 多个音节，再加上四个声调和轻声的配合，可以调配成 1000 多个音节。

2. 元音

气流振动声带，在口腔、咽头不受阻碍而形成的音，又叫母音。特点是声音响亮，能高能低。普通话中的元音有 a、o、e、i、u、ü，特殊元音有 3 个，即 i-（前 i）、-i（后 i）和 er。

3. 辅音

气流在口腔或咽头受阻碍而形成的音，又叫子音。特点是声音不响亮。普通话中的辅音有 b、p、m、f、d、t、n、l、g、k、h、j、q、x、zh、ch、sh、r、z、c、s、ng。

4. 声母

一个汉字音节开头的辅音叫声母。汉语拼音中共有 21 个声母。声母和辅音不是一个概念，虽然声母由辅音充当，但有的辅音不做声母，只做韵尾，如 ng。由于 i、u、ü 行的韵母可以自成音节，如 xīyān（吸烟）、qìwēn（气温），如果不用 y、w 隔开，就成了 xīan、qìen，所以起隔音作用的 y、w 在小学语文课本中也被当做声母学，这样就成了 23 个声母。

5. 零声母

有的音节不以辅音开头，元音前头那部分是零（空白），习惯上将这些音节叫零声母。如 ài（爱）、ōu（欧）等。

6. 韵母

指音节中声母后面的部分。如 xing、gua 中 ing、ua 就是韵母。普通话中有 39 个韵母，但小学课本中变通为 24 个。韵母分为单韵母、复韵母和鼻韵母三种。一般来说，韵母可分为韵头、韵腹和韵尾三部分。

7. 单韵母

由一个元音充当的韵母，共有 6 个（a、o、e、i、u、ü）。

8. 复韵母

由元音复合而成的韵母，普通话中共有 13 个，小学课本中变通为 9 个（ai、ei、ui、ao、ou、iu、ie、ue、er）。

9. 鼻韵母

由元音带辅音（鼻辅音韵尾 ng 或 n）构成的韵母，普通话中共有 16 个，小学课本中变通为 9 个（an、en、in、un、ün、ang、eng、ing、ong）。

10. 韵头

就是指主要元音前的介音（即介于声母和韵腹之间的元音，也叫介母），只有 i、u、ü 三个。如 jian 中的 i，hua 中的 u。

11. 韵腹

是韵母的主干，比起韵头和韵尾来，声音最清晰响亮，所以也叫主要元音。如 huang 中的 a，kai 中的 a。

12. 韵尾

韵腹后面的是韵尾，复韵母中的韵尾是元音韵尾，有 i、u、o，如 dui、luo、liu；鼻韵母中的韵尾是辅音韵尾，有 n、ng。如 dong 中的 ng，tian 中的 n。

13. 韵

韵腹加韵尾或光是韵腹（无韵尾）都可叫韵身或韵。韵文押的"韵"主要是指韵头后面的部分，即韵腹和韵尾相同，如韵母 a、ia、ua 同韵。

14. 整体认读

就是把音节作为一个整体来记认，不采取拼读的方法。整体认读音节共有 16 个：zhi、chi、shi、ri、zi、ci、si、yi、wu、yu、ye、yue、yin、yun、yuan、ying。

15. 大写字母的用法

（1）一个句子的第一个字母，诗歌每一行的第一个字母要大写。

如：我们热爱祖国 Wǒmen rèài zǔguó。

（2）写人的姓名，姓的第一个字母、名字的第一个字母要大写，且姓名要分开写。

如：雷锋 Léi Fēng 　　董存瑞 Dǒng Cúnruì

（3）专有名词（国名、地名、书名）第一个字母要大写。

如：中华人民共和国 Zhōnghuá Rénmín Gònghéguó

（4）文章题目、书面上的书名、商标、牌匾等可以全部用大写字母。

如：人民商场 RENMINSHANGCHANG

16. 拼音方法

把声母和带调韵母快速地连读成一个音节，就是拼音。拼音的方法很多，最常用的有三种，包括两拼法、三拼法和直呼音节法。

两拼法：是指声母和韵母直接相拼读出音节的方法，这是最基本的拼音方法。如：拼读 bà（爸），把声母 b 和韵母 à 快速连读，拼成一个音节 bà（爸）。两拼法的拼音要领是"前音轻短后音重，两音相连猛一碰"。

三拼法：对于有声母、韵母和介母的音节，常采用三拼法。三拼法的拼音要领是"声短介快韵母响，三音连读很顺当"。

如：h-u-ā→huā（花），j-i-àng→jiàng（将），要将声母读得轻短，介母读得要快，只作过渡，最后的韵母要读得响亮。

直呼音节法：就是看到一个音节不再进行拼读，直接读出字音的方法。拼读的过程在心中或头脑中进行，不表现在口上。直呼音节法是一种较高的要求，要在两拼法和三拼法学好的基础上再学习。直呼音节的方法一般有三种：

①支架法。

要领是"声母支好架，声韵同时发"，也就是先摆好发声母的口形，紧接着用声母的本音连读带调韵母，一口气呼出音节。

②**暗拼急读法。**

是初学直呼时，向"支架法"过渡的办法。就是看到一个音节，先看准音节的声、韵、调，但不念出来，而是在心里拼准后，再快速直接读出音节。

③**整体认读法。**

这种方法像认记"整体认读音节"一样，像认读汉字一样，直接认读一个个音节。

第六节　朗读知识与训练

朗读的是指读者抑扬顿挫（声调高低变化）地出声阅读。反复地朗读和体会，可以帮助我们更快地理解文章，体会文章的思想感情，并且有助于记忆。

1. 朗读基本要求

朗读的目的是使小学生全身心地投入到阅读活动中去，因而所读文章的内容也就变得容易理解了，作者想要表达的思想感情也就很容易体会得到。可见，高质量的朗读对提高学生的语文水平所起的作用是十分巨大的。那么怎样朗读才称得上是"高质量"呢？"能用普通话正确、流利、有感情地朗读课文，是朗读的总体要求。"下面介绍一些这方面的基础知识。

首先是要掌握朗读的基本要求。朗读的基本要求有两个：一是要正确清楚地读。正确，就是不读错字，包括不添字、不漏字、不调换字的顺序等。还应把字音读准（尤其要注意多音字，要注意它在句子中发什么音，如"勉强"的"强"不能读成"坚强"的 qiáng，而读 qiǎng）；清楚，就是发音、吐字要清晰分明，不能含含糊糊。二是要连贯流利地读。用适当的速度，不唱读、不顿读、不拖腔拉调，做到词连续，句子之间停顿恰当。朗读的速度一般说来要接近于平时说话的速度，要在初步了解文章内容，没有生字难句的情况下进行，要先默读，发现生字先查字典，有难句先复读几遍，扫清障碍后再朗读，效果就会比较好。

其次是有感情。有感情地朗读是朗读的较高要求，即能读出不同的语调，读出各种不同的停顿，读出作者想表达的思想情感。它是在正确、流利的基础上进行，它必须对所读文章的意义有比较深刻的理解，并掌握了语言的逻辑性（句子与句子之间的内在联系）、表现手法，在体会到作者在文章中表达的思想感情之后才能实现。

最后是要因文而异。不同的文章有不同的朗读要求，朗读时的感情、态度、语气和节奏都应有所不同（句子中需要强调的词语要读重音，表达高兴、激动的感情可以用高昂的语调；表达悲伤、痛苦的感情可以用低沉的语调；传递热烈、欢快的气氛可以用较快的速度；传递沉闷、压抑的气氛可以用较慢的速度；不带有强烈感情色彩的叙述，可以中速读出）。而对于不同体裁的文章应如何朗读出最佳的效果来，正如语文教学专家所说："记叙文的朗读，要求因事明理，以事感人，具体，细微，语气自然，节奏感强。说明文的朗读要速度适当，语调舒缓，关键性的说明语句，要读音清晰。议论文的朗读，必须把握文章内在的逻辑关系，把概念、判断和推理融会贯通，并以切身的感受，鲜明的态度，直言不讳，具有逻辑力量的有声语言表达出来。诗歌的朗读要分清格律诗和自由诗。文言文的朗读，一般是平稳的、舒缓的、从容的和深沉的。"

2. 朗读技巧

（1）呼吸

学会自如地控制自己的呼吸非常重要，因为这样发出来的音坚实有力，音质优美，而且传送得较远。而一般采用的是胸腹式呼吸法，它的特点是胸腔、腹腔都配合着呼吸进行收缩或扩张，尤其是要注意横膈膜的运动。

（2）发音

发音关键是嗓子的运用。朗读者首先要保护好自己的嗓子，不要吃过于辛辣的食物而刺激嗓子，其次要注意提高自己对嗓音的控制和调节能力，在朗读时不要自始至终高声大喊。

（3）吐字

吐字应清楚，而这首先要熟练地掌握常用词语的标准音。其次要力求克服发音含糊、吐词不清的毛病。

（4）停顿

正确的停顿有以下几类：

①标点符号停顿。标点符号是书面语言的停顿符号，也是朗读时语言停顿的重要依据。标点符号的停顿规律一般是：顿号最短，其次是逗号和冒号、分号和破折号、句号和问号及感叹号、省略号。当然以上停顿也不是绝对的，有时因表达感情的需要，在没有标点处也可停顿（也称感情停顿）。

②在长句中的适当自然停顿，此种停顿便于领会句子的意思。

③感情停顿，此停顿不受书面标点的制约，完全根据感情或心理的需要作停顿，它的特点是声断而情不断。

（5）重音

重音是那些在表情达意上起重要作用，在朗读时要加以特别强调的字、词或短语。它能给色彩鲜明、形象生动的词增加分量，强调突出意义。

①强调重音

它是根据语句所要表达的重点决定的，在句子中的位置是不固定的。它的作用在于揭示语言的内在含义。由于表达目的不同，强调重音就会落在不同的词语上，所揭示含义也就不相同，表达的效果也不一样。

②感情重音

它可以使朗读的色彩丰富，充满生气，有较强感染力，此种重音大多出现在表现内心感情变化强烈、情绪激动的地方。

（6）语速

在朗读时，适当掌握速度的快慢，可以造成作品的情绪和气氛，增强语言表达效果。作品的内容和体裁决定朗读的速度，其中内容是主要的。

①根据内容掌握语速

朗读时的语速须与作品的情境相适应，根据作品的思想内容、故事情节、人物个性、环境背景、感情语气、语言特色来处理。当然，语速的快慢在一篇作品中也并不是一成不变的，它要根据具体内容有所变化。

②根据体裁掌握语速

句子中需要强调的词语要读重音，表达高兴、激动的感情可以用高昂的语调；表达悲伤、痛苦的感情可以用低沉的语调；传递热烈、欢快的气氛可以用较快的速度；传递沉闷、压抑的气氛可以用较慢的速度；不带有强烈感情色彩的叙述，可以中速读出。

（7）**语调**

语调指句子里声音高低升降的变化，其中结尾的升降变化最为重要，一般是和句子的语气紧密结合的。我们如在朗读时能注意到语调的升降变化，语音就会有了动听的腔调，同时也就能更细致地表达不同的思想感情。语调变化多端，现就我们经常要用到的几种介绍如下：

①高升调

高升调多在疑问句、反诘句、短促的命令句子里使用，或者是表示愤怒、紧张、警告、号召的句子里使用。朗读时，前边应该较之后者低，也就是说在开始朗读有高升调的句子时不要起音过高，否则在后边要高的部分会无法提高，从而使得无法表现出高升调，以及自己所要强调的意思。

②降抑调

降抑调一般用在感叹句、祈使句或表示坚决、自信、赞扬、祝愿等感情的句子里。表达沉痛、悲愤的感情，一般也用这种语调。朗读时，语调应该是由高逐渐降低，并且末字低而短。

③平直调

平直调一般多用在叙述，说明或表示迟疑、思索、冷淡、追忆、悼念等句子里，朗读时始终平直舒缓，没有明显的高低变化。

④曲折调

曲折调用于表示特殊的感情，如讽刺、讥笑、夸张、强调、双关、特别惊异等句子里。朗读时由高而低而再高，把句中一些特殊的音节加重加高或拖长，形成一种升降曲折的变化。

如果要使自己的朗读水平不断提高，仅掌握一些朗读方法是远远不够的，最重要的是多实践，并且要坚持不懈。不能时断时续，因为这样会使自己失去对朗读的兴趣，失去了兴趣当然就会产生不想朗读的心理与行为，这样我们就无法做到在实践中提高朗读水平了。

3. 朗读训练

练习1：

海上日出
巴　金

为了看日出，我常常早起。那时天还没有大亮，周围非常清静，船上只有机器的响声。

天空还是一片浅蓝，颜色很浅。转眼间天边出现了一道红霞，慢慢地在扩大它的范围，加强它的亮光。我知道太阳要从天边升起来了，便目不转睛地望着那里。

果然过了一会儿，在那个地方出现了太阳的小半边脸，红是真红，却没有亮光。

这个太阳好像负着重荷似地一步一步、慢慢地努力上升，到了最后，终于冲破了云霞，完全跳出了海面，颜色红得非常可爱。一刹那间，这个深红的圆东西，忽然发出了夺目的亮光，射得人眼睛发痛，它旁边的云片也突然有了七彩。

有时太阳走进了云堆中，它的光线却从云里射下来，直射到水面上。这时候要分辨出哪里是水，哪里是天，倒也不容易，因为我就只看见一片灿烂的亮光。

有时天边有黑云，而且云片很厚，太阳出来，人眼还看不见。然而太阳在黑云里放射的光芒，透过黑云的重围，替黑云镶了一道发光的金边。后来太阳才慢慢地冲出重围，出现在天空，甚至把黑云也染成了紫色或者红色。这时候发亮的不仅是太阳、云和海水，连我自己也成了明亮的了，这不是很伟大的奇观么？

1927 年 1 月

（选自《海行杂记》）

【朗读提示】 对日出的描写可谓多矣，在这里，作者从这一壮丽的自然景观入手，运用类似国画的白描的手法，推出了一幅境界广大、气势飞动、逸气凌云、撼人心魄的图画。

朗读时要注意作者对日出这一过程的描写特色，既是有层次的："一道红霞——太阳的小半边脸——努力上升——冲破云霞，跳出海面——夺目的亮光；"又是有变化的："跳出海面，夺目的亮光——走进云堆，光线从云里射出——黑云遮蔽——冲出黑云，明亮世界……。"朗读时要注意调动自己的视觉感受，产生"我在看"的真情实感。

练习 2：

春 晓

孟浩然

春眠──不觉晓→ 处处──闻啼鸟→。

夜来──风雨声──→花落──→知→多→少→。

【朗读提示】 这首诗表达了作者对春天的欣喜之情，同时"风雨"与"花落"，也有某种人生的感悟。清新自然之中，流露着留春、惜春的淡淡的叹惋。

①春眠，应是坦然舒适的感受，平起，"眠"字比"春"字稍强，稍长。

②不觉晓，有朦胧感，不知不觉天就亮起来了。由睡而醒的轻松自如。语速较快，稍扬。

③处处，四周的树上、空中，传来鸟鸣，欢快而清脆。高起，较长，较强，第二个"处"字稍减。

④闻，耳不暇听的感受，不应只沿"处处"下滑，而要开始上行，以接准"啼"字。

⑤啼鸟，"啼"字顺阳平声调扬起，鸟鸣声高而扩展，然后下降为上声的"鸟"字，作为明确的指称，且显示忽左忽右地飞，快收，顿住。

⑥夜来，回忆，沉缓，"来"，稍长。

⑦风雨声，风声高平，雨声下降，"声"字托住，余音仍在。

⑧花落，中度平起，接去"落"，下行，有惋惜之情，又无可奈何。

⑨知多少，"知"字平起，隐含"不知"，"多少"，感慨，再抑，"少"字长而

不扬。

　　古诗词朗读规律：五言诗一般为221或2111，七言诗一般为223或22111。

第七节　轻声词集录

A

爱面子 ài miàn・zi
爱人 ài・ren
鹌鹑 ān・chun
鞍子 ān・zi
案子 àn・zi
暗地里 àndì・li

B

巴不得 bā・bu・de
八哥 bā・ge
巴结 bā・jie
把手 bǎ・shou
爸爸 bà・ba
白净 bái・jing
摆架子 bǎi jià・zi
扳子 bān・zi
班子 bān・zi
扳手 bān・shou
帮手 bāng・shou
帮子 bāng・zi
梆子 bāng・zi
棒子 bàng・zi
棒槌 bàng・chui
包子 bāo・zi
包袱 bāo・fu
包涵 bāo・han
雹子 báo・zi
豹子 bào・zi
报酬 bào・chou
杯子 bēi・zi
被子 bèi・zi
辈子 bèi・zi

辈分 bèi・fen
镚子 bēn・zi
本钱 běn・qian
本事 běn・shi
鼻子 bí・zi
笔杆子 bǐgǎn・zi
篦子 bì・zi
箅子 bì・zi
比方 bǐ・fang
比量 bǐ・liang
鞭子 biān・zi
辫子 biàn・zi
便当 biàn・dang
憋闷 biē・men
别的 bié・de
别扭 biè・niu
拨子 bo・zi
拨拉 bō・la
拨弄 bō・nong
玻璃 bō・li
脖子 bó・zi
簸箕 bò・ji
不是 bú・shi
不在 bú・zai
补丁 bǔ・ding
部分 bù・fen
步子 bù・zi

C

财主 cái・zhu
裁缝 cái・feng
苍蝇 cāng・ying
槽子 cáo・zi
册子 cè・zi

刺猬 cì・wei
伺候 cì・hou
错处 cuò・chu
村子 cūn・zi
聪明 cōng・ming
凑合 còu・he
叉子 chā・zi
茬子 chá・zi
岔子 chà・zi
差事 chāi・shi
柴火 chái・huo
掺和 chān・he
颤悠 chàn・you
长处 cháng・chu
肠子 cháng・zi
车子 chē・zi
称呼 chēng・hu
池子 chí・zi
冲子 chōng・zi
虫子 chóng・zi
抽搭 chōu・da
抽屉 chōu・ti
绸子 chóu・zi
出落 chū・luo
出息 chū・xi
厨子 chú・zi
锄头 chú・tou
串亲戚 chuàn qīn・qi
窗户 chuāng・hu
窗子 chuāng・zi
锤子 chuí・zi
畜生 chù・sheng

D

搭理 dā・li

搭架子 dā jià·zi

答应 dā·ying

奔拉 dā·la

褡裢 dā·lian

打发 dǎ·fa

打算 dǎ·suan

打量 dǎ·liang

打手 dǎ·shou

打哈哈 dǎ hā·ha

打屁股 dǎ pì·gu

打算盘 dǎ suàn·pan

打招呼 dǎ zhāo·hu

打主意 dǎ zhǔ·yi

大方 dà·fang

大夫 dài·fu

大意 dà·yi

大师傅 dàshī·fu

大猩猩 dàxīng·xing

大丈夫 dàzhàng·fu

带徒弟 dài tú·di

呆子 dāi·zi

袋子 dài·zi

单子 dān·zi

担子 dàn·zi

耽搁 dān·ge

耽误 dān·wu

叨唠 dāo·lao

刀子 dāo·zi

稻子 dào·zi

道士 dào·shi

得了 dé·le

凳子 dèng·zi

得罪 dé·zui

灯笼 dēng·long

提防 dī·fang

嘀咕 dí·gu

笛子 dí·zi

弟弟 dì·di

地方 dì·fang

地道 dì·dao

弟兄 dì·xiong

掂掇 diān·duo

掂量 diān·liang

点拨 diǎn·bo

垫子 diàn·zi

调子 diào·zi

碟子 dié·zi

钉子 dīng·zi

动静 dòng·jing

斗篷 dǒu·peng

豆子 dòu·zi

豆腐 dòu·fu

豆腐皮 dòufǔ·pi

豆腐乳 dòufǔ·ru

嘟囔 dū·rang

肚子 dù·zi

段子 duàn·zi

缎子 duàn·zi

对付 duì·fu

对不起 duì·buqǐ

对得起 duì·deqǐ

对子 duì·zi

墩子 dūn·zi

多么 duō·me

驮子 duò·zi

哆嗦 duō·suo

队伍 duì·wu

多少 duō·shao

E

蛾子 é·zi

儿子 ér·zi

F

发脾气 fāpí·qi

方子 fāng·zi

房子 fáng·zi

妃子 fēi·zi

痱子 fèi·zi

风头 fēng·tou

风水 fēng·shui

风筝 fēng·zheng

疯子 fēng·zi

奉承 fèng·cheng

缝子 fèng·zi

扶手 fú·shou

福分 fú·fen

福气 fú·qi

富余 fù·yu

G

盖子 gài·zi

干巴 gān·ba

干系 gān·xi

甘蔗 gān·zhe

干事 gàn·shi

缸子 gāng·zi

杠子 gàng·zi

高粱 gāo·liang

膏药 gāo·yao

告示 gào·shi

告诉 gào·su

哥哥 gē·ge

鸽子 gē·zi

疙瘩 gē·da

胳膊 gē·bo

格子 gé·zi

个子 gè·zi

跟头 gēn·tou

弓子 gōng·zi

钩子 gōu·zi

工夫 gōng·fu

功夫 gōng·fu

工钱 gōng·qian

公家 gōng·jia

估摸 gū·mo

姑娘 gū·niang

姑姑 gū·gu

故事 gù·shi

顾不得 gù bù·de

褂子 guà·zi
怪不得 guài bù·de
官司 guān·si
关系 guān·xi
棺材 guān·cai
罐头 guàn·tou
罐子 guàn·zi
规矩 guī·ju
闺女 guī·nü
归置 guī·zhi
柜子 guì·zi
棍子 gùn·zi
过去 guò·qu

H

哈欠 hā·qian
还是 hái·shi
害处 hài·chu
孩子 hái·zi
含糊 hán·hu
寒碜 hán·chen
汉子 hàn·zi
行当 háng·dang
行家 háng·jia
好处 hǎo·chu
号子 hào·zi
盒子 hé·zi
合同 hé·tong
和尚 hé·shang
核桃 hé·tao
和气 hé·qi
猴子 hóu·zi
后边 hòu·bian
后面 hòu·mian
后头 hòu·tou
厚道 hòu·dao
厚实 hòu·shi
胡琴 hú·qin
护士 hù·shi
胡子 hú·zi

狐狸 hú·li
豁出去 huōchū·qu
葫芦 hú·lu
糊涂 hú·tu
花哨 huā·shao
滑溜 huá·liu
坏处 huài·chu
环子 huán·zi
黄瓜 huáng·gua
晃悠 huàng·you
晃荡 huàng·dang
活计 huó·ji
伙计 huǒ·ji
活泛 huó·fan
活泼 huó·po

J

叽咕 jī·gu
饥荒 jī·huang
机灵 jī·ling
集子 jí·zi
忌妒 jì·du
记号 jì·hao
记得 jì·de
记性 jì·xing
夹子 jiā·zi
家伙 jiā·huo
价钱 jià·qian
架势 jià·shi
架子 jià·zi
嫁妆 jià·zhuang
尖子 jiān·zi
煎饼 jiān·bing
奸细 jiān·xi
毽子 jiàn·zi
见识 jiàn·shi
将就 jiāng·jiu
交情 jiāo·qing
搅和 jiǎo·huo
轿子 jiào·zi

接着 jiē·zhe
结巴 jiē·ba
结实 jiē·shi
街坊 jiē·fang
节气 jié·qi
姐姐 jiě·jie
姐夫 jiě·fu
戒指 jiè·zhi
芥末 jiè·mo
金子 jīn·zi
近乎 jìn·hu
进项 jìn·xiang
精神 jīng·shen
镜子 jìng·zi
舅舅 jiù·jiu
舅母 jiù·mu
救应 jiù·ying
驹子 jū·zi
橘子 jú·zi
句子 jù·zi
觉得 jué·de

K

开通 kāi·tong
靠不住 kào·buzhù
靠得住 kào·dezhù
磕打 kē·da
咳嗽 ké·sou
客气 kè·qi
客人 kè·ren
坑子 kēng·zi
空子 kòng·zi
扣子 kòu·zi
窟窿 kū·long
苦处 kǔ·chu
裤子 kù·zi
快活 kuài·huo
快当 kuài·dang
会计 kuài·ji
筷子 kuài·zi

宽敞 kuān·chang
宽绰 kuān·chuo
筐子 kuāng·zi
框框 kuàng·kuang
框子 kuàng·zi
阔气 kuò·qi
亏得 kuī·de
困难 kùn·nan

L

拉扯 lā·che
喇叭 lǎ·ba
喇嘛 lǎ·ma
来路 lái·lu
来不及 lái·bují
来得及 lái·dejí
来头 lái·tou
篮子 lán·zi
浪头 làng·tou
牢靠 láo·kao
姥姥 lǎo·lao
老大爷 lǎodà·ye
老人家 lǎo rén·jia
老太太 lǎotài·tai
老实 lǎo·shi
老爷 lǎo·ye
累赘 léi·zhui
厉害 lì·hai
利索 lì·suo
例子 lì·zi
栗子 lì·zi
力气 lì·qi
篱笆 lí·ba
利落 lì·luo
链子 liàn·zi
粮食 liáng·shi
凉快 liáng·kuai
两口子 liǎngkǒu·zi
了不得 liǎo·bu·dé
了不起 liǎo·bu·qǐ

料子 liào·zi
笼子 lóng·zi
菱角 líng·jiao
炉子 lú·zi
路上 lù·shang
轮子 lún·zi
骡子 luó·zi
落得 luò·de
啰唆 luō·suo
骆驼 luò·tuo
萝卜 luó·bo
逻辑 luó·ji

M

妈妈 mā·ma
麻烦 má·fan
麻利 má·li
买卖 mǎi·mai
卖弄 mài·nong
麦子 mài·zi
馒头 mán·tou
忙活 máng·huo
帽子 mào·zi
眉毛 méi·mao
妹妹 mèi·mei
玫瑰 méi·gui
没关系 méi guān·xi
没意思 méi yì·si
门路 mén·lu
门面 mén·mian
沫子 mò·zi
模糊 mó·hu
蘑菇 mó·gu
磨蹭 mó·ceng
眯缝 mī·feng
迷糊 mí·hu
密实 mì·shi
名气 míng·qi
棉花 mián·hua
面子 miàn·zi

苗条 miáo·tiao
名字 míng·zi
明白 míng·bai
名堂 míng·tang
牡丹 mǔ·dan
木头 mù·tou
木匠 mù·jiang

N

那边 nà·bian
那个 nà·ge
那么 nà·me
奶奶 nǎi·nai
男人 nán·ren
难处 nán·chu
南边 nán·bian
难为 nán·wei
闹哄 nào·hong
闹腾 nào·teng
闹别扭 nào biè·niu
闹饥荒 nào jī·huang
闹脾气 nào pí·qi
能耐 néng·nai
泥鳅 ní·qiu
腻烦 nì·fan
腻味 nì·wei
呢子 ní·zi
泥子 nì·zi
念头 niàn·tou
黏糊 nián·hu
年成 nián·cheng
年月 nián·yue
念叨 niàn·dao
娘家 niáng·jia
扭搭 niǔ·da
扭捏 niǔ·nie
扭秧歌 niǔ yāng·ge
奴才 nú·cai
暖和 nuǎn·huo
挪动 nuó·dong

女人 nǚ • ren
疟疾 nüè • ji

P

耙子 pá • zi
拍子 pāi • zi
拍打 pāi • da
拍巴掌 pāibā • zhang
牌子 pái • zi
牌楼 pái • lou
盘缠 pán • chan
盘算 pán • suan
盘子 pán • zi
盼头 pàn • tou
胖子 pàng • zi
狍子 páo • zi
袍子 páo • zi
炮仗 pào • zhang
喷子 pēn • zi
朋友 péng • you
棚子 péng • zi
碰钉子 pèngdīng • zi
婆婆 pó • po
婆家 pó • jia
筐箩 pǒ • luo
坯子 pī • zi
皮子 pí • zi
皮匠 pí • jiang
皮实 pí • shi
脾气 pí • qi
疲沓（塌）pí • ta
屁股 pì • gu
片子 piàn • zi
骗子 piàn • zi
篇幅 piān • fu
便宜 pián • yi
漂亮 piào • liang
漂亮话 piào • lianghuà
姘头 pīn • tou
瓶子 píng • zi

铺盖 pū • gai
铺子 pù • zi

Q

妻子 qī • zi
漆匠 qī • jiang
欺负 qī • fu
旗子 qí • zi
气性 qì • xing
千斤 qiān • jin
前面 qián • mian
前头 qián • tou
钳子 qián • zi
茄子 qié • zi
雀子 qiāo • zi
俏皮 qiào • pi
俏皮话 qiào • pihuà
翘辫子 qiàobiàn • zi
亲戚 qīn • qi
勤快 qín • kuài
清楚 qīng • chu
轻省 qīng • sheng
情形 qíng • xing
亲家 qìng • jia
圈子 quān • zi
瘸子 qué • zi
裙子 qún • zi

R

嚷嚷 rāng • rang
热和 rè • huo
热乎 rè • hu
热闹 rè • nao
人们 rén • men
人家 rén • jia
认得 rèn • de
认识 rèn • shi
任务 rèn • wu
日子 rì • zi
软和 ruǎn • huo

S

洒脱 sǎ • tuo
塞子 sāi • zi
扫帚 sào • zhou
沙子 shā • zi
筛子 shāi • zi
山核桃 shānhé • tao
山药 shān • yao
扇子 shàn • zi
商量 shāng • liang
赏钱 shǎng • qian
上边 shàng • bian
上面 shàng • mian
上头 shàng • tou
上司 shàng • si
烧饼 shāo • bing
烧卖 shāo • mai
勺子 sháo • zi
芍药 sháo • yao
少爷 shào • ye
哨子 shào • zi
舌头 shé • tou
舍不得 shě • bu • de
身上 shēn • shang
身份 shēn • fen
身量 shēn • liang
什么 shén • me
神气 shén • qi
神父 shén • fu
婶婶 shěn • shen
牲口 shēng • kou
生意 shēng • yi
生分 shēng • fen
绳子 shéng • zi
虱子 shī • zi
狮子 shī • zi
师爷 shī • ye
师父 shī • fu
师傅 shī • fu

尸首 shī・shou
时辰 shí・chen
时候 shí・hou
石榴 shí・liu
石匠 shí・jiang
石头 shí・tou
拾掇 shí・duo
式子 shì・zi
柿子 shì・zi
似的 shì・de
事情 shì・qing
势力 shì・li
是的 shì・de
收成 shōu・cheng
收拾 shōu・shi
寿数 shòu・shu
瘦子 shòu・zi
叔叔 shū・shu
叔伯 shū・bai
梳子 shū・zi
疏忽 shū・hu
舒服 shū・fu
书记 shū・ji
舒坦 shū・tan
属相 shǔ・xiang
刷子 shuā・zi
摔打 shuāi・da
爽快 shuǎng・kuai
说不定 shuō・budìng
说法 shuō・fa
说合 shuō・he
说和 shuō・he
思量 sī・liang
私房 sī・fang
斯文 sī・wen
松快 sōng・kuai
俗气 sú・qi
素净 sù・jing
嗓子 sù・zi
算了 suàn・le

算计 suàn・ji
随着 suí・zhe
随和 suí・he
岁数 suì・shu
穗子 suì・zi
孙子 sūn・zi
梭子 suō・zi

T

他们 tā・men
它们 tā・men
她们 tā・men
台子 tái・zi
抬举 tái・ju
态度 tài・du
太太 tài・tai
探子 tàn・zi
掏窟窿 tāo kū・long
桃子 táo・zi
套子 tào・zi
特务 tè・wu
藤子 téng・zi
梯子 tī・zi
蹄子 tí・zi
屉子 tì・zi
添补 tiān・bu
甜头 tián・tou
挑子 tiāo・zi
条子 tiáo・zi
笤帚 tiáo・zhou
亭子 tíng・zi
头里 tóu・li
头面 tóu・mian
头子 tóu・zi
头发 tóu・fa
秃子 tū・zi
徒弟 tú・di
吐沫 tù・mo
兔子 tù・zi
推子 tuī・zi

坨子 tuó・zi
妥当 tuǒ・dang
唾沫 tuò・mo
铁匠 tiě・jiang
铜匠 tóng・jiang
痛快 tòng・kuai

W

挖苦 wā・ku
娃娃 wá・wa
瓦匠 wǎ・jiang
外边 wài・bian
外头 wài・tou
外甥 wài・sheng
丸子 wán・zi
腕子 wàn・zi
王爷 wáng・ye
王八 wáng・ba
忘性 wàng・xing
窝囊 wō・nang
围子 wéi・zi
尾巴 wěi・ba
味道 wèi・dao
位置 wèi・zhi
位子 wèi・zi
为了 wèi・le
蚊子 wén・zi
温和 wēn・he
稳当 wěn・dang
屋子 wū・zi
痦子 wù・zi
悟性 wù・xing

X

西边 xī・bian
稀罕 xī・han
席子 xí・zi
瞎子 xiā・zi
虾米 xiā・mi
匣子 xiá・zi

下边 xià • bian

下面 xià • mian

下头 xià • tou

下巴 xià • ba

吓唬 xià • hu

鲜亮 xiān • liang

先生 xiān • sheng

乡下 xiāng • xia

箱子 xiāng • zi

相公 xiàng • gong

相声 xiàng • sheng

消息 xiāo • xi

小伙子 xiǎohuǒ • zi

小时候 xiǎoshí • hou

笑话 xiào • hua

歇息 xiē • xi

鞋匠 xié • jiang

薪水 xīn • shui

心思 xīn • si

心里 xīn • li

星星 xīng • xing

行李 xíng • li

性子 xìng • zi

休息 xiū • xi

秀才 xiù • cai

袖子 xiù • zi

兄弟 xiōng • di

絮叨 xù • dao

絮烦 xù • fan

玄乎 xuán • hu

檀子 xuàn • zi

靴子 xuē • zi

学生 xué • sheng

学问 xué • wen

Y

丫头 yā • tou

牙碜 yá • chen

牙口 yá • kou

衙门 yá • men

哑巴 yǎ • ba

烟子 yān • zi

胭脂 yān • zhi

烟筒 yān • tong

阎王 yán • wang

严实 yán • shi

燕子 yàn • zi

砚台 yàn • tai

央告 yāng • gao

秧歌 yāng • ge

痒痒 yǎng • yang

样子 yàng • zi

腰子 yāo • zi

吆喝 yāo • he

妖精 yāo • jing

钥匙 yào • shi

要是 yào • shi

要么 yào • me

椰子 yē • zi

爷爷 yé • ye

叶子 yè • zi

夜里 yè • li

衣服 yī • fu

衣裳 yī • shang

一辈子 yíbèi • zi

一下子 yíxià • zi

姨夫 yí • fu

益处 yì • chu

意思 yì • si

银子 yín • zi

印子 yìn • zi

缨子 yīng • zi

蝇子 yíng • zi

硬朗 yìng • lang

应付 yìng • fu

油子 yóu • zi

油水 yóu • shui

有时候 yǒu shí • hou

有意思 yǒu yì • si

右边 yòu • bian

釉子 yòu • zi

用处 yòng • chu

用人 yòng • ren

芋头 yù • tou

冤家 yuān • jia

冤枉 yuān • wang

园子 yuán • zi

院子 yuàn • zi

约莫 yuē • mo

月饼 yuè • bing

月亮 yuè • liang

月子 yuè • zi

月钱 yuè • qian

匀实 yún • shi

运气 yùn • qi

云彩 yún • cai

匀溜 yún • liu

Z

杂碎 zá • sui

栽跟头 zāi gēn • tou

再不 zài • bu

在乎 zài • hu

簪子 zān • zi

咱们 zán • men

造化 zào • hua

灶火 zào • huo

扎实 zhā • shi

眨巴 zhǎ • ba

诈唬 zhà • hu

栅栏 zhà • lan

宅子 zhái • zi

寨子 zhài • zi

毡子 zhān • zi

獐子 zhāng • zi

张罗 zhāng • luo

丈母 zhàng • mu

丈夫 zhàng • fu

丈人 zhàng • ren

帐篷 zhàng • peng

帐子 zhàng·zi

幛子 zhàng·zi

招子 zhāo·zi

招呼 zhāo·hu

招牌 zhāo·pai

找麻烦 zhǎo má·fan

兆头 zhào·tou

罩子 zhào·zi

照应 zhào·ying

折腾 zhē·teng

折子 zhé·zi

这么 zhè·me

这么着 zhè·me·zhe

针脚 zhēn·jiao

真是 zhēn·shi

真是的 zhēn shì·de

榛子 zhēn·zi

正经 zhèng·jing

证人 zhèng·ren

知道 zhī·dao

知识 zhī·shi

芝麻 zhī·ma

支吾 zhī·wu

支子 zhī·zi

枝子 zhī·zi

栀子 zhī·zi

侄子 zhí·zi

值得 zhí·de

直溜 zhí·liu

志气 zhì·qi

盅子 zhōng·zi

轴子 zhóu·zi

珠子 zhū·zi

蛛蛛 zhū·zhu

竹子 zhú·zi

柱子 zhù·zi

赚头 zhuàn·tou

转悠 zhuàn·you

桩子 zhuāng·zi

庄稼 zhuāng·jia

状元 zhuàng·yuan

状子 zhuàng·zi

壮实 zhuàng·shi

锥子 zhuī·zi

坠子 zhuì·zi

桌子 zhuō·zi

粽子 zòng·zi

字号 zì·hao

祖宗 zǔ·zong

作坊 zuō·fang

作料 zuó·liao

做作 zuò·zuo

座子 zuò·zi

嘴巴 zuǐ·ba

第八节　儿化词集录

A

挨个儿 āigèr

B

拔尖儿 bájiānr

白班儿 báibānr

摆谱儿 bǎipǔr

板擦儿 bǎncār

包干儿 bāogānr

饱嗝儿 bǎogér

爆肚儿 bàodǔr

奔头儿 bèntóur

鼻梁儿 bíliángr

冰棍儿 bīnggùnr

病号儿 bìnghàor

不得劲儿 bùdéjìnr

C

岔道儿 chàdàor

差点儿 chàdiǎnr

唱片儿 chàngpiānr

出圈儿 chūquānr

串门儿 chuànménr

凑热闹儿 còurènàor

D

答碴儿 dāchár

打盹儿 dǎdǔnr

打嗝儿 dǎgér

打鸣儿 dǎmíngr

打杂儿 dǎzár

大伙儿 dàhuǒr

带儿 dàir

单弦儿 dānxiánr
旦角儿 dànjuér
刀把 dāobàr
刀片儿 dāopiànr
顶牛儿 dǐngniúr
兜儿 dōur
豆腐脑儿 dòufǔnǎor
豆角儿 dòujiǎor
豆芽儿 dòuyár

G

干活儿 gànhuór
个儿 gèr
个头儿 gètóur
够本儿 gòuběnr
够劲儿 gòujìnr
光棍儿 guānggùnr
锅贴儿 guōtiēr

H

蝈蝈儿 huíhuír
好好儿 hǎohāor
好玩儿 hǎowánr
画儿 huàr
活儿 huór

K

开刃儿 kāirènr
空儿 kòngr
口哨儿 kǒushàor
裤衩儿 kùchǎr
裤兜儿 kùdōur
快板儿 kuàibǎnr

L

老头儿 lǎotóur
愣神儿 lèngshénr
脸蛋儿 liǎndànr
聊天儿 liáotiānr

M

没事儿 méishìr
面条儿 miàntiáor
墨水儿 mòshuǐr

N

哪儿 nǎr
哪会儿 nǎhuìr
那儿 nàr
那会儿 nàhuìr
那么点儿 nà·mediǎnr
纳闷儿 nàmènr
脑儿 nǎor
泥胎儿 nítāir
年头儿 niántóur
拈阄儿 niān//jiūr
捻捻转儿 niǎn·nianzhuànr
鸟儿 niǎor

O

藕节儿 ǒujiér

P

盘儿菜 pánrcài
刨根儿 páogēnr
跑腿儿 pǎotuǐr
皮板儿 píbǎnr
片儿会 piànrhuì
片儿汤 piànrtāng
铺盖卷儿 pū·gaijuǎnr
蒲墩儿 púdūnr

Q

起名儿 qǐ//míngr
枪子儿 qiāngzir
巧劲儿 qiǎojìnr
球儿 qiúr
蛐蛐儿 qūqur
圈儿 quānr

R

绕远儿 rào//yuǎnr
人儿 rénr
人影儿 rényǐngr
人缘儿 rényuánr

S

桑葚儿 sāngrènr
嗓门儿 sǎngménr
傻劲儿 shǎjìnr
扇面儿 shànmiànr
上座儿 shàngzuòr
收摊儿 shōutānr
树阴凉儿 shùyīnliángr
耍心眼儿 shuǎxīnyǎnr
说头儿 shuōtóur
死扣儿 sǐkòur
死心眼儿 sǐxīnyǎnr
送信儿 sòngxìnr
蒜瓣儿 suànbànr
碎步儿 suìbùr

T

铜子儿 tóngzǐr
头儿 tóur
头头儿 tóu • tour
透亮儿 tòu//liàngr
兔儿爷 tùryé

W

玩儿命 wánrmìng
玩意儿 wányìr
围脖儿 wéibór
围嘴儿 wéizuǐr

X

细高挑儿 xìgāotiāor
下本儿 xiàběnr
线轴儿 xiànzhóur

馅儿 xiànr
馅儿饼 xiànrbǐng
相片儿 xiàngpiānr
响儿 xiǎngr
小辫儿 xiǎobiànr
小孩儿 xiǎoháir
小曲儿 xiǎoqǔr
小心眼儿 xiǎoxīnyǎnr
邪门儿 xiéménr
心眼儿 xīnyǎnr
行李卷儿 xíng • lijuǎnr

Y

鸭儿梨 yārlí
烟卷儿 yānjuǎnr
烟嘴儿 yānzuǐr
沿边儿 yánbiānr
沿儿 yánr
腰板儿 yāobǎnr
咬字儿 yǎozìr
爷儿们 yér • men
爷们儿 yé • menr
一点儿 yìdiǎnr
一丁点儿 yìdīngdiǎnr
一个劲儿 yígèjìnr
一会儿 yíhuìr
一块儿 yíkuàir
一溜儿 yíliùr
一顺儿 yíshùnr
一下儿 yíxiàr
一股劲儿 yìgǔjìnr
一股脑儿 yìgǔnǎor
姨儿 yír
音儿 yīnr
应名儿 yīngmíngr
影片儿 yǐngpiānr
有点儿 yǒudiǎnr
有门儿 yǒuménr
有盼儿 yǒupànr

Z

杂拌儿 zábànr

早早儿 zǎozǎor

掌勺儿 zhǎngsháor

找茬儿 zhǎochár

照面儿 zhàomiànr

照片儿 zhàopiānr

这儿 zhèr

这会儿 zhèhuìr

针鼻儿 zhēnbír

中不溜儿 zhōng·buliūr

中间儿 zhōngjiānr

抓阄儿 zhuā//jiūr

爪儿 zhuǎr

准儿 zhǔnr

走道儿 zǒu//dàor

走调儿 zǒu//diàor

走神儿 zǒu//shénr

走味儿 zǒu//wèir

座儿 zuòr

做活儿 zuò//huór

第二章　汉　字

对学习汉字有深厚的兴趣，养成主动识字的习惯。

有较强的独立识字能力。累计认识常用汉字3000个，其中2500个左右会写。

能借助汉语拼音认读汉字。能用音序和部首检字法查字典，学习独立识字。

能使用硬笔熟练地书写正楷字，做到规范、端正、整洁。能用毛笔书写楷书，在书写中体会汉字的优美。

——《全日制义务教育语文课程标准》

（中华人民共和国教育部制定）

第一节　汉字的特点

汉字是记录汉语的书写符号系统，是汉族人的祖先在长期社会实践中逐渐创造出来的，是世界上最古老的文字之一。它具有约6000多年的历史。汉字是目前世界上唯一使用的表意文字。它不同于用字母表示语音的表音文字（如英文、俄文等），一个汉字不仅表示语言中的一个音节，它还具有用一个个特定的符号来表示不同的意思的功能。所以，汉字是音、形、义的统一体。汉字的数量大约有六万个，普通的《新华字典》收录了一万多个汉字。

第二节　汉字的演变

汉字的形体，三千多年来有很大变化。它的演变大致经历了甲骨文、金文、篆书、隶书、草书、楷书、行书等几个发展阶段。汉字从甲骨文到小篆统称为古文字，从隶书到草书、楷书和行书统称为今文字。

1. **甲骨文是商朝人刻在龟甲和兽骨上的文字。** 大部分都是来自殷商时期地下都邑的废墟，所以又称"殷墟文字"。从 1899 年起到现在已经发掘了 16 万余片，考释出 1000 多字，多数是占卜的记录，也有少数记事的。它是我们所能见到的最早的汉字，这种文字已比较完备，从字数和结构方式看来，已是一种相当发达的文字。例如："单"在甲骨文中写成"单"，上面有两个像套环的兽形网。

2. **金文是周代的文字，指的是铸或刻在青铜器上的文字，过去把这些文字叫"钟鼎文"或"铜器铭文"。** 金文的特点是笔画宽而粗，大小较匀称，结构也日趋方正。金文是从甲骨文发展来的，其形体跟甲骨文非常接近。金文的形体结构仍不够定型，异体多样，但笔画比甲骨文简易，这说明金文较甲骨文前进了一步。

3. **篆书可分为大篆和小篆。** 大篆是通行于春秋战国时代的一种字体。这种字体是由金文演变而来。它的特点是结构工整、笔划均匀、圆曲而富有篆意，字形变为长方形，奠定了"方块字"的基础。但是它的笔画较繁，而且字型不统一，异体字较多，仍然是一种古老的文字。

小篆是由大篆发展来的。战国时期，各诸侯国言语异音，文字异形。秦始皇统一六国后，整理了各国不同的字体，加以简化，规定了通行全国的标准字体，就是小篆。小篆的字形，比大篆更为匀称整齐，更加简化和定型。

4. **隶书始创于秦代，通行于汉代。** 因此有"秦隶"和"汉隶"的区别。它是由小篆减省而成的一种应急字体，因为多为徒隶所用，所以叫做"隶书"。这种文字较接近于我们现在用的字体。它的特点是笔画变曲为直，变圆为方，讲究波磔，结构工整，带有棱角。隶书已同现代楷书相近，是汉字发展的一次在形状上的大变革。

5. **楷书也称"真书"、"正书"。** 它兴于汉代，通行于魏晋以后。它由隶书演变而成。它的特点是字体端正，笔画清楚平直。一笔一画，规规矩矩，字形由隶书的扁方形变为正方形，形成了"方块汉字"，同时也比以前的字体更为简化。正因为楷书有很大的优越性，所以至今仍然是现代汉字的标准字体。

6. **草隶是草书的一种。** 与汉隶同时使用的一种潦草的隶书。一般认为始于汉初，是后来草书形成的基础。

7. **草书创自汉初，盛行于晋。** 草书分为"章草"、"今草"和"狂草"。它是隶书通行时出现的一种连笔的速写字体。草书作为一种字体，至今仍有很高的艺术价值。

8. **今草是由章草演变来的一种草写体。** 盛行于汉末，留传至今。

今草笔画勾连，没有波磔，书写简易迅速，但有时难于辨认。

9. **狂草在今草的基础上任意减笔连写，字形变化繁多，极难辨认。** 兴于唐代，是独具特色的书法艺术。

10. **行草是行法多于楷法的草书。**

11. **行书 始于楷书出现以后，即魏晋，晋代已经流行，简化了楷书的笔画，兼采草书联绵笔法，有草有楷，介于草、楷之间的一种字体。** 它的特点是姿态灵活，书写便利，笔画连绵，但字体独立。既不像楷书那样刻板，又不像草书那样难认。所以至今仍是人们手写时惯用的一种字体。

从上述汉字形体的演变看，汉字形体是朝着简单易写的方向发展的。

第三节　汉字的造字法

关于汉字的构造规律，古代人分析汉字归纳出来的六种条例，即"六书"，就是汉代许慎在《说文解字叙》中说的象形、指事、会意、形声、假借和转注。其中，象形、指事、会意、形声这四种是造字法，另两种是用字法。

1. 象形造字法：象形就是用线条描画物体的形状，让人一看就知道是什么。"日"就画了一个太阳的样子，"山"就画了一座山的样子，"井"就画了一个井的样子，"牛"就画了一头牛的样子。象形字是独体字，无论笔画多少，不能再拆开分析。这种造字法有很大的局限性，很多复杂的事物难以象形，抽象的概念又无形可象，用象形的方法造字满足不了人们交际的需要。

2. 指事造字法：指事就是用象征性的符号或在象形字上面加上符号来表示一个新的意思，用这种方法造出的字叫指事字。如"刀"上加一点，表示"刃"；"木"的下面加一横，表示"本"；"木"的上面加一横，表示"末"。指事字也是独体字。

3. 会意造字法：会意就是用两个或两个以上在意义上发生关联的字组合在一起，表示一个新的意义，用这种方法造出的字叫会意字。例如，"从"像两个人前后相随的样子，所以两个相随为"从"；"采"由"爪"和"木"组成，上面是手，下面是树，手在树上摘东西，表示"采"；"苗"上面是草，下面是田，表示植物从地里长出来，就是"苗"；"休"由人和木组成，一个人靠在树上，表示休息；"莫"（暮）表示太阳落在草丛里，所以叫"莫"。

4. 形声造字法：形声就是用两个现成的符号，一个表示意义，一个表示声音，合起来表示一个新的字。表示意义的符号叫形旁（意符），表示声音的符号叫声旁（音符），利用形旁和声旁组成的字叫形声字。例如，"桐"，"木"是形旁，"同"是声旁；"贷"，"代"是声旁，"贝"是形旁；"匣"，"匚"是形旁，"甲"是声旁；"秧"，"禾"是形旁，"央"是声旁；"忠"，"中"是声旁，"心"是形旁。

从形声字的构成方式上看，可以概括为下面六种类型。

左形右声：指清级嘿课混补塔

右形左声：领飘期战鸠攻欺

上形下声：宇笆雾草景霖茅符

下形上声：想裘梨盒恭膏掌

内形外声：问辩闻闷赢闽

外形内声：裹园圃阔阁衷庭固

另外，还有以下两种组合方式。

形占一角：疆腾栽裁载

声占一角：旗

5. 转注：指同一部首内读音相近且字义基本相同的字互相解释、互相借用。如老和考，巅和顶。

6. **假借**：指本来没有这个字，按它的读音，借用一个同音字来代替。如反和返、莫和暮。

7. **转注和假借**：古人把它们归为造字法。其实这不是造字法，而是用字法了。

8. **独体字与合体字**：独体字是由一个部件构成的字，独体字只有一个单个部件，不能再切分为几个部件，一般都是象形字和指事字。由古代象形字演变而来的独体字，一般不像原物的形状了，如"日、月、人、犬"等。只有个别的字，还保留原物的形象，如"田、山、井、刀"等。由古代指事字演变而来的独体字，大都也看不出指示的意思来了，如"寸、亦、甘、出"等。只有个别的字还保留指事的特点，如"刀、本、上、下"等。少数独体字是从古代合体字演变而来的，如"及、更"等。

合体字是由两个或两个以上的部件构成的字。合体字中，形声字占了绝对多数，如"狈、狂、嶙、租"等。合体字中一小部分是会意字，如"休、仁"等。

9. **同音字与多音字**：读音相同的字叫同音字。同音字可分为两种情况：一种是读音相同，字形也相似，例如："蝶、碟、谍、牒"都读 dié。一种是读音相同，字形不同，例如"芥、界、戒、届"都读 jiè。汉字中这两种类型的字很多，使用时很容易发生混淆，要注意辨清同音字意义的区别和用法，以免写错、用错。汉字中有的字有两个或两个以上的读音，这样的字叫多音字。如"处"在"处分"中读 chǔ，在"处所"中读 chù。"恶"在"恶劣"中读 è，在"恶心"中读 ě，在"厌恶"中读 wù 等等。如何辨别多音字的读音呢？多音字一般都是多义字，这就要看它用在什么样的语言环境中，根据它的用法和意义来确定它的读音，含义不同，读音也就不一样。

第四节　汉字的偏旁部首

偏旁是汉字形体的基本结构单位，它是合体字的组成部分，古代合体字的左边的组成部分为"偏"，右边的组成部分为"旁"，合称为偏旁。后来把一个字的上下左右能独立的部分，统称为偏旁。如：形声字的形旁和声旁都是偏旁，"把"可分为"扌"和"巴"，"队"可分为"阝"和"人"，其中"扌、巴、阝、人"都是偏旁。在偏旁中，有的偏旁本身是一个汉字，如"巴、人"；有的是不成字的，如"丶、冫"；有的字在做偏旁时变了形，如"扌"是"手"的变形，"阝"是"耳"的变形，"水"在做偏旁时变形为"氵"，"刀"在做偏旁时变形为"刂"。

部首是字典、词典中对汉字进行归类时使用的，把同一偏旁的字归为一类，这个偏旁就是这类字的部首。部首多是形声字的形旁，如"江、酒、河、海、流"等字都是和水有关，就用"氵"做部首，"跑、跳、踢、距、跨"等字和脚有关，就用变形的"足"做部首。

部首和偏旁的关系：所有的部首都是偏旁，但偏旁不一定是部首，偏旁的数量要比部首多。因为部首表示同一类的字的词义类别，而偏旁除了表义的部分以外，更多的是表音的部分。如"江、河"两个字中的"氵、工、可"都可以是偏旁。"氵"只是这两个字所属的部首，而"工、可"只是表音的偏旁而不是部首，所以偏旁的数目要比部首多。

部首	名称	例字	部首	名称	例字
十	十字旁	午支华协	厂	厂字头	厅压
匚	区字框	医匠匹	冂	同字框	再丹内同
凵	凶字框	出画凶	刂	立刀旁	刘制
亻	单人旁	他代	八	八字旁	具弟
人	人字旁	众舒丛	勹	包字框	旬够匍
儿	儿字底	先光党	几	风字框	凤秃
亠	六字头	高亢就	冫	两点水	冰冻凌
冖	秃宝盖	军写	讠	言字旁	计语
卩	单耳刀	却卸即	阝	双耳刀	院那都
刀	刀字旁	负分召切	力	力字旁	劝男办
厶	厶字旁	去台	又	又字旁	受坚难叔
廴	建字底	廷延	士	士字旁	声壮鼓
扌	提土旁	寺尘在坏	工	工字旁	巧式贡巫差
扌	提手旁	指挡	艹	草字头	苹劳草
寸	寸字旁	对寻	廾	开字底	异弃戒
大	右字头	右左	夫	春字头	春泰
二	二字头	云示	小	小字头	光劣辉尖
大	大字旁	央夺尖买	囗	方框儿	回国
口	口字旁	吃知向向另	巾	巾字旁	市帅帜
爿	将字旁	妆将壮	彡	三撇儿	形参须
山	山字旁	岁岔岛岭	夂	折文旁	处务复
彳	双人旁	征往	广	广字旁	麻库
犭	反犬旁	猫猎	氵	三点水	泪江
饣	食字旁	饭饺	宀	宝盖头	字宙
门	门字框	问闻	彐	雪字旁	寻雪归
忄	竖心旁	忆恨	己	己字旁	巴忌包

部首	名称	例字	部首	名称	例字
辶	走之旁	进运	子	子字旁	存孙孝
尸	尸字旁	尽局昼	马	马字旁	驶冯腾
弓	弓字旁	引弗弟	王	王字旁	主全弄环
女	女字旁	妇妆妄	歹	歹字旁	死列夙
纟	绞丝旁	红线	戈	戈字旁	划战成盏
木	木字旁	本末朵机杰	车	车字旁	军轰轻
日	日字旁	早旮旭旬旧明	止	止字旁	正此步武耻
贝	贝字旁	员财	曰	曰字旁	最沓更曲
见	见字旁	览视	水	水字旁	永沓泰
攵	反文旁	收敌	牛	牛字旁	告犁物
月	月字旁	有肝期	爪	爪字旁	受爬采
殳	殳字旁	段殿	欠	欠字旁	次欣
火	火字旁	灯灾	方	方字旁	房放旁
礻	示字旁	社视神	灬	四点底	杰热
石	石字旁	岩泵研	心	心字底	思必
田	田字旁	甸甲亩男畔	目	目字旁	看盼
钅	金字旁	钉钟	皿	皿字底	孟益
白	白字旁	泉皆皎	禾	禾木旁	秀秋秦
疒	病字旁	疗疼	鸟	鸟字旁	鸡鸣莺
穴	穴字头	穷突	立	立字旁	亲坚站
耒	耒字旁	耙耗	衤	衣字旁	衬衫
页	页字旁	顶领	耳	耳字旁	取闻耷
𥫗	竹字头	笔笑	虫	虫字旁	虽蚂
衣	衣字底	袋哀	舟	舟字旁	般船盘
米	米字旁	类屡料	羊	羊字旁	着盖翔群
走	走字旁	赶超	羽	羽字旁	翁翅翻

部首	名称	例字	部首	名称	例字
𧾷	足字旁	跑跳	酉	酉字旁	配酒
豸	豸字旁	貌豹	身	身字旁	躲射
隹	隹字旁	雀难集雁	雨	雨字头	雪雷
革	革字旁	鞋靶	鱼	鱼字旁	鲁鲤
鬼	鬼字旁	魂魁魔	骨	骨字旁	骸髓
麻	麻字头	磨摩	食	食字旁	餐飨
鼻	鼻字旁	鼾齁	黑	黑字旁	墨黛默

第五节　汉字的书写顺序

1. 笔画和笔顺

（1）笔画

汉字基本笔画有五种："横（一）"、"竖（丨）"、"撇（丿）"、"点（、）"、"捺（\）"。现代汉字中通行的笔画有 20 多种，下面是《汉字笔画名称表》。

汉字笔画名称表

笔画	名称	例字	笔画	名称	例字
、	点	主	㇕	横折	口
一	横	十	㇆	横折钩	月
丨	竖	中	㇆	横撇	水
丿	撇	八	㇜	撇折	公
、	捺	人	㇛	撇点	女
㇀	提	地	乙	横折弯钩	九
㇚	横折竖钩	了	㇄	竖折	山
㇚	竖钩	小	㇟	竖折折钩	马
㇂	斜钩	我	㇆	横折提	记
㇄	竖弯	四	㇌	横撇弯钩	队
ㄥ	竖弯钩	儿	㇋	横折折撇	建
㇗	竖提	民	㇜	横折弯	船

笔画	名称	例字	笔画	名称	例字
㇆	横钩	写	ㄣ	竖折撇	专

（2）笔顺

笔顺就是汉字笔画的书写顺序。汉字的笔顺有一定的规则，下面是《写字笔顺规则表》。

写字笔顺规则表

规则	例字	笔顺
先横后竖	十	一 十
	下	一 丅 下
先撇后捺	八	ノ 八
	天	一 二 天
从上到下	三	一 二 三
	京	、 亠 京
从左到右	地	土 地
	做	亻 估 做
从外到内	风	几 风
	句	勹 句
从内到外	边	力 边
	画	畐 画
先里头后封口	日	冂 日 日
	团	冂 团 团
先中间后两边	小	亅 小 小
	水	亅 水 水

2. 写字笔顺口诀：

从上到下为主，从左到右为辅。
上下左右俱全，根据层次分组；
横竖交叉先横，撇捺交叉先撇；
中间突出先中①，右上有点后补②；
上包下时先外③，下包上时先内④；
三框首横末折⑤，大口最后封底⑥；
分歧遵照《规范》，做到流畅美观。

注释：
①中间突出的字，如"山"、"小"、"办"、"水"、"承"等。
②右上有点的字，如"犬"、"尤"、"戈"、"龙"、"成"等。
③上包下的字，如"冈"、"同"、"网"、"周"、等。
④下包上的字，如"凶"、"画"、"函"、"幽"等。

⑤"三框"也叫"匠字框"，如"区"、"匹"、"巨"、"医"等。

⑥"大口"即大口框，如"四"、"同"、"同"、"国"等

3. 笔画笔顺容易出错的字：

(1) 横

①末笔为二：冉（再、苒）——笔顺：竖、横折钩、先中竖、末笔写二。里（理、童）——笔顺：先写甲，后写二。重（踵、董）——笔顺：撇、横、写曰、中竖、再写二。垂（捶、棰、锤）——笔顺：先写千，后写艹，后写二。▲注意：并排二、三横者不按此规律：堇（jǐn）（谨、槿）——末二笔为竖、横。隹（zhuī）（谁、难）——末二笔为竖、横。

②土、士分开，土——寺（侍、涛、痔、等）周、袁、幸。士——吉（洁、桔、结、秸）志、壳、声、喜、嘉、壹、壶、壮。

③天、夭分开天——吞、蚕、忝（tiǎn）（添、舔）、奏（凑）。夭——乔（侨、桥、骄、娇）吞、袄、妖。

④王、壬分开王——呈（程、逞）。壬——任（凭）廷、淫。

⑤首笔是横不是撇：丰（蚌、艳、契）、耒（lèi）（耕、耘、耙）。邦（帮、梆、绑）的第四笔是撇。刊的第三笔是竖。

⑥横放的"山"的中横向左向右出头不出头：中横向右不出头——寻、帚、彐（邹）当、雪、扫、妇、侵。横放的"山"有竖穿过时中横向右要出头——聿（yù）（建）秉、捷、唐、康、争、兼。中横向左都出头——疟、虐（谑）末笔笔顺：横、竖折、中横。

⑦讯的右旁和丑笔顺不同：讯的右旁（汛、讯、迅）——笔顺：横折弯钩、横、竖。（末二笔为十）。丑（扭、纽、钮）——笔顺：横折、竖、横、横（末二笔为二）。

⑧毋、贯笔顺：毋（wú）笔顺：竖折、横折钩，〔先〕撇、〔后〕横（两边出头）。贯的上部部件——笔顺：竖折、横折、（先）竖、（后）横（两边出头）。

⑨衰的笔顺：中间部件：竖、横折、〔中间〕长横（两边边头）、短横（堵口）。

⑩皮的前三笔笔顺：横钩、撇、竖。

(2) 竖

①竖与撇之分：临、监、坚、竖、紧——第二笔是竖，不是撇。旧——第一笔是竖。归——第二笔是撇。

②"周"与"同"第一笔不同：同、网、网、罔——第一笔是竖。周、川——第一笔是撇。

③"月"第一笔有变化：育、肯、胃、有、肩——月在下，首笔为竖。肚、肌、肠、期、朗——月在左右，首笔为撇。

④强调后写竖：假、暇、遐（霞）——中间部件前三笔笔顺：横折、横、竖。报、服——右旁前两笔笔顺：横折钩、竖。

⑤出头与不出头：出头——由（黄寅）、黾（渑、绳、蝇）、奄（俺、淹、掩）。不出头——龟（阄）。出头——异、卉、弃、弁、弈、算、弊。不出头——畀bì（痹、算、鼻）。出头——圣（怪、坚）。不出头——泾、径、经、劲、茎、颈。

⑥号、考、污——末笔向上不出头。末两笔笔顺：横、竖折折钩。"考"字下

部不能如阿拉伯数字"5"。

⑦收的左旁，叫、纠的右旁——竖提与竖不交叉。不能写如阿拉伯数字"4"。

⑧做左偏旁时向右不出头：身（射、躬、躲）——第六笔横、第七笔撇，都向右不出头。舟（舰、般、航）——第五笔横，向右不出头。▲注意：耳（取、职、联）——做左偏旁时末笔改提，可出头。

⑨非字的笔顺与笔画：非（罪、非）笔顺：〔左〕竖（不是撇），三小横（最后一小横为提），〔右〕竖、三小横。

(3) 撇

①应该撇通下来：免（兔、挽、勉）、奂（唤、换、焕）、象（像）、鬼（傀、愧）、卑（婢、碑）——第六笔都是一撇通下来。

②不是一笔通下来——麦七画、美九画、敖（傲、熬、敖）十画、象十二画。

③不要多一撇——畏（喂、煨）、辰（辗、碾）、代、武、贰。

④先撇与后撇——先撇：九、及。后撇：刀、力、乃、万（笔顺：横、横折钩、撇）、方（笔顺：点、横、横折钩、撇）。

⑤撇向左出头与不出头：出头——化（华、花、讹）右旁笔顺：〔先〕撇，〔后〕竖弯钩，两笔之间相交叉。不出头——匕（bǐ）（比、北、此、死、旨、尼、老）、仑（论、伦、论、轮）笔顺：〔先〕撇、〔后〕竖弯钩，两笔不相交叉。比左旁笔顺：横、竖提。北左旁笔顺：竖、横、提。此左旁笔顺：〔中〕竖、横、〔左〕竖、提。

⑥末笔为人：火笔顺：点、〔右上〕小撇、〔中〕撇、捺。臾笔顺：〔左上〕小撇、竖、短横、〔右〕横折、短横、〔托底〕横，最后写人。爽笔顺：横、〔左〕撇、点、撇、点、〔右〕撇、点、撇、点，最后写人。脊上部笔顺：〔左〕点、提、〔右〕小撇、点、〔中〕写人。▲注意：兆笔顺：撇、点、提、竖弯钩、撇、点，与脊的上部笔顺不同。

(4) 点

①有点无点：有点——市（shì）（柿、铈、闹）。无点——沛的右旁（沛、肺、苇），中间竖向上出头。沛七画。尧（浇、挠、绕、烧、晓），右上无点。步（涉），右下无点。染右上不是丸。琴下无点。纸下无点（低下有点）。

②先点与后点：先点点——义、为（笔顺：点、撇、横折钩、〔内〕点）。后点点——叉、发、拔、成（凡从戈者均末笔为点）。

③点点的顺序：母笔顺：竖折、横折钩（两笔收尾处相交义）、点、横、点。（不要写完横再点两点）。凡从母者：拇、姆、毒、每、晦、悔、霉均如此。舟（船、航），后三笔笔顺：点、横、点。丹（彤）的末两笔笔顺：先点、后横。州的笔顺：点、撇、点、竖、点、竖。鬯（chàng）的笔顺：撇、斜点、〔上〕点、〔左〕点、〔右〕点、〔下〕点、竖折、竖、撇、竖弯钩。

(5) 折、(提、钩)

①横折与竖折：片——末笔为横折，共四画。牙——第二笔为竖折，共四画。乐——第二笔为竖折，共五画。舛（chuǎn）（桀、舜、舞）、降，末三笔为：横、竖折、竖（末笔向上出头）。既——右旁为横、竖折、撇（向上不出头）、竖弯钩。

②从区者末笔为竖折：区、匹、臣、匡、匠、医、匪笔顺：〔先〕横、〔再写〕

里边被包围的部件，〔最后〕竖折一笔写完。

③左偏旁末笔横改提：土（培、场）、王（玩、球）、止（歧、武）、血（衄、衅）、耳（取、联）、子（孙、孩）、马（驰、驶）、鸟（鸵）。

④车字笔画、笔顺的变化：车做独体字时笔顺——横、竖折、横、竖。车做左偏旁时（轻、较、转）笔顺——横、竖折、〔先〕竖、〔最后〕提。

⑤注意竖提：切（窃、砌、沏）左旁不是土。瓦（瓯、瓷、瓶）笔顺：横、竖提、横折弯钩、点。

⑥发与拔的右旁不同：发（泼、拨）第一笔是竖折。拔的右旁（拔、绂）第一笔是横。

⑦有钩与无钩：有钩——七、几、儿（冗、亢、机、秃、虎）。无钩——朵、殳（没、投、沿、铅）。有钩——尔、杀、条、杂、亲、余（末笔均为点，不为捺）。无钩——不、木、末、末、禾、耒、来、束。

⑧木字钩与捺的变化：木字做独体字时，竖无钩，末笔为捺。木字构成合体字时：作左偏旁时：无钩、捺改为点，如枯、杆、树。作右偏旁时：无钩，捺不变，如体、沐、林。在上部或下部时：无钩，捺不变，如杏、李、杰；桌、窠、荣、采。但遇到有并行的捺时，为了避让，而将捺改点，如：漆、茶、荼。

⑨"小"字钩的变化：在字的上部时无钩——尘、尖、少（抄、纱、省、劣、雀）。在字的下部时有钩——尔（你）、叔（菽、淑）、京（凉、就）、忝、示（宗、票、奈、捺）。▲注意："尔"字例外——玺、您，在字上部时也有钩。

（6）其他

①几种顺序都有：先中间，后两边——丞、承、率、燕、兜、娈、夔。从左到右——缪、盥、鬵、赢、赢、赢、麂。▲注意：肃的笔顺：横折、横（向右出头）、横，〔中〕竖，再写〔左〕撇、〔右〕竖，最后〔里边〕小撇、点。肃的笔顺：先写文，〔左〕撇、〔右〕竖，最后〔中〕写韭。

②堵口与不堵口。己（jǐ）——记、纪、起、岂（凯、铠）、改、妃。已（yǐ）——已，巳（sì）——包、苞、导、异、巷、祀、圯、汜、巽、熙。犯的右旁——范、苑、宛（碗）、厄（扼）、危、危、卷（倦）。

③区别几个有戈的字：戊（wù）、戍（shù）、戌（xū）、成、咸、威——笔顺都是先写厂，再写内部部件，最后：斜钩、撇、点。戎（róng）、戒（jiè）（诫、械）——相同部分笔顺：长横、短横、在短横上加撇，（"戒"再多一竖），最后，斜钩、撇、点。

④仑与仓要分开：仑——伦、沦、抡、论、轮。仓——伧、沧、抢、枪、苍。

⑤癸与祭的字头要分开：癸——揆、暌。登（澄、橙、瞪、凳）。祭——察、蔡。

⑥学与党的字头要分开：学、鲎、觉。党、堂、常、棠、尝。兴、举、誉。金（检、验、签）。光、当、肖。

⑦字的末尾笔画不同：呙（涡、蜗、莴、窝）——末两笔：撇、点。离（漓、螭、璃、禽）——末两笔：撇折、点。禹（属、踽）、禺、隅、愚、寓——末三笔为竖、提、点。

⑧冒字上部部件特殊：冒（帽、瑁、冕、勖）上部部件第三笔、第四笔不触及

到左、右两边，有时可写成秃宝盖下加二。不要写成曰 yuē 或日 rì。

⑨辰字起笔先写厂：辰（振、唇、辱、晨）笔顺：横、撇、横、横、竖提、撇、捺。

⑩敝字的笔顺：敝（撇、弊、憋、瞥、鳖、敝）的左旁笔顺：点、撇、〔左〕竖、横折钩、〔中〕竖（向上出头）、〔里边〕撇、点。敝十一画。

⑪女字的笔画、笔顺：独体字女笔顺：撇点、撇、横（横与撇只接触，不交叉，横向右略长。）女字做左偏旁时，笔顺同上，不同的是横与撇接触后，不向右略长，构成一定角度即可。横不改为提。

⑫兖字中间不是口：兖、衮（滚、磙）笔顺：六下是厶，不是口。

⑬特殊字形的笔顺：凹（āo）：竖、横折折、竖、横折、横，共五画。凸（tū）：〔上〕竖、〔中〕横、〔下〕竖、横折折折、横，共五画。噩（è）：横、竖、〔左〕口、〔右〕口、横、〔左〕口、〔右〕口、横，共十六画。

⑭部分字的笔画笔顺：了：横钩、竖钩，两画。之：点、横撇、捺，三画。廿（niàn）（二十的意思），草字头，笔顺：先横、竖、竖、横，共四画。卅（sà）（三十的意思），带字头，笔顺：先横、再撇、竖、竖，共四画。

⑮部分部首的笔画、笔顺：艹（草字头）：横、竖、竖，三画。讠（言字旁）：点、横折提，两画。辶（走之儿）：点、横折折撇、捺，三画。阝（双耳刀）：横撇弯钩、竖，两画。忄（竖心旁）〔先〕点、点，〔后〕竖，三画。犭（反犬旁）：〔先〕撇、〔再〕弯钩、〔最后〕撇，三画。

※肃、脊、敝、垂等难写字的笔顺：

关于"肃"、"脊""敝""垂"等字以及"竖心旁"（忄）的规范笔顺：

在小学语文教材中，某些汉字的笔顺和原教材不同，其中有些汉字的笔顺本来就存在不同的看法，如："肃"字的最后四笔，是从左到右写，还是先中间后两边，或先两边后中间；"母"字的第三笔是"横"还是"点"。另外，对垂、重、再、里、爽、脊、敝等字以及"竖心旁"（忄）、"登字头"（癶）等的笔顺也存在不同的看法，希望能说明一下这些汉字和部首的规范笔顺。

笔顺规范是国家语言文字规范的组成部分。国家语委、国家新闻出版署曾在1988年发布《现代汉语通用字表》（以下简称《字表》），规定了汉字的字形结构、笔画数和笔顺。但《字表》中的规范笔顺是隐性的，就是要从字的排列顺序中分析出来，很多人不熟悉这种分析方法，因此，运用《字表》查某字的笔画很不方便，而且在应用中对某些字的笔顺也出现了不同理解。另外《字表》对个别字笔顺的规定也有不尽完善之处。

为了促进语言文字规范化，满足汉字研究、汉字教学、汉字信息处理、出版印刷、辞书编纂等方面的需要，国家语言文字工作委员会和国家新闻出版署对《现代汉语通用字表》确定的笔顺进行了调整和完善，在此基础上，于1997年4月7日联合发布《现代汉语通用字笔顺规范》（以下简称《规范》）。《规范》通过"跟随式"（显示出一笔一笔的书写顺序）等方式，把隐性的规范笔顺显示出来，明确了"火"、"叉"、"爽"等一些字的笔顺，并调整了"敝""脊"两个字的笔顺。当教学中对某字的笔顺出现疑问或分歧意见时，要以这个《规范》作为判断正误的依据。

根据《现代汉语通用字笔顺规范》的规定，对"肃"、"脊"等字的规范笔顺说明如下：

　　垂：撇、横、竖（中间）、横、竖（左）、竖（右）、横、横。

　　肃：最后四笔的书写顺序是"先两边、后中间"，全字书写笔顺：横折、横、横、竖、长撇、竖、撇、点。

　　脊：《字表》"脊"字上半部分的笔顺，原来规定为由左到右书写：点、提、撇、撇、点、捺；《规范》调整为先写"人"字两边的"点、提、撇、点"，次写中间的"人"字。

　　敝：《字表》对"敝"字左半部分的书写笔顺，原来规定为先写中间的一竖，再写上边的点、撇，然后写下边的竖、横折钩和里面的撇、点。《规范》调整为先写上边的点、撇，再写下边的竖、横折钩，然后写中间的一竖和里面的撇、点。

　　再：横、竖、横折钩、竖、横、横。

4. 汉字的间架结构

　　每个汉字的各个组成部分的大小高低都有一定的规矩，这就是汉字的间架结构。汉字的组成分为独体字和合体字。独体字是指该字只有一个部件（偏旁）构成，若要拆分只能分成最小的构字成分——笔画。如：立、山、王、手等字。而合体字是由两个或两个以上的部件（偏旁），按照各种不同的方式组成。所以汉字的间架结构主要是指合体字的结构关系。合体字的最基本的间架结构有以下几种：左右结构、上下结构、内外结构。但是由于汉字的组合方式是比较复杂的。在这几种基本的结构基础上，又变化成很多结构形式。具体方式如下：（见表）

结构方式	例字	间架结构
左右结构	败鲜	左右相等
	则部	左宽右窄
	晒轻	左窄右宽
左中右结构	椰街	左中右相等
	侧椭	左中右不等
上下结构	思变	上下相等
	军花	上小下大
	具热	上大下小
上中下结构	意累	上中下相等
	襄蓝	上中下不等
半包围结构	庆眉	左上包右下
	远延	左下包右上
	旬匀	右上包左下
	臣医	左包右

结构方式	例字	间架结构
半包围结构	周风	上包下
	画幽	下包上
全包围结构	回固	全包
品字形结构	淼森	三平均

第六节　汉字的识记

1. 独体字与合体字

独体字是由一个部件构成的字，独体字只有一个单个部件，不能再切分为几个部件，一般都是象形字和指事字。由古代象形字演变而来的独体字，一般不像原物的形状了，如"日、月、人、犬"等。只有个别的字，还保留原物的形象，如"田、山、井、刀"等。由古代指事字演变而来的独体字，大都也看不出指事的意思，如"寸、亦、甘、出"等。只有个别的字还保留指事的特点，如"刃、本、上、下"等。少数独体字是从古代合体字演变而来的，如"及、更"等。

合体字是由两个或两个以上的部件构成的字。合体字中，形声字占了绝对多数，如"狈、狂、嶙、租"等。合体字中一小部分是会意字，如"休、仁"等。

2. 同音字与多音字

读音相同的字叫同音字。同音字可分为两种情况：一种是读音相同，字形也相似，例如："蝶、碟、谍、牒"都读 dié。一种是读音相同，字形不同，例如"芥、界、戒、届"都读 jiè。汉字中这两种类型的字很多，使用时很容易发生混淆，要注意辨清同音字意义的区别和用法，以免写错、用错。汉字中有的字有两个或两个以上的读音，这样的字叫多音字。如"处"在"处分"读 chǔ，在"处所"中读 chù。"恶"在"恶劣"中读 è，在"恶心"中读 ě，在"厌恶"中读 wù 等。如何辨别多音字的读音呢？多音字一般都是多义字，这就要看它用在什么样的语言环境中，根据它的用法和意义来确定它的读音，含义不同，读音也就不一样。

3. 形近字

就是指在形体、结构、部件等方面很相近的字。汉字的结构很复杂，所以这种字很多。形近字的意义一般不相同，字音或相同、相近，或完全不相同。

形近字一般有以下几种类型：

➡偏旁部首不同。如坑—炕—抗等。

➡结构方式不同。如叨—召、呆—杏等。

➡个别部件不同。如受—爱、席—度等。

➡个别笔画不同。如外—处、贝—见等。

➡笔画长短不同。如土—士、甲—由等。

➡笔画数不同。如勺—匀、要—耍等。

对形近字的辨别，要认真分析其形旁和声旁，由形旁了解意义，进而分辨相似字，对差别甚微的字要小心，认真观察，准确记忆，如己—已—巳、拔—拨等。了解了形近字的类型及特点后，认真辨析字形的差别，就能杜绝错别字的产生。

4. 多义字

汉字不仅具有一字多音的特点，大多数汉字都具有两个或两个以上的义项，对于这样同时存在、互相联系的几个不同意义的汉字，我们就叫它多义字。也就是说，在不同的语言环境中，同一个汉字会具有不同的意义。如："空"字主要具有以下几个意义：

kōng
①里面没有东西或没有内容，不合实际的。（空瓶子，空想）
②白白地、没有结果地。（空忙活）
③天空。（空气、空间）
④无着落、无成效。（落空、扑空）

kòng
①使空，腾出来。（空出时间）
②闲着，没被利用的。（空地、空房）
③没有被占有的时间或地方。（有空儿、空隙）

"空"字的这几个意义，虽然不完全相同，但彼此有一定的联系，这众多的字义中，有一个是最基本的、最常用的，这个就是字的基本义。其他的意义都是在基本义的基础上引申和发展起来的，这些都叫做引申义。一般来说，每个字在字典中的第一个解释就是它的基本义，其余的都是引申义。

一字多义给我们的学习带来不少困难，常常是查到了字典中的字，却因为字义太多而不知道取哪个字义。值得注意的是，在查字典时，千万不要单独对着一个字去找字义，要把字放在具体的词语环境中，看几种解释中哪一个最合乎当时的语言环境，哪一个就是最恰当的解释。如"让你破费了"这句话中的"破"字在字典中有9种解释：①碎，不完整。②分裂。③使损坏。④超出。⑤冲开，打败。⑥揭穿。⑦花费、耗费。⑧表鄙视的形容词。⑨受过损伤的、破烂的。根据具体的语言环境，义项⑦是最恰当的。

一字多义现象是学习汉字中最难的一项，但也是最重要的一项，它对于小学生，尤其是低年级的小学生来说更是学习的难点，所以同学们在学习的过程中，应注意以下几点：第一，通过查字典，看看该字有几种意义。第二，看看它跟什么词语搭配在一起。第三，在阅读中要联系上下文理解字义，做到字不离词，词不离句地进行分析、理解。

第七节　多音字

阿

ā
①用在排行、小名或姓的前面，表亲昵：阿叔。
②用在某些亲属称呼之前：阿姐｜阿弟。

ē
①迎合、屈从：阿谀。
②弯曲的地方：山阿。
③地名：山东省东阿县。

挨

āi
①逐一；顺着：挨个儿。

②靠近；紧接着：挨着。

ái ①遭受；忍受：挨打、挨训。

②困难地度过：挨日子。

③拖延：挨时间。

艾

ài ①草本植物或者它的加工品：艾蒿。

②停止：方兴未艾。

③姓。

yì 治理；惩治：自怨自艾。

熬

āo ①一种烹调方法，把米等加水和作料放在锅里煮：熬萝卜。

②操心：熬心。

áo ①久煮：熬汤、熬药。

②忍受，勉强支持：熬夜。

拗

ǎo 把东西弄弯；使东西断；掰：拗断。

ào ①不顺的：拗口。

②不顺从；违背：违拗。

niù 不随和；固执：执拗。

扒

bā ①抓着，把住：扒着栏杆。

②刨开，挖：扒个缺口。

③脱掉，剥（bāo）：把兔皮扒下。

pá ①用手或耙子等使东西聚拢或散开：扒干草。

②用手抓挠：扒痒。

③一种煨烂的烹调方法：扒牛肉。

④偷窃：扒窃。

把

bǎ ①一种动作：把持。

②物体某一部分的名称：门把、把手。

③有把手的器具的单位：一把茶

壶、一把扇子。

④用在某事物前，表示后面有动作：把纸递过来、把窗关上。

bà ①器具上便于用手拿的部分：茶壶把儿。

②花、叶或果实的柄：梨把儿。

剥

bāo 去掉外面的皮、壳或其他东西：剥皮。

bō ①强行夺去：盘剥、剥削。

②表层脱落或被侵蚀：剥离。

③义同"剥（bāo）"，多用于合成词或成语：生吞活剥。

背

bēi ①指人用背驮东西：背筐。

②负担：背包袱、背黑锅。

③量词，一个人一次驮的量：一背柴火。

bèi ①躯干的一部分。

②某些物体的反面或后面。

③背部对着：背水作战。

④听觉不灵：耳朵背。

⑤凭记忆读出：背诵。

⑥违背：背信弃义。

⑦偏僻：这地方太背。

奔

bēn 急走，跑：奔驰。

bèn ①为某种目的而尽力去做：奔小康 | 奔头儿。

②径直（往目的地）走去：投奔。

③介词，引进动作行为的方向，相当于"朝"、"向"：一直奔向南。

④接近：她是奔四十的人了。

辟

bì ①君主。如，复辟。

②旧指君主召见并授予官职。

③排除：辟邪。

pì　①从无到有地开发：开天辟地。

②排除，驳斥：辟谣。

③透彻：精辟。

扁

biǎn　物体平而薄：扁圆形。

piān　小：一叶扁舟。

便

biàn　①方便，便利。

②方便的时候或顺便的机会。

③排泄屎、尿：大便、小便。

④简单的，非正式的：便衣。

⑤就：没有音乐，生活便苍白乏味。

pián　形容词：大腹便便｜便宜货。

泊

bó　①船靠岸：停泊。

②停留：漂泊。

③恬静：淡泊。

pō　湖（多用于湖名）：湖泊｜血泊。

卜

bǔ　①占卜：古时候用来决定生活行动的一种迷信的举动。

②姓。

bo　萝卜。

参

cān　①加入：参军。

②参考：参阅。

③旧时指进见：参见、参拜。

④封建时代指弹劾：参了他一本。

cēn　大小不一，长短、高低不一致：参差不齐。

shēn　①草本植物，可入药：党参。

②星宿名，二十八星宿之一。

藏

cáng　①隐避：躲藏、埋藏。

②收存：储藏、收藏。

zàng　①少数民族：西藏。

②佛教或道教经典的统称：大藏经。

③储存大量东西的地方：宝藏。

曾

céng　表示以前经历过：曾经，未曾。

zēng　①表示中间隔两代的亲属关系：曾祖父｜曾孙。

②姓。

差

chā　①不相同：差别。

②两数相减所剩余的数。

③稍微，较，尚：差可告慰。

④错误：差错。

chà　①表示错误：阴差阳错。

②表示缺欠：差10分及格。

③不好或者不够标准：学习成绩差。

chāi　①派遣（去做事）：出差。

②被派遣去做的事：差事。

③旧时称被派的人：差役。

cī　参差：长短、高低、大小不一致。

叉

chā　①叉子，头上有两三个长齿，可以挑或刺东西：铁叉。

②用叉子挑或刺：叉鱼。

③“×”，叉号，表示错误或作废。

④交错。

chǎ　表示一种动作，分开成叉（chā）形：叉着两条腿。

刹

chà　①指佛教的寺庙：古刹。

②表示极短的时间：刹那间。

shā 停止，止住（车、机器等）：刹车。

颤

chàn 振动，发抖：颤抖、颤巍巍。

zhàn 同"战"，发抖：颤栗。

长

cháng ①两点间的距离大（与"短"相对）。
②长度：这条公路全长1万米。
③长处：特长。
④对某事做得特别好：她擅长绘画。

zhǎng ①辈分大：长辈。
②年纪大：年长。
③成长：长势良好。
④领导人：班长。

朝

cháo ①朝廷：上朝。
②朝代：唐朝。
③向着，对着：朝后。
④朝见，朝拜。
⑤姓。

zhāo 早晨：一朝一夕、朝思暮想。

车

chē ①陆地上有轮子的运输工具：汽车、火车。
②利用轮轴旋转的工具：纺车。
③机器：开车。
④［方言］转动：车过头来。
⑤用水车取水：车水。
⑥用车床切削东西：车圆。

jū 象棋棋子的一种：车。

称

chēng ①量物体的重量：称一称有多少斤。

②称呼：大家都称他王老师。
③表示用言语或动作表达意见或情感：老李连声称好。

chèn 适合，相当：称意、称体。

乘

chéng ①用交通工具或牲畜代替步行，坐：乘汽车。
②利用（机会等）：乘机。
③数学上的求积方法：乘法。

shèng 在我国古代用于四匹马拉的兵车，相当于现在的"辆"：万乘之国。

冲

chōng ①用液体浇：冲凉。
②直上：怒气冲天。
③猛力撞击：冲撞。
④交通要道：要冲。
⑤山间平地：韶山冲。

chòng ①劲头足；力气大：这个人有股子冲劲儿。
②表示气味浓烈：酸味儿很冲。
③向着；对着：你有气别冲我撒。

重

chóng ①重复、再。
②层：万重山。

zhòng ①重量：重量很大。
②表示程度深：重情谊。
③表示重要：重担、重任。
④表示重视：器重、看重。

臭

chòu ①（气味）难闻：臭味儿、臭气。
②令人生厌的：臭脾气。
③低劣：臭手。
④狠狠地：臭骂一顿。

xiù 气味：空气是一种无色无臭的

气体。

处

chǔ　①惩罚；惩办：处罚。

　　　②安排；处置；办理：处理。

　　　③交往：相处。

chù　①地方：住处。

　　　②机关或机关团体的部门：办事处。

创

chuāng　身体受外伤的地方：创伤。

chuàng　开始，开始做：创办。

传

chuán　①一个人交给另一个人：传递。

　　　②把知识、技能等教给别人：传授。

　　　③传播：宣传。

　　　④表示热或电在导体中流通：传导。

zhuàn　①解释经文的著作：经传。

　　　②记录某人生平事迹的文字：传记。

　　　③叙述历史故事的作品（多用于小说名称）：《白蛇传》。

攒

cuán　拼凑；聚集：攒动、攒聚。

zǎn　积聚：攒钱、积攒。

单

dān　①一个：单扇门。

　　　②单独：单身。

　　　③奇数：单数。

　　　④只、光：单靠。

　　　⑤薄的：单薄。

　　　⑥纯，不复杂：简单。

　　　⑦记载事物的纸片：名单。

　　　⑧覆盖用的大幅布：床单。

chán　古代匈奴君主的称号：单于。

shàn　①地名：单县。

　　　②（shàn）姓。

弹

dàn　①用弓弓弹（tán）射的小丸。

　　　②可以发射或投掷出的具有破坏力、杀伤力的爆炸物。

tán　①用力或者猛然触击物体：把书上的灰尘弹掉。

　　　②用手指或器具拨弄或敲打乐器：弹钢琴、弹吉他。

　　　③借助肌体或器械的力量向上跳：弹跳。

　　　④检举；抨击：弹劾。

当

dāng　①相配；相称：相当。

　　　②掌管，主持：当政。

　　　③承担，承受：担当。

　　　④阻挡；抵挡。

　　　⑤介词，对着：当面。

　　　⑥动词：担任。

　　　⑦介词。正在（那时候或那地方）。

　　　⑧应当：该当。

dàng　①当作：他把别人的孩子当自己的孩子看。

　　　②抵得上：一个男人当两个女人用。

　　　③恰当，合宜：处理不当。

　　　④引进事情发生的时间：当天。

　　　⑤吃亏：上当。

待

dāi　停留：待一会儿就过来。

dài　①等待，等候：待机。

　　　②招待：待客。

　　　③需要：自不待言。

　　　④将；要：正待出门。

倒

dǎo ①横躺下来：卧倒。
②失败、垮台：倒台。
③转移，转换：倒班。
④倒买倒卖：倒汇。
⑤（食欲）变得不好：倒胃口。

dào ①方向、顺序、位置反了：倒影；把书拿倒了。
②倾出，使容器里的东西出来：倒水、倒茶。
③向后：倒退。
④却，还：反倒。

的

de ①助词。用在词或词组后边：美丽的花园。
②表示所指的人或物：年青的，红颜色的。
③表示所属的关系的词：我的爸爸，他的年龄。
④用在句末表示肯定的语气，常跟"是"相应：他是北京的。

dī 的士：打的、的哥。

dí 真实、实在：的确。

dì 箭靶的中心：有的放矢，中的。

得

dé ①获取：得到。
②适合：得体。
③演算产生结果：得数。
④得意。怡然自得。
⑤完成：饭得了。
⑥可以，许可：不得说话。

děi ①需要：你得细心点。
②表示揣测，相当于"要"、"会"：再不卖出去就得降价了。

de 结构助词，用在动词或形容词后面连接补语：跑得快、做得好。

地

dì ①土地，田地。
②地球，地面：天地。
③地区，地点：所在地。
④境地，地步：留有余地。
⑤底子：白地红花。
⑥路程：二十里地。

de 助词，用在动词或形容词的前边标志它前边的词是状语：慢慢地走过来、渐渐地忘记了。

调

diào ①调动，调换，分派：调职。
②音乐上指调门的高低，也指曲调：音调。
③字音的声调。
④口音：南腔北调。

tiáo ①均匀合适：风调雨顺。
②使均匀、合适：调味。
③挑逗：调戏。

都

dōu ①全，完全：全家都劳动。
②表示加重语气：小孩都能拿动。
③已经：他都到了。

dū ①首都：古都。
②大城市：都市。
③姓：都先生。

斗

dǒu ①容量单位，十升等于一斗。
②量粮食的器具，容量是一斗。
③形状略像斗的东西：漏斗。

dòu ①对打：搏斗。
②比赛争胜：斗智，争斗。

肚

dǔ 动物的胃：羊肚、牛肚。

dù ①腹部，胸下腿上部分：肚子。

②圆而凸起像肚子：腿肚子。

度

dù　①计量物体长短的器具或单位：度量衡。
　　②按照一定的计量标准划分的单位：温度。
　　③事物所达到的境地：程度。
　　④法则，体制：制度。
　　⑤过：度日。
　　⑥次：一年一度。
duó　推测；估计：揣度。

恶

wù　讨厌；憎恨：可恶、厌恶。
è　①恶劣的；不好的：恶人。
　　②凶狠的、凶猛的：一场恶战。
　　③极坏的行为：罪恶、无恶不作。
ě　①将要呕吐：恶心。
　　②使人厌恶。

发

fā　①产生：发电。
　　②送出，交付：发送。
　　③发射：百发百中。
　　④表达：发言。
　　⑤扩大：发扬。
　　⑥揭露，打开：发现。
　　⑦流露：发笑。
　　⑧起程：出发。
　　⑨量词：一发子弹。
fà　头发：理发、染发。

分

fēn　①分开：分离。
　　②分配：分工作。
　　③辨别：分清是非。
　　④表示分数：二分之一。
　　⑤计量单位名：分米。
　　⑥散发：分配。

fèn　①成分：水分。
　　②职责或权利的限度：分内的事。
　　③同"份"：一分儿礼。

缝

féng　用针线连缀：缝补。
fèng　裂开或自然露出的窄长口子：裂缝、墙缝。

干

gān　①没有水或水分很少：风干。
　　②加工制成的没有水分或水分少的食品：肉干。
gàn　①做事：干活。
　　②事物主体或重要部分：树干、干线。
　　③有能力：才干。

给

gěi　①支付；送予：给予。
　　②让：给你看。
　　③表示被动：给他弄坏了。
　　④向：给对方敬礼。
　　⑤为：给我倒杯水。
jǐ　供应：自给自足。

更

gēng　①改变；改换：变更。
　　②旧时一夜分为五更，每更大约两小时。
　　③经历：少不更事。
gèng　①程度深：他更细心了。
　　②又；再：祝愿你更上一层楼。

供

gōng　①供给；供应：供不应求。
　　②提供某种利用的条件（给对方利用）：供大家使用。
gòng　①被审问时在法庭上述说事实：招供、口供。

②陈列的表示虔敬的东西；供品：上供。

③向神佛或死者奉献祭品：供佛。

骨

gū ①表示没有开放的花朵：花骨朵儿。

②滚动的：骨碌。

gǔ ①骨头：扁骨、长骨。

②比喻在物体内部支撑的架子：龙骨。

③品质；气概：骨气。

观

guān ①看：观摩。

②看到的景象：壮观。

③对事物的认识、看法：乐观。

guàn ①指道教祭祀天地、供奉神灵和举行法事的场所：道观。

②（guàn）姓。

冠

guān ①帽子的另一种说法：衣冠整齐。

②形状像帽子或顶上的东西：鸡冠、树冠。

guàn ①把帽子戴在头上。

②超出众人，居第一位：勇冠三军。

③在前面加上某种名号：冠名。

哈

hā ①张口呼气：哈气。

②象声词，形容笑声（大多叠用）：哈哈大笑。

③叹词，表示得意或满意（大多叠用）：哈哈，我赢了。

④哈腰，稍微弯腰表示礼貌。

hǎ ①一种狗：哈巴狗。

②哈达：藏语音译。

③（hǎ）姓。

还

hái ①更：他比小强的身体还好。

②仍旧；依然：他还是那样帅。

③再；又：还有一件高兴事。

④尚且，勉强过得去：身体状况还好。

huán ①表示返回原来的地方或恢复原状：还乡、还原。

②归还：还东西。

③回报：还手、还击。

喝

hē ①吸食液体饮料或流质食物；饮：喝水、喝粥、喝酒。

②特指喝酒。

hè 大声喊叫：喝彩、吆喝。

核

hé ①果实中坚硬并包含果仁的部分。

②像核的东西：菌核。

③指原子核、核能、核武器等：核试验。

④仔细地对照，观察：核算。

hú 核儿：桃核、杏核。

荷

hé ①植物名，莲：一塘菱荷。

②指荷兰（欧洲的一个国家）。

hè ①背；扛：荷枪实弹。

②负担：肩负重荷。

和

hé ①相安；谐调：和睦。

②平息争端：讲和。

③数学上指两个或两个以上的数加起来的总数。

④连词，跟；同。

⑤姓。

⑥（比赛）不分胜负；平局：和棋。

⑦平静；不猛烈：温和。

⑧对；向：你和他说。

huó　在粉状物中加液体搅拌使有黏性：和面。

huò　①混合（多用于粉粒状物）：两种面怎么和在一起了？

②量词，指洗东西换水的次数或一剂药煎的次数：药刚煎了一和。

横

héng　①跟地面平行的：横梁。

②地理上东西向的：横贯。

③从左到右。

④蛮横；凶恶：横加阻拦。

⑤横竖；反正：我横不那么办。

⑥汉字的笔画。

hèng　①凶暴；不讲理：蛮横无理。

②意外的；出乎意料的：飞来横祸。

哄

hōng　许多人同时发出的声音：哄传（chuán）、哄动。

hǒng　①说假话骗人：哄骗。

②用语言或行动使人欢喜：哄小孩。

hòng　吵闹；搅扰：他们在起哄。

华

huá　①繁盛，光彩好看：繁华。

②事物最好的部分：精华。

③指光阴：似水年华。

④美丽有光彩的：华灯。

⑤中华民族的简称：华侨。

huà　①山名：华山。

②（huà）姓。

晃

huǎng　①闪耀：明晃晃。

②很快地闪过：一晃就不见了。

③耀眼，刺眼：太阳光真晃眼。

huàng　摇动；摆动：晃动。

会

huì　①聚合：会合。

②见面；会见：会面。

③有一定目的的集会：联欢会。

④某些团体：工会。

⑤理解；懂得：领会。

⑥善于：能说会道。

⑦能：他会游泳。

⑧一小段时间：一会儿。

kuài　管账目的人：会计。

混

hún　①同"浑"：混水摸鱼。

②不明事理；糊涂：混人。

hùn　①掺（chān）杂：混合。

②蒙混：混充。

③苟且地生活：混日子。

④胡乱：混说。

几

jī　①一种小桌子：茶几。

②将近；差不多的：几近、几乎。

jǐ　①询问数目（估计数目不太大）：来了几个人？。

②表示大于一而小于十的不定的数目：几百人。

济

jǐ　①济水，古水名。

②姓。

jì　①过河；渡：同舟共济。

②搭救：救济、接济。

③有益处的：无济于事。

系

jì　打结；扣：系带子。

xì ①关联，连接：关系。
②系统：水系。
③牵挂：系念。
④是：确系。

夹

jiā ①从两旁加压力，使物体不动：夹住。
②两旁有东西限制：夹击。
③混杂；搀（chān）杂：夹带。
④夹东西的工具：夹子。
jiá 双层的：夹被。
gā 腋的通称：夹肢窝。

假

jiǎ ①虚伪的；不真实的：假话。
②假定：假设。
③假如：假若。
④借用；利用：假借。
jià 经批准或法定的暂时不工作或不学习的时间：寒假。

间

jiān ①当中：中间。
②一定的时间、地点或范围：人间。
③屋子；房屋：房间。
④量词：一间房。
jiàn ①有空隙的：当间儿。
②隔开；不连接：黑白相间。
③挑拨使人不和：离间、反间。

见

jiàn ①看见；看到：眼见为实。
②看得出；显现出：见效。
③会见；会面：接见。
④对于事物的看法；意见：主见、成见。
xiàn 显露：读书百遍，其义自见。

将

jiāng ①要；将要：船将启航。
②保养：将养。
③把；拿：将功折罪。
jiàng ①军衔名。在校级以上，比元帅低：大将、上将。
②统率；带领：不善将兵的人，不一定不善将将。
qiāng 愿；请：将进酒。

降

jiàng ①下落；落下：降旨、降临。
②使下落：降低、降价。
xiáng ①降伏；使驯服：降龙伏虎。
②投降：劝降。

教

jiāo 把知识和技能传授给别人：教语文。
jiào 教导；教育：请教、管教。

角

jiǎo ①牛、羊、鹿等头上长出的坚硬的东西：牛角。
②形状像角的：菱角。
③物体边沿相接的地方：墙角。
④货币单位：一角钱。
⑤量词。
jué ①演员；角色：在这个电影里，他是主角。
②竞争；争胜：角斗士。
③古代五音"宫、商、角、徵（zhǐ）、羽"之一，相当于简谱的"了"。

觉

jiào 睡眠：睡觉。
jué 人或动物对刺激的感受和辨别：味觉。

结

jiē　长出（果实或种子）：树上结了不少苹果。

jié　①绾（wǎn）；系：蜘蛛结网。
②用绳子、线条或布条等绾成的扣：他用绳子打结，结网。
③表示结合或者形成某种关系：结成团伙。

节

jiē　①比喻紧要的、能起决定作用的环节或时机：节骨眼。
②木材上的疤痕：节子。

jié　①物体各段之间相连的地方：骨头的关节。
②段落：节拍、音节、季节。
③操守：气节。
④节日；节气：国庆节。

解

jiě　①分开：解剖。
②把束缚着或系着的东西打开：解衣服。
③解除：解职。
④解释：解答。
⑤明白：了解。
⑥解手：大解。

jiè　押送：押解、起解。

xiè　①地名：解州（在我国的山西省）。
②（xiè）姓。
③手段：使尽浑身解数。

尽

jǐn　①力求达到最大限度：尽快去办理这件事情。
②表示以某个范围为极限，不得超过：尽着这几个小时把事情办好。
③把某些人或事物放在最前面：先尽妇女和小孩上船。

jìn　①完：取之不尽。
②死亡：自尽。
③达到极端：尽善尽美。
④全部用上：尽心。
⑤用力完成：尽职。
⑥全：尽人皆知。

禁

jīn　①禁受；耐：弱不禁风。
②忍住：不禁。

jìn　①不允许；制止：禁止吸烟。
②把人关押起来：把犯人监禁起来。
③旧时称帝王居住的地方：紫禁城。

劲

jìn　①力气：用劲。
②精神：干劲。
③趣味：起劲。

jìng　表示坚强有力的：强劲、刚劲有力。

据

jū　经济境况不理想：经济拮据。

jù　①占有：占据。
②凭借；依靠：据点。
③按照；依据：据理力争。
④可以证明的事物：证据。

圈

juān　关闭；拘禁：把羊圈起来。

juàn　养猪、羊等牲畜的建筑，有棚和栏：猪圈。

quān　①环形的东西；环形：花圈。

卷

juǎn　①把东西弯转成圆筒形：烙饼卷大葱。
②裹成圆筒形的东西：铺盖卷儿。
③掀起：风卷残云。
④量词：一卷画。

juàn ①书本的另一种说法：开卷有益。
②用于书籍的本册或篇章：第三卷。
③考试用的薄本子或单页纸：期中考试的试卷。

卡

kǎ ①把人或财物留住不放；阻挡：卡紧。
②用手的虎口紧紧按住：卡住、卡脖子。

qiǎ ①夹在中间，不能活动：鱼刺卡在了喉咙里。
②夹东西的器具：她头上的发卡真好看。

看

kān ①守护：看门。
②监视：把他看起来。

kàn ①用眼睛感受外界事物：看报纸。
②观察：看脉。

壳

ké ①一种手枪：驳壳枪。
②坚硬的外皮：蛋壳。

qiào 坚硬的一层外皮：地壳。

咳

ké 喉部或气管的黏膜受到刺激而引起的一种反射作用，随即强烈地呼吸，声带振动发声。

hāi 叹词，表示伤感、后悔或惊异：咳！我怎么会犯这种错误呢？

嗑

kē 有时特指现成的话：唠嗑。

kè 上下两个门牙对咬有壳的东西：嗑瓜子。

空

kōng ①不包含什么，里面没有东西或没有内容：空想、空谈。
②天空。
③没有结果的；白白地：空忙。
④无缘无故，无根据：凭空。
⑤不发生作用的；有名无实的：空头。

kòng ①使空出来，腾出来：空一个人的位置。
②闲着；没被利用的：空房、空戏院。
③没被占用的时间或空间：填空。

落

là ①遗漏；丢下：落下。
②忘记拿走了：他把寒假作业落家了。
③因为跟不上而被丢在后面：他走得慢，被落下了。

lào 掉下来；下降；留下：落炕头。

luò ①物体因失去支持而下来：伤心落泪。
②下降：降落；落日的光芒。
③使下降：把价格落下来。
④归属：权利旁落。
⑤遗留在后面：骄傲使人落后。
⑥衰败；飘零：衰落。

了

le 轻声，语气助词。
①表示动作或变化已经完成：他来了，高了一头。
②表感叹的一种语气：他做得真是太好了！

liǎo ①明白懂得：了解。
②完结；结束：了结。

乐

lè ①高兴；欢喜：快乐的小鸟。
②喜欢做：乐此不疲。

③笑：他把她逗乐了。

yuè ①音乐。
②姓。

擂

léi 打：擂鼓；自吹自擂的人注定失败。
lèi 擂台，古时候比武的台子：摆起了擂台。

累

léi ①接连成串：累累果实。
②多余；麻烦：他是她的累赘。
lěi ①重叠；堆积：天才出于勤奋，聪明在于积累。
②牵连：连累。
lèi 疲乏：劳累。

俩

liǎ ①两个：咱俩；他们俩的感情很深。
②不多；几个：这么俩人怎么干这么多活？
liǎng 指不正当的手段、花招：伎俩。

量

liáng ①估量：打量。
②用工具测定事物的轻重、长短、大小、多少等：用斗量黄豆。
liàng ①能容纳或禁受的限度：容量。
②数目；数量：玉米的产量很大。
③估计；衡量：量力、量才录用。

裂

liě 物品的两端向两旁分开：衣服没扣好，裂着怀。
liè 破开；开缝：裂缝。

遛

liú 暂时停留：此地不许逗遛。
liù ①牵着宠物慢慢走：遛狗。
②慢慢走；散步：遛弯儿。

笼

lóng ①养家禽或野生动物的器具，用竹、木条或金属丝等编制而成：兔笼。
②用竹、木等材料制成的有盖的蒸东西的器具：蒸笼。
lǒng ①罩住；遮盖：笼罩。
②使用某种手段拉拢人：他很会笼络人心。

露

lù ①靠近地面的水蒸气，夜间遇冷凝结成的水珠：露水。
②用花叶或水果等制成的饮料。
③显露；表现：揭露。
④没有遮蔽；屋外的：露天。
lòu 显现：露面。

绿

lù 一般草和树叶的颜色，蓝和黄混合成的颜色：绿色的树木。
lù ①绿林，泛指聚集山林，反抗官府或抢劫财物的集团：绿林。
②江名：鸭绿江。

率

lù 指两个相关的数在一定条件下的比值：功率、圆周率、及格率、出勤率、利率。
shuài ①带领：率领。
②直爽的：坦率。
③不慎重的：草率。

论

Lún 论语（古书名，内容主要是记录孔

49

子及其门徒的言行）：上论；下论。

lùn ①分析判断：议论。

②分析、阐明道理的话或文章：社论。

③衡量；评定：论罪。

④说；看待：相提并论。

⑤按照：论理。

抹

mā ①擦：抹桌子。

②用手按着并向下移动：把头上的帽子抹下来。

mǒ ①涂：涂抹、淡妆浓抹。

②涂掉；擦去：抹眼泪。

③工具：抹子。

脉

mài ①血管，动脉和静脉的统称。

②脉搏的简称。

③植物叶子、昆虫翅膀上像血管的组织：叶脉。

④像血管一样连贯而成系统的东西：山脉。

mò 形容用眼神表达爱慕的情意：脉脉。

埋

mái ①用土、落叶等盖住：埋藏。

②藏；隐没：埋伏。

mán 事情不如意而对人或事物表示不满：埋怨。

没

méi ①表示"领有、具有"等的否定：没有票。

②表示对存在的否定：屋里没人。

mò ①表示人或物沉下或沉没：船只沉没了。

②漫过或高过（人或物）：水深没膝。

③隐藏；隐没：这座山里有豹子出没。

闷

mēn ①气压低或空气不流通引起不舒畅的感觉：闷热。

②使不透气：让茶闷一会儿。

③声音不洪亮：闷声闷气。

④在屋里呆着，不到外面去：闷在家里。

mèn ①不痛快；心烦：愁闷。

②密闭的；不透气的：闷子车。

蒙

mēng ①欺骗：别蒙人。

②胡乱猜测：别瞎蒙。

③昏迷：头蒙。

méng ①遮盖：蒙上一张纸。

②受：蒙难。

③蒙昧：启蒙。

④雨点细小：蒙蒙细雨。

měng 蒙古族。

秘

mì ①秘密的：秘事。

②保守秘密：秘而不宣。

③大便干燥、困难：便秘。

④罕见；稀有：～宝，～籍。

bì 秘鲁：国名，在南美洲。

模

mó ①法式；规范；标准：模型。

②效仿：模仿。

③模范：楷模。

mú ①用压制或浇灌的方法制造物品的工具：模具。

②形状；容貌：她的模样很漂亮。

磨

mó ①摩擦：嘴唇都快磨破了。

②折磨：他被病折磨得不成样子了。

mò　①把粮食弄碎的工具，由两个圆石盘做成：石磨。
②用磨把粮食弄碎：磨面。

摩

mó　①摩擦：摩拳擦掌。
②按摩。
③接触：手可摩青天。
④研究切磋：观摩。

mā　用手轻轻抹，使平展：摩挲。

难

nán　①不容易，做起来费事：难题。
②不大可能：难免。
③不好：难听。
④使不好办：为难。

nàn　①不幸的遭遇；灾难：遭难。
②质问：责难。

宁

níng　①安宁：宁静。
②南京的简称。
③宁夏回族自治区的简称。

nìng　①副词，表示比较后做出的选择；情愿：宁死不屈。
②（nìng）姓。

弄

nòng　①手拿着、摆弄着或逗引着玩：戏弄。
②做，搞：弄好。
③设法取得：去弄点水。

lòng　小巷；胡同：弄堂。

胖

pàng　（人体）脂肪多，肉多：这孩子很胖。

pán　安泰舒适：心宽体胖。

泡

pāo　①鼓起而松软的东西：豆腐泡。
②量词，用于屎、尿：撒泡尿。

pào　①气体在液体内鼓起的球状体：水泡。
②像水泡一样的东西：灯泡。
③把东西放在液体里浸泡：泡茶。

炮

bāo　烹调方法，用锅在旺火上炒：葱炮肉。

páo　制中药的一种方法：炮制。

pào　①一种军用武器：高射炮。
②爆竹：鞭炮。
③用炸药爆破土石等：打眼放炮。

喷

pēn　液体、气体、粉末等受压力而喷出：喷泉、喷雾器。

pèn　香气扑鼻：喷香。

片

piān　①泛指影片：换片子。
②相片。

piàn　①量词：一片云。
②不全的；零星的：片面。
③平而薄的东西，一般不很大：纸片。

漂

piāo　在液体表面，顺着液体流动的方向流动：漂移、漂浮。

piǎo　①用水冲洗：漂洗。
②用化学药剂使纤维或纺织品等变白：漂白。

piào　好看，也形容事情干得出色：做得真漂亮。

屏

píng　①遮挡：屏蔽。

②室内用来隔断视线或挡风的用具：屏风。

bǐng ①抑止（呼吸）：屏住呼吸。
②除去；放弃：屏除。

迫

pò ①强逼；压制：迫害。
②急促；紧急：迫切。
③接近：迫近。
pǎi 迫击炮：一种从炮口装弹，以曲射为主的火炮。

仆

pū 向前倒下：前仆后继。
pú ①仆人：奴仆。
②古时男子谦称自己。

铺

pū ①把东西展开或摊平：铺路。
②量词，用于炕等：一铺炕。
pù ①商店；药店等：杂货铺、药铺。
②床：床铺。

栖

qī 本指鸟停在树上，泛指居住或停留：栖息。
xī 形容不安定：栖惶。

期

qī ①一段时间：学期。
②预定的日子：到期。
③盼望；希望：期望。
④等候所约的人，泛指等待或盼望：期待。
⑤规定的时日：定期。
jī 一周年；一整月：期年、期月。

奇

qí ①罕见的；非常的；特殊的：奇闻。
②出人意料的；令人难测的：奇兵。
③惊异：惊奇。
④姓。
jī ①数目不成对的，跟"偶"相对：1、3、5、7 等不能被 2 整除的数是奇数。
②零数：（核）舟首尾长约八分有奇。

纤

qiàn ①拉船用的绳子：拉纤。
②拉纤的：纤夫。
xiān 细小（细长像丝的物质）：纤维。

抢

qiāng ①碰、撞：呼天抢地。
②方向相对；逆：抢风。
③（言语）冲突：两人说抢（戗）了，吵了起来。
qiǎng ①用强力把不属于自己的东西夺过来：抢夺土地。
②抢先；争先：抢购黄金。
③赶紧；突击：抢修绵竹县的公路。

强

qiáng ①健壮；力量大：身体强健。
②程度高：记忆力强。
③尽力；硬拼：强攻、强记。
④粗暴；蛮横：强横。
⑤好；优越：一年更比一年强。
qiǎng 硬要；迫使：强迫。
jiàng 强（qiáng）硬不屈：倔强。

悄

qiāo ①没有声音或声音很低：悄悄。
②（行动）不让人知道：悄悄地出了村。
qiǎo ①忧愁：悄然落泪。
②没有声音或声音很低：悄声。

翘

qiáo ①抬起头：翘首。

②平的东西因由湿变干而不平：翘棱。

qiào　一头儿向上仰起：翘尾巴、翘辫子。

切

qiē　①用刀从上往下割：把瓜切开。

②几何学上直线与圆、直线与球、圆与圆、平面与球或球与球只有一个交点时叫做切：切点。

qiè　①符合；合：切题。

②贴近；亲近：切身。

③急切；殷切：恳切。

④切实；务必：切记。

茄

qié　茄子：一年生草本植物，叶椭圆形，果实球形或长圆形，紫色，有的白色或浅绿色，是普通蔬菜。

jiā　一种较粗较长用烟叶卷成的卷烟：雪茄。

亲

qīn　①父母：双亲。

②血统最接近的：亲兄弟。

③有血统关系的亲属：亲戚。

④婚姻：结亲、定亲。

⑤指新妇：娶亲、迎亲。

⑥关系；感情好：亲热、亲爱。

⑦亲自：亲手。

⑧用嘴唇接触（人或东西）表示亲热：亲吻。

qìng　两家儿女相婚配的亲戚关系：亲家。

曲

qū　①弯曲：曲线。

②弯曲的地方：河曲。

③不公正；无理：是非曲直。

④姓。

qǔ　①唱歌的调子：曲调。

②歌谱：《义勇军进行曲》的旋律十分雄壮。

券

quàn　票据或作凭证的纸片：入场券。

xuàn　桥梁、门窗等建筑成弧形的部分：拱券。

任

rén　①姓。

②地名：任县（Rén Xiàn）、任丘（Rén qiū），都在河北省。

rèn　①相信；依赖：信任。

②任命；使用；给予职务：任用。

③担负或担当：任课。

④由着；听凭：任意。

撒

sā　①放开；张开：撒手。

②尽量使出来或施展出来（含贬义）：撒赖、撒酒风。

sǎ　①把颗粒状的东西分散着扔出去；散布：撒玉米种。

②散落：玉米撒得满地都是。

塞

sāi　①堵住器物口的东西：瓶塞。

②把东西放进有空隙的地方，填入：塞住。

sài　可做屏障的险要地方：边塞。

sè　义同‘塞’（sāi），用于某些合成词：闭塞、堵塞。

散

sǎn　①没有约束；松开：自由散漫。

②零碎的；不集中的：散装糖果。

③药末：健胃散。

sàn　①没有约束；松开；分散：解散、散失。

②排遣：散心。

丧

sāng　跟死人有关的事：丧事。

sàng　①失去；丢掉：丧失、丧尽天良。
　　　②失意；沮丧。

扫

sǎo　①用笤帚、扫帚扫去尘土、垃圾
　　　等：扫地。
　　　②除去；消灭：扫雷、扫盲。
　　　③很快地左右移动：扫射。

sào　除去尘土、垃圾等的用具，比笤帚
　　　大：扫帚。

色

sè　①颜色：红色。
　　②脸上表现的神情；神色：面不
　　改色。
　　③种类：各色各样。
　　④情景；景色：夜色。
　　⑤指妇女：姿色。

shǎi　<口语>颜色：衣服掉色儿。

扇

shàn　①摇动生风的用具：电扇。
　　　②指板状或片状的东西：门扇。
　　　③量词。用于门窗等：一扇门。

shān　①摇动扇子或其他薄片，加速空
　　　气流动：扇扇（shàn）子。
　　　②用手掌打：扇耳光。

上

shǎng　指的是普通话四声（阴平、阳
　　　平、上声、去声）之一，是第
　　　三声，上声的又音。

shàng　①位置在高处：上面。
　　　②从低处到高处：上楼梯。
　　　③到某地；去某地：上北京。

shang　用在名词后，表示在物体的表

面上：桌面上。

稍

shāo　略微；微微：这个班的女生比男
　　　生稍多一点儿。

shào　稍息：军事动作，指在立正基础
　　　上左脚顺脚尖方向伸出约全脚的
　　　三分之二，两腿自然伸直，上体
　　　保持立正姿势，身体重心大部分
　　　落于右脚。

少

shǎo　①（跟"多"相对）指数量小：
　　　少数。
　　　②不够原有或应有的数目；缺少
　　　（跟"多"相对）：必不可少。

shào　①年纪轻（跟"老"相对）：少
　　　儿、少年。
　　　②少爷：恶少、阔少。
　　　③同级军衔中较低的：少校。

舍

shě　①放弃：舍近求远、四舍五入。
　　②给；送：施舍。

shè　①房屋：宿舍、校舍。
　　②养家畜的圈：鸡舍、牛舍。

省

shěng　①节约；俭省：省钱、节省。
　　　②减去；免除：这个字不能省；
　　　省去一道工序。
　　　③行政区划单位，直属中央：河
　　　北省。
　　　④指省会：进省城。

xǐng　①检查自己的思想、行为：内省；
　　　一日三省吾身。
　　　②探望；问候（多指对尊长）：省
　　　亲、省视。
　　　③明白；醒悟：不省人事。

盛

shèng ①兴旺；繁盛：全盛时期、花儿盛开。

②旺盛；强烈：火势很盛。

③隆重；华美：盛装打扮、盛会。

④盛行；普遍：风气很盛、盛传。

chéng ①把东西放进器具里：盛水。

②容纳：这房间小，盛不了几个人。

石

shí ①构成地壳的坚硬物质，是由矿物集合而成的：岩石、花岗石。

②用石头做成的：石器。

③（shí）姓。

dàn 我国容量单位，一石是十斗。

识

shí ①认识：识相、识货。

②知识：常识。

③见识；辨别是非的能力：远见卓识。

zhì ①记住：博闻强识。

②记号：款识、标识。

什

shí 多种的；杂样的：什锦菜、杂什。

shén 代词：为什么、做什么。

①表示疑问：这是什么？

②指不确定的事物：我想吃点什么。

③表示惊疑或不满：什么！九点了，车还没有开！

数

shǔ ①查点；逐个说出：把鸡蛋数一数。

②计算（比较）起来（最突出）：数一数二。

③列举（罪状）：数落。

④命运：气数。

shù ①数目；划分或计算出来的量：数以万计。

②几；几个：数十种。

shuò 屡次：数见不鲜。

似

sì ①像；如同：神似、类似、似是而非。

②表示超过：人民生活一年强似一年。

shì 常和"的"组成助词"似的"，用在名词或动词的后面，表示跟某种事物或情况相同：她的脸红得跟苹果似的，也作"是的"。

宿

sù ①夜里睡觉；过夜：风餐露宿、宿营。

②旧有的；一向有的：宿愿。

③年老的；长期从事某事的：耆宿、宿将（jiàng）。

④（sù）姓。

xiǔ 量词，用于计算夜：住了几宿。

xiù 我国古代天文学家把天上某些星的集合体叫做宿：星宿、二十八宿。

遂

suí 只用于"半身不遂"，偏瘫。

suì ①顺；如意：遂愿。

②于是；就：服药后腹痛遂止。

③成功；实现：犯罪未遂。

踏

tà 用脚踩：踩踏。

tā （工作或学习的态度）切实；不浮躁；很安稳：踏踏实实、睡不踏

（塌）实。

趟

tāng　同"蹚"。

①从浅水里走过去：他趟着水过
了河。

②用犁、锄等把土翻开，除去杂
草并给苗培土：趟地。

tàng　量词。

①表示走动的次数：今天去了一
趟省城。

②行列：跟不上趟。

③用于成行的东西：一趟桌子

提

tí　①垂手拿着（有提梁或绳套之类的
东西）：提心吊胆。

②使事物从低到高，由后往前移动：
提高、提前。

③说出；举出：提建议、提醒。

dī　①小心防备：提防。

②提：提溜着一斤肉。

挑

tiāo　①扁担等两头挂上东西，用肩膀
支起来搬运：挑担、挑水。

②名词，挑子：挑挑子。

③选，拣：挑毛病、挑剔。

tiǎo　①用竿子等的东西的一头支起来：
挑起窗子。

②用细长的东西拨开或弄出：
挑火。

③拨弄；挑动：挑是非。

帖

tiē　①妥当：妥帖。

②顺从；驯服：这条狗被训练得服
服帖帖的。

tiě　①请客人的通知、纸片：请帖。

②旧时写着生辰八字等的纸片：庚

贴、换帖。

tiè　学习写字或绘画时临摹用的样本：
钢笔字帖。

通

tōng　①没有阻碍，可以穿过，能够达
到：通行证、通途。

②相互往来；交接：通商、通婚。

③传达：通风、通信。

④普遍：通常。

tòng　量词，用于动作：打了三通鼓。

同

tóng　①相同，一样：同样。

②跟……相同：同往、同上。

③共同；一齐（从事）：会同、同
甘共苦。

④连词，表示联合关系，和，跟：
我跟你一同去。

tòng　小街道；小巷：老北京胡同。

吐

tǔ　①用力使东西从嘴里出来：吐口水。

②露出来：吐穗儿。

③说出；透露：吐露心事。

tù　①（消化道或呼吸道里的东西）不
自主地从嘴里涌出：吐血。

②比喻被迫退还侵占的财物：从我
这里拿走的给我吐出来。

为

wéi　做；充当；作为：敢作敢为。

wèi　①介词，替；给：为大家服务。

②介词，表示目的（跟"了"连
用）：为了事业而奋斗。

蹊

xī　小路：独辟蹊径。

qī　奇怪：事有蹊跷。

虾

xiā 节肢动物，生活在水中，会跳跃，捕食小虫，种类很多：小虾米。

há 青蛙和蟾蜍的统称：虾（蛤）蟆。

吓

xià 使害怕：吓唬。

hè ①使人感到害怕：恐吓。

②叹词，表示不满：吓，他怎么能这样呢！

鲜

xiān ①新的；不陈的；不干枯的：鲜果。

②滋味美好：鲜汤。

③有光彩的：鲜红。

④新鲜的食物：时鲜。

xiǎn 少：鲜有、鲜见。

相

xiāng ①互相：相识、不相上下、相像。

②表示一方对另一方的动作：相告。

③副词，有一定程度的：那山相当高。

④亲自观看（是不是合心意）：相亲。

xiàng 相貌；外貌：一副可怜相。

巷

xiàng 较窄的街道：街头巷尾。

hàng 采矿或探矿时挖的坑道：巷道。

削

xiāo 用刀平着或斜着去掉物体的表层：削苹果。

xuē 义同"削（xiāo）"，专用于合成词：剥削阶级、削减、削平、削弱、削发、削壁、削价、削足适履。

校

xiào ①校友。

②军衔名，在尉和将之间：大校。

jiào ①订正：校正、校稿。

②同'较'，比较：校场。

兴

xīng ①流行；盛行：复兴、新兴。

②使盛行：大兴土木。

③开始：兴利除弊。

④发展：兴隆。

xìng 兴趣；对事物喜爱的情绪：败兴、助兴。

行

xíng ①走：人行道。

②实际地做：行军礼。

③流通：发行。

háng ①行列：双行。

②职业：外行看热闹，内行看门道。

③量词：四行字。

畜

xù 饲养：畜牧。

chù 禽兽，多指家养的兽类：六畜、牲畜。

血

xuè ①人或动物体内循环系统中的液体组织：鲜血、血液。

②有血统关系的亲属：血亲。

③比喻刚强热烈：热血男儿。

xiě <口>义同"（xuè）血"，多单用：血淋淋、血糊糊、血晕。

压

yā ①对物体施压力（多指从上向下）：

泰山压顶。

②制止；控制；使稳定：压住阵脚。

③用威力制服，镇服：压制。

④逼近：太阳压树梢。

⑤搁着不动：积压起来。

yà　根本；从来：压根儿。

咽

yān　咽头，食物和气体的共同通道，位于鼻腔、口腔和喉腔的后方，常混称为咽喉。

yàn　使嘴里的食物等通过咽喉到食道里去：咽口水。

yè　悲哀得说不出话：哽咽着说不出话来。

要

yāo　①提出具体事项，希望实现：要求。

②强迫答应要求：要挟。

yào　①索取；希望得到：我要！

②应该；必须：你一定要听话！

③将要：我们学校要举行运动会了。

④表假设关系，相当于"如果"：要是天气好，我们可以出去玩了。

⑤请求；叫：他要我帮他忙。

⑥重大，值得重视的（事物）：险要、要点。

遗

yí　①丢失；遗失：遗弃。

②丢失的东西：路不拾遗。

③余；留：遗留。

④漏掉：遗忘。

wèi　赠与；赠送：遗之千金。

殷

yīn　①深厚；丰盛：殷切、殷实。

②周到而尽心：殷勤招待。

③朝代，是商代迁都于殷后改用的称号：殷商。

④（yīn）姓。

yān　赤黑色：殷红的鸡冠子。

饮

yǐn　①喝：饮水思源。

②可以喝的东西：饮料、冷饮。

③心里存着；含着：饮恨。

yìn　给牲畜喝水：饮牲口、饮马。

应

yīng　①该；当：应有尽有。

②答应：叫他也不应。

yìng　①回答或随声相和：答应。

②允许；接受：有求必应。

③应付：应变、应急。

④适合；配合；顺应：应时。

与

yǔ　①给：与人方便。

②赞许；赞助：与人为善。

③跟：与虎谋皮。

④和：我与他是同桌。

yù　参与；参加：与闻、与其事。

约

yuē　①拘束；限制：制约。

②预先说定：约定。

③俭省：简约。

④大概：大约、约等于。

⑤共同议定的要遵守的条款：条约、有约在先。

yāo　<口>用秤称：约一斤肉。

晕

yūn　昏迷：头晕目眩。

yùn　①日光或月光通过云层时因折射作用而在太阳或月亮周围形成的光圈：光晕。

②头发昏：晕车、<方>晕高儿。

扎

zā ①捆；缠束：扎裤腿。

②把儿；捆儿：一扎绳。

zhā ①刺：扎针。

②停留；安营：驻扎。

③钻：扎到人堆里。

zhá 扎挣：勉强支撑。

载

zǎi ①年：三年五载。

②写下来；刊登：转载、记载。

zài ①用交通工具装：运载火箭。

②充满：怨声载道。

③又；且：载歌载舞。

④（zài）姓。

脏

zāng 不干净：脏衣服。

zàng 身体内部器官的总称：五脏六腑。

择

zé 挑选：择枝而栖、选择。

zhái 义同"择（zé）"，用于口语：择菜。

炸

zhá 把食物放在煮沸的油或水里弄熟：炸薯条。

zhà ①突然破裂：瓶子突然炸了。

②用炸药爆破：炸城堡。

③因受惊而四处逃散：鸟儿受了惊吓炸了窝。

着

zhāo ①下棋时下一子或走一步叫一着：高着儿。

②比喻计策或手段：使花着。

zháo ①接触；挨上：不着地。

②感受；受到：着了凉。

③燃烧，也指灯发光（跟'灭'相对）：炉子着得很旺。

④用在动词后面，表示已经达到目的或有了结果：他睡着了。

zhe 助词。

①用在动词后面：走着走着。

②用在形容词后面：他可机灵着呢。

zhuó ①穿（衣）：穿着打扮。

②接触：着陆。

③使接触别的事物；使附在别的物体上：着眼、着色。

④着落：寻找无着。

爪

zhǎo ①动物的脚趾甲：乌龟趾间有蹼，趾端有爪。

②鸟兽的脚：鸟爪。

zhuǎ ①禽兽的脚（多指有尖甲的）：鸡爪子、鸟爪子。

②像爪的东西：三爪锅。

粘

zhān ①黏的东西附着在物体上或者互相连接：糖粘牙上了。

②用黏的东西使物体连接起来：粘贴、粘接。

nián 能使一个物体附着在另一物体上的性质：粘液。

占

zhān ①占卜：用铜钱或牙牌等推断祸福的迷信活动：占卦。

②（zhān）姓。

zhàn ①据有；用强力取得：占领。

②处于某种地位或情势：占优势。

涨

zhǎng ①升高；提高：河水瀑涨。

②提高：物价上涨。

zhàng ①体积增大：豆子泡涨了。
②弥漫：烟尘涨天。
③多出来：涨出十块钱。
④头部充血：头昏脑涨。

折

zhé ①折断；断；弄断：骨折。
②损失：损兵折将。
③弯；弯曲：曲折。
④回转；转变方向：转折。
⑤折服：心折。
⑥折合；抵换：折价。

zhē ①倒腾，倒过来倒过去：折腾。
②翻转：折跟头。

shé ①断：铅笔折了。
②亏损：折本。

正

zhēng 表示农历第一个月：正月。

zhèng ①垂直或符合标准方向；位置在中间：正前方；正房。
②正面：这张纸正反都很光洁。
③用于时间；指正在那一点或在那一段的正中：正午。
④表示动作的进行、状态的持续：正走着。
⑤（色、味）纯正：正品、颜色不正。
⑥恰好：正中下怀。
⑦正当：钱的来路不正。
⑧合乎法度；端正：正楷。
⑨基本的，主要的：正副主任。

挣

zhēng 尽力支撑或摆脱：垂死挣扎。

zhèng ①用力使自己摆脱束缚：挣脱、挣开。
②用劳动换取报酬：挣钱养家。

只

zhī ①单独的；极少的：只身。
②量词：两只鸟。

zhǐ ①表示限于某个范围：只见。
②只有；仅有：只一个。

中

zhōng ①跟四周的距离相等：中部、居中。
②指中国：中文。
③范围内；内部：家中。
④位置在两端之间的：中间。
⑤等级在两端之间：中等。
⑥适合；合适：中看。
⑦成；行；好：这办法中。

zhòng ①恰好；正对上：中肯。
②受到；遭受：中子弹。

种

zhǒng ①植物果实中能长新植物的部分：种子。
②类别；式样：各种各样。
③特指人种：黄种人。
④有胆量；有骨气：有种。

zhòng 种植，把种子或幼苗等埋在泥土里使生长：种玉米。

chóng 姓。

转

zhuàn ①旋转；绕着圈儿、围绕着中心运动：转得飞快。
②绕着某物移动；打转：转圈子。

zhuǎn ①改换方向、位置、形势、情况等：转折。
②把一方的物品、信件、意见等传到另一方：转达。

卒

zú ①指兵：小卒。

②称差役：走卒。

③死亡：卒于二月八日。

cù 〈书〉同"猝"，突然；意想不到：卒死。

钻

zuān ①用尖的物体在另一物体上转动，造成窟窿：钻孔。

②穿过；进入：钻山洞。

③钻研：钻书本。

zuàn 穿孔洞的用具：钻子。

作

zuō 作坊：石作。

zuò ①工作；做：作息时间。

②起；兴起：振作精神、枪声大作。

③当作：作为。

④举行；进行：作报告。

⑤写作：吟诗作赋。

⑥劳作：精耕细作。

第八节　容易读错的字

1. 因声旁而错读

A

腌臜 读 ā，不读 ān、yān，指肮脏，不干净。

皑皑 读 ái，不读 kǎi，指洁白。

狭隘 读 ài，不读 yì，指狭窄，狭小。

老媪 读 ǎo，不读 wēn，指年老的妇女。

B

颁布 读 bān，不读 fēn，指公布、布告某项法令条文。

悖逆 读 bèi，不读 bó，指违反正道，犯上作乱。

蓓蕾 读 bèi，不读 péi，指还没有开的花。

包庇 读 bì，不读 pǐ，指遮掩、掩护（坏人、坏事）。

刚愎自用 读 bì，不读 fū，指倔强固执，听不进别人的意见。

裨益 读 bì，不读 bēi，指益处。

卞 读 biàn，不读 kǎ，多用于姓氏。

彬彬有礼 读 bīn，不读 shān，指文雅

而有礼貌的样子。

濒危 读 bīn，不读 pín，指靠近危险。

衣钵 读 bō，不读 běn，原指佛教中师父传授给徒弟的袈裟和钵盂，后泛指传下来的思想、学术、技能等。

哺育 读 bǔ，不读 pǔ，指培养教育。

C

粗糙 读 cāo，不读 zào，指表面毛糙，不精细。

古刹 读 chà，不读 shā，指建筑年代久远的寺庙。

诧异 读 chà，不读 zhái，觉得十分奇怪、惊讶。

金钗 读 chāi，不读 chā，指古代妇女的发饰。

谄媚 读 chǎn，不读 xiàn，指用卑贱的态度和言行讨好别人。

阐明 读 chǎn，不读 shàn，把道理说清楚。

忏悔 读 chàn，不读 qiàn，指十分懊悔、有意改过的意思。

赔偿 读 cháng，不读 shǎng，指因自己行为不当使别人受到损失而给予补偿。

瞠目　读 chēng，不读 táng，因吃惊或发窘而呆呆地瞪着。

鞭笞　读 chī，不读 tái，指用鞭子或板子打。

踟蹰不前　读 chí zhú，不读 zhī chǔ，指心里迟疑，不敢前进的样子。

奢侈　读 chǐ，不读 yí，指花费大量钱财追求过分地享受。

炽热　读 chì，不读 zhǐ，指极热。

忧心忡忡　读 chōng，不读 zhōng，指心事重重，忧虑不安的样子。

憧憬　读 chōng，不读 tōng，指向往理想、美好的境界。

怵目惊心　读 chù，不读 shù，指看到某种严重的情况使人十分紧张和震惊。

阔绰　读 chuò，不读 zhuó，指非常富有、阔气。

猝不及防　读 cù，不读 zú，指事情突然发生，来不及防备。

簇拥　读 cù，不读 zú，指紧紧地围着。

一蹴而就　读 cù，不读 jiù，指事情很容易就能做成。

攒动　读 cuán，不读 zàn，指拥挤在一起晃动。

磋商　读 cuō，不读 chā，指反复商量，仔细讨论。

D

傣族　读 dǎi，不读 tài，我国少数民族之一，分布在云南省。

档案　读 dàng，不读 dǎng，指分类保存以备查考的文件和材料。

洗涤　读 dí，不读 tiáo，指洗。

玷污　读 diàn，不读 zhān，指弄脏、辱没。

靛蓝　读 diàn，不读 dìng，指深蓝色。

恫吓　读 dòng hè，不读 dóng xià，指威吓、恐吓。

踱步　读 duó，不读 dù，指慢步行走。

E

婀娜　读 ē nuó，不读 ā nà，指柔软而美好，姿态优雅。

讹诈　读 é，不读 huá，指假借某种理由向人强行索取财物，或指武力威胁恫吓。

F

凫水　读 fú，不读 jǐ，指游泳。

G

尴尬　读 gà，不读 jiè，指处境困难，左右为难。

言简意赅　读 gāi，不读 hé 或 hái，指言语简洁但意思完整。

百舸争流　读 gě，不读 kě，指上百条船在河上奔走来往。

佝偻　读 gōu，不读 jù，指脊背向前弯曲。

诟骂　读 gòu，不读 hòu，指辱骂。

皈依　读 guī，不读 fān，泛指信奉佛教或参加其他宗教组织。

诡计　读 guǐ，不读 wēi，指狡诈的计谋。

刽子手　读 guì，不读 kuài，指旧时执行斩刑的人，现比喻屠杀人民的人。

H

惊涛骇浪　读 hài，不读 hái，指使人震惊和畏惧的波涛。

憨厚　读 hān，不读 gān，指老实厚道。

引吭高歌　读 háng，不读 kēng，指放开喉咙大声歌唱。

皓月　读 hào，不读 gào，指明亮的月亮。

干涸　读 hé，不读 gù，指干枯。

一丘之貉　读 hé，不读 luò，指同一个山丘上的貉，比喻不分彼此，都是丑恶的。

徘徊　读 huái，不读 huí，指来回地走或来回起伏、浮动。

浣纱女　读 huàn，不读 wán，古时指洗涤衣纱的妇女。

J

畸形　读 jī，不读 qí，指事物发展不正常或偏于某一方面，也指生物某部分发育不正常。

地窖　读 jiào，不读 gào，指储藏物品的地洞。

发酵　读 jiào，不读 xiào，指利用酵母使酒、酱、面等引起化学变化的过程。

粳米　读 jīng，不读 gēng，指粳稻碾出的米。

靖边　读 jìng，不读 qīng，指平定边境，使秩序安宁。

窘境　读 jiǒng，不读 jūn，指十分为难的处境。

抓阄　读 jiū，不读 guī，指从预先做好的记号的纸团中每人取出一个，以决定谁先谁后或谁有谁无。

内疚　读 jiù，不读 jiǔ，指对于自己的错误感到惭愧、痛心。

K

鸟瞰　读 kàn，不读 gǎn，指从高处往下看。

恪守　读 kè，不读 gé，指谨慎而恭敬地遵守。

市侩　读 kuài，不读 huì，原指买卖的中间人，后指唯利是图的奸商，泛指贪图私利的人。

岿然　读 kuī，不读 guī，指高大独立的样子。

喟然　读 kuì，不读 wěi，指叹气的样子。

仓廪　读 lǐn，不读 bǐng，指仓库。

O

讴歌　读 ōu，不读 qū，指歌颂。

怄气　读 òu，不读 qū，指生闷气，闹别扭。

P

琵琶　读 pá，不读 bā，一种木制的弹拨乐器。

蹁跹　读 pián xiān，不读 biān qiān，形容轻快地旋转舞动。

瀑布　读 pù，不读 bào，指山崖上或河身突然降落的地方流下的水，远看好像挂着的白布。

苗圃　读 pǔ，不读 fǔ，指培植花苗的园地。

Q

悭吝　读 qiān，不读 jiān，指十分小气、吝啬。

天堑　读 qiàn，不读 zǎn，指隔断交通的河或沟。

憔悴　读 qiáo，不读 jiāo，指人瘦弱，面色不好看。

愀然　读 qiǎo，不读 qiū，指神色严肃或不愉快。

沁人心脾　读 qìn，不读 xīn，指呼吸到新鲜空气或喝了清凉饮料使人感到舒服，也比喻美妙的诗文、乐曲给人的清新感觉。

引擎　读 qíng，不读 jìng，指发动机，特指蒸汽机、内燃机等热机。

R

稔知　读 rěn，不读 niàn，指非常熟悉清楚。

S

仨人　读 sā，不读 sān，指三个，后面不能再接"个"、"位"等量词。

讪笑　读 shàn，不读 shān，指讥笑。

赡养　读 shàn，不读 zhān，特指子女对父母在物质和生活上进行帮助。

枢纽 读 shū，不读 qū，指事物的关键部分或事物相互联系的中心环节。

悚然 读 sǒng，不读 shù，指害怕的样子。

T

水獭 读 tǎ，不读 lǎi，生活在江湖里的一种动物。

鞭挞 读 tà，不读 dá，指用鞭子、棍子等打人，有时也比喻讨伐。

千里迢迢 读 tiáo，不读 zhāo，形容路途遥远。

W

逶迤 读 wēi，不读 wěi，形容弯弯曲曲、延续不断的样子。

X

垂涎三尺 读 xián，不读 yán，指希望得到，羡慕已久，有贬义。

骁勇 读 xiāo，不读 yáo，指勇猛。

混淆 读 xiáo，不读 yáo，指混杂。

自诩 读 xǔ，不读 yǔ，指自我夸耀。

酗酒 读 xù，不读 xiōng，指没有节制地喝酒，并借酒撒疯。

绚丽 读 xuàn，不读 xún，指灿烂美丽。

踅回 读 xué，不读 zhé，指中途折回或来回走。

Y

钥匙 读 yào，不读 yuè，指开锁用的东西。

轶事 读 yì，不读 shì，指世人不大知道的关于某人的事情，多指不见于正式记载的。

熠熠 读 yì，不读 xí，形容闪光发亮。

喑哑 读 yīn，不读 àn，指嗓子哑，不能发出声：喑哑难言。

一望无垠 读 yín，不读 gēn，指望上去无边无际的样子。

Z

栅栏 读 zhà，不读 shān，指用铁条、木条等做成的类似篱笆而且比较坚固的东西。

赈灾 读 zhèn，不读 chén，指赈济灾民。

掷地有声 读 zhì，不读 zhèng，形容说话豪迈有力。

2. 因形近而误读

A

哀伤 读 āi，不读 zhōng，指悲哀伤心。

谙熟 读 ān，不读 àn，指十分熟悉。

凹陷 读 āo，不读 wā，指低下去的地方。

B

同胞 读 bāo，不读 pāo，指同一父母所生的，同一国家或民族的人。

焙干 读 bèi，不读 péi，指用微火烘烤干。

迸裂 读 bèng，不读 bìng，指突然破裂并向外飞溅。

麻痹 读 bì，不读 pí，指思想上放松警惕、轻视。

C

徜徉 读 cháng，不读 táng，指闲游，安闲自在地行走。

敞开 读 chǎng，不读 bì，指没有遮拦，打开。

惆怅 读 chàng，不读 cháng，指失意、伤感。

嗔怒 读 chēn，不读 zhēn，指恼怒、生气。

惩罚 读 chéng，不读 chěng，指严厉地处罚。

驰骋 读 chěng，不读 pìn，指飞快地跑；常比喻在某个领域发挥才干。

豆豉 读 chǐ，不读 gǔ，指一种用豆子制成的调味品。

相形见绌 读 chù，不读 zhuō，指相比之下不够或欠缺。

怆然 读 chuàng，不读 cāng，指十分悲伤的样子。

辍学 读 chuò，不读 zhuì，指学业未完而停止上学。

疵点 读 cī，不读 bǐ，指缺点、毛病。

D

怠慢 读 dài，不读 tài，指冷淡。

啖以重利 读 dàn，不读 tán，指拿利益引诱人。

嫡系 读 dí，不读 zhāi，指亲信的派系或一线相传的派系。

缔造 读 dì，不读 tí，指创立、建立。

咄咄逼人 读 duō，不读 zhuó，形容气势汹汹，盛气凌人，也指形势严峻，促人努力。

拾掇 读 duō，不读 zhuī，指整理，修理。

F

沸腾 读 fèi，不读 fú，比喻情绪高涨，人声喧闹。

讣告 读 fù，不读 pǔ，指报丧的通知、公告。

束缚 读 fù，不读 bó，指捆绑、约束。

G

矸石 读 gān，不读 jiān，指煤里含的不易燃烧的石块。

汩汩 读 gǔ，不读 mì，指水流动的声音。

粗犷 读 guǎng，不读 kuàng，指粗野、强悍、豪放。

鳜鱼 读 guì，不读 jué，指生活在淡水中的一种口大，鳞片细小，背部呈黄绿色，全身有黑斑点的鱼。

聒噪 读 guō，不读 guā，指声音尽可能乱、吵闹。

H

呵护 读 hē，不读 ā，指爱护、保护。

弹劾 读 hé，不读 hài，指揭发罪状，并追究其法律责任。

沟壑 读 hè，不读 yōng，指山沟或大水坑。

亨通 读 hēng，不读 xiǎng，指顺利、顺达。

弧度 读 hú，不读 gū，量角的一种单位。

怙恶不悛（quān） 读 hù，不读 gǔ，指坚持作恶，不肯悔改。

踝骨 读 huái，不读 luǒ，指小腿与脚之间部位的左右两侧的突起的圆骨。

豢养 读 huàn，不读 juàn，指喂养，也比喻收买培植帮凶。

病入膏肓 读 huāng，不读 máng，指病严重到不可挽救的地步，比喻事情的败局已经无法弥补和挽回。

忌讳 读 huì，不读 wěi，指因有所顾忌而不敢说或不愿说，也指力求避免或不希望出现。

J

即使 读 jí，不读 jì，连词，表示假设的让步。

舟楫 读 jí，不读 yī，指船桨。

给付 读 jǐ 不读 gěi，指付给应付的款项。

觊觎 读 jì，不读 jiàn 或 kǎi，指希望得到不应得的东西。

歼灭 读 jiān，不读 qiān，消灭。

信笺 读 jiān，不读 qiān，指写信用的纸。

缄默 读 jiān，不读 jiǎn，指闭口不说话。

眼睑 读 jiǎn，不读 liǎn，指眼皮。

僭越 读 jiàn，不读 qiǎn，古时指超越本分，冒用比自己地位高的人的名义或物品。

兢兢业业 读 jīng，不读 jìng，指小心谨慎，认真负责。

炯炯 读 jiǒng，不读 tóng，形容明亮，多指目光。

狙击 读 jū，不读 zǔ，指埋伏在隐藏地点伺机袭击或阻击敌人。

沮丧 读 jǔ，不读 zǔ，指灰心失望。

K

炕头 读 kàng，不读 kēng，指炕靠近灶的一头。

窠臼 读 kē，不读 cháo，指老套子，现成模式。

L

邋遢（tā） 读 lā，不读 liè，指不整洁，不利落。

奶酪 读 lào，不读 lù，指用牛、羊、马的乳汁做成的半凝固食品。

羸弱 读 léi，不读 yíng，指瘦弱。

寥寥无几 读 liáo，不读 liào，指非常少。

撂荒 读 liào，不读 lüè，指田地不继续耕种，任其荒芜。

贿赂 读 lù，不读 luò，指赠送财物给他人以牟取私利。

络绎不绝 读 luò，不读 gè，指前后相接，连接不断。

摞起 读 luò，不读 lú，把东西重叠往上放。

M

埋怨 读 mán，不读 mái，指因为事情不如意而表示不满。

联袂 读 mèi，不读 jué，指联合、联手。

靡靡 读 mǐ，不读 fēi，指颓废的、低级趣味的（乐曲）。

分娩 读 miǎn，不读 wǎn，指生孩子或生幼畜。

谬论 读 miù，不读 niù，指荒谬的错误言论。

N

赧然 读 nǎn，不读 shè，形容难为情的样子。

泥淖 读 nào，不读 diào，指泥坑、泥塘。

气馁 读 něi，不读 ruǐ，指失掉勇气。

隐匿 读 nì，不读 nuò，指隐藏、隐蔽，或躲起来。

凤辇 读 niǎn，不读 bèi，古时皇后坐的饰有凤凰的车子。

虐待 读 nüè，不读 nì，指用残暴狠毒的手段待人。

懦弱 读 nuò，不读 rú，指胆怯、软弱，不坚强。

P

奇葩 读 pā，不读 bā，指奇特而美丽的花朵。

滂沱 读 pāng，不读 bàng，形容雨下得很大。

庞然大物 读 páng，不读 chǒng，指外表上庞大的东西。

抨击 读 pēng，不读 pīng，指用评论来攻击。

土坯 读 pī，不读 péi，特指没有烧制的砖。

媲美 读 pì，不读 bǐ，指比美或美好的程度差不多。

骈文 读 pián，不读 bìng，指用骈体形式写的文章。

剖析 读 pōu，不读 pò，指分析。

Q

蹊跷 读 qī，不读 xī，指奇怪。

菜畦　读 qí，不读 xí，指有土埂围着的整齐的菜田。

修葺　读 qì，不读 róng，指修理建筑物。

小憩　读 qì，不读 tián，指休息。

洽谈　读 qià，不读 xià，指接洽、商谈。

荨麻　读 qián，不读"荨麻疹"的 xún，一种多年生草本植物。

嵌入　读 qiàn，不读 kàn，指把东西卡入凹处。

踉跄　读 qiàng，不读 cāng，指走路不稳，摇晃。

惬意　读 qiè，不读 xiá，指称心、满意、舒服。

侵占　读 qīn，不读 qǐn，指以强力占有别国的领土或非法占有别人的财产。

酋长　读 qiú，不读 yǒu，指部落的首领。

一阕　读 què，不读 kuí，量词相当于"曲"、"首"。

R

冗长　读 rǒng，不读 chén，指文章讲话等废话多，拉得长。

S

害臊　读 sào，不读 sao，指害羞。

歃血为盟　读 shà，不读 chà，指古代结盟时，各自在嘴唇上涂上牲畜的血，表示诚意。

潸然　读 shān，不读 qián，指流泪的样子。

受禅　读 shàn，不读 chán，指禅让、继位。

折耗　读 shé，不读 zhé，指物品或商品在制造、运输、保管等过程中所造成的损失。

摄影　读 shè，不读 niè，指照相、拍电影。

慑服　读 shè，不读 niè，指因恐惧而顺从或使之恐惧而屈服。

哂笑　读 shěn，不读 shài，指讥笑。

侍奉　读 shì，不读 dài，指侍候、奉养长辈。

舐犊　读 shì，不读 dǐ，比喻对子女的关爱、呵护。

宽恕　读 shù，不读 nù，指宽容饶恕。

涮洗　读 shuàn，不读 shuā，指把水放在器物里摇晃着洗。

吮吸　读 shǔn，不读 yǔn，指用嘴吸取东西，也比喻贪婪的剥削。

硕大　读 shuò，不读 shǎo，指非常大，巨大。

粟米　读 sù，不读 lì，指粮食。

塑封　读 sù，不读 suò，指用塑料膜封闭起来。

作祟　读 suì，不读 chóng，指不正当的行为。

T

趿拉　读 tā，不读 jí，指把鞋后帮踩在脚后跟下。

坍塌　读 tān，不读 dān，指倒下来。

疼爱　读 téng，不读 tòng，怜爱，打心里爱。

如火如荼　读 tú，不读 chá，形容非常热烈、浓艳。

湍急　读 tuān，不读 chuān，指水势急。

蜕变　读 tuì，不读 tuō，指人或事物发生质变。

W

毋宁　读 wú，不读 mǔ，副词，表示不如。

妩媚　读 wǔ，不读 fǔ，形容女子、花木等姿态美好可爱。

X

淅淅沥沥　读 xī，不读 zhè，象声词，形容轻微的风声、雨声、落叶声。

膝盖 读 xī，不读 qī，指大腿和小腿相连的关节的前部。

迁徙 读 xǐ，不读 tú，指迁移。

畏葸不前 读 xǐ，不读 sī，指因畏惧而止步不前。

呷了一口 读 xiā，不读 jiā，指喝。

挟持 读 xié，不读 xiá，指用威力强迫对方服从。

携手 读 xié，不读 xǐ，指手拉着手。

戏谑 读 xuè，不读 nüè，指开玩笑。

汛情 读 xùn，不读 xìn，指汛期水位涨落的情况。

Y

山崖 读 yá，不读 ái，指山石或高地陡立的侧面。

揠苗助长 读 yà，不读 yán，比喻违反事物发展规律，急于求成，其结果适得其反。

殷红 读 yān，不读 yīn，带黑的红色。

赝品 读 yàn，不读 yīng，指伪造的东西。

摇曳 读 yè，不读 yì，指摇动、摇晃。

拜谒 读 yè，不读 jiè，指拜见或瞻仰。

笑靥 读 yè，不读 miàn，指笑脸。

造诣 读 yì，不读 zhǐ，指学业、技术等达到一定程度。

肄业 读 yì，不读 sì，指没有毕业或尚未毕业。

须臾 读 yú，不读 jí，指在极短的时间。

街头巷隅 读 yú，不读 ǒu，指角落，靠边沿的地方。

Z

摘录 读 zhāi，不读 zhē，指从文件、书刊里选择一部分写下来。

破绽 读 zhàn，不读 dìng，指漏洞，暴露的部分。

谪居 读 zhé，不读 zhāi，指被贬谪后

住的某个地方。

恣情 读 zì，不读 cì，指纵情、任意。

编纂 读 zuǎn，不读 cuàn，指撰写、编辑。

3. 因多音而误读

B

柏树 读 bǎi，不读 bó。指一种常绿乔木。

磅秤 读 bàng，不读 páng。指一种称量工具。

剥皮 读 bāo，不读 bō。指去掉外面的皮或壳。

刨子 读 bào，不读 páo。指刨子或刨床。

秘鲁 读 bì，不读 mì。指国家名或姓氏。

复辟 读 bì，不读 pì。指失位的君主复位。

屏息 读 bǐng，不读 píng。指抑制呼吸。

轻薄 读 bó，不读 báo。指不庄重。

堡子 读 bǔ，不读 bǎo、pù。围有土墙的城镇或乡村；泛指乡村。

C

参差 读 cēn，不读 cān、shēn。指长短高低不齐。

宝刹 读 chà，不读 shā。指佛教的寺庙。

差事 读 chāi，不读 chà 或 chā。指被派遣去做事情。

颤抖 读 chàn，不读 zhàn。指哆嗦，发抖。

称心 读 chèn，不读 chēng。指符合，相当。

盛饭 读 chéng，不读 shèng。指容纳。

伺候 读 cì，不读 sì。指照顾别人。

D

逮捕 读 dài，不读 dǎi。指捉的意思。

一石米　读 dàn，不读 shí。指计量单位。

澄沙　读 dèng，不读 chéng。指把液体中的杂质沉下去，或指挡住固体物把液体倒出。

提防　读 dī，不读 tí，指小心防备。

猜度　读 duó，不读 dù。指推测估计。

E

阿谀　读 ē，不读 ā。指迎合，偏袒。

G

商贾　读 gǔ，不读 jiǎ。指商人或买卖

H

恫吓　读 hè，不读 xià。指恐吓。

骄横　读 hèng，不读 héng。指粗暴的，不讲理的或意外的，不寻常的。

J

供给　读 jǐ，不读 gěi。指使对方得到某些东西。

系上　读 jì，不读 xì。指将绳带打结以固定物体。

校订　读 jiào，不读 xiào。指订正或校对。

圈养　读 juàn，不读 quān。指养家畜的棚栏。

咀嚼　读 jué，不读 jiáo。指上下牙齿磨碎食物。

龟裂　读 jūn，不读 guī。指像龟壳背纹那样的条纹裂缝。

K

财会　读 kuài，不读 huì，指总计或管理和计算财务工作的员。

L

落枕　读 lào，不读 luò。指物体因失去

支持而下来。

M

抹布　读 mā，不读 mò 或 mǒ。指擦、除去。

模板　读 mú，不读 mó。指铸型、铸模、样子。

N

执拗　读 niù，不读 ào。指弯曲或固执不驯顺。

P

心宽体胖　读 pán，不读胖 pàng。指安泰舒适。

臧否　读 pǐ，不读 fǒu。表示不好、坏、恶的意思。

扁舟　读 piān，不读 biǎn。指小或通"偏"。

梁山泊　读 pō，不读 bó。湖泊。

Q

卡壳　读 qiǎ，不读 kǎ。指夹在中间。

地壳　读 qiào，不读 ké。指坚硬的外皮。

S

堵塞　读 sè，不读 sāi。指受到阻碍，使之不畅通。

折本　读 shé，不读 zhé。指亏损或断掉。

游说　读 shuì，不读 shuō。指劝、说服。

T

拓本　读 tà，不读 tuò。指把铭文印下来。

字帖　读 tiè，不读 tiē 或 tiě。指习字画的样本。

投机倒（捣）把

W

遗送　读 wèi，不读 yí。指赠与、送给。
可恶　读 wù，不读 è。指讨厌、憎恨。

X

省察　读 xǐng，不读省 shěng。指检察
自己的思想行为、探望问候等。
星宿　读 xiù，不读 sù。指星的集合体。

4. 常见错别字

A

唉（哀）声叹气　安（按）装机器
意义深奥（粤）　黯（暗）然失色
黯（暗）然泪下

B

邦（帮）交　　　纵横捭（俾）阖
可见一斑（般）　班（搬）门弄斧
民生凋敝（蔽）　遮天蔽（避）日
大有裨（稗）益　完璧（壁）归赵
刚愎（腹）自用　脉搏（膊）微弱
赤膊（博）上阵　部（布）署已定
按部（步）就班　令人恐怖（布）

C

惨（残）无人道　残（惨）酷无情
酒中掺（渗）水　清澈（撤）见底
撤（撒）销处分　驰骋（聘）疆场
鞭笞（苔）　　　签字盖戳（戮）
惨遭杀戮（戳）　义不容辞（词）
拼拼凑凑（揍）　出类拔萃（粹）
尽瘁（悴）国事　鞠躬尽瘁（粹）

D

以逸待（代）劳　制订（定）公约
稍事耽（担）搁　管理档（挡）案
玷（沾）污清白　掉（调）以轻心
横渡（度）长江　欢度（渡）春节
堕（坠）落腐化　咄咄（拙）逼人

F

翻天覆（复）地　三番（翻）两次
反（翻）复无常　妨（防）碍交通
防（妨）卫工作　枉费（废）心机
认识肤（浮）浅　感人肺腑（府）
深孚（负）众望

G

英雄气概（慨）　慷慨（概）解囊
贡（供）献巨大　辜（姑）负好意
明知故（固）犯　步入正轨（规）
诡（鬼）计多端　行踪诡（鬼）秘

H

随声附和（合）　宽宏（洪）大量
全国轰（哄）动　哄（轰）堂大笑
声音洪（宏）亮　荒（谎）谬绝伦
心灰（恢）意冷　风雨如晦（海）
浑（混）身是胆

J

掉入陷阱（井）　即（既）使如此
既（即）然如此　毕竟（必竟）
丰功伟绩（迹）　模范事迹（绩）
不计（记）其数　艰（坚）难困苦
情不自禁（尽）　绝（决）对服从
千钧（钧）一发　工程竣（峻）工

K

颗（棵）粒归仓　刻（克）苦耐劳
克（刻）服困难

L

腊（蜡）梅盛开　味同嚼蜡（腊）
陈词滥（烂）调　狂轰滥（烂）炸
篮（蓝）球运动　描绘蓝（篮）图
再接再厉（励）　励（厉）精图治
劳动锻炼（练）　军事训练（炼）

锤炼（练）语言　　语言简练（炼）
书写潦（了）草　　高官厚禄（录）
语无伦（仑）次

M

风靡（糜）一时　　甜言蜜（密）语
碑帖临摹（摩）

N

自寻烦恼（脑）

O

打架斗殴（欧）　　无独有偶（隅）
呕（沤）心沥血

P

风尘仆仆（扑）　　前赴（扑）后继
披（批）沙拣金

Q

启（起）封试卷　　感情融洽（恰）
恰（洽）如其分　　乔（巧）装打扮
一窍（窃）不通　　提纲挈（携）领

R

孺（儒）子可教　　含辛茹（如）苦
雍容（荣）华贵

S

喜上眉梢（捎）　　挑拨是（事）非
莫衷一是（事）　　毛骨悚（耸）然
鬼鬼祟祟（崇）　　走投（头）无路

T

雪中送炭（碳）　　提（题）纲挈领
金榜题（提）名

X

泄（泻）露秘密　　通宵（霄）达旦
九霄（宵）云外　　考生须（需）知

需（须）要文件　　循（寻）序渐进

Y

世外桃源（园）　　圆（园）满成功
异（一）口同声　　绿草如茵（荫）
怨天尤（由）人　　记忆犹（尤）新
尤（犹）其重要　　缘（沿）木求鱼
断壁颓垣（桓）

Z

性格急躁（燥）　　口干舌燥（躁）
振（震）聋发聩　　出奇制（致）胜
以致（至）失败　　有所遵（尊）循
由衷（忠）感谢　　坐（座）落东方
故作姿（恣）态

5. 常见形近字

A

哀 āi　　悲哀　　哀愁　　哀悼
衷 zhōng　苦衷　　衷情　　衷心
衰 shuāi　衰老　　衰弱　　衰败
安 ān　　安逸　　安静　　安慰
按 àn　　按时　　按照　　按压
案 àn　　图案　　案件　　案子
熬 áo　　煎熬　　熬夜　　熬粥
傲 ào　　骄傲　　傲慢　　傲气

B

拔 bá　　挺拔　　坚忍不拔
拨 bō　　拨款　　拨乱反正
泼 pō　　泼水节　　泼辣
班 bān　　上班　　班组　　班车
斑 bān　　斑马　　斑点　　斑痕
板 bǎn　　板报　　黑板　　板凳
版 bǎn　　出版　　版权　　版本
伴 bàn　　伙伴　　伴随　　陪伴
拌 bàn　　拌嘴　　搅拌　　拌匀
傍 bàng　傍晚　　依山傍水
膀 bǎng　肩膀　　膀臂
榜 bǎng　榜样　　榜眼

刨 páo　刨坑　刨除

抱 bào　拥抱　抱负　抱怨

饱 bǎo　精神饱满　饱和

胞 bāo　同胞　细胞

暴 bào　暴动　暴露　暴利

爆 bào　爆发　爆炸　爆裂

瀑 pù　瀑布　瀑河

彼 bǐ　彼此　彼岸　彼时

坡 pō　坡度　下坡　山坡

破 pò　破裂　破坏　破灭

披 pī　披露　披靡　披阅

被 bèi　被告　被迫　被动

波 bō　波段　波浪　波折

玻 bō　玻璃

辟 bì　复辟　辟邪

臂 bì　臂膀　胳臂

壁 bì　墙壁　峭壁　壁画

璧 bì　璧玉　完璧归赵

避 bì　避免　逃避　避暑

编 biān　编辑　编者　编导

骗 piàn　欺骗　骗局　哄骗

偏 piān　偏见　偏向　偏离

篇 piān　篇目　篇章　诗篇

遍 biàn　遍布　遍地　遍野

匾 biǎn　匾额　挂匾　红匾

辩 biàn　辩解　辩论　辩证

辨 biàn　辨析　辨识　分辨

辫 biàn　辫子

瓣 bàn　两瓣　花瓣

泊 bó　停泊　泊船　淡泊

伯 bó　伯乐　伯父　大伯

脖 bó　脖子　脖颈

勃 bó　蓬勃　生机勃勃

膊 bó　胳膊　赤膊上阵

搏 bó　搏斗　搏击　脉搏

博 bó　渊博　博士　博览

部 bù　部队　部署　干部

陪 péi　陪同　陪衬　陪伴

哺 bǔ　哺育　哺乳

捕 bǔ　逮捕　捕获　捕捉

脯 pú　胸脯

蒲 pú　香蒲　蒲草

铺 pū　铺设　铺上

C

裁 cái　裁缝　裁判　裁决

栽 zāi　栽花　栽种　栽树

载 zǎi　记载　载重　连载

戴 dài　爱戴　不共戴天

拆 chāi　拆穿　拆洗　拆建

折 zhé　折断　折磨　折扣

析 xī　分析　解析　剖析

掺 chān　掺假　掺杂

趁 chèn　趁机　趁势

渗 shèn　渗漏　渗入　渗水

珍 zhēn　珍视　珍贵　珍重

盆 pén　盆景　花盆　锅碗瓢盆

岔 chà　岔路　出岔　分岔

忿 fèn　气忿　忿恨　忿怒

澈 chè　清澈

撤 chè　撤职　撤消　撤换

撒 sā　撒手　撒谎

忱 chén　热忱

枕 zhěn　枕头　枕木　枕套

沈 shěn　沈阳

弛 chí　松弛　弛缓　张弛

驰 chí　驰骋　驰名　奔驰

厨 chú　厨子　厨房

橱 chú　书橱　橱窗　衣橱

船 chuán　造船　船长　船票

般 bān　一般　般配

舰 jiàn　军舰　舰队　舰艇

绸 chóu　丝绸　绸缎　绸子

调 diào　调研　调动　调用

稠 chóu　稠密

存 cún　存在　存款　保存

荐 jiàn　推荐　自荐

D

代 dài　代替　代表　代理
伐 fá　讨伐　伐木　砍伐

延 yán　延长　延安　延期
诞 dàn　诞生　圣诞节　荒诞
涎 xián　垂涎三尺

淡 dàn　淡薄　淡化　淡漠
谈 tán　谈话　谈论　谈天

档 dàng　档案　归档
挡 dǎng　阻挡　挡住　挡车

悼 dào　悼词　悼念　哀悼
掉 diào　丢掉　扔掉　掉队

稻 dào　稻草　稻田　稻花
蹈 dǎo　舞蹈　赴汤蹈火
滔 tāo　滔滔不绝　滔天

滴 dī　滴水　滴答　汗滴
摘 zhāi　摘果子　摘要　摘录

商 shāng　经商　商量

等 děng　等待　等价　稍等
待 dài　待遇　待业　待查
侍 shì　侍卫　侍奉
持 chí　持久　持有　坚持

低 dī　低压　低落　低温
底 dǐ　底层　底片　底稿
抵 dǐ　抵达　抵触　抵挡
堤 dī　堤岸　堤坝　河堤
提 tí　提高　提出　提炼

钓 diào　钓鱼　钓饵　垂钓
钩 gōu　铁钩　钩子　钩起

碟 dié　菜碟　碟子
喋 dié　喋喋不休
蝶 dié　蝴蝶　蝶恋花

抖 dǒu　抖动　发抖　颤抖
蚪 dǒu　蝌蚪

度 dù　度过　度假　温度
席 xí　席子　席位　出席
渡 dù　渡过　渡河
镀 dù　镀金　电镀　镀锌

堆 duī　土堆　堆积　堆砌
推 tuī　推敲　推荐　推理
难 nán　难受　难过　困难
谁 shuí　你是谁　谁肯
淮 huái　淮河　淮安

端 duān　端正　端详　端点
瑞 ruì　瑞雪　瑞典　祥瑞
喘 chuǎn　气喘吁吁　喘息

E

饿 è　饥饿　挨饿　饿狼
俄 é　俄顷　俄国
峨 é　巍峨　峨冠博带
鹅 é　鹅毛　鹅黄

F

乏 fá　贫乏　困乏　疲乏
眨 zhǎ　眨眼　眨巴　眨动
泛 fàn　广泛　泛滥

防 fáng　防止　防火　防范
仿 fǎng　仿制　仿佛　仿照
访 fǎng　访问　走访　查访
纺 fǎng　纺织　纺纱　纺绸
坊 fáng　街坊　磨坊　作坊

峰 fēng　峰峦　顶峰　高峰
锋 fēng　锋利　锋芒　笔锋
蜂 fēng　蜂拥　蜜蜂　黄蜂

逢 féng　相逢　重逢
缝 fèng　缝隙　缝子

蓬 péng　蓬莱　蓬松　蓬勃
篷 péng　车篷　篷窗　船篷

纷 fēn　纷纭　纷至沓来
份 fèn　股份　份量
扮 bàn　扮演　打扮　装扮
盼 pàn　盼望　期盼

福 fú　幸福　福利　福气
幅 fú　幅度　幅员　一幅画
副 fù　副业　副食　副词

佛 fú 仿佛
拂 fú 拂晓 拂拭 吹拂
沸 fèi 沸腾 沸点
费 fèi 浪费 费用 消费

G

溉 gài 灌溉
概 gài 概括 概念 概况
慨 kǎi 慷慨 感慨 慨叹
秆 gǎn 秸秆 麦秆儿
杆 gǎn 天平杆 一杆枪
竿 gān 竹竿 竿子
感 gǎn 感谢 感动 感激
撼 hàn 震撼 撼动 摇撼
憾 hàn 憾事 遗憾
冈 gāng 山冈 景阳冈
岗 gǎng 岗位 站岗 岗亭
稿 gǎo 稿件 草稿 稿纸
搞 gǎo 搞好 搞垮 搞笑
篙 gāo 竹篙 篙头
犒 kào 犒劳 犒赏
胳 gē 胳膊 胳臂
格 gé 格式 格调 格言
恪 kè 恪守 恪遵
客 kè 客人 乘客 客房
沟 gōu 沟通 水沟 沟渠
钩 gōu 钩子 钩针 铁钩
购 gòu 购买 购物 抢购
构 gòu 构思 结构 构成
根 gēn 根本 根据 树根
跟 gēn 跟随 跟踪 跟头
恨 hèn 仇恨 忿恨 憎恨
限 xiàn 限期 限制 无限
艰 jiān 艰苦 艰难 艰巨
狠 hěn 凶狠 狠毒 狠心
狼 láng 豺狼 狼狗 狼狈
姑 gū 姑妈 姑父 姑娘
咕 gū 咕咚 咕噜 咕哝
桂 guì 桂花 桂林 桂圆
佳 jiā 佳期 佳作 佳节

H

毫 háo 毫米 丝毫 毫毛
豪 háo 豪华 自豪 豪迈
喝 hē 喝茶 喝酒 吃喝
渴 kě 渴望 口渴 饥渴
褐 hè 褐色 短褐
竭 jié 竭尽 竭诚 衰竭
洪 hóng 洪水 抗洪 洪峰
哄 hǒng 哄骗 哄逗
供 gòng 供给 供应 提供
侯 hóu 公侯 侯爵 诸侯
候 hòu 时候 等候 候车室
喉 hóu 咽喉 喉头 喉咙
猴 hóu 猴子 耍猴 猴头
桦 huà 桦树 桦林 黑桦
哗 huá 喧哗 哗众取宠
湖 hú 湖畔 湖泊 湖水
蝴 hú 蝴蝶
糊 hú 糊涂 迷糊 浆糊
滑 huá 滑冰 滑梯 滑行
猾 huá 狡猾 猾头
槐 huái 槐树 槐豆
愧 kuì 愧疚 惭愧
幻 huàn 幻想 梦幻 幻觉
幼 yòu 幼稚 幼儿 幼年
荒 huāng 荒芜 荒地 饥荒
慌 huāng 慌忙 慌乱 心慌
谎 huǎng 谎言 撒谎 谎话
悔 huǐ 后悔 悔恨 悔改
诲 huì 教诲 诲言不倦
侮 wǔ 侮辱 欺侮

J

即 jí 即刻 即使 即便
既 jì 既然 既往不咎
级 jí 阶级 等级 级别
极 jí 极限 极点 极端
圾 jī 垃圾

己 jǐ　自己　各抒己见
已 yǐ　已经　已婚　已逝
巳 sì　巳时

挤 jǐ　拥挤　排挤　挤兑
济 jì和jǐ　经济（jì）　救济（jì）　济（jì）济（jǐ）一堂

架 jià　架子　担架　打架
驾 jià　驾驶　劳驾　驾驭

技 jì　技巧　技术　技能
枝 zhī　枝节　枝叶　树枝
伎 jì　伎俩

捡 jiǎn　捡柴　捡起来
检 jiǎn　检察　检查　检验
脸 liǎn　脸面　洗脸　脸庞

建 jiàn　建桥　建立　建筑
健 jiàn　健身　健康　健全
键 jiàn　键盘　琴键　关键

津 jīn　津要　津贴　津津
贱 jiàn　贱价　贵贱　贫贱
浅 qiǎn　浅水　深浅　浅显
践 jiàn　实践　践踏　践约
溅 jiàn　溅落　溅水　溅起

胶 jiāo　胶印　胶卷　胶轮
饺 jiǎo　饺子
狡 jiǎo　狡猾　狡辩　狡黠
绞 jiǎo　绞刑　绞尽脑汁
较 jiào　较量　较劲

校 xiào　学校　校园　校友
咬 yǎo　咬文嚼字　咬定

娇 jiāo　娇艳　娇气　娇柔
矫 jiǎo　矫健　矫捷　矫（有两种读音）情
轿 jiào　轿车　花轿　轿子
骄 jiāo　骄傲　天骄　骄兵必败

奖 jiǎng　奖金　奖状　奖品
桨 jiǎng　船桨　木桨
浆 jiāng　豆浆　血浆　纸浆

浇 jiāo　浇灌　浇水　浇铸
烧 shāo　烧火　烧柴　烧饭
饶 ráo　求饶　饶命　饶恕
挠 náo　阻挠不屈　挠扰

精 jīng　精力　精彩　精通
清 qīng　清静　清洁　清水
情 qíng　心情　情节　感情
睛 jīng　目不转睛　画龙点睛
晴 qíng　晴朗　晴空　晴天
请 qīng　请示　请教　请客
倩 qiàn　倩影　倩装　倩人代（执）笔

竞 jìng　竞赛　竞争　竞选
竟 jìng　究竟　竟敢　竟然
颈 jǐng　颈椎　长颈鹿

项 xiàng　项目　项链　项圈
领 lǐng　领导　领土　领袖
顶 dǐng　头顶　顶点　山顶
预 yù　预防　预感　预言

净 jìng　干净　净化　净土
挣 zhèng　挣钱　挣脱
睁 zhēng　睁眼　睁开
筝 zhēng　古筝　风筝

径 jìng　径直　口径　捷径
经 jīng　经常　经验　经理
轻 qīng　轻松　轻视　轻快
茎 jīng　根茎　茎上

境 jìng　境界　国境　环境
镜 jìng　镜子　镜头　眼镜

酒 jiǔ　喝酒　酒杯　酒席
洒 sǎ　洒脱　潇洒　洒水

据 jù　根据　据说　收据
锯 jù　拉锯　电锯　锯齿
剧 jù　剧院　戏剧　剧烈

掘 jué　掘井　发掘　掘土
倔 jué　倔强

峻 jùn　严峻　险峻　峻峭
俊 jùn　英俊　俊秀　俊杰
骏 jùn　骏马
竣 jùn　竣工

均 jūn　平均　均衡　均匀
钧 jūn　千钧一发

75

K

拷 kǎo　拷打　拷问　拷贝
烤 kǎo　烤电　烤火　烘烤

亢 kàng　高亢　亢奋
抗 kàng　抵抗　抗拒　抗议
炕 kàng　火炕　炕头儿
坑 kēng　土坑　坑害　坑道

杭 háng　杭州
吭 kēng　吭声　一声不吭
航 háng　航行　航海　航空

棵 kē　一棵树
颗 kē　颗粒　一颗豆子
稞 kē　青稞

课 kè　课堂　课程　课本

垮 kuǎ　垮台　打垮　拖垮
挎 kuà　挎包　挎斗
跨 kuà　跨越　跨栏　跨进

寇 kòu　敌寇　日寇
冠 guàn　冠军　鸡冠　冠冕

L

婪 lán　贪婪
梦 mèng　梦想　梦幻　做梦

栏 lán　栏杆　栏目　桥栏
拦 lán　阻拦　拦挡　拦截
烂 làn　灿烂　烂漫　破烂

历 lì　历史　历年　来历
厉 lì　厉害　严厉　厉声

炼 liàn　炼钢　锻炼
练 liàn　练习　老练　熟练

梁 liáng　桥梁　山梁　大梁
粱 liáng　高粱

凉 liáng　冰凉　凉爽　凉快

晾 liàng　晾衣服　晾干　晾晒
谅 liàng　谅解　原谅

惊 jīng　惊险　惊动　心惊
掠 lüè　掠夺　掠取　掠过

缭 liáo　缭绕　缭乱
嘹 liáo　嘹亮

瞭 liào　瞭望
燎 liáo　燎原

凌 líng　凌晨　凌云壮志
陵 líng　陵墓　陵园　丘陵

恋 liàn　恋爱　恋恋不舍
峦 luán　峰峦　山峦

隆 lóng　隆隆　隆重　隆冬
窿 lóng　窟窿

楼 lóu　楼房　楼梯　高楼
搂 lǒu　搂抱　搂紧

铃 líng　铃铛　杠铃　电铃
玲 líng　玲珑

瓴 líng　高屋建瓴

翎 líng　雁翎　翎毛

聆 líng　聆听　聆教

领 lǐng　领带　衣领　领导
羚 líng　羚羊

龄 líng　年龄　高龄　党龄
岭 lǐng　山岭　秦岭

怜 lián　可怜　怜惜　怜悯
冷 lěng　冷战　冷淡　冷落
伶 líng　伶仃　伶俐

虑 lǜ　考虑　忧虑　疑虑
滤 lǜ　过滤　滤纸　过滤器
虎 hǔ　老虎　虎头蛇尾

M

买 mǎi　买进　买主　买票
卖 mài　卖出　卖掉　买给

慢 màn　慢慢　慢车　慢腾腾
漫 màn　漫画　漫长　散漫
蔓 màn　蔓草　蔓延

矛 máo　矛盾　矛头
予 yǔ　给予　予以　授予

茅 máo　茅草　茅屋

猫 māo　猫咪　猫头鹰

描 miáo　扫描　描述　描写
瞄 miáo　瞄准
锚 máo　抛锚

眉 méi　眉目　眉毛
媚 mèi　妩媚　献媚　明媚
嵋 méi　峨嵋山

密 mì　密码　密度　密封
蜜 mì　蜂蜜　蜜蜂　甜蜜

模 mó　模拟　模仿　模糊
摸 mō　摸索　摸底　摸黑儿
抹 mǒ　抹掉　抹杀

沫 mò　唾沫　泡沫　沫子
妹 mèi　妹子　姐妹
袜 wà　袜子　袜底　袜套
末 mò　末尾　末路　末日
未 wèi　未来　未必　未曾
母 mǔ　母语　母女　母爱
毋 wú　毋宁　毋庸

P

趴 pā　趴下　趴着
扒 pá　扒手　扒拉　扒窃
炮 pào　炮轰　炮弹　炮火
泡 pào　泡沫　泡影　泡菜
袍 páo　长袍　旗袍　袍子
跑 pǎo　跑步　跑车　奔跑
陪 péi　陪伴　陪衬　陪审
部 bù　部队　部门　部署
苹 píng　苹果
评 píng　评比　评定　评奖
坪 píng　草坪　停机坪
呼 hū　呼呼响
萍 píng　浮萍　萍聚　萍水相逢
飘 piāo　飘扬　飘荡　飘渺
瞟 piǎo　瞟了一眼
剽 piāo　剽窃　剽悍
缥 piāo　缥缈
扑 pū　扑救　扑打　扑空
仆 pú　仆人　女仆　仆从
朴 pǔ　朴素　俭朴　朴实
魄 pò　魄力　魂魄　体魄
魂 hún　灵魂　神魂颠倒
傀 kuǐ　傀儡

Q

期 qī　期限　星期　期望
欺 qī　欺骗　欺瞒　欺负
旗 qí　红旗　旗帜
棋 qí　下棋　围棋　棋子
漆 qī　漆黑　油漆　漆皮
膝 xī　膝盖　膝下
泣 qì　哭泣　泣不成声
粒 lì　米粒　颗粒　一粒米
砌 qì　堆砌　砌墙　粉妆玉砌
彻 chè　彻底　贯彻　彻夜
掐 qiā　掐住　掐算　掐腰
陷 xiàn　陷害　陷阱　诬陷
馅 xiàn　馅子　肉馅　馅饼
恰 qià　恰当　恰好　恰如
洽 qià　洽谈　融洽　接洽
遣 qiǎn　派遣　遣送　消遣
遗 yí　遗体　遗产　遗漏
嵌 qiàn　镶嵌　嵌入
崭 zhǎn　崭新
歉 qiàn　道歉　歉意　抱歉
嫌 xián　嫌弃　嫌疑　避嫌
谦 qiān　谦虚　谦逊　谦让
抢 qiǎng　抢险　抢救　抢购
枪 qiāng　枪杆　步枪　枪弹
沧 cāng　沧海　沧桑
舱 cāng　船舱　机舱　舱盖
悄 qiāo　悄悄　悄然
峭 qiào　陡峭　峻峭　峭壁
俏 qiào　俏皮　俊俏　俏货
消 xiāo　消除　消灭　消防
稍 shāo　稍稍　稍微　稍许
削 xiāo　削铅笔　削面　削皮
躯 qū　身躯　躯体　躯干
驱 qū　驱逐　驱车　驱赶

R

扰 rǎo　打扰　纷扰　扰乱
拢 lǒng　合拢　拉拢　靠拢

饶 ráo　饶命　求饶　饶恕
绕 rào　绕圈　绕弯　缠绕
浇 jiāo　浇水　浇灌　浇铸
烧 shāo　烧饭　烧烤　烧伤
晓 xiǎo　拂晓　破晓　春晓
挠 náo　阻挠　百折不挠
侥 jiǎo　侥幸

仍 réng　仍旧　仍然　仍是
扔 rēng　扔掉　扔了　扔弃
日 rì　日历　日记　日期
曰 yuē　孟子曰

S

赛 sài　赛马　赛跑　比赛
塞 sài　边塞　要塞　塞外
寒 hán　寒冷　寒假　心寒
寨 zhài　营寨　山寨　寨子
瑟 sè　瑟瑟　瑟缩
琴 qín　古琴　口琴　琴弦
删 shān　删除　删改　删掉
栅 zhà　栅栏
陕 shǎn　陕西　陕北
峡 xiá　峡谷　峡口
狭 xiá　狭隘　狭窄　狭小
师 shī　老师　师傅　师生
帅 shuài　元帅　帅气　统帅
识 shí　认识　识字　常识
织 zhī　织布　纺织　编织
积 jī　积蓄　堆积　积极
晌 shǎng　晌午　半晌　歇晌
响 xiǎng　响亮　响应　响动
尚 shàng　风尚　时尚　高尚
倘 tǎng　倘若　倘使　倘然
躺 tǎng　躺下　躺着　躺椅
淌 tǎng　流淌　淌眼泪
趟 tàng　赶趟
拭 shì　擦拭　拭目以待
试 shì　考试　试管　试题
侍 shì　侍卫　服侍　侍候
待 dài　待遇　等待　待命
持 chí　坚持　持久　保持

适 shì　适当　合适　适度
括 kuò　包括　括号　概括
刮 guā　刮风　刮脸　刮刀
疏 shū　疏忽　疏导　疏散
蔬 shū　蔬菜
熟 shú　熟悉　熟练　熟人
塾 shú　私塾　家塾
署 shǔ　部署　署名　签署
耍 shuǎ　玩耍　耍赖
要 yào　要素　要强　需要
暑 shǔ　暑期　暑天　中暑
竖 shù　竖线　竖琴　竖立
坚 jiān　坚定　坚强　坚固

T

塌 tā　倒塌　塌方　塌下心来
踏 tà　踏青
塔 tǎ　灯塔　宝塔　金字塔
搭 dā　搭救　搭档　搭配
抬 tái　抬举　抬头　抬杠
胎 tāi　胎儿　车胎　胎生
苔 tái　青苔　苔藓　苔原
泰 tài　泰国　泰山　泰斗
秦 qín　秦朝　秦岭　秦皇岛
奏 zòu　奏乐　演奏　奏章
坦 tǎn　坦荡　坦率　坦白
担 dān　担忧　担保　担心
但 dàn　但愿　但是　但凡
胆 dǎn　胆量　胆怯　胆识
塘 táng　池塘　河塘　澡塘
糖 táng　糖果　白糖　糖精
堂 táng　堂皇　礼堂　天堂
棠 táng　海棠　棠梨
党 dǎng　党旗　党员　党羽
涛 tāo　波涛　浪涛　涛声
筹 chóu　筹划　筹建　筹备
铸 zhù　铸造　铸铁　铸工
掏 tāo　掏钱　掏心
淘 táo　淘汰　淘米　淘气
陶 táo　陶醉　陶瓷　陶冶

桃 táo 桃花 桃李 桃树
逃 táo 逃走 逃避 逃学
挑 tiāo 挑选 挑水 挑剔
跳 tiào 跳动 跳舞 心跳
眺 tiào 眺望 远眺

踢 tī 踢球 踢人 踢腿
惕 tì 警惕
梯 tī 梯队 梯形 楼梯
涕 tì 鼻涕 痛哭流涕
啼 tí 啼哭 啼笑皆非
蹄 tí 蹄子 马不停蹄

填 tián 填写 填补 填充
慎 shèn 慎重 谨慎 不慎
嗔 chēn 嗔怪 娇嗔
廷 tíng 宫廷 朝廷 清廷
庭 tíng 法庭 开庭 庭院
延 yán 延期 延迟 延续

筒 tǒng 竹筒 笔筒 筒子楼
铜 tóng 铜像 铜矿 铜钱
洞 dòng 洞穴 洞察 漏洞
桐 tóng 梧桐 泡桐 桐油
铜 tóng 铜锣 铜器 铜鼓

涂 tú 涂改 涂料 涂抹
途 tú 途径 路途 用途
徐 xú 徐徐 徐缓
除 chú 除夕 除法 除掉
茶 chá 茶叶 绿茶 茶水

W

玩 wán 玩耍 玩弄 玩具
顽 wán 顽固 顽强 顽皮
碗 wǎn 碗筷 饭碗
豌 wān 豌豆
蜿 wān 蜿蜒

忘 wàng 忘记 忘掉
妄 wàng 妄图 妄想 狂妄
微 wēi 细微 微薄 稍微
徽 huī 国徽 安徽
唯 wéi 唯心 唯一
维 wéi 维护 维持 维修
惟 wéi 惟妙惟肖 惟一

伟 wěi 伟大 雄伟 伟人
违 wéi 违法 违背 久违
苇 wěi 芦苇 苇塘 苇子
喂 wèi 喂养 喂奶 喂饭
偎 wēi 依偎 偎傍
慰 wèi 慰问 慰劳 欣慰
蔚 wèi 蔚然 蔚蓝

梧 wú 梧桐 魁梧
悟 wù 悟性 觉悟 醒悟
捂 wǔ 捂住 捂着
语 yǔ 语文 语言 语调

戊 wù 戊时 戊戌
戍 shù 戍守 卫戍 戍边
戌 xū 戊戌 戌时
戎 róng 戎装 弃笔从戎
戒 jiè 戒心 戒备 戒指

X

暇 xiá 闲暇 应接不暇
瑕 xiá 瑕点 无瑕 瑕疵
假 jiǎ 假象 假装
遐 xiá 遐想 遐迩
舷 xián 船舷 左舷 舷梯
弦 xián 琴弦 六弦琴
享 xiǎng 享受 享乐 享用
亨 hēng 大亨 亨通
亭 tíng 报亭 亭亭（婷婷）玉立
象 xiàng 大象 象征 象形字
像 xiàng 画像 肖像 好像
形 xíng 形式 地形 图形
刑 xíng 刑法 刑事 判刑
型 xíng 型号 血（xuè）型
续 xù 连续 继续
读 dú 读者 读书 阅读
犊 dú 牛犊
蓄 xù 蓄意 储蓄 蓄谋
畜 chù 家畜 牲畜
旋 xuán 旋转 旋律 盘旋
族 zú 民族 汉族 家族
旅 lǚ 旅行 旅游
血 xuè 血压 血球 血管
皿 mǐn 器皿

Y

崖 yá　山崖　悬崖
涯 yá　天涯

秧 yāng　秧苗　秧歌　插秧
映 yìng　反映　映照　映射
英 yīng　英雄　英模　精英

窑 yáo　窑洞　砖窑
窖 jiào　地窖　菜窖

仰 yǎng　信仰　敬仰　仰望
抑 yì　压抑　抑郁　抑制

柳 liǔ　柳树　垂柳　柳条

谣 yáo　谣言　造谣　民谣
摇 yáo　摇摆　动摇　摇晃
瑶 yáo　瑶族
遥 yáo　遥远　遥控　遥望

疑 yí　疑惑　疑问　怀疑
颖 yǐng　新颖　脱颖
凝 níng　凝聚　凝固　凝视

仪 yí　仪式　仪表　仪器
议 yì　议论　会议　建议

椅 yǐ　椅子　桌椅　摇椅
倚 yǐ　倚仗　倚靠
骑 qí　骑马　骑士

译 yì　译者　翻译　译文
绎 yì　演绎　络绎不绝

泽 zé　光泽　色泽　沼泽
择 zé　选择　择食
铎 duó　铃铎　郑振铎

役 yì　服役　奴役　战役
设 shè　设法　建设　假设
没 méi　没有　没空

优 yōu　优秀　优异　优美
忧 yōu　忧郁　忧愁　忧伤

犹 yóu　犹豫　犹如　犹太人
尤 yóu　尤其
　　　　以儆效尤（yǐjǐngxiàoyóu）

龙 lóng　蛟龙　龙王　水龙头

娱 yú　娱乐　欢娱
误 wù　误会　误事　误解

峪 yù　嘉峪关
浴 yù　淋浴　沐浴
欲 yù　欲望　食欲
俗 sú　俗语　俗话　通俗

援 yuán　援助　救援　支援
缓 huǎn　缓和　缓冲　迟缓

喻 yù　比喻　喻体
愉 yú　愉快　愉悦
榆 yú　榆树　榆钱　榆木
偷 tōu　偷盗　偷听　偷袭
输 shū　输出　输赢　运输

蕴 yùn　蕴藏　蕴含
温 wēn　温柔　温暖　体温

Z

再 zài　再次　再见　再版
冉 rǎn　冉冉升起

瞻 zhān　瞻仰　高瞻远瞩
檐 yán　房檐　帽檐　檐下

燥 zào　干燥　燥热
躁 zào　暴躁　急躁　烦躁
藻 zǎo　水藻　海藻　藻类
操 cāo　操场　操心　操作
澡 zǎo　洗澡　澡堂　冲澡

站 zhàn　站台　站岗　站立
沾 zhān　沾染　沾光
钻 zuān　钻研　钻探　钻井
战 zhàn　战友　战胜　战争
粘 zhān　粘贴　粘连
毡 zhān　毡子　毡帽

增 zēng　增长　增加　增多
赠 zèng　赠送　赠予　赠品

仗 zhàng　仗势　打仗　仗义
杖 zhàng　拐杖　手杖

征 zhēng　征服　征稿　征求
证 zhèng　证明　证据　证实
政 zhèng　政治　政府　政策
睁 zhēng　睁开　睁眼
挣 zhèng　挣命　挣脱

织 zhī　纺织　编织　织补
识 shí　识别　识字　常识
帜 zhì　旗帜

植 zhí　植树　种植　植物
值 zhí　值班　值勤　价值
殖 zhí　繁殖　殖民地

稚 zhì　幼稚　稚气　稚嫩
雅 yǎ　文雅　高雅　雅兴

址 zhǐ　地址　遗址
扯 chě　拉扯　闲扯
趾 zhǐ　脚趾　趾甲

珠 zhū　珠海　珠宝　珍珠
株 zhū　株连　一株
侏 zhū　侏儒

注 zhù　关注　注册　注视
柱 zhù　柱子　支柱　水柱
拄 zhǔ　拄杖

爪 zhǎo　爪子
瓜 guā　瓜果　瓜分　瓜子

状 zhuàng　状态　形状　状元
壮 zhuàng　壮观　雄壮　壮丽
妆 zhuāng　梳妆　化妆

综 zōng　综合　错综复杂
棕 zōng　棕色
踪 zōng　踪影　踪迹　跟踪

租 zū　租用　租界　出租
组 zǔ　组成　组织　组合
祖 zǔ　祖国　祖父　祖先
姐 jiě　姐妹　姐姐

尊 zūn　尊敬　尊严　尊重
遵 zūn　遵照　遵守　遵命

坐 zuò　坐车　坐标　坐牢
座 zuò　座位　座谈　座次

做 zuò　做法　做人
作 zuò　作文　作家

第三章　词　汇

能借助词典阅读，理解词语在语言环境中的恰当意义，辨别词语的感情色彩。
联系上下文和自己的积累，推想课文中有关词句的意思，体会其表达效果。

——《全日制义务教育语文课程标准》
（中华人民共和国教育部制定）

　　词是能够独立运用的最小的语言单位。词具有声音、意义和语法功能。说话和写文章都要一句一句地说和写，这一句句的话便是以词为基本单位组合而成的。词和词组构成了我们通常所说的词语。

第一节　单音词与多音词

1. 单音词
只有一个音节的词叫单音词，如："读"、"书"、"好"等。

2. 多音词
两个或两个以上音节的词叫多音词，两个音节的词又叫双音词，如："美好"、

"我们"、"读书"、"自由"等。在现代汉语中，多音词占大多数，而在多音词里，双音词又占很大比重，这是现代汉语词汇在音节结构上的一个重要特点。

第二节　单义词与多义词

1. 单义词

有的词只有一个意义，叫单义词。单义词主要有：常见事物的名称，如：火车、轮船、飞机、铅笔等；专用名词，如：雷锋、张家界、布什等；科技术语，如：分子、卫星、原子等。

2. 多义词

有些词所包含的意义不止一个，在不同的语言环境中能表示不同的意思，这样的词叫多义词。例："年"就是个多义词，它在下面的词语或句子里就表示不同的意义：

①光绪年间（"年"指时期）

②过年（"年"指春节）

③年轻力壮（"年"指年纪）

④三年五载（"年"指地球绕太阳一周的时间）

多义词在一句话里只能表示一个意义。因此，只要联系上下文，就能准确地理解每个多义词在这句话中所表示的意思。例如"走"这个多义词，在下列句子中所表示的意义就不一样，如：

①小孩子会走路了。（"走"指步行）

②明天我要走了。（"走"指离开）

③咱们走这个门出去吧。（"走"指通过）

④他们两家走得很近。（"走"指来往）

⑤她还这么年轻就走了。（"走"指死亡）

⑥"走马观花"（"走"指跑）

多义词的几个意义当中，总有一个意义是最基本的、最常用的，其他意义则是由这个意义转化、发展、派生出来的，这个最基本的、最常用的意义叫"基本义"。如上面的例子中，"走"字的基本义是"步行"。需要提醒的是，词的基本义和词的本义是不能完全画等号的，词的基本义是词在长期使用时所固定下来的最基本的、最常用的意义。而词的本义是词的最初的、最原始的意义。如："日"的本义是"白天"，而基本义则是"太阳"。

第三节　近义词和反义词

1. 近义词

读音不同而意义相同或相近的词叫近义词。

恰当地运用近义词，可以表现不同的感情和风格。这就需要我们了解近义词之间的细微差别。

（1）从词义的范围大小区别

以"战争、战役、战斗"这一组词为例。"战争"指民族、国家、阶级之间或政治集团之间的武装斗争，包括了在这个时间、空间里所发生的一切战争，范围最广。"战役"指为实现一定的战略目标，按照统一的作战计划，在一定区域和时间内进行的一系列战斗的总和，范围较小。"战斗"专指某一次具体的武装冲突，范围最小。例如：抗日战争、淮海战役、冯家庄战斗。

（2）从词义的轻重区别

以"请求、恳求、乞求"这一组词为例。"请求"指一般的要求。"恳求"指"诚恳"的要求。"乞求"指苦苦哀求。这三个词的共同点是求，都有要求别人帮助做某件事的意思。不同的是："请求"在提出要求时含尊重的意思；"恳求"在提出要求时，态度诚恳而迫切，语意也较"请求"来得重；"乞求"则是苦苦哀求，语意最重。

（3）从词的感情色彩上区别

词义所带的感情色彩反映了人们对客观事物的肯定或否定的态度。如："成果、后果、结果"这一组词，都表示事物发展的最后状态，不同的是："成果"指取得的成绩、成就，是个褒义词；"结果"指事情发展所达到的最后状态，既可用于好的方面，又可用于坏的方面，是个中性词；"后果"指不好的结果，糟糕的结局，是个贬义词。

（4）从词的搭配上区别

一组近义词，哪个词语与哪个词语搭配是有一定限制和规律的。例如："实现"和"完成"，"实现"一般与"梦想"、"愿望"等词语搭配，而"完成"则与"任务"、"作业"等词搭配，又如："灭亡"和"死亡"，"灭亡"一般与"国家"、"种族"等词搭配，而"死亡"常与"生命"等词搭配。

2. 反义词

意义相对或相反的词叫反义。例如："大—小""美—丑""真—假""安全—危险"等。

给一个词找出反义词，通常有以下几种方法：

（1）抓住词中的一个熟悉的字，找出它的对立面，然后再想出整个词的反义词。如："胜利"，可以想"胜"的对立面是"败"，再进一步就很容易想到"失败"。

（2）直接找出反义词。注意：单音词（一个字的词）要找单音词，不能找双音词（两个字的词），如"乐"要找"悲"，不能找"痛苦"。双音词要找类似的双音词，如"机灵"要找"笨拙"，不能找"很笨"。

（3）给原词加否定词，再想出原词的反义词。例：给"保护"找反义词，先想"保护"的反面是"不保护"，"不保护"用什么词来表示呢？这样就很容易想到"破坏"。再如："吵闹—不吵闹—安静""错误—不错误—正确"。

第四节　实词和虚词

现代汉语的词按语法功能和词汇意义可分为实词和虚词两大类。实词有实在意义，能作句子成分；虚词没有实在意义，一般不作句子成分，主要起关联作用。

1. 实词

实词根据不同的语法功能和词汇意义可分为六大类：名词、动词、形容词、数词、量词、代词。

（1）名词

表示人或者事物名称的词叫名词。

①表示人或一般具体事物的，如：人、战士、学生、大树、花朵、飞机、火车、大海等。

②表示抽象事物的，如：品德、感情、制度、精神、爱好、友谊、文化、经济等。

③表示时间的，如：今天、明年、周末、早晨、现在、未来等。

④表示处所的，如：亚洲、江苏、上海、中山路、故宫、黄山等。

⑤表示方位的，如：东、西、南、北、上、下、左、右、前、后、中间等。

名词一般不能重叠，只有少数单音节名词可重叠，如"人人""家家"等。名词一般不用"很、非常、不"等副词修饰，又有少数表示抽象事物的词如"科学、精神"等可加副词，如"很科学""非常精神"等，因为这些词也可以作形容词。

名词一般单独作句子里的主语或宾语。如：战士们在吃饭。

（2）动词

表示动作、行为、存在、发展变化的词叫动词。

①表示动作的，如走、笑、跑、打等。

②表示行为的，如：教育、建设、表扬、研究、讨论等。

③表示心理活动的，如：想象、思念、爱、恨、希望等。

④表示存在与联系的，如：有、在、像、等于、属于等。

⑤表示发展变化的，如：成长、消逝、变迁、死亡等。

另外还有三种特殊动词：

⑥能愿动词，如：能、能够、会、可以、应该、应当、必须、要、愿意、肯、敢等。这些词表示可能、愿意、必要等意思，常放在动词的前面。如"可以去"、"会唱歌"、"必须写"等。

⑦趋向动词，如：来、去、上、下、进、出、过、回、上来、下去、回来等。这些词表示动作的趋向，常用在动词、形容词的后面，也可独立用。

⑧判断动词，判断动词只有一个"是"字。动词有些能重叠，重叠后带有"一下"的意思，或表示时间短暂。如：看看、想想、尝尝、商量商量等。动词在句子中主要充当谓语，多数后面可以带宾语，如"我们去划船"、"小明在打球"。

（3）形容词

表示人和事物的性质、状态的词叫形容词。

①表示事物状态的，如：大、高、粗、壮观、精彩、美丽等。

②表示事物性质的，如：好、香、优秀、邪恶、坚固、甜、虚伪等。

③表示动作行为、发展变化、心理活动状态的，如：快、慢、轻松、愉快等。

形容词一般有特定的重叠方式，重叠后表示强调。如：干干净净、明明白白等。形容词前后一般不能加数量词。在句中形容词主要作定语、谓语，少数作状语、补语。形容词中有一类象声词，在句中常作状语、定语，也可独立成句。

（4）数词

表示数目和次序的词叫数词，如：一、二、三、四、五、十、百、千、万、亿、第二等。

（5）量词

表示人、事物、动作、行为单位的词叫量词。

量词有两种：物量词、动量词。

①表示人或事物单位的量词叫物量词。如：公斤、克、米、厘米、个、只、件、片、头等。

②表示动作、行为单位的量词叫动量词。如：次、回、遍、阵、趟、顿等。数词常跟量词结合起来用，合称为数量词。如：一个、四遍、六次等。

（6）代词

代词是用来代替别的词或者词组的词。

①人称代词：代替人或事物名称的代词叫人称代词。如：我、你、他、我们、大家、您、自己等。

②疑问代词：用来提出问题或表示疑问的代词叫疑问代词。如：谁、什么、怎么、哪儿、多少、几时等。

③指示代词：用来区别代替人或事物的代词。主要是"这"、"那"两个词，如：这儿、那里、这样等。

代词在句中可替代别的实词、词组，它代替哪类词时，就具有这类词的特点。

2. 虚词

虚词根据在句中所起的作用及表示的意义可分为五类：副词、介词、连词、助词、叹词。

（1）副词

副词是在动词和形容词的前面，表示程度、范围、时间、语气、肯定和否定等的词。如：很、更、最、都、也、总、仅仅、已经、曾经、难道、预先、全部、总共等。

（2）介词

介词是用在词或词组的前边，一起组成介词结构，表示处所、方向、时间、对象、原因、目的等的词。如：从、在、于、当、按照、对、关于、把、被、由于、为了、比、跟、同、除、随着、将等。

（3）连词

连词是能够连接词或比词更大的语言单位，表示它们之间的各种关系的词。如：和、与、跟、于是、并且、即使、或者、不但……而且……、如果等。

（4）助词

助词是附在词、词组、句子之后或之前，表示结构关系、时态变化和各种语气的词。

①结构助词：的、地、得。

②时态助词：着、了、过。

③语气助词：呢、吗、啊、吧、么、哟、罢了、而已、啦等。

（5）叹词

表示感叹、呼唤、应答的词叫叹词。如：唉、哼、咦、哦、哎哟、嗨、喂、嘘等。

3. "的、地、得"的使用

"的、地、得"的作用是帮助一个词或者一组词同别的词组组合起来。

例如：

明媚的阳光洒向大地。

大家津津有味地看着节目。

大树被风刮得东倒西歪。

"的、地、得"这三个字在作结构助词时，都发"de"音，所以在实际应用时，有很多学生弄不清楚，到底应该在什么情况下分别使用"的、地、得"。这里有几个公式可以帮助大家进行辨别。

（1）"的"的使用特点

（形容词）＋的＋（名词）。如：美丽的花、崇高的品质等。

（名词）＋的＋（名词）。如：前面的人、中间的书等。

有时在动词和名词之间也可以用"的"。如：这是可以吃的蘑菇。

总而言之，在名词的前面应用"的"。

（2）"地"的使用特点

（形容词）＋地＋（动词）。如：飞快地跑，大声地笑等。

一般情况下，动词的前面使用"地"。

（3）"得"的使用特点

（动词）＋得＋（形容词）。如：吃得饱、跑得快等。

（形容词）＋得＋（很）。如：好得很等。

有时在动词的后面仍是动词。如"气得发抖"，实际上这时"发抖"已不作动词，而是形容词，形容气愤到了什么程度。使用"得"的一个显著特点就是在形容一个动作或事物的性质、状态到了什么程度，中间加"得"。如"热得难受"、"笑得打颤"、"美得惊人"等。

第五节　词的感情色彩

有些词不但表示客观存在的事物、现象，而且还带有主观的感情色彩。

1. 褒义词

凡是带有赞扬、喜爱、尊敬等肯定的感情色彩的词，叫褒义词。

褒义词多是形容词，例如："欢乐"、"乐观"、"喜欢"、"优美"等。有一部分名词、动词也带有褒义色彩。名词如："英雄"、"精英"、"风采"等；动词如："赡养"、"孝敬"、"关心"等。有些代词和量词也含有褒义。

2．贬义词

词义带有贬斥、憎恨、厌恶、轻蔑等否定的感情色彩的词，叫贬义词。

褒义词和贬义词正好相反，往往成对存在，如："清洁—肮脏"、"美好—丑恶"、"富贵—贫贱"。

和褒义词一样，贬义词多数也是形容词。如："丑陋"、"卑劣"、"粗鲁"等。一部分名词和动词也带有贬义色彩。名词如："盗贼"、"恶霸"、"汉奸"等。动词如："霸占"、"诽谤"、"挥霍"等。一部分成语、谚语、歇后语等，贬义色彩也十分明显。

3．中性词

有的词既不带赞美的感情，也不带憎恶的感情，这样的词叫中性词。如"观察"、"发展"、"计策"、"谋略"等。

第六节　附　录

1．常用量词集录

B

（一块）疤　　　　　（一个）班
（一种）版本　　　　（一个）版面
（一个）办法　　　　（一种）办法
（一个）包　　　　　（一棵）包心菜
（一把）宝剑　　　　（一柄）宝剑
（一块）宝石　　　　（一座）宝塔
（一座）堡垒　　　　（一位）保姆
（一个）保姆　　　　（一张）报纸
（一份）报纸　　　　（一份）报告
（一顿）暴打　　　　（一阵）暴风雨
（一场）暴风雨　　　（一个）背包
（一件）背心　　　　（一条）背带
（一座）碑　　　　　（一本）备忘录
（一份）备忘录　　　（一床）被子
（一个）本子　　　　（一条）绷带
（一把）匕首　　　　（一支）笔
（一根）鞭子　　　　（一块）匾
（一条）辫子　　　　（一把）标尺
（一道）标记　　　　（一幅）标语
（一块）表　　　　　（一种）表情

（一条）表链　　　　（一次）表扬
（一头）白发　　　　（一块）冰
（一座）冰山　　　　（一把）冰镐
（一道）兵符　　　　（一间）病房
（一种）病毒　　　　（一把）拨浪鼓
（一块）玻璃　　　　（一把）菠菜
（一筐）菠菜　　　　（一次）博览会
（一位）博士　　　　（一块）补丁
（一次）捕杀　　　　（一匹）布
（一件）布衣　　　　（一支）步枪
（一条）步行街　　　（一支）部队

C

（一台）彩电　　　　（一条）彩虹
（一道）彩虹　　　　（一次）彩排
（一片）彩霞　　　　（一畦）菜
（一份）菜　　　　　（一道）菜
（一位）菜农　　　　（一把）菜刀
（一张）餐纸　　　　（一盛）餐纸
（一家）餐馆　　　　（一件）餐具
（一套）餐具　　　　（一张）餐桌
（一局）残棋　　　　（一盘）残棋
（一颗）蚕豆　　　　（一粒）蚕豆

（一间）仓库　　（一座）仓库　　（一首）词　　　　（一个）瓷瓶
（一只）苍蝇　　（一个）舱位　　（一件）瓷器　　　（一块）瓷砖
（一本）藏书　　（一个）操场　　（一本）辞书　　　（一盒）磁带
（一架）操纵台　（一颗）槽牙　　（一块）磁铁　　　（一缕）炊烟
（一片）草地　　（一块）草地　　（一位）炊事员　　（一项）措施
（一片）草滩　　（一头）草驴　　（一件）藏品　　　（一棵）刺柏
（一只）草鸡　　（一张）草纸　　（一个）刺客　　　（一只）刺猬
（一本）册子　　（一次）测量　　（一把）刺刀　　　（一件）粗活
（一台）叉车　　（一辆）叉车　　（一坛）醋　　　　（一瓶）醋
（一个）插头　　（一幅）插图　　（一只）翠鸟　　　（一个）村庄
（一个）插瓶　　（一段）插曲　　（一张）存折　　　（一笔）存款
（一张）茶几　　（一个）茶几
（一次）茶话会　（一个）茶鸡蛋

D

（一把）茶壶　　（一杯）茶水
（一家）茶馆　　（一把）叉子　　（一对）搭档　　　（一位）大夫
（一处）岔路口　（一把）铲子　　（一座）大山　　　（一根）大梁
（一台）铲车　　（一辆）铲土机　（一只）大熊猫　　（一位）大使
（一份）倡议书　（一家）超市　　（一个）歹徒　　　（一笔）贷款
（一次）朝拜　　（一次）潮汐　　（一副）担架　　　（一块）蛋糕
（一辆）车　　　（一条）车道　　（一枚）蛋　　　　（一篮）蛋
（一节）车厢　　（一把）尺子　　（一份）党报　　　（一面）党旗
（一次）晨练　　（一束）晨光　　（一张）当票　　　（一个）当铺
（一件）衬衣　　（一片）诚心　　（一份）档案　　　（一把）刀
（一座）城市　　（一段）城墙　　（一枚）导弹　　　（一位）导师
（一道）程序　　（一个）橙子　　（一名）导演　　　（一座）岛屿
（一杆）秤　　　（一只）虫子　　（一件）道具　　　（一条）道路
（一粒）种子　　（一则）丑闻　　（一粒）稻谷　　　（一块）地
（一把）锄头　　（一位）厨师　　（一亩）地　　　　（一盏）灯
（一件）处理品　（一间）储备库　（一个）灯泡　　　（一个）灯罩
（一头）牲畜　　（一对）触角　　（一条）凳子　　　（一段）堤防
（一只）穿山甲　（一则）传闻　　（一个）地球仪　　（一块）地毯
（一张）传单　　（一条）传送带　（一次）地震　　　（一位）帝王
（一台）传声器　（一个）船夫　　（一则）典故　　　（一块）点心
（一扇）窗户　　（一块）窗帘　　（一瓶）碘酒　　　（一块）垫子
（一张）窗纸　　（一张）床　　　（一斤）淀粉　　　（一块）奠基石
（一个）床头柜　（一个）创意　　（一座）碉堡　　　（一枚）钉子
（一株）垂柳　　（一棵）垂柳　　（一张）订货单　　（一条）定理
（一对）锤　　　（一池）春水　　（一颗）定心丸　　（一粒）豆子
（一江）春水　　（一片）春光　　（一碗）豆沙　　　（一块）豆沙糕
（一副）春联　　（一次）春游　　（一斤）豆油　　　（一条）毒蛇
　　　　　　　　　　　　　　　　（一副）对联　　　（一面）盾牌

（一个）刷子　　　　（一名）舵手

E

（一只）鹅　　　　　（一块）鹅卵石
（一只）蛾子　　　　（一场）恶斗
（一种）恶习　　　　（一场）噩梦
（一位）恩师　　　　（一首）儿歌
（一双）儿女　　　　（一只）耳朵
（一记）耳光　　　　（一对）耳环
（一阵）耳语　　　　（一把）二胡

F

（一台）发电机　　　（一把）发令枪
（一张）发票　　　　（一篇）发言稿
（一次）罚款　　　　（一个）阀门
（一只）筏子　　　　（一件）法宝
（一名）法官　　　　（一则）法令
（一条）法则　　　　（一枚）发卡
（一种）发型　　　　（一块）帆布
（一位）翻译　　　　（一桩）烦心事
（一桌）饭菜　　　　（一家）饭馆
（一篇）范文　　　　（一种）方法
（一种）方言　　　　（一条）防线
（一间）房子　　　　（一架）纺车
（一个）放大镜　　　（一架）飞机
（一种）飞禽　　　　（一杯）咖啡
（一袋）肥料　　　　（一块）废铁
（一盒）粉笔　　　　（一座）丰碑
（一件）风衣　　　　（一把）风琴
（一个）封皮　　　　（一块）蜂窝煤
（一车）蜂窝煤　　　（一台）缝纫机
（一座）佛像　　　　（一架）浮桥
（一个）符号　　　　（一把）斧头
（一个）副手　　　　（一种）副业

G

（一袋）果冻　　　　（一块）干馍
（一筐）柑橘　　　　（一封）感谢信
（一个）感叹号　　　（一枚）钢镚儿
（一根）杠子　　　　（一座）高山

（一道）高考题　　　（一条）高速路
（一把）镐　　　　　（一则）告示
（一个）疙瘩　　　　（一只）鸽子
（一首）歌　　　　　（一支）歌
（一曲）歌　　　　　（一种）格式
（一块）根据地　　　（一片）耕地
（一家）工厂　　　　（一本）工具书
（一份）工作　　　　（一条）公路
（一位）功臣　　　　（一座）宫殿
（一条）沟渠　　　　（一个）钩子
（一把）钩子　　　　（一只）狗
（一条）狗　　　　　（一个）孤儿
（一块）骨头　　　　（一首）古诗
（一石）谷子　　　　（一面）鼓
（一台）鼓风机　　　（一个）故事
（一本）故事书　　　（一盘）瓜子
（一把）刮脸刀　　　（一幅）挂历
（一根）拐棍　　　　（一根）管子
（一名）冠军　　　　（一条）灌渠
（一束）光线　　　　（一道）光线
（一段）光缆　　　　（一则）广告
（一条）诡计　　　　（一个）诡计
（一副）鬼脸　　　　（一根）棍棒
（一块）锅巴　　　　（一袋）锅巴
（一张）国画　　　　（一幅）国画

H

（一只）蛤蟆　　　　（一条）哈巴狗
（一个）孩子　　　　（一张）海报
（一支）海军　　　　（一块）海绵
（一株）海棠　　　　（一头）汗
（一阵）寒风　　　　（一次）寒流
（一条）巷道　　　　（一件）好事
（一片）好心　　　　（一份）合同
（一次）合影　　　　（一个）和尚
（一份）合约　　　　（一条）河
（一只）河马　　　　（一段）河渠
（一条）河渠　　　　（一座）核电站
（一个）盒子　　　　（一张）贺年片

（一封）贺信　　（一份）贺礼　　（一件）夹克　　（一位）嘉宾
（一片）喝彩　　（一声）喝彩　　（一辆）架子车　　（一把）尖刀
（一只）鹤　　　（一个）黑洞　　（一架）歼击机　　（一枚）肩章
（一片）黑土　　（一颗）黑枣　　（一位）监护人　　（一张）煎饼
（一袋）黑枣　　（一根）横木　　（一次）检阅　　（一把）剪刀
（一脸）横肉　　（一杯）红茶　　（一份）简历　　（一个）间谍
（一面）红旗　　（一轮）红日　　（一个）建议　　（一处）建筑物
（一道）红霞　　（一身）红装　　（一位）健将　　（一项）运动
（一群）猴子　　（一份）厚礼　　（一个）毽子　　（一次）鉴定
（一名）候选人　（一只）狐狸　　（一位）将军　　（一块）姜片
（一把）胡子　　（一把）胡琴　　（一次）讲话　　（一笔）奖金
（一只）蝴蝶　　（一只）虎　　　（一块）奖牌　　（一枚）奖章
（一员）虎将　　（一对）虎牙　　（一张）奖状　　（一壶）酱油
（一名）护卫　　（一把）花生　　（一次）郊游　　（一双）胶鞋
（一粒）花生　　（一颗）花生　　（一块）焦炭　　（一条）绞索
（一个）花瓶　　（一位）花农　　（一根）绞索　　（一只）脚
（一个）花园　　（一袋）化肥　　（一个）脚炉　　（一声）叫好
（一幅）画　　　（一位）画家　　（一辆）轿车　　（一顶）轿子
（一本）画册　　（一个）话题　　（一乘）轿子　　（一份）教案
（一棵）槐树　　（一件）坏事　　（一间）教室　　（一名）教师
（一个）环节　　（一块）荒地　　（一位）教练　　（一本）教科书
（一本）皇历　　（一辆）黄包车　（一摞）教科书　（一所）教堂
（一头）黄牛　　（一笔）汇款　　（一根）接力棒　（一条）街道
（一次）会议　　（一双）慧眼　　（一盏）街灯　　（一个）节目
（一次）活动　　（一列）火车　　（一本）杰作　　（一部）杰作
（一节）火车皮　（一个）火把　　（一个）结局　　（一把）戒尺
（一条）火龙　　（一座）火山　　（一条）界线　　（一张）借据
（一颗）火星　　（一群）伙伴　　（一块）金子　　（一只）金丝猴
（一种）货币　　（一个）货场　　（一面）锦旗　　（一条）近道
　　　　　　　　　　　　　　　　（一出）京戏　　（一根）荆条
　　　　　　　　　　　　　　　　（一件）精品　　（一口）井
J　　　　　　　　　　　　　（一处）景色　　（一次）竞赛
　　　　　　　　　　　　　　　　（一组）镜头　　（一个）镜头
（一次）机会　　（一台）机器　　（一面）镜子　　（一把）韭菜
（一块）肌肉　　（一身）肌肉　　（一杯）酒　　　（一家）酒店
（一根）鸡毛　　（一把）鸡毛　　（一处）旧址　　（一件）救生衣
（一个）鸡蛋　　（一份）急电　　（一位）居士　　（一束）菊花
（一次）集会　　（一个）集装箱　（一本）巨著　　（一个）句子
（一辆）计程车　（一名）记者　　（一个）俱乐部　（一家）剧院
（一个）记事本　（一部）纪录片　（一段）距离　　（一笔）捐资
（一所）技校　　（一篇）祭文
（一副）夹板　　（一道）夹缝

（一份）卷宗 　（一项）决定 　（一身）冷汗 　（一只）狸猫
（一个）角色 　（一把）军刀 　（一架）犁铧 　（一个）篱笆
（一支）军队 　（一件）军服 　（一件）礼服 　（一份）礼单
（一辆）军车 　　　　　　 　（一顶）礼帽 　（一束）礼花
　　　　　　　　　　　　　（一位）理事 　（一条）鲤鱼

K

（一辆）卡车 　（一壶）开水 　（一部）历史剧 　（一座）立交桥
（一种）刊物 　（一件）坎肩 　（一次）例会 　（一条）连环计
（一把）砍刀 　（一次）抗议 　（一家）连锁店 　（一件）连衣裙
（一个）考场 　（一位）考官 　（一块）帘子 　（一把）镰刀
（一次）考勤 　（一次）拷打 　（一张）脸谱 　（一副）脸色
（一只）烤鸭 　（一块）靠垫 　（一本）练习册 　（一双）凉鞋
（一个）靠枕 　（一门）科学 　（一顶）凉帽 　（一个）量杯
（一部）科教片 （一位）科学家 （一家）粮库 　（一批）粮草
（一只）蝌蚪 　（一位）客人 　（一束）亮光 　（一次）亮相
（一辆）客车 　（一间）客房 　（一个）量词 　（一个）疗程
（一张）课程表 （一条）坑道 　（一家）疗养院 （一瓶）料酒
（一场）空难 　（一次）空难 　（一副）镣铐 　（一名）烈士
（一只）孔雀 　（一份）口粮 　（一家）猎场 　（一位）猎人
（一次）口试 　（一枚）扣子 　（一支）猎枪 　（一条）裂缝
（一根）哭丧棒 （一个）窟窿 　（一道）裂缝 　（一个）裂口
（一间）库房 　（一条）裤子 　（一个）林场 　（一条）林荫
（一种）款式 　（一阵）狂风 　（一团）磷光 　（一道）灵光
（一盏）矿灯 　（一瓶）矿泉水 （一股）灵气 　（一个）铃铛
（一块）矿石 　（一件）盔甲 　（一个）菱形 　（一只）羚羊
（一段）昆曲 　　　　　　 　（一个）领班 　（一条）领带
　　　　　　　　　　　　　（一片）领地 　（一株）柳树
　　　　　　　　　　　　　（一股）龙卷风 （一筐）龙眼

L

　　　　　　　　　　　　　（一个）笼子 　（一把）漏勺
（一车）垃圾 　（一碗）拉面 　（一根）芦苇 　（一丛）芦苇
（一条）拉链 　（一盒）蜡笔 　（一个）炉子 　（一段）录音
（一道）栏杆 　（一个）篮子 　（一场）录像 　（一只）鹿
（一个）篮球 　（一辆）缆车 　（一位）路警 　（一条）路线
（一根）缆绳 　（一位）郎中 　（一块）路牌 　（一个）路口
（一匹）狼 　　（一条）狼 　　（一头）驴 　　（一家）旅馆
（一只）狼 　　（一朵）浪花 　（一次）旅行 　（一张）绿卡
（一位）劳模 　（一只）老鼠 　（一斤）绿豆 　（一块）绿地
（一张）烙饼 　（一场）雷阵雨 （一个）轮胎 　（一篇）论文
（一根）肋骨 　（一滴）泪珠 　（一本）论著 　（一次）论战
（一条）棱 　　（一辆）冷藏车 （一个）罗锅 　（一颗）罗汉豆
（一把）冷汗 　（一头）冷汗 　（一根）萝卜 　（一面）锣鼓

（一头）骡子　　　　（一匹）骆驼　　　　（一位）牧童　　　　（一次）募捐

M

（一只）蚂蚁　　　　（一脸）麻子　　　　（一袋）奶粉　　　　**N**

（一匹）马　　　　　（一位）马夫　　　　（一头）奶牛　　　　（一杯）奶酒

（一粒）麦子　　　　（一根）麦芒　　　　（一道）难题　　　　（一个）南瓜

（一个）盲人　　　　（一条）蟒蛇　　　　（一块）呢子　　　　（一出）闹剧

（一个）茅屋　　　　（一次）贸易　　　　（一封）匿名信　　　（一条）泥鳅

（一笔）贸易　　　　（一顶）帽子　　　　（一个）年代　　　　（一张）年表

（一朵）玫瑰　　　　（一束）玫瑰　　　　（一个）念头　　　　（一顿）年夜饭

（一株）玫瑰　　　　（一根）眉毛　　　　（一群）鸟　　　　　（一只）鸟

（一只）梅花鹿　　　（一朵）梅花　　　　（一袋）尿素　　　　（一块）尿布

（一场）梅雨　　　　（一瓶）煤气　　　　（一头）牛　　　　　（一杯）柠檬茶

（一盏）煤气灯　　　（一桶）煤油　　　　（一张）牛皮纸　　　（一块）牛排

（一番）美意　　　　（一副）媚态　　　　（一条）纽带　　　　（一条）牛仔裤

（一扇）门　　　　　（一块）门板　　　　（一位）农妇　　　　（一个）农场

（一道）门槛　　　　（一间）门面　　　　（一腔）怒火　　　　（一件）农具

（一员）猛将　　　　（一头）猛兽　　　　　　　　　　　　　　（一脸）怒色

（一座）蒙古包　　　（一座）迷宫

（一件）迷彩服　　　（一只）猕猴　　　　**P**

（一碗）米饭　　　　（一则）谜语　　　　（一株）爬山虎　　　（一只）爬虫

（一位）秘书　　　　（一个）秘诀　　　　（一把）耙子　　　　（一个）排球

（一间）密室　　　　（一只）蜜蜂　　　　（一块）牌匾　　　　（一个）牌照

（一只）绵羊　　　　（一包）棉花　　　　（一只）螃蟹　　　　（一件）袍子

（一块）面包　　　　（一家）面馆　　　　（一坛）泡菜　　　　（一笔）赔款

（一条）妙计　　　　（一次）庙会　　　　（一张）配方　　　　（一个）配角

（一座）庙宇　　　　（一间）民房　　　　（一架）喷气机　　　（一个）盆子

（一出）闽剧　　　　（一本）名册　　　　（一位）朋友　　　　（一次）碰面

（一处）名胜　　　　（一张）名帖　　　　（一件）披风　　　　（一套）披挂

（一段）铭文　　　　（一则）铭文　　　　（一副）披挂　　　　（一把）劈刀

（一道）命令　　　　（一位）模特　　　　（一个）皮包　　　　（一条）皮带

（一次）膜拜　　　　（一辆）摩托车　　　（一块）皮革　　　　（一个）皮球

（一个）魔鬼　　　　（一种）魔术　　　　（一瓶）啤酒　　　　（一打）啤酒

（一个）魔术　　　　（一件）墨宝　　　　（一个）骗子　　　　（一场）骗局

（一座）磨房　　　　（一个）模子　　　　（一次）拼搏　　　　（一个）拼音

（一头）母猪　　　　（一所）母校　　　　（一个）贫民　　　　（一张）聘书

（一株）牡丹　　　　（一只）牡蛎　　　　（一间）平房　　　　（一片）平原

（一批）木材　　　　（一座）木房　　　　（一个）苹果　　　　（一架）屏风

（一只）木马　　　　（一个）目标　　　　（一个）瓶子　　　　（一块）坡地

（一片）牧场　　　　（一曲）牧歌　　　　（一堆）破烂　　　　（一个）破绽

　　　　　　　　　　　　　　　　　　　（一床）铺盖　　　　（一位）菩萨

（一篮）葡萄　（一株）蒲公英　（一块）肉　（一片）肉
（一把）蒲扇　（一次）普查　（一位）儒生　（一桶）乳胶
（一道）瀑布　　　　　　　（一头）乳牛　（一杯）乳汁

Q

（一份）期刊　（一种）期望　（一个）赛场　（一匹）赛马
（一位）漆工　（一则）奇闻　（一个）三角形　（一把）伞
（一个）骑兵　（一盘）棋子　（一位）伞兵　（一本）散记
（一本）棋谱　（一根）旗杆　（一篇）散文　（一把）扫帚
（一件）旗袍　（一面）旗帜　（一片）森林　（一个）沙包
（一个）乞丐　（一家）企业　（一盏）纱灯　（一顶）纱帽
（一本）启示录　（一个）气垫　（一块）纱布　（一块）砂糖
（一艘）气垫船　（一辆）汽车　（一个）筛子　（一个）山村
（一桶）汽油　（一声）汽笛　（一条）山沟　（一座）山寨
（一张）契据　（一个）器官　（一丛）珊瑚　（一道）闪电
（一支）铅笔　（一张）欠条　（一把）扇子　（一个）伤员
（一支）枪　（一位）枪手　（一道）伤疤　（一个）商标
（一场）枪战　（一副）腔调　（一家）商场　（一位）商人
（一阵）强风　（一面）墙　（一件）上衣　（一瓶）烧酒
（一堵）墙　（一位）侨胞　（一位）少年　（一个）哨兵
（一座）桥　（一个）桥洞　（一处）哨卡　（一条）蛇
（一条）巧计　（一块）巧克力　（一根）神经　（一架）升降机
（一个）窃贼　（一次）侵略　（一把）生菜　（一笔）生意
（一斤）芹菜　（一间）寝室　（一个）声母　（一头）牲口
（一位）青年　（一条）青鱼　（一根）绳　（一个）省略号
（一张）请柬　（一次）请愿　（一次）盛会　（一顿）盛宴
（一场）秋风　（一片）秋色　（一位）师父　（一首）诗歌
（一辆）囚车　（一个）球　（一本）诗集　（一位）诗人
（一条）渠　（一个）圈套　（一部）诗史　（一头）狮子
（一眼）泉水　（一个）泉眼　（一位）施主　（一块）石头
（一个）缺点　（一块）雀斑　（一堆）石头　（一台）石英钟
　　　　　　　　　　　　　（一段）实况　（一次）实验
R

　　　　　　　　　　　　　（一种）食品　（一个）食堂
（一间）染房　（一块）染料　（一位）食客　（一位）士兵
（一条）绕口令　（一只）热狗　（一则）示例　（一张）示意图
（一行）热泪　（一股）热流　（一家）市场　（一项）事业
（一腔）热血　（一件）任务　（一名）侍卫　（一道）试题
（一本）日历　（一盏）日光灯　（一套）试题　（一个）视角
（一身）茸毛　（一团）绒线　（一个）柿子　（一张）收据
（一根）绒毛　（一棵）榕树　（一块）手表　（一本）手册

（一只）手电筒　　（一根）手杖　　　（一只）铜鼓　　　（一面）铜鼓
（一双）手套　　　（一只）手套　　　（一篇）童话　　　（一曲）童谣
（一块）手巾　　　（一位）首领　　　（一座）筒子楼　　（一个）头盔
（一份）寿礼　　　（一位）售票员　　（一位）头领　　　（一笔）投资
（一本）书　　　　（一捆）书　　　　（一个）秃子　　　（一幅）图画
（一套）书　　　　（一个）书包　　　（一张）图纸　　　（一枚）图钉
（一张）书签　　　（一位）叔叔　　　（一本）图书　　　（一把）屠刀
（一把）梳子　　　（一股）暑气　　　（一位）屠户　　　（一只）兔
（一场）鼠疫　　　（一片）树林　　　（一群）兔　　　　（一个）团队
（一个）树桩　　　（一截）树桩　　　（一位）团员　　　（一个）屯子
（一组）数据　　　（一把）刷子　　　（一辆）拖车　　　（一把）拖把
（一杯）水　　　　（一湖）水　　　　（一只）驼铃　　　（一斤）驼绒
（一潭）水　　　　（一滴）水　　　　（一只）鸵鸟
（一座）水库　　　（一位）水兵
（一朵）水花　　　（一头）水牛

W

（一场）水灾　　　（一个）睡袋　　　（一处）洼地　　　（一条）娃娃鱼
（一件）睡衣　　　（一棵）松树　　　（一片）瓦　　　　（一块）瓦
（一粒）松子　　　（一次）搜查　　　（一双）袜子　　　（一件）外衣
（一块）苏绣　　　（一桶）酥油　　　（一个）玩具　　　（一片）晚霞
（一个）夙愿　　　（一个）算盘　　　（一顶）王冠　　　（一张）网
（一条）隧道　　　（一只）唢呐　　　（一个）网球　　　（一条）围巾
（一把）锁　　　　（一条）锁链　　　（一盘）围棋　　　（一根）桅杆
　　　　　　　　　　　　　　　　　　（一块）帷幕　　　（一条）尾巴

T

　　　　　　　　　　　　　　　　　　（一个）卫生员　　（一包）味精
（一座）塔　　　　（一句）台词　　　（一种）味道　　　（一间）温室
（一场）台风　　　（一个）台阶　　　（一场）瘟病　　　（一次）瘟疫
（一张）太师椅　　（一个）坛子　　　（一位）瘟神　　　（一沓）文稿
（一辆）坦克　　　（一块）毯子　　　（一叠）文稿　　　（一段）文字
（一声）叹息　　　（一块）炭　　　　（一盘）蚊香　　　（一顶）蚊帐
（一堆）炭　　　　（一车）炭　　　　（一个）问题　　　（一间）卧室
（一个）探子　　　（一棵）桃树　　　（一片）乌云　　　（一间）屋子
（一株）桃树　　　（一件）陶器　　　（一只）蜈蚣　　　（一位）武官
（一块）陶土　　　（一位）特工　　　（一员）武将　　　（一件）武器
（一架）梯子　　　（一份）提案
（一个）题目　　　（一把）剃刀

X

（一座）天桥　　　（一位）天使　　　（一片）夕阳　　　（一个）西红柿
（一座）天文台　　（一个）铁匠　　　（一颗）西红柿　　（一头）犀牛
（一条）铁路　　　（一块）铁皮　　　（一位）锡匠　　　（一篇）习作
（一座）庭院　　　（一个）同伴　　　（一个）习惯　　　（一种）习惯
（一位）同学　　　（一枚）铜币　　　（一出）戏　　　　（一家）戏班子

（一座）戏院　　　（一个）细胞
（一块）细纱　　　（一粒）虾仁
（一袋）虾仁　　　（一个）瞎子
（一句）瞎话　　　（一道）霞光
（一片）霞光　　　（一盆）仙人掌
（一株）仙人掌　　（一块）咸菜
（一缸）咸菜　　　（一处）险地
（一件）线衣　　　（一个）线圈
（一条）线路　　　（一部）宪法
（一个）乡村　　　（一片）乡愁
（一丝）乡愁　　　（一方）乡土
（一个）乡镇　　　（一张）香案
（一种）香料　　　（一瓶）香精
（一块）香皂　　　（一间）厢房
（一位）向导　　　（一株）向日葵
（一条）项链　　　（一个）项目
（一条）巷子　　　（一本）相册
（一段）相声　　　（一盘）象棋
（一枚）像章　　　（一根）橡皮筋
（一则）消息　　　（一个）小丑
（一把）小白菜　　（一棵）小白菜
（一根）小葱　　　（一本）小人书
（一片）孝心　　　（一套）校服
（一所）校园　　　（一双）鞋
（一盒）鞋油　　　（一片）心
（一张）心电图　　（一则）新闻
（一轮）新月　　　（一弯）新月
（一位）信差　　　（一个）信封
（一张）信用卡　　（一颗）星星
（一点）星火　　　（一包）行李
（一枚）杏　　　　（一双）杏眼
（一粒）杏仁　　　（一只）袖标
（一块）袖章　　　（一只）绣花鞋
（一幅）绣像　　　（一个）漩涡
（一张）选票　　　（一双）靴子
（一所）学校　　　（一场）雪
（一处）雪景　　　（一只）雪豹
（一团）雪花　　　（一朵）雪莲
（一支）雪茄　　　（一棵）雪松
（一株）雪松　　　（一枚）勋章

Y

（一顶）鸭舌帽　　（一只）鸭子
（一口）牙　　　　（一颗）牙齿
（一根）牙签　　　（一个）哑巴
（一出）哑剧　　　（一卷）烟叶
（一位）烟农　　　（一个）烟斗
（一块）岩石　　　（一个）盐场
（一袋）盐巴　　　（一种）颜料
（一条）眼镜蛇　　（一滴）眼泪
（一场）演出　　　（一次）演说
（一只）大雁　　　（一个）雁阵
（一只）燕子　　　（一只）羊
（一群）羊　　　　（一张）羊皮纸
（一个）羊倌　　　（一棵）杨树
（一株）杨树　　　（一个）洋人
（一套）洋装　　　（一件）洋装
（一瓶）氧气　　　（一种）样品
（一个）腰果　　　（一孔）窑洞
（一排）窑洞　　　（一张）药方
（一粒）药丸　　　（一股）药味
（一瓶）药酒　　　（一家）药铺
（一处）要塞　　　（一把）钥匙
（一匹）野马　　　（一只）野兔
（一头）野猪　　　（一所）夜校
（一颗）夜明珠　　（一件）衣服
（一家）医院　　　（一份）遗书
（一处）遗址　　　（一个）疑问
（一团）疑问　　　（一把）椅子
（一张）椅子　　　（一位）艺术家
（一块）银元　　　（一家）银行
（一位）银匠　　　（一瓶）饮料
（一枚）印章　　　（一位）英豪
（一盏）荧光灯　　（一座）营地
（一个）营长　　　（一张）影碟
（一位）影迷　　　（一部）影片
（一家）影院　　　（一株）映山红
（一朵）映山红　　（一枚）硬币
（一位）勇士　　　（一件）用品
（一位）邮差　　　（一个）邮局

（一份）邮件　　（一斤）油菜
（一杯）油茶　　（一座）油井
（一口）油井　　（一所）幼儿园
（一条）鱼　　　（一个）鱼雷
（一只）鱼鹰　　（一位）渔夫
（一片）羽毛　　（一件）雨披
（一块）玉石　　（一件）玉服
（一亩）玉米地　（一株）玉米苗
（一个）浴池　　（一件）浴衣
（一处）寓所　　（一件）冤案
（一个）元宝　　（一位）元帅
（一位）员工　　（一个）圆圈
（一个）圆锥　　（一张）圆桌
（一队）援兵　　（一只）猿猴
（一个）乐队　　（一份）乐谱
（一件）乐器　　（一朵）云
（一片）云　　　（一个）熨斗

Z

（一出）杂剧　　（一份）杂粮
（一篇）杂文　　（一本）杂志
（一场）灾难　　（一群）灾民
（一颗）枣　　　（一个）澡盆
（一位）灶神　　（一个）造型
（一种）造型　　（一个）贼
（一把）铡刀　　（一颗）炸弹
（一包）炸药　　（一道）栅栏
（一座）毡房　　（一间）毡房
（一位）战士　　（一架）战斗机
（一颗）樟脑丸　（一位）长者
（一块）招牌　　（一张）招贴画
（一出）折子戏　（一根）针
（一件）针织品　（一个）针眼
（一件）珍宝　　（一个）枕头
（一根）枕木　　（一把）镇尺
（一个）镇子　　（一次）征程
（一个）蒸笼　　（一页）纸
（一张）纸　　　（一副）纸牌
（一块）纸板　　（一道）指令
（一个）指南针　（一项）制度

（一味）中药　　（一所）中学
（一颗）忠心　　（一座）钟
（一块）钟乳石　（一个）种族
（一副）重担　　（一个）主意
（一项）主张　　（一家）住户
（一根）柱子　　（一块）铸币
（一位）铸工　　（一架）专机
（一本）专著　　（一处）庄园
（一辆）装甲车　（一张）桌子
（一份）资料　　（一叠）资料
（一辆）自行车　（一本）自传
（一本）字典　　（一张）字据
（一个）足球　　（一场）足球赛
（一个）组织　　（一张）嘴
（一间）作坊　　（一个）罪犯
（一篇）作文　　（一位）作者
（一个）座位　　（一排）座位
（一台）座钟

2. 近义词

A

爱戴——敬爱
【辨析】　"爱戴"和"敬爱"都为褒义词。对象常是领袖、师长或其他有威望的人。"敬爱"语意较轻，有时可用于平辈。"爱戴"只能做动词；"敬爱"用做动词，还可以用做形容词。

爱好——喜爱
【辨析】　"爱好"可以做名词，"喜爱"只能做动词，不能做名词。

爱护——爱惜
【辨析】　"爱护"着重在"护"，有保护、不使受伤害或破坏的意思。"爱护"可用于人和物；"爱惜"多用于物。"爱护"的对象是能破坏损害的东西；"爱惜"的对象大多是能逐渐消耗的东西。

爱慕——羡慕
【辨析】　"爱慕"除了"爱慕虚荣"以外，一般表示因喜欢而产生好感，愿意接近，含有敬重的意思；"羡慕"主要表示因为喜欢，希望自己也有。

安定——稳定

【辨析】 "安定"和"稳定"在指保持平安稳固而没有变化时，常可以互换。"安定"着重在"安"，指正常和稳定；"稳定"着重在"稳"，指稳固而不容易变化。

安静——宁静

【辨析】 "安静"强调守秩序、不吵闹，多形容气氛和环境；"宁静"强调干扰少、噪音小，多用来形容环境和生活。

安全——平安

【辨析】 "安全"还有不受威胁的意思；"平安"则没有。

安慰——抚慰

【辨析】 "安慰"既可以对自己，也可以对别人；"抚慰"都对别人。

安闲——清闲

【辨析】 "安闲"侧重"闲"，指不忙碌，大多形容心情清闲舒畅；"清闲"强调清静、空闲。

安置——安顿

【辨析】 "安置"着重指让工作、生活等有适当的位置；"安顿"着重指安排妥当。

暗藏——潜藏

【辨析】 "暗藏"指不让人发现，"潜藏"指不容易发现。

暗淡——黯淡

【辨析】 "暗淡"同"黯淡"。

翱翔——飞翔

【辨析】 "翱翔"指鸟在空中转着圈儿飞，"飞翔"可以指鸟在空中飞，也可以指用其他方式飞。

傲慢——高傲

【辨析】 "傲慢"属贬义词；"高傲"为中性词。

懊悔——后悔

【辨析】 "懊悔"因悔恨而感到烦恼，语意较重；"后悔"指事后追悔，烦恼的意味相对较轻。

B

把持——控制

【辨析】 "把持"为贬义词，强调公开独揽大权；"控制"为中性词，强调将对象的活动限制在一定的范围之内。

把守——看守

【辨析】 "把守"多用于对重要地方的防卫；"看守"多指对人、门户、财物等的照管。

把握——掌握

【辨析】 "把握"强调拿住、抓住，对象常常是物体、时间等；"掌握"强调支配、运用并控制，对象常常是理论、政策、技术、方法等。"把握"还可以指成功的可靠性，如：这次能不能出线，她心理一点把握也没有。

摆脱——解脱

【辨析】 "解脱"不能带宾语。"摆脱"的对象往往是困境、控制、贫困等无形的束缚；"解脱"是指自己把自己从某种境遇中解放出来。

败坏——损坏

【辨析】 "败坏"多用于名誉、风气等抽象事物；"损坏"多用于物品等具体事物。"败坏"还形容人思想品德低劣。

败落——衰落

【辨析】 "败落"的使用比较窄，一般只用于家道与人事等方面；"衰落"使用范围比较广，用于国家、民族、艺术、经济等方面。

帮助——帮忙

【辨析】 "帮助"除了人力支援外，还可以指用物力支援；"帮忙"只指人力支援。"帮助"后面可带宾语；"帮忙"后面不能带宾语。

绑架——劫持

【辨析】 "绑架"的对象是人；"劫持"的对象除了人以外，还可以是飞机、汽车等东西。

榜样——模范

【辨析】　"榜样"是中性词，可以用在好的方面，也可以用在坏的方面。"模范"还可以是一种称号；"榜样"只是一种看法，不是一种称号。"模范"可以做状语。

傍晚——黄昏

【辨析】　"傍晚"指天将黑还没有完全黑的时候，比"黄昏"时间上更晚一些。

包庇——袒护

【辨析】　"包庇"是有意的、有目的的，对象都是坏人坏事，是一种触犯法律的行为；"袒护"是出于偏爱或私心，对象一般是错误的思想和行为，是一种无原则的、不公正的行为。

包含——包括

【辨析】　"包含"着重指里面含有，从深度或内在联系来说明；"包括"着重指包容在一事实上的范围之内，往往列举其中的各部分或着重指出某一部分。

包围——包抄

【辨析】　"包围"不仅用于军事，也可用于日常生活；"包抄"一般只做军事术语使用，适用范围较小。

饱满——丰满

【辨析】　"饱满"可以用于具体的事物，也可以用于抽象的事物；"丰满"多用于具体事物。"丰满"常用来形容人身体胖而匀称；"饱满"不能用来形容人体。

保持——维持

【辨析】　"保持"强调维护原样，时间延续较长；"维持"指在一定限度内维护，防止情况变坏，时间的延续相对要短些。"保持"的对象是水平、传统、荣誉等；"维持"的对象是秩序、生活、现状等。

保存——保留

【辨析】　"保存"强调存在，指不失

去，可用于人和物；"保留"强调存留，不去掉，不变更，只用于事物。

保护——维护

【辨析】　"保护"使用范围比较广，多用于具体的人或事，着重于照顾，使不受损害；"维护"多用于抽象的事物，着重在维持原状。

保卫——捍卫

【辨析】　"保卫"着重指防护，语意较轻，适用范围较广，多用于具体的人和物；"捍卫"除了保护以外，还有抵御的意思，语意重，适用范围较窄，多用于抽象的事物。

保温——保暖

【辨析】　"保温"指不让外部的寒气侵入；"保暖"指不让内部的热量散失。

保障——保证

【辨析】　"保障"强调不受侵犯或损害，多用于重大事物；"保证"强调担保做到，适用范围较宽。

报答——报效

【辨析】　"报答"指受到别人恩惠，用行动回报；"报效"指为报答对方的恩情而为对方尽力，多用于对祖国和人民。

抱负——理想

【辨析】　"抱负"是名词，指一个人关于将来如何投身社会、实现人生价值的决心和打算；"理想"除了做名词外，还可做形容词，指符合希望的，令人满意的。

暴发——爆发

【辨析】　"暴发"着重指发生突然而猛烈；"爆发"的主体往往有较长时间的酝酿过程。"暴发"使用范围较窄，常用于洪水、疫情等；"爆发"使用范围比较广，除了用于自然现象外，还可以用于社会现象，也可以指欢呼声、掌声、音乐声等。"暴发"还指突然发财或得势。

卑鄙——卑劣

【辨析】　"卑鄙"语意较轻，多指品

德、言行不道德；"卑劣"语意较重，多指行为、手段下流恶劣。

悲惨——凄惨

【辨析】 "悲惨"着重在"惨"上，多指处境不好；"凄惨"着重在"凄楚"、"孤独"上，除了指环境萧条冷落外，还指人的心情悲伤寂寞。

悲痛——悲哀

【辨析】 "悲痛"侧重因悲伤而痛苦；"悲哀"侧重内心的哀愁。语意轻重程度不一样，"悲痛"语意最重。

奔波——奔忙

【辨析】 "奔波"指为了一定的目的到处活动，还指历尽波折，不辞劳累；"奔忙"着重指事情繁多，忙碌不停，用于人，也可指车辆船只等。

本领——本事

【辨析】 "本领"多指比较高的、比较难掌握的技巧技能，需要经过专门的训练才能具备；"本事"指一般性的技能。"本领"可用于人，也可用于动物。

比赛——竞赛

【辨析】 "比赛"多用于体育、文艺等活动，强调比高低；"竞赛"多用于劳动、学习等方面，强调争优胜。

必定——一定

【辨析】 "必定"强调判断或推理的确凿无疑；"一定"强调主观分析或看法的正确无误。"一定"还可以表示态度的坚决。"一定"作形容词时表示规定的、特定的或某种程度的意思。

必须——必需

【辨析】 "必须"指一定要这样，不这样不行；"必需"指一定要有，没有了不行。"必须"是副词，只能做状语；"必需"是动词，能做谓语、定语。

毕竟——究竟

【辨析】 "毕竟"含有"终于"的意思，说明事情的最终结果；"究竟"有追根究底的意思，表示事情的原因或结果。

弊病——弊端

【辨析】 "弊病"表示有害处，语意较重；"弊端"语意较轻，侧重表示有害的事情。

边疆——边界

【辨析】 "边疆"指靠近国界的大片领土；"边界"指相邻地域的交界线，可以指国与国之间，也可以指地区之间、单位之间。

变化——变动

【辨析】 "变化"侧重指事物的形态或性质产生新的状况；"变动"指因变化而改变了原来的状况。

辨别——鉴别

【辨析】 "辨别"着重指对不同事物的区别，既可用于人，也可用于物；"鉴别"着重指对某个事物性质的确定，只用于事物，不用于人。

辩白——辩解

【辨析】 "辩白"着重指在受冤枉的时候进行分辩、申诉，使事实得到澄清；"辩解"指为了消除误解或为掩盖错误而进行解释、分辩。

辩论——争论

【辨析】 "辩论"指为了求得正确的结论，双方摆事实、讲道理，力求说服对方；"争论"着重指双方各执己见，互不让步。

表扬——表彰

【辨析】 "表扬"常用于书面语和口语，对象较广，方式较多，语意较轻；"表彰"常用于较庄重的场合，多用于书面语，对象一般是建立特殊功勋的人，语意较重。

波折——周折

【辨析】 "波折"强调波动、曲折，语意较轻；"周折"着重表示有反复，很难办的事情。

不准——不许

【辨析】 "不准"、"不许"表示禁止。

"不准"多用于书面语；"不许"多用于口语。

部分——局部

【辨析】 "部分"多就数量而言，"局部"多就组织结构而言。"部分"可用于事物和人，"局部"只用于事物。

部署——布置

【辨析】 "部署"指大规模的、全面的、有战略性的布置和安排，对象常常是有关全局的大事；"布置"多指具体的安排，对象是某项具体的事或活动。

步调——步伐

【辨析】 "步调"常用比喻义，有时也用本义；"步伐"常用本义，有时也用比喻义。

Ⓒ

猜测——猜想

【辨析】 "猜测"强调某种推测，常常有某些条件或线索为依据，希望对问题寻求答案；"猜想"强调主观想象，不一定有什么依据。

才能——才华

【辨析】 "才能"强调运用知识进行创造性工作的能力和本领；"才华"强调外在表现出来的才能，多用于文艺活动或科学文化方面。

材料——资料

【辨析】 "材料"侧重指未经加工的素材；"资料"侧重指已经被确定的事实，可以作为依据或凭借。"材料"还可以指直接制成成品的东西，还可以比喻适合做某种事情的人才。

财产——财富

【辨析】 "财产"属于"财富"的一部分，着重指具体的物质，与经济利益直接相关，适用范围较小；"财富"除了指具体的物质以外，还指精神上有价值的东西，适用范围较大。

采取——采纳

【辨析】 "采取"强调针对情况选择使用，适用范围较广，多用于抽象事物；"采纳"强调接受，也用于抽象事物，只是范围较"采取"窄一些。

参加——参与

【辨析】 "参加"使用范围比较广，可以是组织，也可以是活动；"参与"适用范围比较窄，只能是活动。

惭愧——内疚

【辨析】 "惭愧"和"内疚"主要表示内心不安，觉得不应该这样做。

残杀——屠杀

【辨析】 "残杀"强调杀害过程中行为和手段的残忍；"屠杀"强调"大批"杀害，像屠宰牲畜那样杀害人的生命。

惨白——苍白

【辨析】 "惨白"强调脸色白，没有血色；"苍白"除了形容"白"外，还强调没有生气，有病态。"惨白"还可以用来形容景色暗淡。

灿烂——光辉

【辨析】 "灿烂"强调光彩耀眼，多用来形容文化、文明等抽象事物优秀、伟大，也可以形容太阳、彩云等美好的事物；"光辉"强调明亮耀眼，常形容成绩、成果、历史等伟大、非凡。

仓促——仓皇

【辨析】 "仓促"强调时间紧迫，行动匆忙；"仓皇"除了形容匆忙外，还着重表现慌张，为贬义词。

草率——轻率

【辨析】 "草率"着重指办事不认真，粗枝大叶，敷衍了事；"轻率"着重指随便、不慎重，可用于行为，也可用于态度。

差异——差别

【辨析】 "差异"多指事物在实质方面的不同，多用于书面语；"差别"既指实质方面的不同，也指外在形式上的不同。

查看——察看

【辨析】　"查看"强调检查，目的是探究情况；"察看"强调观察，目的在于知道、了解情况。

长处——优点

【辨析】　"长处"侧重表示其所独有的长于他人之处，多用于人；"优点"侧重表示是好而不是坏的地方，可用于人、物或某些抽象事物。

长远——长久

【辨析】　"长远"只用于未来的岁月，表示时间很长，但是有尽头；"长久"既可以指过去的时间，也可以指将来的时间，强调时间本身的长。

常常——往往

【辨析】　"常常"强调次数多，可用于过去、现在和将来发生的事情；"往往"侧重对过去发生事情的总结，有一定的规律性，不受主观意识的影响。

场所——场合

【辨析】　"场所"指地点或处所；"场合"除了地点、处所外，还包括时间、条件和情况等因素。

嘲笑——嘲讽

【辨析】　"嘲笑"泛指取笑；"嘲讽"侧重讽刺。"嘲笑"有时是善意的，对象可以是正面的人物，也可以是反面的人物。

撤职——免职

【辨析】　"撤职"语意最重，指因错误而受到的一种处分；"免职"语意最轻，指不一定因犯错误而免去职务。

沉思——深思

【辨析】　"沉思"强调专心地、长时间地思考，涉及的对象往往是给人触动很大的事物；"深思"强调深入地思考，其对象往往是含有深刻道理的、需要作出决定的事情或问题。

称赞——称颂

【辨析】　"称赞"的语意比"称颂"轻，用于口语和书面语；"称颂"侧重颂扬，多用于书面语。

成绩——成就

【辨析】　"成绩"是中性词，指工作或学习的收获，表示的是一般性的结果；"成就"是褒义词，强调事业上的收获，表示的是具有一定社会意义或影响的收获。"成就"做动词用时，表示完成的意思，与"成绩"没有同义关系。

呈现——浮现

【辨析】　"呈现"强调显露在眼前，多用于具体事物；"浮现"强调过去经历过的事在脑海中显现，大多是想象的，有时也指直接看到的。

迟疑——犹豫

【辨析】　"迟疑"指拿不定主意，是表现在行动上慢而不快；"犹豫"指拿不定主意是表现在思想上思前想后，顾虑重重，不能作出决定。

持续——继续

【辨析】　"持续"侧重在"持"，指动作、行为接连不断，中间不停顿；"继续"侧重在"继"，指一个动作刚完成，后一个动作马上接上来。

充足——充分

【辨析】　"充足"侧重数量多，能满足需要，多用于具体事物；"充分"侧重程度和限度已经达到很大的地步，常形容准备、理由、估计等抽象事物。

冲破——突破

【辨析】　"冲破"多指用猛力冲开，涉及的对象为表示束缚的事物，如禁令、阻力、障碍、势力等；"突破"有时指向一点进攻，打开缺口，多用于军事或工作方面，有时指打破某种界限，涉及的对象为指标、定额、纪录等。

崇拜——崇敬

【辨析】　"崇拜"语意重，表示非常钦佩，甚至超出常情，对象比较广泛，是中性词；"崇敬"语意较轻，对象只能是人，是褒义词。

宠爱——溺爱

【辨析】 "宠爱"强调过分偏爱、放纵而不加约束，可用于人，也可用于动物；"溺爱"强调过分地宠爱，多指长辈对自己的孩子。

筹备——筹办

【辨析】 "筹备"重在"备"，指为会议、工程、机构等事前作计划安排；"筹办"重在"办"，指为活动、事情等作准备的具体行动。

稠密——茂密

【辨析】 "稠密"强调密度大，多用于村落、枝叶、人烟等；"茂密"强调茂盛繁密，用于植物。

出色——杰出

【辨析】 "杰出"的语意比"出色"重。

处理——处置

【辨析】 "处理"强调使问题得到解决；"处置"强调安排，语意较重。

矗立——耸立

【辨析】 "矗立"强调高而且直，中性词，不可用于人；"耸立"强调高而突出，也不可用于人。

传单——标语

【辨析】 "传单"内容比较复杂，可以张贴，也可以散发；"标语"内容很简单，只有简短的语句，只可以张贴，不可以散发。

创造——发明

【辨析】 "创造"着重指开创性地完成具有重要意义的新事物，可用于具体事物，也可用于抽象事物；"发明"着重指研制出世界上没有的东西，多用于具体事物。

慈爱——慈祥

【辨析】 "慈爱"多形容人的情感和神态；"慈祥"多形容人的外表。

次序——顺序

【辨析】 "次序"强调排列的先后位置，多用于人或事，也可用于社会情况和自然现象；"顺序"强调排列先后的条理或原则。

伺候——侍候

【辨析】 "伺候"除了服侍外，还有供人使唤的意思，"侍候"则没有这个意思。

匆忙——急忙

【辨析】 "匆忙"侧重在"匆"，表示事情仓促，来不及准备，含有慌张的意思；"急忙"侧重在"急"，表示心里急，行动也加快。

聪明——聪颖

【辨析】 "聪明"侧重表示不愚笨；"聪颖"侧重表示智力很高，多用于书面语。

从来——历来

【辨析】 "从来"后面多用否定句，语气较强；"历来"后面多用肯定句，语气较弱。

粗糙——粗劣

【辨析】 "粗糙"表示质地不精细，还形容工作草率不细致；"粗劣"指质量低下。

粗心——马虎

【辨析】 "粗心"为中性词，指不细心；"马虎"为贬义词，指草率敷衍。

脆弱——懦弱

【辨析】 "脆弱"强调禁不起挫折，多形容情感；"懦弱"强调软弱无能，多形容性格。

错误——差错

【辨析】 "错误"指的范围较大，程度比较重；"差错"程度比较轻，常用于工作、学习、生活中的具体事情。"错误"除了做名词外，还可用做形容词；"差错"只能做名词。

D

答应——允许

【辨析】 "答应"多用于口语。"允许"着重表示同意，多用于书面语；"答应"除了表示同意外，还有应声回答的意思。

打扮——装扮

【辨析】 "打扮"指通过修饰，使容貌或衣着更好看；"装扮"除修饰外表外，还有"乔装"的意思。

打量——端详

【辨析】 "端详"比"打量"观察得更仔细。"打量"看的时间较短，目光不停留在一个地方；"端详"看的时间较长，目光紧紧地盯住一个地方。

打算——盘算

【辨析】 "打算"指一般的考虑，多用于口语；"盘算"指在心中反复考虑，多用于费心的事情上。"打算"还可以用做名词，意思为"想法"、"念头"。

大概——大约

【辨析】 "大概"多用于对情况的估计和推测；"大约"多用于对时间、数量的估计。

代替——取代

【辨析】 "代替"可以是长时间的，也可以是暂时的；"取代"是永久的，不是暂时的。"代替"的双方是平等、自愿、互相的。

带领——率领

【辨析】 "带领"指领导或指挥一群人进行集体的活动，还有带路、引导的意思；"率领"使用范围较窄，指的是上级对下级的统率和领导。

担心——担忧

【辨析】 "担心"侧重指牵挂、不安，语意较轻；"担忧"强调忧虑、发愁，语意较重。"担心"后面常带宾语；"担忧"后面不带宾语。

诞辰——生日

【辨析】 "诞辰"为书面语，带有庄重、尊敬的色彩，用于正式场合；"生日"为口语，用于一般场合，可用于比喻。

诞生——出生

【辨析】 "诞生"强调出世，书面语，有庄重的色彩；"出生"只指胎儿从母体中分离出来。"诞生"有比喻义。

道歉——抱歉

【辨析】 "道歉"表示对不起别人，向别人承认错误，是一种行为动作；"抱歉"指内心不安，感到对不起别人，是一种心理状态。

得到——取得

【辨析】 "得到"多用于他人给予的情形，可用于具体和抽象的事物；"取得"强调经过自己的努力获得，常用于抽象的事物。

典范——典型

【辨析】 "典范"强调示范性，褒义词；"典型"强调代表性，中性词，适用范围比较广，可以指好的，也可以指坏的。

惦记——惦念

【辨析】 "惦记"侧重于"记"，记住，对象是人或事，程度没有"惦念"深；"惦念"强调想念，对象大多是人，也可用于事，程度较深。

凋零——凋落

【辨析】 "凋零"强调花草零落、稀少；"凋落"强调落下，多用于植物的叶子。除指植物外，"凋零"可比喻各行各业的衰败，不景气。

叮咛——嘱咐

【辨析】 "叮咛"语意比"嘱咐"重，是反复地嘱咐，有不厌其烦的含义。

抖动——颤动——颤抖

【辨析】 "抖动"和"颤动"侧重在动，"抖动"除了指自身的振动外，还指物体在外力的作用下发生的振动；"颤抖"侧重在抖，只是指自身的抖动。

陡峭——峻峭

【辨析】 "陡峭"适用的范围较广，对

象大多是山峰，也可以是堤岸、海岸、楼梯等；"峻峭"适用的对象只有山峰。

督促——催促

【辨析】　"督促"是促使对方行动，做好某件事，可用于对方，也可用于自己；"催促"是促使对方迅速行动，只用于对方。

度过——渡过

【辨析】　"度过"适用范围较小，多用于时间方面；"渡过"适用范围较大，可用于水流。

短暂——短促

【辨析】　"短暂"指时间短，可在时、分、秒之内，也可在年、月、日之内，但范围较大；"短促"指极短的时间，往往在时、分、秒之间，范围较小。"短促"强调急促，还可以指节奏的迅疾和形容声音等。

夺目——醒目

【辨析】　"夺目"强调色彩鲜艳，光彩耀眼，引入注目；"醒目"强调形象鲜明，或者强调表达的内容特别明显，容易看得清。

躲避——逃避

【辨析】　"躲避"为中性词，指离开或隐避起来，不让别人看见；"逃避"多数情况下带贬义，指躲开不愿意或不敢接触的事物，但是不一定要藏起来。

E

恶劣——卑劣

【辨析】　"卑劣"语意比"恶劣"重。"恶劣"除了指人的品质、行为、作风外，还可以指影响、环境、条件等；"卑劣"侧重指人的思想、品质、作风等。

恩情——恩惠

【辨析】　"恩情"除了好处，还有深厚的情义的意思。搭配的词语不同，"恩情"常和"报答"、"忘不了"等搭配；"恩惠"常和"给予"、"带来"、"得到"

等搭配。

F

发表——发布

【辨析】　"发表"的对象常是意见、声明、宣言、演说、谈话等；"发布"的对象常是新闻、命令、指导、警报等，具有郑重色彩。"发表"还有公开出版，在报刊上刊登文章、图片、歌曲等的意思。

发达——兴旺

【辨析】　"发达"强调事物发展充分；"兴旺"强调发展旺盛。"发达"可以形容大脑、四肢、肌肉等；"兴旺"可以形容人口、牲畜等。

发动——动员

【辨析】　"发动"着重在使动起来，对象可以是人，也可以是事物；"动员"着重在宣传调动，对象一般是人。

发奋——发愤

【辨析】　"发奋"和"发愤"有时可以换用。"发奋"侧重在精神状态——振作精神；"发愤"侧重在内心——下定决心，语气比"发奋"重些。

发觉——发现

【辨析】　"发觉"强调开始知道；"发现"除了知道外，还强调通过分析、研究和探索，知道了前人不知道的事物或规律。

繁华——繁荣

【辨析】　"繁华"侧重指市面兴旺热闹，常用来形容城市、街道、市场等，指的是外在景象；"繁荣"强调的是内在实质，侧重指经济、文化、科学、艺术事业等。"繁华"只是形容词，"繁荣"既是形容词，又是有使动用法的动词。

繁忙——繁重

【辨析】　"繁忙"强调工作头绪多，时间紧，没有闲空；"繁重"强调工作多，负担重。

反驳——驳斥

【辨析】　"反驳"多用于一般争论，侧重在用自己的理由否定对方，语义较轻；"驳斥"多用于非一般性质的争论，除了反驳外还加以斥责，语义较重。

反复——重复

【辨析】　"反复"强调一遍又一遍，多次重复；"重复"强调又一次出现或又一次做相同的事情。

反思——反省

【辨析】　"反思"着重指总结经验；"反省"着重指认识错误。

方便——便利

【辨析】　"方便"和"便利"在表示不困难、不费事时可以换用。"方便"还有其他意思，如表示适宜、委婉地表示没有余钱、委婉地表示上厕所、指某种便利条件等；"便利"没有这些意思。

方法——方式

【辨析】　"方法"强调指解决问题的行为、做法；"方式"强调采取的形式、程序。

飞翔——飞行

【辨析】　"飞翔"指鸟类；"飞行"指飞机、火箭等，也可指鸟类。"飞翔"强调在空中盘旋地飞，多用于文艺语体；"飞行"强调在空中航行，用于一般的书面语体。

非常——十分

【辨析】　"非常"可以重叠起来用，前面不能加否定词"不"；"十分"不可以重叠起来用，前面可以加否定词"不"。

分别——分辨

【辨析】　"分别"除了分辨、区别的含义外，还有离别和分手的含义；"分辨"强调辨认、识别。

分别——分离

【辨析】　"分别"指人与人长久地分开；"分离"有时特指人与人被迫分开。

愤怒——愤慨

【辨析】　"愤怒"侧重指生气；"愤慨"侧重指气愤不平，意气激昂。

风景——景色

【辨析】　"风景"泛指自然风光，使用范围较大；"景色"强调色彩，使用范围比"风景"小。

风气——风尚

【辨析】　"风气"指不太固定、容易改变的习惯，为中性词；"风尚"指在一个时期形成的风气和习惯，用于褒义。

风趣——幽默

【辨析】　"风趣"强调趣味；"幽默"的语意比"风趣"重，除了"趣"外，还有意味深长、富有智慧等含义。

疯狂——猖狂

【辨析】　"疯狂"侧重指精神反常，失去理智，比喻敌人行为表现得极其猖狂；"猖狂"侧重指态度凶狠、行为肆无忌惮。"疯狂"还有中性词的词法，形容人的感情极端奔放。

否定——否认

【辨析】　"否定"强调不接受某种理论、观点、事实等；"否认"强调不认可某种事实或现象。

扶养——抚养

【辨析】　"扶养"用于平辈之间或晚辈对长辈；"抚养"用于长辈对晚辈或年长的人对年幼的人。

拂晓——黎明——凌晨

【辨析】　"拂晓"指天快亮的时候，时间段很短；"黎明"指天刚刚亮，时间段稍长；"凌晨"多指午夜至天亮，时间段最长，常与表达具体时间的词搭配。"黎明"还有象征光明的意义。

俯视——俯瞰

【辨析】　"俯视"的高度没有"俯瞰"高，书面语色彩比"俯瞰"淡。

腐败——腐烂

【辨析】　"腐败"常用比喻义；"腐烂"常用本义。

腐朽——腐败

【辨析】　"腐朽"偏重朽坏无用，"腐败"偏重陈腐无能。"腐朽"多形容生活作风，"腐败"多形容社会政治。

负担——担负

【辨析】　"负担"更多地与"费用"一类词搭配。"担负"只能做动词，而"负担"还可以用做名词。

富丽——华丽

【辨析】　"富丽"多用于建筑、陈设等；"华丽"强调色彩的绚丽，可用于具体或抽象事物。

富裕——富饶

【辨析】　"富裕"多形容家庭、生活等；"富饶"多形容国家、乡村等。

G

改变——转变

【辨析】　"改变"强调事物前后不同的变化，可用于抽象事物和具体事物；"转变"强调由一种情况变到另一种情况，多用于抽象事物。"改变"还有更动的意思。

改进——改良

【辨析】　"改进"着重指改得更进步些，多用于抽象事物；"改良"着重指去掉原来的缺点，改得更好一些，多用于具体事物。

改正——订正

【辨析】　"改正"使用范围广，除了文字中的错误外，还可以是缺点，错误的思想、行为等；"订正"使用范围窄，大多指文字中的错误。

干涸——干枯

【辨析】　"干涸"多用于书面语；"干枯"用于书面语和口语。"干枯"除了指河道、池塘没有水之外，还指草木因缺水枯萎，人的皮肤、头发干燥，没有弹性。

干扰——扰乱

【辨析】　"干扰"强调妨碍，中性词；"扰乱"强调造成混乱，有时用做贬义词。

赶快——赶紧

【辨析】　"赶快"侧重于"快"，抓紧时机，加快速度；"赶紧"侧重于"紧"，抓紧时机，不要拖延。

感动——激动

【辨析】　引起"感动"的外界事物大多是正面的，积极的；"激动"是指受刺激而引起感情冲动，这种刺激有时是好的，有时是不好的。

感激——感谢

【辨析】　"感激"强调表现在心情上，不一定要表达出来；"感谢"强调酬谢、报答别人，表现在言语或行动上。

感受——感染

【辨析】　"感受"侧重于"受"；"感染"侧重于"染"。"感受"还可以做名词，"感染"只能做动词。"感染"有受到传染的意思，"感受"没有这个意思。

刚才——刚刚

【辨析】　"刚才"是表明时间的名词；"刚刚"是副词，表示行动或情况发生在不久前。"刚刚"还表示仅仅、正好的意思。

刚强——坚强

【辨析】　"刚强"常形容人的性格、意志；"坚强"除了形容人的性格、意志外，还形容组织、集体、力量等。

高大——魁梧

【辨析】　"高大"可以形容人，也可以形容其他的物体；"魁梧"只形容人。

高明——高超

【辨析】　"高明"指见解、技能等高人一筹；"高超"强调超出一般水平，语意比"高明"重。

高兴——愉快

【辨析】　"高兴"侧重于人的情绪；"愉快"侧重于人的心情和神情。"高兴"可以做动词，表示带着愉快的情绪做某件事；"愉快"不可以做动词。

告别——告辞

【辨析】　"告别"泛指辞行，对象可以是人，也可以是地方，也可以是年代等；"告辞"特指向人辞别，多用于客人与主人之间。"告别"还有离别、分手的含义；"告辞"没有。

格外——分外

【辨析】　"格外"除了不同寻常、特别的意思外，还有额外的意思；"分外"则没有这个意思。

隔断——隔绝

【辨析】　"隔断"语意较轻，指从中断开，把原来的一个整体割开来；"隔绝"语意较重，指不能沟通，两者之间没有任何联系或接触。"隔断"多用于水流、道路、房屋等；"隔绝"多用于音信、关系、思想等。

隔阂——隔膜

【辨析】　"隔阂"使用范围比"隔膜"广，除了指人与人之间有障碍，情意不通外，还指地方之间、语言之间有障碍。

根据——依据

【辨析】　"根据"强调论断有一定的根源；"依据"强调论断有一定的凭据。

更改——修改

【辨析】　"更改"侧重于"更换"；"修改"侧重于"修正"。

公布——发布

【辨析】　"公布"的方式大多数是以书面形式，对象为法律、命令、文告、方案、团体通知等；"发布"的方式有口头和书面两种形式，对象常为新闻、命令、指示、消息等。

公开——公然

【辨析】　"公开"语意较轻；"公然"语意较重，有毫无顾忌的意思。

公平——公道

【辨析】　"公平"常形容态度；"公道"常形容品德。

功劳——功绩

【辨析】　"功劳"语意较轻，使用范围广，常用于一般事情；"功绩"语意较重，指有较大的功劳和成绩，用于比较重要的事情。

攻击——攻打

【辨析】　"攻击"、"攻打"指公开地进攻。"攻击"还有恶意指责的意思。

贡献——奉献

【辨析】　"贡献"语意较轻，使用范围广；"奉献"强调恭敬地献出，语意较重。"贡献"还指对国家、对人民、对人类所做的有益的事情。

构筑——建筑

【辨析】　"构筑"除了用于具体的事物外，可用于比喻；"建筑"用于具体事物，还可以用做名词。

估计——估量

【辨析】　"估计"强调预计、算计，比"估量"稍微准确些，更多地用于具体数量；"估量"强调衡量，常常是大致的估计。

古怪——奇怪

【辨析】　"古怪"使用范围较窄，常形容人的性格、脾气、声音、样子等，有时也形容问题，程度较重，常含贬义；"奇怪"使用范围比较广，常形容人、自然现象和社会现象，程度较轻，中性词。

鼓动——鼓舞

【辨析】　"鼓动"指激发、宣传，对象多指人，多用于褒义，少用于贬义；"鼓舞"指振作，褒义词。

关心——关怀

【辨析】　"关心"使用范围广，可对人，也可对事，用于人时，可用于上下老幼，也可用于自己；"关怀"除了关心的意思外，还有挂念、爱抚的意思，用于长辈对晚辈、上级对下级、组织对个人。

观察——观看

【辨析】 "观察"指仔细地看，可用于人、具体和抽象的事物；"观看"指专程去看，多用于具体的事物。

光辉——光彩

【辨析】 "光辉"指闪烁耀眼的光，常形容思想、文献、形象、道路等抽象事物。"光辉"引申为光明、灿烂的意思；"光彩"引申为光荣、荣耀的意思。

广泛——普遍

【辨析】 "广泛"强调涉及面广，范围大；"普遍"强调涉及的方面全，具有共同性。

广阔——辽阔

【辨析】 "广阔"强调广大而宽阔，除了形容具体事物外，也可以形容抽象事物；"辽阔"强调宽广而空旷，多形容具体事物。

规矩——规则

【辨析】 "规矩"侧重指长期延续下来的行为标准、习惯、礼节等，常用于口语；"规则"指具体规定的办法、规章等，常形成条文，有时指法则，用于口语和书面语。做形容词时，"规矩"指行为合乎常理，人老实不做越轨的事；"规则"指形状、结构等合乎一定的方式，很整齐。

果断——果决

【辨析】 "果断"着重指经过分析研究后，作出符合客观实际的判断或决定，具有正确性和可靠性；"果决"着重指毫不犹豫地作出判断或决定，勇敢而决断。

过程——进程

【辨析】 "过程"所指的范围大，可以指过去，也可以指现在和将来；"进程"所指的范围比较小，指过去和现在。

H

坏处——害处

【辨析】 "坏处"还可以指人的缺点或事物不好的方面，"害处"没有这方面的含义。

害怕——惧怕

【辨析】 "害怕"的程度较轻。"害怕"多用于口语；"惧怕"多用于书面语。"害怕"还有顾虑、担心的意思。

害羞——害臊

【辨析】 "害羞"多用于书面语；"害臊"多用于口语。

含糊——模糊

【辨析】 "含糊"强调不明确，模棱两可，多用于语言表达或态度；"模糊"强调不清晰，不分明，多用于事物。

涵养——修养

【辨析】 "涵养"侧重指情绪和心理等的自我控制能力比较强；"修养"除了指能控制情绪的功夫外，更多地强调有过长期的思想锻炼，在理论、知识、艺术等方面有一定的水平。

寒冷——冰冷

【辨析】 "寒冷"着重指天气很冷；"冰冷"着重指温度低。

豪放——豪迈

【辨析】 "豪放"强调不受拘束，多形容人的气质或文艺作品的风格；"豪迈"强调气魄大而勇往直前，多形容气概、事业或行动。

好像——仿佛

【辨析】 "好像"用于书面语和口语；"仿佛"多用于书面语。"仿佛"有"相仿佛"的用法，意为相类似。

浩大——浩荡

【辨析】 "浩大"着重指气势、规模盛大，多用于抽象事物；"浩荡"本指水势大，现多指广阔或壮大，多用于具体事物。

合适——适合

【辨析】 "合适"是形容词，能做定语，不能带宾语；"适合"是动词，能带宾语，不能做定语。

合作——协作

"合作"指共同完成某项任务，没有主次之分；**"协作"**指互相配合，参与者有主次之分。

何苦——何必

【辨析】　"何苦"的语气比"何必"更重些。

河山——山河

【辨析】　在指国土和疆域时，两个词可以换用。"山河"还指具体的大山、大河；"河山"只指疆土。

和蔼——和气——和善

【辨析】　"和蔼"强调和善可亲，多形容态度和性格，用于上级对下级、长辈对晚辈；"和气"强调态度好，言语平和亲切，形容待人接物；"和善"强调品质善良，态度和蔼。

烘托——衬托

【辨析】　"烘托"本指中国画的一种画法，用水墨或淡的色彩点染轮廓外部，使物象鲜明，后来指陪衬，使明显突出；"衬托"着重指用另一些事物陪衬、对照，使事物的特色突出。

弘扬——发扬

【辨析】　"弘扬"着重指扩展使之广大，多用于精神、文化等；"发扬"着重指发展提倡，多用于作风、传统等。"发扬"还有发挥的意思，"弘扬"没有这种意思。

宏大——巨大

【辨析】　"宏大"着重指宏伟、有气魄，常形容规模、建筑、理想、队伍等，褒义词；"巨大"泛指大，超过一般，使用范围很广，中性词。

洪亮——嘹亮

【辨析】　"洪亮"指声音宏大而响亮，常形容嗓音、钟声等；"嘹亮"指声音清晰而明亮，常形容歌声、号角等。

后果——结果

【辨析】　"后果"含贬义；"结果"为中性词。"后果"、"结果"都是名词。

忽然——突然

【辨析】　"忽然"强调事情发生得非常迅速，出人意料，语意较轻；"突然"强调出乎意外，语意较重。

忽视——忽略

【辨析】　"忽视"偏重指粗心大意，不注意，多指无意的，语意较轻；"忽略"指没有注意到，多指有所疏漏，没有粗心大意的意思。

糊涂——迷糊

【辨析】　"糊涂"、"迷糊"指认识模糊或混乱。"糊涂"语意比"迷糊"重。

欢乐——欢畅

【辨析】　"欢乐"侧重指快乐；"欢畅"侧重指心情舒畅。

环绕——环抱

【辨析】　"环绕"多用于人造工程；"环抱"多用于自然景物。

幻想——空想

【辨析】　"幻想"既指不能实现的想象，也指以理想和愿望为依据对尚未实现的事物的想象；"空想"指脱离实际，凭空的想法或想象，贬义词。

荒凉——荒芜

【辨析】　"荒凉"指人烟稀少，冷清；"荒芜"指田园荒废，野草丛生。

慌张——慌忙

【辨析】　"慌张"强调不沉着、忙乱，形容人的状态神色；"慌忙"强调急忙、不从容，形容人的动作行为。

回忆——回顾

【辨析】　"回忆"的对象只能是自己亲身经历的，用于口语和书面语；"回顾"有总结的意味，用于历史、过程或个人经历，常用于书面语。"回顾"的本义是回头看。

J

机智——机警

【辨析】　"机智"强调有智谋，能随机

应变；"机警"强调反应灵敏、警觉敏锐。"机智"一般只形容人；"机警"既可以形容人，也可以形容动物。

激烈——剧烈

【辨析】 "激烈"强调紧张而不平和，常用来形容言论、斗争、动作、场面等；"剧烈"强调急剧，常用来形容运动、肉体或精神上的痛苦、社会变革等。

极力——竭力

【辨析】 "极力"强调用最大的力量；"竭力"强调用尽全力。

计划——规划

【辨析】 "计划"一般比较具体，计划的时间可以是较长的，也可以是短的，可以指大事，也可以指小事；"规划"一般比较概括，规划的时间多半是较长的，一般指大事。

记录——记载

【辨析】 "记录"强调当场记下，可以用文字，也可以用其他的手段，如录音、录像等。"记载"可以当场记下来，也可以事后再记，只指用文字记。"记录"的事可大可小；"记载"的事一般都比较大。"记录"还指在一个时期或范围内记录下来的最好成绩。

加强——增强

【辨析】 "加强"可用于具体事物，也可用于抽象事物；"增强"一般只用于抽象事物。"加强"用于口语、书面语；"增强"大多用于书面语。

家乡——故乡

【辨析】 "家乡"指家庭祖祖辈辈居住的地方，多用于口语；"故乡"指自己出生或长期居住的地区，但目前已不在那儿居住，多用于书面语。

歼灭——消灭

【辨析】 "歼灭"一般只用于军事，对象只限于敌人；"消灭"既可用于军事，也可用于别的方面。"消灭"可以是一群，也可以是一个；"歼灭"只用于

一群。

坚定——坚决

【辨析】 "坚定"强调稳定坚强，侧重指人的主观意志；"坚决"强调坚定不移，侧重指人的外在表现。"坚定"还作动词用。

坚强——顽强

【辨析】 "坚强"强调力量强大坚固，不可动摇或摧毁，多形容人的意志、性格、力量等；"顽强"强调固定不变，多形容人的精神、信念、态度、行为等。

坚韧——坚忍

【辨析】 "坚韧"强调坚强，有韧性；"坚忍"强调坚持不动摇，有忍耐。

俭朴——简朴

【辨析】 "俭朴"强调节俭，指使用财物时不浪费，有节制，很节省，只用来形容生活习惯和作风；"简朴"强调简单，使用范围广，除了形容生活和作风外，还可以形容语言、文笔等。

简洁——简短

【辨析】 "简洁"强调扼要简单，没有废话；"简短"强调篇幅少，容量不大。

建议——倡议

【辨析】 "建议"是一般性的意见和主张；"倡议"强调意见和主张是首先提出来的。

健壮——强壮

【辨析】 "健壮"强调健康壮实；"强壮"强调身体结实有力气。

交往——交际

【辨析】 "交往"侧重往来，语意较轻，指一般性的往来，用做口语，也用做书面语；"交际"强调结交，语意较重，比较郑重，大多用做书面语。

骄傲——傲慢

【辨析】 "骄傲"在自以为了不起这个意义上和"傲慢"同义，为贬义词；在为取得荣誉或成绩而感到光荣这个意义上，"骄傲"为褒义词。

教导——教诲

【辨析】　"教导"强调指导、启发，常用于位尊者对位低者；"教诲"强调教育训导，常用于长者对小辈。

接见——会见

【辨析】　"接见"大多用于上级对下级，地位高的对地位低的；"会见"可以用于上级对下级，更多地指彼此见面。

节约——节俭

【辨析】　"节约"强调避免浪费；"节俭"强调俭朴，花钱有节制。

紧急——紧迫

【辨析】　"紧急"强调急迫，必须立即采取措施，不能拖延，可用于情况、任务、时间等，也可用于某种动作行为；"紧迫"强调事情已到危急关头，不容片刻迟延，只能用于情况、任务、时间等。

禁止——制止

【辨析】　"禁止"指政策法令、规章制度或习俗上不允许；"制止"指采取行动措施强迫使之停止。

惊异——诧异

【辨析】　"惊异"表示对事物的异乎寻常感到吃惊，语意最重；"诧异"强调意外，对事物不理解，语意较轻。

经常——常常

【辨析】　"经常"强调多次发生，带有一贯性；"常常"表示发生的次数多，但不像"经常"那样有一贯性。

经历——阅历

【辨析】　"经历"指亲眼见过，亲自做过、遭受过的事情；"阅历"主要指从亲自经受、亲眼目睹的事得到的知识、经验、教训等。

精美——精巧——精致

【辨析】　"精美"指精致美好，使用范围较大；"精巧"侧重指精细巧妙，做工考究；"精致"侧重指别致、新奇，使用范围小一些。

敬佩——钦佩

【辨析】　"敬佩"强调由尊敬而佩服，语意较轻，用于口语和书面语；"钦佩"强调佩服到了极点，语意较重。

纠正——改正

【辨析】　"纠正"常有强制意味，着重于方向、路线等重大问题；"改正"常有启发自觉意味，有时着重于具体问题。

旧居——故居

【辨析】　"旧居"使用范围广，既可以指普通人的，也可以指名人的，如：这里是周恩来的旧居；"故居"一般只指名人的。

局面——场面

【辨析】　"局面"强调形势，着眼全局，所指范围较大，时间较长；"场面"强调情景，着眼于局部，所指范围较小，时间较短。"场面"还指表面的排场，如：他是个场面上的人，这点道理还是懂的。

举动——行动——动作

【辨析】　"举动"一般指人的动作；"行动"可指人，还可以指动物。"举动"一般指整个身体的活动；"动作"除了指整个身体的活动以外，还可以指身体某个部位的活动。

K

开端——开始

【辨析】　"开端"泛指事物的起头、开头，强调起头的那一点，时间短，不能做动词；"开始"侧重指事情着手进行，强调起头的那一段，时间长些，能做动词，如：发令枪响了，比赛正式开始。

开朗——爽朗

【辨析】　"开朗"侧重指思想、心胸、性格乐观豁达；"爽朗"侧重指性情、神态乐观直率。"开朗"还指空间开阔、敞亮，如：转了几个弯，前面突然开朗起来；"爽朗"还形容天空、天气，如：北京的秋天异常爽朗。

开辟——开拓

【辨析】　　"开辟"强调创立，从无到有，可用于抽象事物，也可用于具体事物；"开拓"强调创新、扩展，从小到大，多用于抽象事物。

开展——展开

【辨析】　　"开展"强调发动并进行，由小到大地发展，多用于抽象事物；"展开"强调全面铺开，大力或大规模地进行，可用于抽象事物，也可用于具体事物。

坎坷——曲折

【辨析】　　"坎坷"强调坑坑洼洼，不平坦；"曲折"强调弯弯曲曲，不平直。"坎坷"比喻人生不得志，不顺利；"曲折"比喻事情复杂多变，不顺当。

考察——考查

【辨析】　　"考察"指实地调查研究、深入了解，以求弄清事实、探求本质；"考查"指用一定的标准去检查衡量，目的是评定。

考虑——思考

【辨析】　　"考虑"着重指仔细地想，以便作出决定，适用范围宽；"思考"着重指进行比较深刻的思维活动，适用于抽象事物。

苛刻——刻薄

【辨析】　　"苛刻"常用来形容条件、要求过于严厉；"刻薄"常用来形容待人、说话过于冷酷，不近人情。

渴望——盼望

【辨析】　　"渴望"语意最重，指如饥似渴地希望；"盼望"语意较重，指殷切地希望。

克制——抑制

【辨析】　　"克制"强调控制，一般用于自己，对象为感情、欲望等；"抑制"强调压住，可用于自己，也可用于别人或事物，对象为行为、思绪或客观事物。

恳求——请求——央求

【辨析】　　"恳求"着重指恳切地请求，语意较重；"请求"泛指一般地要求，语意较轻；"央求"指诚恳地请求，含有不得已的语气，语意最重。

恐怖——恐惧

【辨析】　　"恐怖"语意重，是由于生命受到威胁而引起的害怕，形容人的神色、心理、手段等；"恐惧"是由于危险引起的害怕，语意较轻，常用于人的心态和神情。

控制——掌握——操纵

【辨析】　　"控制"强调掌握，使其活动不超出范围，具有主动权；"掌握"强调能充分支配、运用；"操纵"着重指操作机械，如：所有的机器都由计算机操纵。"操纵"还指别有用心地用手段控制局面，支配他人活动，此时含贬义。

快乐——快活

【辨析】　　"快乐"强调幸福满意；"快活"强调愉快舒畅。

宽敞——宽阔——宽广

【辨析】　　"宽敞"强调立体空间大，敞亮；"宽阔"强调面积大，不狭窄；"宽广"强调面积大、范围大。

扩大——扩充——扩张

【辨析】　　"扩大"强调面积或范围的增大，对象可以是具体事物，也可以是抽象事物；"扩充"强调内部数量的增多或内容的充实，对象是人或事物；"扩张"强调从内向外扩展，用于政治、经济、军事等方面时，多含贬义。

阔气——阔绰

【辨析】　　"阔气"侧重豪华奢侈，多用做口语；"阔绰"侧重于生活奢侈，讲究排场，多用做书面语。

Ⓛ

拉拢——笼络

【辨析】　　"拉拢"指靠手段、组织关系使人靠拢；"笼络"指靠感情使人靠拢。

来源——起源

【辨析】 "来源"表示事物由来;"起源"指事物的开始。

拦截——拦挡

【辨析】 "拦截"强调强行阻断去路,语气十分强硬;"拦挡"语气较轻。

劳苦——劳累

【辨析】 "劳苦"指因疲劳而感到痛苦,语意较重;"劳累"指劳动过度而感到疲劳,语意较轻。

牢固——坚固

【辨析】 "牢固"指建筑、物质、思想、友谊等稳固、牢靠、不动摇;"坚固"是坚实、不易破坏的意思。

冷淡——冷落

【辨析】 "冷淡"主要形容待人对事的态度,可做形容词,也可做动词;"冷落"形容环境的不热闹,做动词时,意思是让人感受到不热情的待遇。

力求——力图

【辨析】 "力求"含有"追求"的意味,表示尽力求得,多用于好的事物;"力图"含有"图谋"的意味,表示竭力打算,多用于不利的事物。

利落——利索

【辨析】 "利落"形容人的动作、语言整齐、有条理;"利索"指行动干脆、不拖沓。

连接——联结

【辨析】 "连接"指把事物连接起来;"联结"指互相联合。

连累——拖累

【辨析】 "连累"表示因相关联也受伤损害,通用于书面语和口语,而较多用于口语;"拖累"表示牵扯进去受到损害。

联络——联系

【辨析】 "联络"是相互连接后接上关系;"联系"是彼此接触后接上关系。

凉快——凉爽

【辨析】 "凉快"指清凉痛快,多用于口语;"凉爽"指清凉适宜,多用于书面语。

嘹亮——响亮

【辨析】 "嘹亮"指有节奏的声音响亮清晰,适用范围较小;"响亮"指声音宏大,适用范围较广,可指人声、歌声、器乐声。

列举——罗列

【辨析】 "列举"含有一个挨一个地举出来的意思,侧重表示一个接一个地、紧相连地举出来,多用于事实;"罗列"含有一个一个地排列出来的意思,侧重表示一个挨一个地排列出来,多用于现象。

临时——暂时

【辨析】 "临时"指暂时、短期;"暂时"指短时间。"临时"还指临到事情发生的时候,如:事前准备好,省得临时抱佛脚;"暂时"没有这个意思。

吝啬——小气

【辨析】 "吝啬"多同"慷慨"对用,表示对自己的财物舍不得拿出来,词义比"小气"重一些,较多使用书面语。

灵活——灵敏

【辨析】 "灵活"指反应快,多用于口语;"灵敏"指反应敏感,多用于书面语。

领会——领悟

【辨析】 "领会"表示理解而有所体会,多用于文件精神、话语等;"领悟"表示清楚而有所明白,多用于含义、道理、情形等。

留心——留神

【辨析】 "留心"指关心、注意某方面的动向;"留神"指注意小心,多指对危险或错误等加以防备,多用于口语。

流畅——流利

【辨析】 "流畅"指文字流畅,也可指音乐、书画等生动活泼;"流利"指文章通顺，说话快而清楚。

流露——透露

【辨析】 "流露"指意思、感情等不自觉地显露出来；"透露"是有意识地显露出来。

流落——沦落

【辨析】 "流落"含有颠沛流离，四处流浪的意味，侧重表示漂泊流浪，没有稳固的落脚地，词义比"沦落"轻一些；"沦落"含有漂泊在外，处境不利的意味，侧重表示穷困潦倒，处境不好，词义比"流落"重一些。

隆重——盛大

【辨析】 "隆重"指场面盛大，气氛庄重；"盛大"指场面壮观，气氛热烈。

笼罩——覆盖

【辨析】 "笼罩"是从上而下地罩住；"覆盖"是从上而下地盖上，覆盖物不一定比被覆盖物大。

漏洞——破绽

【辨析】 "漏洞"指像物体的窟窿一样，表示可以被人利用的不完善地方，词义比"破绽"重一些；"破绽"指像衣物的裂口一样，表示容易被人发现不周全的地方。

旅行——旅游

【辨析】 "旅行"有多种多样的目的，可以是去办事、谋生，也可以是去考察、游览；"旅游"就是进行各种游玩。

履行——执行

【辨析】 "履行"侧重指的是按职责、义务应该做的事；"执行"指照上级规定的进行。

略微——稍许

【辨析】 "略微"多用于口语，侧重指数量少；"稍许"指程度不深，兼用于书面语和口语。

轮番——轮流

【辨析】 "轮番"表示连续不断地进行；"轮流"表示一个接一个，一遍接一遍地进行。

落后——落伍

【辨析】 "落后"指行进中落在后面，使用范围较广，可用于人或事物；"落伍"就是指落在后面、掉队，可以指人，也可以指事物。

M

麻痹——麻木

【辨析】 "麻痹"重点在感觉机能的丧失；"麻木"重点在感觉迟钝。

麻利——敏捷

【辨析】 "麻利"表示迅速而灵敏，不迟缓，多用于人，使用范围比"敏捷"窄；"敏捷"表示灵敏、不迟钝，可以用于人、动物等，使用范围比"麻利"宽。

马虎——粗心

【辨析】 "马虎"强调草率、不负责任的态度；"粗心"指用心粗疏不仔细。

漫游——周游

【辨析】 "漫游"指随意游玩、漫步或观光，没有明确的目的和计划；"周游"多指有目的和有计划地四处游览或全部走到。

忙碌——繁忙

【辨析】 "忙碌"指忙于各种事务；"繁忙"表示事情多而没有空闲。

美观——好看

【辨析】 "美观"只能指事物的外表，不能形容人的相貌；"好看"可用于事物和人，如：小妹妹长得很好看。

美好——美妙

【辨析】 "美好"着重于好，多形容生活、理想等抽象事物；"美妙"侧重于妙，一般形容计划、办法、境界、幻想等事物。

美丽——漂亮

【辨析】 "美丽"主要意思为"好看"，可用于人，也可用于形容风景等抽象事物；"漂亮"除了"好看"外，还指行为、动作的出色、精彩等。

美满——圆满

【辨析】 "美满"、"圆满"都有"完美无缺，使人满意"的意思；"美满"着重于"美"，多用于形容生活、家庭和婚姻等；"圆满"着重于完备、周全，多用于形容结局、答案等。

猛烈——激烈

【辨析】 "猛烈"着重指气势、力量的强大；"激烈"着重指动作快速紧张或言辞尖锐的气氛。

免除——解除

【辨析】 "免除"表示去掉，避免；"解除"表示消除。

勉励——鼓励

【辨析】 "勉励"着重于劝勉，使对方振作精神；"鼓励"侧重激发鼓动，使对方振作起来去干。

面貌——面目

【辨析】 "面貌"表示整体所呈现的概貌，多用于社会、精神等；"面目"表示具体的样子，多用于物体。

藐视——轻视

【辨析】 "藐视"强调看得很小，有居高临下的意思；"轻视"指不认真对待、不重视。

敏感——敏锐

【辨析】 "敏感"指生理上或心理上对外界事物反应很快；"敏锐"指感觉灵敏，目光尖锐。

敏捷——迅捷

【辨析】 "敏捷"指动作灵敏、迅速；"迅捷"指动作迅速，反应很快。

名贵——贵重

【辨析】 "名贵"偏重于著名而珍贵；"贵重"在于本身价值的宝贵。

名声——名气

【辨析】 "名声"是中性词，可以指好的评价，也可以指不好的评价；"名气"除指外部评价外，还包含有知名度的

意思。

明白——知道

【辨析】 "明白"表示清晰透彻地了解，多用于起先对事理有糊涂认识一类情况，词意比"知道"重一些；"知道"表示从完全不了解的状态中有了认识的意思，多用于起先对事理完全不了解的。

明显——显著

【辨析】 "明显"重点指"清楚"；"显著"重点在"突出"。

铭记——牢记

【辨析】 "铭记"指深深地记忆，多用于庄重的场合，是书面语；"牢记"指牢牢地记住，较口语化。

命名——取名

【辨析】 "命名"一般为上级部门授予的荣誉称号，语气较为庄重；"取名"语意较轻，为单位、个人起名。

模仿——模拟

【辨析】 "模仿"表示仿照，较多用于口语；"模拟"表示根据已成的样子去做，可以同"实验"、"演习"等词连用，较多用于书面语。

陌生——生疏

【辨析】 "陌生"、"生疏"都表示接触很少，不熟悉的意思；"陌生"强调未曾接触过；"生疏"强调不熟悉。

目的——目标

【辨析】 "目的"侧重于行为的意图，追求最终的结果；"目标"侧重于行为的方向，也可以指攻击、射击或追求的对象。

目睹——目击

【辨析】 "目睹"表示用眼观看的意思，侧重一般性的看到，词义比"目击"轻些；"目击"表示用目光能看到的意思，侧重看得清楚真切，词义比"目睹"重些。

目前——当前

【辨析】 "目前"就是指现在，没有任

何间隔的时间；"当前"指现阶段，有一定的时间间隔。

N

耐心——耐性

【辨析】 "耐心"表示心里不急躁、不厌烦；"耐性"指能忍耐、不急躁。

难过——难受

【辨析】 "难过"含有不畅快的心情不容易消失的意思，词义比"难受"略重；"难受"侧重表示不畅快的心情给人精神上造成的压力不易承受。

恼火——恼怒

【辨析】 "恼火"表示不愉快的情绪像火苗蹿出来一样猛烈，词义比"恼怒"轻；"恼怒"表示生气而发怒，词义较重。

脑海——脑际

【辨析】 "脑海"有脑子的海洋意思，以海洋做比喻；"脑际"有脑子里边的意思，具有思想、记忆和能够产生印象的功能。

捏造——伪造

【辨析】 "捏造"侧重在无中生有凭空虚构，多用于事实、罪名、谎言等；"伪造"侧重在暗中模仿并造出假的事物，对象多为证件、证据、印章等。

凝视——注视

【辨析】 "凝视"指目光较长时间地集中于某种物体和人；"注视"着重于集中精神地看，对象可以指物体和人，也可以指抽象的东西，如：我们密切注视着事态的进一步发展。

浓厚——深厚

【辨析】 "浓厚"多形容色彩、烟雾、云层、气氛、作风、兴趣等；"深厚"多形容感情、友谊等抽象事物或地层、基础等具体事物。

怒色——怒容

【辨析】 "怒色"着重于气色、神色的表现；"怒容"着重于容貌、面容的表现。

暖和——温暖

【辨析】 "暖和"指气温冷热适中；"温暖"除用于气温外还指感情上的温存和体贴。"暖和"不能用做动词，"温暖"可以用做动词。

懦弱——软弱

【辨析】 "懦弱"指胆小怕事，缺乏力量和勇气，只能用于个人；"软弱"多形容人的意志、性格、身体不坚强，也可用于国家、政府。

O

讴歌——歌颂

【辨析】 "讴歌"着重于歌唱赞美，也可用于语言文字的赞美；"歌颂"着重于语言文字赞美、颂扬功德。

偶尔——间或

【辨析】 "偶尔"是指次数很少，多用于口语；"间或"指有时，多用于书面语。

P

徘徊——彷徨

【辨析】 "徘徊"着重表示在一个地方往复不停地走，多用于心绪不佳而引起的一类情况；"彷徨"着重表示犹豫不决地来回走，不知到哪里去，没有方向，心神不定。"徘徊"还比喻犹豫不决或事物在某个范围内来回浮动，"彷徨"没有这个意思。

排斥——排挤

【辨析】 "排斥"着重于斥，使对方不能加入或离开；"排挤"着重于挤，把不利于自己的人挤出去。

盘踞——占据

【辨析】 "盘踞"指非法占领，多指敌军或匪徒，贬义词；"占据"指用强力取得或保持，中性词。

判定——判断

【辨析】　"判定"是根据对已知情况的分析，作出断定或结论；"判断"是对事物进行估计和推测。

叛变——叛乱

【辨析】　"叛变"是个中性词，可指从正义方转向非正义方，也可相反，如：年轻时他叛变了地主家庭，奔向延安参加了革命；"叛乱"一般用于针对现政权的集团暴力活动，贬义词。

抛弃——遗弃

【辨析】　"抛弃"使用范围较广，可用于人或事物，也可用于思想、情感等，如：这些人抛弃了信念，糊里糊涂地打发日子；"遗弃"只用于人或具体事物。

批判——批评

【辨析】　"批判"多用于对严重错误或敌对思想行为进行分析、批驳；"批评"多用于对人民内部的错误缺点。

疲惫——疲倦

【辨析】　"疲惫"强调疲劳的程度很深，语意较重；"疲倦"语意较轻些。

僻静——幽静

【辨析】　"僻静"重点指偏僻而无声息，大多指地方；"幽静"指幽雅而又安静，大多指环境和境界。

偏远——偏僻

【辨析】　"偏远"重点指的是远，因地理位置遥远而造成交通、信息的不畅通；"偏僻"重点指的是偏，指远离城市中心，人员来往较少而带来各种不便。

便宜——低廉

【辨析】　"便宜"较口语化；"低廉"则书面色彩浓烈些。

片段——片断

【辨析】　"片段"多指文艺作品或生活经历中的一段；"片断"除有片段意思外，还可指零碎、不完整。

飘扬——飘荡

【辨析】　"飘扬"强调飞扬，只能指在空中摆动，多用于旗帜、花絮等；"飘荡"表示浮动，可在空中摆动、水面上浮动，多用于气味、声音、船只等。

贫困——贫苦

【辨析】　"贫困"指收入微薄，经济上较困难；"贫苦"则指生活资料不足，生活条件较差。

品质——品德

【辨析】　"品质"指人在行为、作风上所表现的思想、认识等本质，还指物品的质量，如：这些五粮液酒品质上乘；"品德"只指人的德行。

平淡——平庸

【辨析】　"平淡"强调不曲折、不出奇，大多形容事物，也可形容人；"平庸"一般形容人及其作品。

平凡——平常

【辨析】　"平凡"多用来形容人或人的行为；"平常"既可形容人又可用来描绘事件，使用范围较宽。

平静——宁静

【辨析】　"平静"着重指心情、环境等平稳、宁静的状态；"宁静"着重指心情、环境的安静，适用对象是环境、人或状态的表现。

凭借——依靠

【辨析】　"凭借"表示凭仗依借，多用于事物，较少用于人；"依靠"表示依赖凭靠，人、动物和事物都可用。

迫近——接近

【辨析】　"迫近"，"近"的程度较高；"接近"，"近"的程度不及"迫近"高。

迫切——紧迫

【辨析】　"迫切"着重于心情急切，到了难以等待的程度；"紧迫"着重于时间急促，已经没有缓和的余地。

破坏——毁坏

【辨析】　"破坏"适用的范围比较广，可用于事物，也可用于制度、规章、条例等；"毁坏"常用于具体的器物，也可用于抽象事物，如：我们不能毁坏他人的名誉。毁坏比破坏的语意重。

魄力——气魄
【辨析】 "魄力"含有"能力"的意思，多用于工作方面，词意比"气魄"轻；"气魄"含有"气势"的意思，多用于比较重大的事情方面。

朴实——朴素
【辨析】 "朴实"表示诚实，多形容品质、作风、衣饰、艺术、语言等；"朴素"表示勤俭，不奢华，多形容环境、衣饰、作风等。

Q

期望——期待——希望
【辨析】 "期望"用于长辈对小辈、集体和组织对个人、上级对下级；"期待"适用于某种结局和结果；"希望"可适用于自己和别人。

欺负——欺凌
【辨析】 "欺负"语意较轻，多用于个人与个人之间；"欺凌"语意较重，多用于剥削阶级与被剥削阶级、侵略者与被侵略者、官府对百姓等。

齐备——齐全
【辨析】 "齐备"表示完备都有；"齐全"表示完全不缺少。

齐心——同心
【辨析】 "齐心"表示心齐，没有矛盾，常与"协力"连用；"同心"表示心愿相同，没有分歧，常与"同德"、"协力"等连用。

其他——其余
【辨析】 "其他"偏重于他，多用于泛指；"其余"偏重于余，一般用来确指。

乞求——企求
【辨析】 "乞求"侧重在低三下四地请求，含贬义；"企求"侧重于企盼，对象可以是人，也可以是物。

企图——妄图
【辨析】 "企图"指打算实现某种意图、计划，也可作为名词，如：恐怖分子的罪恶企图被公安人员识破了；"妄图"指出于不正当的目的去谋划，语意较重。

启示——启发——启迪
【辨析】 "启示"着重于提出事实、道理，使有所领悟；"启发"着重在打开对方思路，使之有所领悟；"启迪"着重于开导、启发，多用于书面语。

起初——起先
【辨析】 "起初"表示最初，起始的时候；"起先"表示在先，时间顺序是居于前面的，较多用于口语。

气候——天气
【辨析】 "气候"指较大地区，较长时间内的气象情况；"天气"指较小范围，短时间内气象变化的情况。"天气"不能比喻动向或趋势。

恰好——恰巧——凑巧
【辨析】 "恰好"是指合适；"恰巧"指偶然碰巧；"凑巧"指正好。

谦虚——谦逊
【辨析】 "谦虚"指态度上不骄傲，多用于口语；"谦逊"强调恭谦有礼，多用于书面语。

牵扯——牵连
【辨析】 "牵扯"表示与其相关，有联系；"牵连"表示因有关联而产生不利，较多用于口语。

前程——前途
【辨析】 "前程"用于书面语；"前途"既可当书面语也可当做口语。

亲切——亲热
【辨析】 "亲切"着重于内心感到亲密和贴近；"亲热"着重于感情或态度的热情。

亲身——亲自
【辨析】 "亲身"表示自己经历过，是身临其境，常同"经历"、"感受"等词搭配；"亲自"表示是其本人做某事，而不是别人做的。

侵略——侵犯

【辨析】　"侵略"指侵入别国领土；"侵犯"指非法损害别国和别人的利益，可用在国家和个人之间。

勤劳——勤快

【辨析】　"勤劳"着重于劳动；"勤快"着重于手脚勤，较口语化。

轻蔑——蔑视——漠视

【辨析】　"轻蔑"指不重视、不认真对待；"蔑视"指小看人；"漠视"指冷淡地对待。"蔑视"与"漠视"能做动词，"轻蔑"不能做动词。

轻易——容易

【辨析】　"轻易"突出做起来很容易，比"容易"的程度稍深。

清晨——清早

【辨析】　"清晨"表示是太阳初出的时候；"清早"略晚些。

清理——整理

【辨析】　"清理"着重于清点处理；"整理"着重于有条有理。

清新——清爽

【辨析】　"清新"侧重在新鲜，还可形容语言、风格、意境、色调等新颖别致，如：这本杂志的封面设计清新而有个性；"清爽"着重在爽快，可形容空气、语言、心情、味道等。

清秀——秀气

【辨析】　"清秀"使用范围比"秀气"宽些，可用于男人、女人，也可用于山水、树木；"秀气"多用于女人、字体等。

倾诉——倾吐

【辨析】　"倾诉"表示心中的话全部告诉对方，词义比"倾吐"略轻。

倾向——趋势

【辨析】　"倾向"表示偏向某一方的方向，多用于不好的事物；"趋势"表示是朝某个方向发展的动向，可以用于各类事物。

情景——情形

【辨析】　"情景"指具体场合，可用于场面、外景等；"情形"指有形可见的情况或状态，常用于事物发展过程或变化的状态。

情况——情形

【辨析】　"情况"表示事物的状态，使用范围广，常与"身体"、"说明"、"思想"、"工作"、"学习"等词搭配；"情形"表示事物的具体形状，使用范围较窄，常与"生活"、"战斗"等词搭配。

驱赶——驱逐

【辨析】　"驱赶"用于一般场合，比较口语化；"驱逐"一般用于外交、军事场合，比较书面化。

缺乏——缺少

【辨析】　"缺乏"语意较重，着重指极少或没有；"缺少"语意较轻，指数量不足或没有。

Ⓡ

热爱——酷爱

【辨析】　"热爱"、"酷爱"指爱的程度不同，"酷爱"比"热爱"深。"热爱"的对象是人或事物；"酷爱"的对象大多是事物。

热忱——热诚——热情

【辨析】　"热忱"语意庄重，多用于书面语；"热诚"多用于人，也可用于事物；"热情"着重于感情热烈，书面和口头都可用。

仍然——仍旧

【辨析】　"仍然"指状态上的情况持续不变，多用于书面语；"仍旧"着重于"旧"，表示情况照过去的样子保持不变，多用于口语。

软弱——懦弱——柔弱

【辨析】　"软弱"运用范围较广；"懦

弱"一般指人的意志、性格;"柔弱"可以指人,也可指动植物。

S

洒脱——潇洒
【辨析】 "洒脱"多用于举止、言谈、性格等,强调爽快、随意、超脱;"潇洒"多用于神情、风度、举止、姿态,着重于自然、飘逸、优雅的意味。

散乱——零乱
【辨析】 "散乱"多形容具体的物品,也可形容队伍的步伐;"零乱"强调不整齐,没有秩序。

扫视——审视
【辨析】 "扫视"范围较广阔,目光又迅速;"审视"强调目光集中于一个特定的对象。

扫兴——败兴
【辨析】 "扫兴"指遇到不悦之事而失去兴致,语意稍轻;"败兴"强调原有的兴致被破坏了,语意较重。

沙哑——嘶哑
【辨析】 "沙哑"适用范围广,指人的声音或物体摩擦、碰撞的声音;"嘶哑"一般就指人发出的声音。

善于——擅长
【辨析】 "善于"适合于一般的习惯用法;"擅长"指有一技之长。

伤心——悲伤
【辨析】 "伤心"特别强调心灵受到的创伤;"悲伤"痛苦的程度比"伤心"略深,一般指遭受外界打击后的悲痛。

商量——商议
【辨析】 "商量"常用于口语,指对一般问题的商讨;"商议"局限于某一问题进行商讨。

设备——设施
【辨析】 "设备"指专门用途的成套器材;"设施"指完成某项任务所需的器物,范围较广。

申明——声明
【辨析】 "申明"多用于个人小事,指需着重说明的理由;"声明"指对某些事件公开表明立场、主张,多用于国家、政党、组织之间的重大事件。

神秘——诡秘
【辨析】 "神秘"是中性词,表示莫测高深的意思;"诡秘"多用于贬义,形容怪异莫测的坏心思。

神情——表情——神态
【辨析】 "神情"主要是内心"独白"的外露,感情的真实反映;"表情"指表现在面部的思想感情,可以是自然的,也可是有意做出来的;"神态"表现人的精神状态。

审判——审讯
【辨析】 "审判"指审问到判决的全过程,也指其中的单一过程;"审讯"是公安等机关向当事人调查、追问案件的事实。

生命——性命
【辨析】 "生命"使用范围较广,不仅指人和动物,还包括生物界;"性命"则使用范围较窄,多数指人。

生气——朝气
【辨析】 "生气"形容具有生命力;"朝气"强调振奋向上的气概。"生气"还指因遇到不合自己心意的事而气恼,如:一遇到不称心的事,小丽就要生气。

声誉——声望
【辨析】 "声誉"一般指在群众中的名誉;"声望"多数指在社会上有较高的名望。

时候——时刻
【辨析】 "时候"应用范围较广,指起点和终点的一段时间;"时刻"适用范围狭窄,指每时每刻。

时期——时代
【辨析】 "时期"指较长一段时间,一般可以是几十年、十几年;"时代"指历史上或个人生命中的某个时期。

实现——完成

【辨析】 "实现"指愿望成为现实，多数为抽象事物，如计划、主张、理想等；"完成"多指具体工作、任务已成为事实。

事件——事情

【辨析】 "事件"使用的范围较狭窄，多指社会上或历史上发生的比较重大的事情；"事情"适用范围较广，不论事情大小、好坏都可包括在内。

试验——实验

【辨析】 "试验"强调"试"，指尝试后才能得到结果；"实验"则在"实"，要通过实际操作来验证结果。

适当——适度

【辨析】 "适当"突出相当合宜，恰如其分；"适度"则强调应有的程度。

收成——收获

【辨析】 "收成"适用范围较窄，一般多指农作物；"收获"适用范围较广，除农作物外，还可指学习和工作等取得的成果。

收集——搜集

【辨析】 "收集"强调一个"收"字；"搜集"则强调"搜"，到处寻找的过程。

收容——收留

【辨析】 "收容"一般指接收有特殊情况的人，如伤员、难民、俘虏或不良分子；"收留"一般指将有特殊要求和生活困难的人接收下来。

首脑——首领

【辨析】 "首脑"一般指国家、政府、政党、团体的领导人；"首领"指某些集团的领头人。

舒畅——舒坦

【辨析】 "舒畅"强调心情、情绪和精神上的舒展；"舒坦"侧重心情安适，舒展松弛。

水平——水准

【辨析】 "水平"表示是与某个高度相平的程度，使用范围比"水准"宽；"水准"表示达到一事实上标准的高度，使用范围比"水平"窄一些。

顺从——听从

【辨析】 "顺从"是无条件地服从他人的意见；"听从"指因他人的话有道理、符合政策和法规而服从。

思考——思索

【辨析】 "思考"语意较轻，强调深入考虑；"思索"语意较重，包含寻求、探索、思考的意思。

饲养——喂养

【辨析】 "饲养"表示予以限制并加以管理，使用范围比"喂养"窄，只能用于动物，不能用于幼儿；"喂养"表示给吃的并予以照料，使用范围比"饲养"宽，可以用于动物，也可以用于幼儿。

松弛——松懈

【辨析】 "松弛"主要指肌肉、绳索、精神等松而不紧；"松懈"主要指精神不振，办事拖沓等情况。

颂扬——赞扬

【辨析】 "颂扬"强调"颂"字；"赞扬"突出一个"赞"字。

肃静——寂静

【辨析】 "肃静"指会场、教室等环境；"寂静"多指山野、村庄、庙宇等安静。

损害——危害

【辨析】 "损害"表示蒙受损失的程度较浅；"危害"表示的程度较重，以致处于危险的状态。

T

贪婪——贪心

【辨析】 "贪婪"强调不知满足，多用于欲望、心愿等，语意重；"贪心"侧重于贪图得到的欲望。

谈论——议论

【辨析】 "谈论"是对某些事物说出想法；"议论"则在"议"字上着手，发表对事情的评价和看法。

谈判——协商

【辨析】 "谈判"多用于较庄重的场合，通过商量解决双方分歧较大的重要问题；"协商"既可用于一般场合，也可用于庄重场合，通过商量解决双方分歧不大的问题。

坦白——交代

【辨析】 "坦白"指比较彻底地说出，也可做形容词，表示心地纯洁，语言直率，如：老师教导我们要做一个襟怀坦白的人；"交代"指一般地说出，还有表示事情的移交的意思，如：姐姐上班前交代我把衣服晾好。

坦率——直率

【辨析】 "坦率"表示坦白真诚、毫无保留；"直率"表示性格直爽、说话不兜圈子。

叹气——叹息

【辨析】 "叹气"表示呼出长气发出声音，常同"唉声"连用；"叹息"表示深深地喘气和心情不痛快，一般不同"唉声"连用。

探求——探讨

【辨析】 "探求"表示追求；"探讨"在于讨论。

讨厌——厌恶

【辨析】 "讨厌"表示不喜欢，感到厌烦，词义比"厌恶"轻一些；"厌恶"表示憎恶，有很大的反感。

特点——特性

【辨析】 "特点"适用范围较广，包括事物内部性质和外部形态的特色；"特性"适用范围较窄，多表示人或物品的内在性能。

疼爱——喜爱

【辨析】 "疼爱"强调关切喜爱，一般用于长辈对小辈；"喜爱"强调喜欢。

提纲——提要

【辨析】 "提纲"指采用条文形式反映文章的要点；"提要"则强调文章的内容和观点。

田野——原野

【辨析】 "田野"主要指种有庄稼的大片土地；"原野"一般指未经开垦的空旷地。

恬静——安静

【辨析】 "恬静"强调安然自得，外界没有一点干扰；"安静"指处于平稳状态。

调和——调解

【辨析】 "调和"指排除矛盾后又重归于好；"调解"着重于消除矛盾。

调剂——调节——调整

【辨析】 "调剂"主要是数量上和程度上的调整，如多少、大小、好坏、强弱、忙闲；"调节"强调节制，在数量或程度范围内调整，如温度、物价、机器等；"调整"突出"整"，指整顿、整理，适用范围较广，对象是经济、计划、政策、机构等。

调皮——顽皮——淘气

【辨析】 "调皮"适用范围较广，可用于儿童、成人，也可用于动物；"顽皮"一般指小孩；"淘气"则更强调玩闹而造成人们生气，可用于小孩和小动物。

眺望——瞭望

【辨析】 "眺望"指从高处往远处看；"瞭望"则指目光专注地向远方看。

通知——告诉

【辨析】 "通知"比较庄重，也可作为名词；"告诉"比较随便些。

同意——赞成

【辨析】 "同意"表示态度一般；"赞成"表示对相同意见积极支持。

透露——吐露——泄露

【辨析】 "透露"主要指有意、无意地把消息等传出去；"吐露"是主动说出实情或真心话；"泄露"指把秘密告诉了别人。

团聚——团圆

【辨析】　"团聚"指亲人久别后再相聚；"团圆"侧重在离散后又相聚，一般指有血缘关系的亲属。

推迟——推延

【辨析】　"推迟"表示比原定的时间晚；"推延"表示拖延，把预定时间往后拖。

妥当——妥善——妥帖

【辨析】　"妥当"一般用于动作、做法等；"妥善"侧重于周到完善；"妥帖"表示十分合适的意思。

W

挖苦——奚落

【辨析】　"挖苦"指十分尖刻地讥笑别人的缺点，语意较重；"奚落"不仅是讥笑他人，还带有取笑别人的意思。

完善——完备——完美

【辨析】　"完善"语意较重，一般适用于具体事物；"完备"语意较轻，适用于具体事物；"完美"语意较重，不仅适用于事物，也可适用于人，如：在这本书中，她具有完美的人格。

玩赏——鉴赏

【辨析】　"玩赏"在于玩；"鉴赏"则有鉴定、仔细看的过程，适用于文物和艺术品。

顽敌——劲敌

【辨析】　"顽敌"强调顽固强悍，只适用敌我双方；"劲敌"指强劲有力的对手，除用于敌人外，还可用于竞赛对手。

顽强——坚强

【辨析】　"顽强"着重于不怕困难和压力；"坚强"则着重于坚固、强劲不可动摇。

挽回——挽救

【辨析】　"挽回"表示恢复正常；"挽救"则表示危急情况下的抢救。

惋惜——可惜

【辨析】　"惋惜"语气较重，着重于人的心理活动；"可惜"语气较轻，着重于对事物的判断。

忘记——忘却——忘怀

【辨析】　"忘记"突出一个"忘"字，指人和事物，适用范围广，使用频率高，可用于口语，也可用于书面语；"忘却"指忘掉，指人或事物，多用书面语；"忘怀"也是指忘掉，使用范围窄，使用频率不高，常用于书面语。

旺盛——茂盛

【辨析】　"旺盛"适用范围较广，可指植物、事物的生命力等；"茂盛"只能指植物繁茂苗壮。

危急——危险

【辨析】　"危急"强调一刻也不能拖延，多形容事情、形势、生命等处于紧急状态或时刻；"危险"强调情况或处境十分不利，有遭到损害、失败或死亡的可能。

威风——威武

【辨析】　"威风"借助外力表现出特别的气势；"威武"指雄壮而有气概，令人畏惧。

巍峨——高大

【辨析】　"巍峨"过去只形容山的高大，现也可形容建筑物等；"高大"适用范围较广，可用于人或事物。

违背——违抗

【辨析】　"违背"语意较轻，涉及面较广，可以是原则、规则、制度、决议、诺言等；"违抗"语意较重，主要指命令、指示、意志等。

味道——滋味

【辨析】　"味道"多用于通过亲口品尝而得到味道的一类情况；"滋味"多用于不一定经过亲口品尝已知其味的一类情况。

慰问——慰劳

【辨析】　"慰问"语意较为隆重，对象是有功人员或不幸的人；"慰劳"强调用赠送物品和话语的形式表示感谢。

温和——温暖

【辨析】　"温和"适用范围较广，表示人的态度、言语、性情等的不冷不热；"温暖"还表示使人感到融洽亲切，如：党的关怀，温暖了老劳模的心。

闻名——著名

【辨析】　"闻名"、"著名"都表示出名的意思，"闻名"比"著名"在出名程度上稍逊一些。

稳定——稳固

【辨析】　"稳定"强调变化的情况安定、不动摇；"稳固"强调基础的安稳。

稳重——持重

【辨析】　"稳重"表示沉着、老练；"持重"着重于谨慎、老成，多形容态度、言语、举止等。

诬蔑——诬陷——污蔑

【辨析】　"诬蔑"强调捏造事实，说人坏话；"诬陷"是表示诬告陷害："污蔑"则是用污辱性言辞攻击别人。

无边——无穷

【辨析】　"无边"表示空间，指没有边际；"无穷"适用范围广，表示无穷无尽。

无端——无故

【辨析】　"无端"表示没有来由，不能同"无缘"搭配；"无故"表示没有理由，可以和"无缘"搭配。

无私——忘我

【辨析】　"无私"是毫无杂念；"忘我"强调为了大家而忘掉自己。

误会——误解

【辨析】　"误会"主要指理解、领会、辨别上有误；"误解"表示理解上有误，适用范围小。

X

吸收——吸取

【辨析】　"吸收"指从外界环境中取进有用的东西，对象可以是人，也可以是事物，如：植物通过根系吸收土壤中的水分和养料；"吸取"一般指具体事物。

稀疏——稀少

【辨析】　"稀疏"侧重在出现的次数和数量少，多用于物体、声音等；"稀少"侧重在出现的次数和数量少，可用于人或事物。

习惯——习气——习性

【辨析】　"习惯"指长期养成又不易改变的行为、倾向等；"习气"指逐渐养成的坏行为、坏作风，一般用于人；"习性"指人和动物在自然和环境条件下养成的特性。

喜悦——兴奋

【辨析】　"喜悦"表示心情非常愉快；"兴奋"表示情绪高涨。

细节——小节

【辨析】　"细节"指经小的环节或情节；"小节"表示不重要的，还表示文章的段落，如：这一小节是全文的主旨所在。

细腻——细致

【辨析】　"细腻"侧重于光滑不粗糙，多用于形容具体事物或人的感情，也指文学作品刻画细致入微；"细致"指思考和办事认真精细，也可指对事物观察细致周密。

下落——着落

【辨析】　"下落"表示最终所在的地方，常同"不明"搭配；"着落"表示是所依附而得以存在的地方，常用"有"搭配，较多用于口语。

显示——显现

【辨析】　"显示"侧重"表现"；"显现"侧重"暴露"。

相当——相仿

【辨析】　"相当"多用于数量、价值等情况；"相仿"侧重在大致相似，程度比"相当"低。

消耗——耗费

【辨析】　"消耗"主要指损坏物品，也可指精力和体力；"耗费"主要指消耗时间、人力、物力。

消失——消逝

【辨析】　"消失"含有失去而不复存在的意思，表示不再存在；"消逝"含有因离去而没有了的意思，表示离去得无影无踪。

消息——音信

【辨析】　"消息"范围较广，指各行各业各种媒体传出来的情况；"音信"侧重指关于某个特定人物的情况。

协议——协定

【辨析】　"协议"指对双方具有指导作用，内容比较原则的各种问题，强调共同商量；"协定"侧重在订立。

泄露——泄漏

【辨析】　"泄露"表示暴露了；"泄漏"表示走漏了信息。

心境——心情

【辨析】　"心境"含有感情境地的意思，多用来指不好的情形；"心情"含有感情的情况，所指范围比"心境"宽一些。

辛苦——辛劳——辛勤

【辨析】　"辛苦"指身心疲乏而造成的不舒服；"辛劳"多数指苦干而造成的劳累；"辛勤"指在工作、劳动中勤奋工作。

欣赏——观赏

【辨析】　"欣赏"适用范围较广，可以是视觉享受，还可适用于音乐、气味、思想感情等，如：星期日晚上，我们全家去大剧场欣赏费城交响乐团的演奏；"观赏"局限于能见到的东西。"欣赏"还表示喜欢、赏识，如：我很欣赏他的性格；"观赏"没有这个意思。

欣喜——欢喜

【辨析】　"欣喜"表示欣喜欢乐的喜悦心情，多用于书面语；"欢喜"表示高兴。

新鲜——新颖——新奇

【辨析】　"新鲜"适用范围广泛，一般用做口语；"新颖"一般用于作品的内容和表现形式，适用面较窄；"新奇"则表示新鲜而奇特。"新鲜"还指没有变质，也没有经过腌制的东西，如：这些鱼很新鲜；"新颖"和"新奇"没有这个含义。

信赖——信任——相信

【辨析】　"信赖"语意较重，适用人或组织等，使用范围较窄；"信任"表示敢于任用、托付的意思，使用范围窄，只能用于人或组织；"相信"适用范围广，自己、别人、组织都可以。

信仰——信念

【辨析】　"信仰"指一个长过程，思想观念认同，行动一致；"信念"指个人确信的看法，常指某个具体问题。

兴隆——兴盛

【辨析】　"兴隆"适用范围较窄，多表示事业的盛大发达；"兴盛"适用范围较大，多用于国家事业的旺盛。

行动——行为

【辨析】　"行动"指一般的举动或动作，可适用于人或动物；"行为"指能表示思想品质的举动或动作，不适宜指动物。

行径——行为

【辨析】　"行径"是贬义词，常同"可耻"、"丑恶"等词连用；"行为"是中性词，可用于好的举动，也可用于坏的举动。

醒悟——省悟

【辨析】　"醒悟"着重指由外界促其觉

悟；"省悟"侧重在反省觉悟，可以由外界促使，也可以指自身反省。

兴趣——兴致

【辨析】 "兴趣"含有感到有趣味的意思，多用于人或事物；"兴致"含有兴趣所达到的情状的意思，多用于事物。

幸而——幸好

【辨析】 "幸而"含有侥幸出现了另一种有利情况的意思，有较为强烈的转折意义；"幸好"含有侥幸出现的有利情况，结果很好的意思。

凶残——凶暴——凶狠

【辨析】 "凶残"强调残忍，心肠狠毒；"凶暴"指凶恶、暴虐，多表达人的性情、态度和行为；"凶狠"指内心狠毒，形容人的心肠和手段。

雄伟——宏伟

【辨析】 "雄伟"着重雄壮；"宏伟"着重于宏大。

修改——修正

【辨析】 "修改"语意较轻，指改正文章或书面报告中的错误、缺点；"修正"语意较重，指改正错误。

修饰——装饰——粉饰

【辨析】 "修饰"突出修整，常用于人或事物，还有修改润饰的意思，如：主任让你把这篇稿子再修饰一下；"装饰"指基础较好的东西再加以装点，一般指事物，偶尔用于人；"粉饰"指以粉涂抹，一般用于事物。

休养——疗养

【辨析】 "休养"偏重于"休"，经过休息使身心得到调养；"疗养"指在休养中还加以治疗。

秀丽——秀美

【辨析】 "秀丽"表示漂亮好看，使用范围比"秀美"宽一些；"秀美"表示不丑，给人以美感。

绚丽——瑰丽——艳丽

【辨析】 "绚丽"强调色彩华丽，灿烂夺目；"瑰丽"强调美得珍奇；"艳丽"形容色彩美得鲜亮。

削弱——减弱

【辨析】 "削弱"指由于内因变化而变弱；"减弱"指由强转弱的过程。

寻觅——寻找——寻求

【辨析】 "寻觅"指比较仔细地搜寻，语意比寻找重；"寻找"常用于口语；"寻求"指目标不太明确地寻找、探求，对象是人或事物。

巡视——巡查

【辨析】 "巡视"强调视察，多用于上级对下级的视察；"巡查"强调查看，检查，用于保卫工作。

Y

押送——押运

【辨析】 "押送"侧重于送，将货物或人送交有关方面；"押运"则是强调运输的过程。

雅致——高雅

【辨析】 "雅致"着重指细致、高雅，多用于风景、摆设和供玩赏的物件；"高雅"侧重于内质，可形容人和物。

延长——延伸

【辨析】 "延长"侧重于拉长，适用范围较大；"延伸"侧重于伸展，适用范围较小。

严格——严厉

【辨析】 "严格"一般用于人或事，表示认真，从不放松；"严厉"一般适用于人，表示态度严肃，手段厉害。

严寒——寒冷

【辨析】 "严寒"指天气冷得让人受不了，语意较重；"寒冷"指天气很冷，语意相对较轻。

严峻——严肃

【辨析】 "严峻"语意较重；"严肃"表示人的神情，也可用于场面的气氛，语意较轻。

严密——周密

【辨析】　"严密"指紧密，没有疏漏；"周密"指周到、完备，没有疏漏。

研究——钻研

【辨析】　"研究"对象较为广泛，包括自然科学、社会科学以及各种生活等方面；"钻研"对象面较狭窄，语意程度较深。"研究"可指思维活动，也可指实际活动；"钻研"主要指思维活动。

掩盖——掩饰

【辨析】　"掩盖"指盖住了事物的真相；"掩饰"指遮掩缺点和错误。

演讲——演说

【辨析】　"演讲"表示进行讲述，阐明道理，可以同"会"、"比赛"等词搭配；"演说"表示进行说话，用言语表达看法。

厌恶——厌烦

【辨析】　"厌恶"指对人或事物抱有极大的反感，语意较重；"厌烦"指对人或事物产生不耐烦的情绪。

仰望——瞻仰

【辨析】　"仰望"表示抬头往上看；"瞻仰"不仅表示看，而且还有恭敬的意思。

养育——哺育

【辨析】　"养育"一般用于人，注重物质上的抚养；"哺育"指喂养，应用范围广。

要求——恳求

【辨析】　"要求"指希望实现的愿望或提出的条件；"恳求"一般为急切地请求，语气较重。

要挟——逼迫

【辨析】　"要挟"指迫使对方接受要求；"逼迫"指施加压力，使对方做某事。

邀请——约请

【辨析】　"邀请"强调一个请字；"约请"是约好而来的。

摇动——摇晃

【辨析】　"摇动"指在外力作用下产生摇摆；"摇晃"多数指有规律的左右摇动。

一律——一概

【辨析】　在通知、规定中，如果是概括事物，可以用"一律"，也可以用"一概"；如果是概括人，则常用"一律"而不用"一概"。

一齐——一起

【辨析】　"一齐"指同一时间；"一起"指同一时间和同一地点。

一再——再三

【辨析】　"一再"含有一而再的意思，表示有了一次之后，又有第二次，反复多次；"再三"含有一而再，再而三的意思，表示有了一次、二次之后，还有第三次，反复很多次，词义比"一再"略重些。

依靠——依赖

【辨析】　"依靠"指借助外力来达到一定的目的；"依赖"指完全靠外力来达到目的。

依仗——倚仗

【辨析】　"依仗"表示依靠；"倚仗"表示倚恃，词义比"依仗"重。

遗愿——遗志

【辨析】　"遗愿"指个人生前没有实现的愿望；"遗志"是指生前没有实现的志向和愿望。

抑止——抑制

【辨析】　"抑止"含有停止住的意思，多用于喜悦的感情；"抑制"含有使不进一步发展的意思，多用于愤怒、悲哀等感情。

意思——意义

【辨析】　"意思"着重指语言、文字或思想的内容含义，比较具体；"意义"多表示比较深刻、重要的内容。

毅力——意志

【辨析】 "毅力"指坚持不懈，持久奋战；"意志"指在行动中所表示的决心和毅力。

阴沉——阴暗

【辨析】 "阴沉"多形容天气，有时也形容人的愁闷，如：校长脸色阴沉，坐在一旁不吭气；"阴暗"有时也用于人的面色、心情等，如：由于一场大病，小华的脸色有点阴暗。

阴谋——诡计

【辨析】 "阴谋"、"诡计"都是贬义词，可两词合用。"阴谋"强调在暗中策划；"诡计"指坏主意特别多。

引诱——诱惑

【辨析】 "引诱"是引人做坏事；"诱惑"是指用欺骗的手段引导对方做坏事。

隐藏——隐瞒

【辨析】 "隐藏"强调"藏"字，可用于人或事物； "隐瞒"侧重一个"瞒"字。

英勇——勇敢

【辨析】 "英勇"语意较重，特别勇敢； "勇敢"语意较轻，指行动、言论等。

英姿——雄姿

【辨析】 "英姿"只能用于人；"雄姿"一般用于人，也可用于其他事物，如：汇华大厦在晨曦中露出它的雄姿。

营救——援救

【辨析】 "营救"指想方设法救援；"援救"是援助急救。

应当——应该

【辨析】 "应当"表示理所当然，道理上应该如此；"应该"表示情理上说该那样。

萦回——萦绕

【辨析】 "萦回"含有回环往复的意思，表示转来转去，不停止，多用于抽象事物；"萦绕"含有回旋缠绕的意思，表示盘旋围绕，不离去，可以用于抽象

的事物，也可用于具体事物。

永恒——永久

【辨析】 "永恒"指永久不变；"永久"指永远、长久。

优良——优秀

【辨析】 "优良"语意较轻；"优秀"语意较重，指十分好。

忧虑——顾虑

【辨析】 "忧虑"强调忧闷；"顾虑"多指担心、畏惧的意思。

Z

灾害——灾难

【辨析】 "灾害"一般指自然因素造成祸害；"灾难"指人或自然造成的灾祸。

赞美——赞扬

【辨析】 "赞美"表示对一般人或事的称赞； "赞扬"指对人的各种行为的称赞。

赞赏——赞叹

【辨析】 "赞赏"侧重于赏识，表示内心的喜爱，语意较轻；"赞叹"侧重于惊叹，表示钦佩的心情，语意较重。

遭受——遭遇

【辨析】 "遭受"指受到、忍受；"遭遇"指遇到、碰到。

糟蹋——浪费

【辨析】 "糟蹋"涉及对象都是具体事物，语意较重，还有侮辱、蹂躏的意思，例如：一般人都不能容忍这些人糟蹋自己的名声；"浪费"语意较轻，除涉及具体事物外，还有抽象事物，如：不要浪费宝贵的时间。

责备——指责

【辨析】 "责备"可以是对别人，也可以是对自己的批评；"指责"语意较重，只能用于对别人的批评。

增加——增多——增添

【辨析】 "增加"、"增多"指在原来基础上数量变大；"增添"指在原有之外的

添加。

展示——展现

【辨析】　"展示"指清楚地摆出来让人了解事物；"展现"是让事物本身展现在人们的眼前。

占用——挪用

【辨析】　"占用"指占有他人的东西；"挪用"指资金转移他用。

战斗——战争

【辨析】　"战斗"指敌对双方的武装冲突，范围较小；"战争"规模较大，用于国家间、民族间、集团间的战斗。

掌故——故事

【辨析】　"掌故"强调真实情况，指历史上的人物事迹、制造沿革等，如：文坛掌故；"故事"是富有情节性，可以是真实的，也可以是虚构的。

掌握——控制

【辨析】　"掌握"指能对人或事物把握住；"控制"指能对人或事物加以约束和限制，语意较重。

照顾——照料

【辨析】　"照顾"指特别关心，给予优待；"照料"指主动去关心和帮助。

照旧——照样

【辨析】　"照旧"含有情况还与先前相同的意思，表示情况仍然是以前的样子；"照样"含有依然是原来的样子的意思，表示还是照老样子，没有什么变化。

照射——照耀

【辨析】　"照射"含有光线放射的意思，多用于太阳光或其他较强烈的光线；"照耀"含有光芒照映的意思，可以用于阳光、灯光、火光等。

珍藏——收藏

【辨析】　"珍藏"是指因珍爱而保存，语意较重；"收藏"指收集后保存，语意较轻。

珍贵——宝贵

【辨析】　"珍贵"指稀少难得而很有价值或意义深刻，多数用于具体事物；"宝贵"指价值高，值得重视，一般用于抽象事物。

珍视——重视

【辨析】　"珍视"指珍惜重视；"重视"指认真对待。

真诚——真挚

【辨析】　"真诚"指真心、毫无虚假；"真挚"指诚恳，含有殷切、亲切的意思。

真谛——真理

【辨析】　"真谛"表示真实道理的所在；"真理"表示客观的不容置疑的道理，使用范围比"真谛"宽一些。

震动——震撼

【辨析】　"震动"着重于"动"，指因受振而引起的持续短促的摇动；"震撼"着重于"撼"，指引起剧烈震动和震惊。

镇定——镇静

【辨析】　"镇定"指情绪稳定，沉得住气；"镇静"指态度平和、不慌张。

争辩——争论

【辨析】　"争辩"含有为自己进行辩解的意思，多用于一般性的意见、看法等；"争论"含有对自己的观点加以论证的意思，多用于理论、观点等。

整顿——整理

【辨析】　"整顿"多用于抽象的事物；"整理"一般用于具体事物。

证据——凭证

【辨析】　"证据"可以是书面材料，一般用于法律；"凭证"指证件、证明材料，适用范围广。

证明——证实

【辨析】　"证明"除了表示有说服力的事实外，还可用做名词；"证实"表示对传闻、消息、情况等的确证，不可做名词。

支持——支援

【辨析】　"支持"着重指精神、道义上

的鼓励和援助；"支援"指人力、物力和财力上的援助。

指挥——指导

【辨析】　"指挥"的对象都是人或具体行动；"指导"除了告诉人如何行动外，还指一些原则、方法等。

制服——征服

【辨析】　"制服"指用强力压制，使顺从，语意较轻；"征服"指用人力、物力、智力降服对方，语意较重。

制造——制作

【辨析】　"制造"一般指通过机械生产出的成品；"制作"多数指手工加工成的产品。

中断——中止

【辨析】　"中断"表示断绝，不能连通，多用于运输、通讯等；"中止"表示中途停止，不再进行。

忠诚——忠实

【辨析】　"忠诚"着重指诚心诚意，尽心尽力，不能用做动词；"忠实"指老实可靠，也可指真实、如实，有时可作动词。

重大——重要

【辨析】　"重大"用于形容抽象事物，如：意义重大；"重要"指地位或作用十分突出，不同于一般人或事物。

逐渐——逐步

【辨析】　"逐渐"强调增大或减小的变化过程的延续性，是自然而然的变化；"逐步"强调增大或减小的速度有明显的阶段性，是有意义有步骤的转变。

嘱咐——吩咐——叮嘱

【辨析】　"嘱咐"不带强制性；"吩咐"带有强制性；"叮嘱"表示反复叮咛，语意较重。

祝福——祝愿

【辨析】　"祝福"含有礼仪、敬意的意味；"祝愿"指友好、关心的意思，内容较具体。

著名——闻名——驰名

【辨析】　"著名"指显著、出名，给人印象深刻；"闻名"指听到的名声；"驰名"指名声传播得很远。

转移——移动

【辨析】　"转移"指位置的变换和情况的改变；"移动"一般只指位置的变换。

追赶——追逐

【辨析】　"追赶"含有尽早赶上，想要赶上对象的意思；"追逐"含有紧紧在后面跟着跑的意思，常用于相互嬉戏的一类情况。

踪迹——踪影

【辨析】　"踪迹"表示行动所留下来的痕迹，是可供寻觅的线索；"踪影"表示行动时出现的身影。

阻挡——阻拦

【辨析】　"阻挡"是花费力气，不使他前进；"阻拦"指设置困难，阻止前进。

3. 反义词

A

哀愁——欢乐

【释义】

哀愁：悲哀忧愁。

欢乐：欢喜快乐。

矮小——高大

【释义】

矮小：又矮又小。

高大：又高又大。

爱好——憎恶

【释义】

爱好：喜爱，有浓厚兴趣并积极实践。

憎恶：憎恨，厌恶。

**爱护——损坏
　　　　破坏**

【释义】

爱护：爱惜保护，使不受伤害。

损坏：使失去原来的使用效能。

破坏：损害、损坏。

爱惜——糟蹋
【释义】
爱惜：爱护，珍惜。
糟蹋：不珍惜，浪费或损害。

安定——动荡
【释义】
安定：生活或时局等稳定且平静。
动荡：不稳定，不平静。

安静——喧闹
　　　　嘈杂
　　　　吵闹
【释义】
安静：安稳、平静，没有吵闹。
喧闹：喧哗，热闹。
嘈杂：喧闹，声音杂乱。
吵闹：声音吵嚷杂乱。

安居乐业——流离失所
【释义】
安居乐业：过着安定的生活，愉快地从事自己的工作，形容生活、生产和思想状况安定正常。
流离失所：流离，为生活所迫，离开本乡本土，到处流浪。失所：失掉安身的地方。流离失所指无处安身，到处流浪。

安全——危险
【释义】
安全：没有危险，不受威胁，不出事故。
危险：不安全，有遭受损害或失败的可能性。

安闲——忙碌
【释义】
安闲：安静清闲。
忙碌：忙着做各种事，紧张无空闲。

暗淡——明亮
【释义】
暗淡：①昏暗，不鲜明。②比喻没希望。
明亮：光线充足。

昂贵——便宜
　　　　低廉
【释义】

昂贵：价格很高。
便宜：价钱低。
低廉：价格低。

昂扬——低沉
【释义】
昂扬：情绪高涨。
低沉：情绪低落。

傲慢——谦虚
　　　　谦逊
【释义】
傲慢：看不起别人，没礼貌。
谦虚：虚心求教于人，乐于接受批评，不骄傲自满。
谦逊：谦虚恭谨。

B

白皙——黝黑
【释义】
白皙：指皮肤白净。
黝黑：皮肤黑而发亮。

包围——突围
　　　　解围
【释义】
包围：团团围住。
突围：突破包围。
解围：①使人摆脱不舒服的处境和场面。②解除敌人的包围。

薄——厚
【释义】
薄：①扁平物上下两面之间距离小。②形容感情或交往浅。③味道淡，不浓。④读 bó 时，有轻视或慢待的意思。
厚：①扁平物上下两面之间距离大。②感情、交情深。③味道浓。④重视、推崇、优待。

保持——放弃
【释义】
保持：维持现状，不发生变化。
放弃：丢弃，不要。

保存——销毁
　　　　散失

【释义】

保存：使事物继续存在，不受损失，不变化。

销毁：用烧或其他方法把物品消灭掉。

散失：分散，遗失。

保守——创新

【释义】

保守：①不求改进，跟不上形势。②保密、隐瞒。

创新：抛弃旧事物，创造新事物。

保护——破坏

【释义】

保护：尽力照顾，使不受损害。

破坏：损坏，使受到侵害。

暴露——隐藏
　　　　隐蔽
　　　　潜伏

【释义】

暴露：使隐蔽的事物、缺陷、矛盾、问题等显露出来。

隐藏：将人或事物藏在不易被发现的地方。

隐蔽：借助外界事物遮盖住，不让人看见。

潜伏：隐藏、埋伏。

卑鄙——磊落

【释义】

卑鄙：行为等恶劣，不道德。

磊落：正大光明。

悲哀——欢乐

【释义】

悲哀：伤心的样子或心情。

欢乐：非常高兴，快乐。

悲观——乐观

【释义】

悲观：精神颓丧，对事物的发展缺乏信心。

乐观：对事物的发展充满信心。

悲痛——欢喜

【释义】

悲痛：伤心、难过。

欢喜：快乐、高兴。

本质——现象
　　　　表面

【释义】

本质：事物本身的属性。

现象：事物的外部形态。

表面：事物的外部或非本质的部分。

笨重——轻巧

【释义】

笨重：庞大沉重，不灵巧。

轻巧：重量小而灵便。

彼——此

【释义】

彼：①那，那个。②对方，他。

此：①这，这个。②此时，此地。

笔直——弯曲
　　　　曲折

【释义】

笔直：很直，象笔管一样直。

弯曲：不直。

曲折：弯、曲。

闭——开

【释义】

闭：关、合。

开：打开。

表扬——批评

【释义】

表扬：公开赞许，当众夸奖。

批评：专指对缺点和错误提出意见。

播种——收获

【释义】

播种：用播撒种子的方式种植农作物。

收获：取得成熟的农作物或事业取得成果。

C

参加——退出

【释义】

参加：加入某一组织团体或活动。

退出：加入后又离开。

残缺——完整

【释义】

残缺：缺少某一部分，不完整。

完整：保持应有的成分，没有损害或缺失。

惭愧——欣慰

【释义】

惭愧：为自己做了错事或未能尽到责任而感到不安和内疚。

欣慰：喜欢而心安。

敞开——关闭　　紧锁

【释义】

敞开：打开。

关闭：使开着的物体合拢。

紧锁：严密关闭，牢固上锁。

畅所欲言——吞吞吐吐

【释义】

畅所欲言：痛痛快快地说出想要说的话。

吞吞吐吐：想说又说不出来或不敢说出来的样子。

畅通——阻塞

【释义】

畅通：无阻碍地通过。

阻塞：有阻碍不能通过；使堵住。

沉——浮

【释义】

沉：往下落，多指在液体里。

浮：停留在液体的表面。

沉没——漂浮

【释义】

沉没：沉入水中。

漂浮：停留在液体表面上移动。

沉重——轻快

【释义】

沉重：分量重，或指心情不轻松。

轻快：动作快、不费力。

承担——推卸

【释义】

承担：担负，担当。

推卸：不肯承担。

承认——否认　　抵赖

【释义】

承认：表示肯定、同意。

否认：不承认。

抵赖：用谎言和狡辩否认所犯过失或罪行。

迟——早

【释义】

迟：比规定的时间或合适的时间靠后。

早：比规定的时间或合适的时间提前。

迟钝——灵敏　　敏锐

【释义】

迟钝：（感官、思想、行动等）反应慢，不灵敏。

灵敏：反应快，能对极其微弱的刺激迅速反应。

敏锐：感觉灵敏，眼光尖锐。

耻辱——光荣

【释义】

耻辱：声誉受损，羞辱。

光荣：被公认值得尊敬和赞扬的。

持续——中断

【释义】

持续：延续不断。

中断：中途停止或断绝。

充实——空虚

【释义】

充实：丰富、充足。

空虚：形容里面没有东西；比喻实际力量薄弱。

充裕——拮据

【释义】

充裕：充足有余。

拮据：因缺钱而生活紧张、窘迫。

抽象——具体
【释义】
抽象：不能实在地体验到，笼统的；空洞的。
具体：细节清楚，不笼统抽象。

出——入
　　　　进
【释义】
出：①从里面到外面来。②支出，花出钱财。③从下面或里面出来。④往外拿。
入：①进来或进去。②收入。
进：①从外面到里面。②收入。

创业——守业
【释义】
创业：创办、开创事业。
守业：保持往前人所创立的事业。

垂头丧气——扬眉吐气
【释义】
垂头丧气：低着脑袋，无精打采的样子。
扬眉吐气：扬起眉，吐出胸中的那口闷气。

纯真——虚假
【释义】
纯真：纯洁真挚。
虚假：不真实，与实际不相符。

慈爱——严厉
【释义】
慈爱：指年长者对年幼者宽厚喜爱。
严厉：严肃厉害。

慈祥——凶恶
【释义】
慈祥：指老人的态度、神色和蔼、安详。
凶恶：凶狠、狰狞。

雌——雄
【释义】
雌：生物中能产生卵细胞的（母的、阴性的）。
雄：生物中能产生精细胞的（公的、阳性的）。

刺耳——悦耳

【释义】
刺耳：①声音尖锐或杂乱。②语言尖酸刻薄，使人听了不舒服。
悦耳：好听，动听。

从容——慌乱
【释义】
从容：镇静、沉着，不慌不忙。
慌乱：慌张而忙乱。

粗大——细小
【释义】
粗大：（人体、物体）粗，（声音）大。
细小：细微很小。

粗糙——光滑
【释义】
粗糙：质料不精细，物体表面不光滑。
光滑：物体表面平滑不粗糙。

粗心——细心
【释义】
粗心：不细心、疏忽。
细心：用心细密。

存在——消逝
【释义】
存在：①事物继续占据着时间和空间。②实际上有。③还没有消失。
消逝：渐渐消失，没有了。

D

大度——小气
【释义】
大度：气量宽容，能容人。
小气：胸襟不宽，气量小。

大意——谨慎
【释义】
大意：疏忽，不注意，不留神。
谨慎：小心慎重，密切注意；留神。

呆板——灵活
【释义】
呆板：死板，不知变通。
灵活：机智多变。

逮捕——释放

【释义】

逮捕：捉拿（罪犯）。

释放：恢复被拘押者或服刑者的人身自由。

单薄——厚实

【释义】

单薄：衣服薄或身体瘦弱。

厚实：厚。

单纯——复杂

【释义】

单纯：简单纯一；不复杂。

复杂：形容事物的种类、头绪等多而杂。

单调——丰富

【释义】

单调：简单、重复而没有变化。

丰富：种类多或数量大。

担当——推卸

【释义】

担当：接受并负起责任。

推卸：不肯承担（责任）。

胆怯——勇敢

【释义】

胆怯：胆小；畏缩。

勇敢：不怕危险和困难；有胆量。

倒退——前进

【释义】

倒退：往后退；退回。

前进：向前行动或发展。

得意——失意

【释义】

得意：称心如意。

失意：不如意。

低贱——高贵

【释义】

低贱：地位低下或品质低劣。

高贵：地位高、生活享受优越的。

抵抗——投降

【释义】

抵抗：用力量制止对方的进攻。

投降：停止抵抗，向对方屈服。

抵赖——承认

【释义】

抵赖：用谎言和狡辩否认所犯过失或罪行。

承认：表示肯定，同意，认可。

凋零——昌盛

【释义】

凋零：凋谢零落。

昌盛：兴旺；兴盛。

凋谢——盛开

【释义】

凋谢：（草木花叶）脱落。

盛开：（花）开得茂盛。

动荡——平静

【释义】

动荡：不稳定。

平静：平稳，不起伏，不摇晃。

动摇——坚定

【释义】

动摇：不稳固；不坚定。

坚定：稳定坚强；不动摇。

抖擞——萎靡

【释义】

抖擞：精神振作。

萎靡：①精神不振。②意志消沉。

斗争——妥协

【释义】

斗争：矛盾的双方互相冲突，不肯让步。

妥协：用让步的方法避免冲突或争执。

独特——普通

【释义】

独特：独有的，特别的。

普通：平常的，一般的。

毒辣——善良

【释义】

毒辣：形容心肠或手段等恶毒残酷。

善良：心地纯洁，没有恶意。

堵塞——通畅

【释义】

堵塞：阻塞（洞穴、通道）使不通。

通畅：运行无阻。

短浅——远大

【释义】

短浅：狭窄而肤浅。

远大：长远而广阔。

断然——犹豫

【释义】

断然：坚决；果断。

犹豫：拿不定主意。

E

恶魔——天使

【释义】

恶魔：比喻凶恶可怕的人。

天使：为人类造福的使者，比喻天真可爱的人。

恶劣——良好

【释义】

恶劣：坏到了极点。

良好：令人满意。

恶化——改善

【释义】

恶化：使情况、情形变坏。

改善：改变原有情况使好一些。

噩耗——喜讯

【释义】

噩耗：指亲近或敬爱的人死亡的消息。

喜讯：使人高兴的消息。

F

发达——落后

【释义】

发达：事物充分发展与兴盛。

衰落：多指较低的水平或落后于形势后面的状态。

发展——停滞

【释义】

发展：事物由小到大、由简单到复杂、由低级到高级的变化。

停滞：因为受到阻碍，而停止运动或发展。

罚——赏

【释义】

罚：处罚。

赏：奖赏。

乏味——有趣

【释义】

乏味：没有趣味，缺少情趣。

有趣：能引起人的好奇心或喜爱。

烦恼——高兴

【释义】

烦恼：烦闷苦恼。

高兴：愉快而兴奋。

烦琐——简单

【释义】

烦琐：繁杂琐碎。

简单：不复杂，头绪少。

烦躁——安定

【释义】

烦躁：烦闷急躁。

安定：形容生活、形势等平静正常。

繁华——荒凉

【释义】

繁华：兴旺热闹。

荒凉：人烟稀少，破落萧条的景象。

繁忙——清闲

【释义】

繁忙：事情多、不得空。

清闲：清静闲暇。

繁茂——稀疏

【释义】

繁茂：（草木）繁密茂盛。

稀疏：（草木）稀少而间隔远。

繁重——轻松

【释义】

繁重：形容工作、任务又多又重。

轻松：不感到有负担。

反动——革命

【释义】

反动：指思想上或行动上维护旧制度，破坏新制度，反对革命的。

革命：产生深刻的变革。

反对——赞成

【释义】

反对：不赞同，不同意。

赞成：同意别人的主张或行为。

反抗——服从

【释义】

反抗：用行动反对；抵抗。

服从：遵照；听从。

方便——麻烦

【释义】

方便：便利。

麻烦：烦琐，费事。

防守——进攻

【释义】

防守：警戒守卫。

进攻：发动攻击。

放大——缩小

【释义】

放大：图象、声音、功能等变大。缩小：大变小的过程。

放弃——保持

【释义】

放弃：丢掉原有的权利、主张、意见等。

保持：维持原有的权利、主张、意见等。

放任——约束

【释义】

放任：听其自然，不加干涉。

约束：限制使不越出范围。

放肆——规矩

【释义】

放肆：（言行）轻率任意，毫无顾忌，超出标准或常理。

规矩：①（行为）端正老实。②合乎标准或常理。

放松——抓紧

【释义】

放松：（对事物的注意或控制）由紧变松。

抓紧：紧紧地把握住，不放松。

放纵——约束

【释义】

放纵：纵容；不加约束；不守规矩；没有礼貌。

约束：限制使不越出范围。

飞快——缓慢

【释义】

飞快：非常迅速。

缓慢：不迅速；非常慢。

飞速——缓慢

【释义】

飞速：非常迅速。

缓慢：不迅速；慢。

肥沃——贫瘠

【释义】

肥沃：土质优良，所含养分充足，适宜植物生长。

贫瘠：土质差，所含养分少，不适宜于植物生长。

菲薄——重视

【释义】

菲薄：瞧不起。

重视：看重；认为人的德才优良或事物的作用重要而认真对待。

废除——保留

【释义】

废除：取消；废止。

保留：保存不变。

废止——建立

【释义】

废止：取消，不再执行。

建立：设置或开始成立。

分别——团聚

【释义】

分别：离别。

团聚：相聚。

分开——合拢

【释义】

分开：使人或事物不在一起。

合拢：合到一起。

分裂——团结

【释义】

分裂：使整体的事物分开。

团结：为了集中力量实现共同理想或完成共同任务而联合或结合。

分歧——一致

【释义】

分歧：①（思想、意见等）不一致。②有差别。

一致：没有分歧。

分散——集中

【释义】

分散：（人、事物、力量等）散在各处；不集中。

集中：把分散的人、事物、力量等聚集起来。

分析——综合

【释义】

分析：把一件事物、一种现象或一个概念分成较简单的组成部分，找出这些部分的本质属性和彼此之间的关系。

综合：把各方面的线索联系起来，发现事物的整体的本质。

奋不顾身——贪生怕死

【释义】

奋不顾身：奋勇直前，不顾生命。

贪生怕死：为了活命而畏缩不前。

丰富——贫乏

【释义】

丰富：物质充足，种类多、数量大或指学问深、经验多。

贫乏：（物质财富、学识经验等）缺少。

封闭——开放

【释义】

封闭：严密盖住或关住使不能通行或随便打开。

开放：解除封锁、禁令、限制等。

肤浅——深刻

【释义】

肤浅：理解不深。

深刻：内心感受程度很大的。

浮动——稳定

【释义】

浮动：不稳定。

稳定：稳固安定；没有变动。

浮躁——稳重

【释义】

浮躁：轻浮急躁。

稳重：（言语、举动）沉着而有分寸。

服从——违背

【释义】

服从：遵照；听从。

违背：违反；不遵守。

俯视——仰望

【释义】

俯视：从高处往下看。

仰望：从低处往上看。

腐败——廉洁

【释义】

腐败：思想陈旧，行为堕落。

廉洁：清正，大公无私。

富有——贫困

【释义】

富有：拥有大量的财产。

贫困：贫穷；生活困难。

富裕——贫困

【释义】

富裕：（财物）充裕。

贫困：生活困难；贫穷。

复杂——简单

【释义】

复杂：事物的种类、头绪多而杂。

简单：结构单纯；头绪少。

G

干燥——潮湿

【释义】

干燥：没有水分或只有很少的水分。

潮湿：含有一定水分。

干净——肮脏

【释义】

干净：没有尘土、杂质等，清洁。

肮脏：①脏，不干净。②比喻卑鄙、丑恶。

甘甜——苦涩

【释义】

甘甜：（味道、生活等）甜美。

苦涩：又苦又涩。

甘拜下风——不甘示弱

【释义】

甘拜下风：比喻甘愿处于劣势地位，表示真诚佩服，自认不如。

不甘示弱：不甘心显示自己软弱，表示要较量一下，比个高低。

高大——矮小

【释义】

高大：又高又大。

矮小：又矮又小。

高瞻远瞩——鼠目寸光

【释义】

高瞻远瞩：站得高，看得远，形容目光远大。

鼠目寸光：比喻眼光短浅，没有远见。

刚强——脆弱

【释义】

刚强：坚强，不怕困难或不屈服于恶势力。

脆弱：不坚强，经不起挫折。

刚强——软弱

【释义】

刚强：（性格、意志）坚强，不怕困难或不屈服于恶势力。

软弱：缺乏力气；不坚强。

工整——潦草

【释义】

工整：细致整齐。

潦草：不工整，不仔细，不认真。

公正——偏袒

【释义】

公正：公平正直，没有偏私。

偏袒：袒护双方中的一方。

共同——独特

【释义】

共同：属于大家的，同一类型的。

独特：独有的，特别的。

贡献——索取

【释义】

贡献：拿出物资、力量、经验等对国家或公众所做的有益的事。

索取：要；拿。

孤僻——开朗

【释义】

孤僻：孤独，怪僻。

开朗：乐观、畅快，不阴郁。

鼓励——压制

【释义】

鼓励：激发；勉励。

压制：竭力限制或制止。

固定——移动

【释义】

固定：不变动或不移动。

移动：改换原来的位置。

固执——随和

【释义】

固执：坚持自己的意见、看法、不肯改变。

随和：和气而不固执己见。

拐弯抹角——开门见山

【释义】

拐弯抹角：比喻说话绕弯，不直截了当。

开门见山：比喻说话或写文章直截了当谈本题，不绕圈子。

关闭——打开

【释义】

关闭：禁闭，合上。

打开：揭开、拉开、解开。

关心——冷漠

【释义】

关心：（对人或事物）常放在心上；重视和爱护。

冷漠：（对人或事物）冷淡、不关心。

光明——黑暗

【释义】

光明：①亮光。②比喻正义的有希望的事物。

黑暗：①没有光。②比喻社会腐败，政治反动。

光明正大——鬼鬼祟祟

【释义】

光明正大：胸怀坦白，行为正派。

鬼鬼祟祟：形容偷偷摸摸，不光明正大。

光滑——粗糙

【释义】

光滑：物体表面精细平滑。

粗糙：表面不精细、不光滑。

广阔——狭小

【释义】

广阔：（面积空间）宽阔。

狭小：指宽度小，面积小。

果断——犹豫

【释义】

果断：有决断，不迟疑。

犹豫：三心二意，拿不定主意。

过时——时兴

【释义】

过时：过去流行，现在已经不流行了。

时兴：当时流行。

H

害怕——无畏

【释义】

害怕：遇到困难或危险心中不安或恐慌。

无畏：什么也不怕。

憨厚——狡诈

【释义】

憨厚：朴实；厚道。

狡诈：狡猾奸诈。

含糊——明确

【释义】

含糊：不明确，不清晰。

明确：清晰，明白、确定。

寒冷——炎热

寒冷：气温很低。

炎热：气温高，天气很热。

罕见——常见

【释义】

罕见：稀少。

常见：时常；常常。

豪华——简朴

【释义】

豪华：形容生活等过分铺张；奢侈。

简朴：（语言、文笔、生活等）简单朴素。

好高骛远——脚踏实地

【释义】

好高骛远：不切实际地追求过高的目标。

脚踏实地：比喻做事踏实认真。

和蔼——粗暴

【释义】

和蔼：态度温和，容易接近。

粗暴：指性情、行为粗鲁不容易接近。

和颜悦色——疾言厉色

【释义】

和颜悦色：形容和蔼的脸色。

疾言厉色：说话急躁，神色严厉，形容发怒时的神情。

狠毒——善良

【释义】

狠毒：凶狠毒辣。

善良：心地纯洁，没有恶意。

横七竖八——整整齐齐

【释义】

横七竖八：形容纵横杂乱。

整整齐齐：有秩序，有条理；不凌乱。

宏观——微观

【释义】

宏观：不涉及分子、原子、电子等内部结构或机制的；指大范围或涉及整体的。

微观：深入到分子、原子、电子等构造领域的，泛指部分或较小范围的。

厚道——刻薄

【释义】

厚道：待人诚恳，能宽容，不刻薄。

刻薄：待人、说话冷酷无情，过分地苛求。

后退——前进

【释义】

后退：向后退，退回。

前进：向前行动和发展。

华丽——朴实

【释义】

华丽：颜色或式样美丽而有光彩。

朴实：踏实，不浮夸。

画蛇添足——画龙点睛

【释义】

画蛇添足：指做了多余的或没有必要的事。

画龙点睛：比喻在关键性的地方点明要旨。

怀疑——相信

【释义】

怀疑：心中有疑惑，不相信。

相信：认为确定而不怀疑。

缓慢——迅速

【释义】

缓慢：不快，非常慢。

迅速：速度非常快。

缓和——紧张

【释义】

缓和：形势、局势、气氛等变得和缓。

紧张：精神处于高度准备状态，兴奋不安。

幻想——现实

【释义】

幻想：以社会或个人的理想和愿望为依据，对还没有实现的事物有所想象。

现实：客观存在的事物。

恍惚——清醒

【释义】

恍惚：多指神志不清楚，感觉不真切，精神不集中。

清醒：头脑清楚、明白。

灰心——振作

【释义】

灰心：（因遭到困难、失败）意志消沉，情绪低落。

振作：指精力旺盛，情绪高涨，蓬勃向上。

灰暗——明亮

【释义】

灰暗：暗淡，不鲜明。

明亮：光线充足。

灰心丧气——兴高采烈

【释义】

灰心丧气：遭受失败而气馁，情绪低落。

兴高采烈：形容兴致高，精神足。

浑浊——清澈

【释义】

浑浊：有杂质，不清洁，不新鲜。

清澈：清而透明，不含杂质。

汇合——分散

【释义】

汇合：很自然地聚集并合在一起。多指水流或比喻成水流似的东西。

分散：散在各处，不集中。

魂不守舍——全神贯注

【释义】

魂不守舍：形容精神恍惚。

全神贯注：形容注意力高度集中。

火热——冰冷

【释义】

火热：像火一样的热烈。

冰冷：像冰一样的冷淡。

获得——丧失

【释义】

获得：取得；得到。

丧失：失去。

J

饥寒——温饱

【释义】

饥寒：饥饿并寒冷。

温饱：穿得暖且吃得饱。

机灵——痴呆

迟钝

【释义】

机灵：聪明伶俐，机智。

痴呆：傻，愚笨。

迟钝：不灵敏，反应慢。

积极——消极

【释义】

积极：正面的；肯定的；进取的；热心的。

消极：反面的；否定的；保守的。

积蓄——消耗

【释义】

积蓄：积存起来，暂时不用。

消耗：精神、力量、东西等因使用或损失而渐渐减少。

激动——冷静

【释义】

激动：感情因受刺激而冲动。

冷静：遇事沉着且不感情用事。

激烈——温和

【释义】

激烈：（动作、言论等）剧烈。

温和：平和的状态。

急促——平缓

【释义】

急促：快而短促。

平缓：平稳，和缓。

集合——解散

【释义】

集合：多指分散的人或物聚合在一起。

解散：指把集聚在一起的人分散开。

集中——分散

【释义】

集中：①把分散的人、事物、力量等聚集起来。②把意见、经验等归纳起来。③（人或事物）聚集在一起。

分散：①人、物、力量等散在各地，不集中。②不集中的。

继续——中断

【释义】

继续：（活动）进行下去，延长下去，不间断。

中断：多指中途停止或断绝。

寂静——喧闹

【释义】

寂静：没有声音，很安静。

喧闹：多指喧哗、热闹、嘈杂。

坚定——动摇

【释义】

坚定：（稳定、坚强等）不动摇。

动摇：不稳固、不坚定。

坚持——放弃

【释义】

坚持：保持、维护，不使改变。

放弃：舍弃，丢掉已有东西。

坚硬——柔软

【释义】

坚硬：硬而坚实。

柔软：软和，不硬。

艰苦——舒适

【释义】

艰苦：艰难困苦。

舒适：舒服安逸。

简短——冗长

【释义】

简短：内容简单，言词不长。

冗长：文章、讲话等废话多，拉得很长。

简略——详细

详尽

【释义】

简略：言语内容不详细。

详细：周密完备。

详尽：详细而全面。

俭朴——奢侈

【释义】

俭朴：节省朴素。

奢侈：花费大量钱财，追求过分享受。

建立——推翻

破除

【释义】

建立：开始成立，开始建起。

推翻：用武力打垮旧的政权，改变政局。

破除：除去旧的东西、观念等。

建造——拆除
　　　　摧毁

【释义】

建造：建筑、修建。

拆除：拆掉（建筑物等）。

摧毁：用强力毁坏。

健康——衰弱

【释义】

健康：人体生理机能正常，没有缺陷或疾病。

衰弱：身体失去了旺盛的精力、正常的机能。

健壮——虚弱

【释义】

健壮：健康、强壮。

虚弱：（身体）不结实。

僵硬——灵活

【释义】

僵硬：不灵活。

灵活：敏捷，不呆板。

奖励——惩罚

【释义】

奖励：给以荣誉或财物来鼓励。

惩罚：处罚。

焦急——耐心

【释义】

焦急：烦躁、着急。

耐心：不急躁，不厌烦。

揭露——掩盖

【释义】

揭露：使隐蔽的事物显露。

掩盖：把本来存在或显露的事物隐藏起来，使它不被发现。

节约——浪费

【释义】

节约：节省。

浪费：对人力、财物、时间等用得不当

或没有节制。

解放——束缚

【释义】

解放：解除束缚，得到自由或发展。

束缚：捆绑、约束、限制。

紧张——松驰

【释义】

紧张：精神处于高度准备状态，兴奋不安。

松驰：精神放松，不紧张。

惊慌——镇静

【释义】

惊慌：慌张害怕。

镇静：情绪平静而稳定。

精华——糟粕

【释义】

精华：（事物）最重要、最好的部分。

糟粕：酒渣、豆渣之类的东西，比喻粗劣而没有价值的东西。

精致——粗糙

【释义】

精致：（制作）精巧细致。

粗糙：（制作）草率，不细致，不光滑。

静寂——嘈杂

【释义】

静寂：很静。

嘈杂：（声音）杂乱，喧闹。

静悄悄——闹哄哄

【释义】

静悄悄：形容非常安静，没有声响。

闹哄哄：形容人声杂乱。

巨大——微小

【释义】

巨大：指极大，很大。

微小：极小。

巨人——侏儒

【释义】

巨人：身材异常高大的人；比喻具有影响或有巨大成就的人。

侏儒：身材异常矮小的人；比喻某方面

严重不足的人。

拒绝——接受

【释义】

拒绝：不接受（请求、意见或赠礼）。

接受：容纳而不拒绝。

具体——抽象

【释义】

具体：细节方面很明确，不抽象，不笼统。

抽象：不具体，笼统，空洞。

聚集——分散

【释义】

聚集：集合、会合在一起。

分散：散在各处，不集中。

绝望——希望

【释义】

绝望：完全没有希望。

希望：指达到某种目的或出现某种情况的愿望。

K

开端——结束

【释义】

开端：开始，发端；事情的起头。

结局：最终的结果。

开始——结束

【释义】

开始：开端。

结束：发展或进行完结，不再延续。

开阔——狭窄

【释义】

开阔：指面积和空间宽广。

狭窄：范围；心胸、见识等不宽广。

开朗——忧郁

【释义】

开朗：（思想、心胸、性格等）乐观、畅快，不阴郁低沉。

忧郁：多指情绪低落，愁闷。

开明——顽固

【释义】

开明：指人的思想开通，不顽固守旧。

顽固：思想保守，不愿接受新鲜事物。

抗拒——顺从

【释义】

抗拒：抵挡，不接受。

顺从：依照别人的意思，不违背，不反抗。

科学——迷信

【释义】

科学：反映自然、社会、思维等客观规律的知识体系。

迷信：对神仙、鬼怪等不存在的事物的一种盲目信仰。

可爱——可恶

【释义】

可爱：令人喜爱。

可恶：令人厌恶恼恨。

空洞——具体

【释义】

空洞：内容空泛或内容不充实。

具体：内容充实，明确。

空闲——繁忙

【释义】

空闲：有了闲暇时间，没有什么急事、要事要做。

繁忙：事情多，不得空。

苦闷——快活

【释义】

苦闷：苦恼，烦闷。

快活：愉快，欢乐。

快乐——伤心
　　　　　痛苦

【释义】

快乐：感到幸福或满意。

伤心：由于遭到不幸或不如意的事，心里痛苦、难过。

痛苦：身体和精神感到非常难受。

宽敞——狭窄

【释义】

宽敞：宽阔，宽大。

狭窄：宽度小。

扩大——缩小

【释义】

扩大：由小变大。

缩小：由大变小。

扩散——集中

【释义】

扩散：扩大分散出去。

集中：把分散的人、事物、力量聚集起来，把意见、经验等归纳起来。

L

老练——幼稚

【释义】

老练：阅历深，经验多，稳重而有办法。

幼稚：形容头脑简单或缺乏经验。

老实——狡猾

【释义】

老实：诚实，言行与内心一致。

狡猾：诡计多端，不可信任。

冷淡——热情

【释义】

冷淡：不热情，不关心，不亲热。

热情：感情热烈、浓厚。

冷静——冲动

【释义】

冷静：沉着，不感情用事。

冲动：感情受到刺激而突然激动。

冷漠——热情

【释义】

冷漠：（对事物或人）冷淡，不关心。

热情：有热烈感情的。

离别——相会

【释义】

离别：比较长久地跟熟悉的人或地方分开。

相会：会面。

离散——团聚

【释义】

离散：分散不能团聚（多指亲人）。

团聚：亲人分别后再相聚，也指人和人集合在一处。

理论——实践

【释义】

理论：人们从实践中概括出来的关于自然界和社会知识的系统结论。

实践：人们改造自然与社会的有意识活动，指客观存在的事物。

理想——现实

【释义】

理想：对将来的想像和希望（多指有根据的、合理的，跟空想、幻想不同）。

现实：客观存在的东西、事实。

嘹亮——沙哑

【释义】

嘹亮：（声音）清晰响亮。

沙哑：嗓子发音困难，声音低沉而不圆润。

灵敏——迟钝

【释义】

灵敏：反应快，能对很小的刺激迅速做出反应。

迟钝：反应慢；脑子不灵敏。

灵巧——死板

【释义】

灵巧：灵活而巧妙。

死板：不生动，不活泼。

落后——先进

【释义】

落后：在行进中落在同行者后面。

先进：进步快，思想和技术水平高，在形势发展中领先。

留恋——舍弃

【释义】

留恋：不忍舍弃或离开。

舍弃：丢开，抛弃，不要。

流浪——定居

【释义】

流浪：生活没有着落，到处转移，随地谋生。

定居：在某个地点固定地居住下来。

流露——掩饰

【释义】

流露：不自觉地暴露出来。

掩饰：设法掩盖起来。

M

麻木——敏感

【释义】

麻木：反应迟钝或没有反应。

敏感：对外界事物反应强烈。

麻痹——警惕

【释义】

麻痹：①神经系统的病变引起的身体某一部分知觉能力的丧失和运动机能的障碍。②失去警惕性，疏忽。

警惕：对可能发生的危险情况或错误倾向保持敏锐的感觉。

埋没——发现

【释义】

埋没：①掩埋，埋起来。②使显不出来；使不发挥作用。

发现：①经过研究、探索等，看到或找到前人没有看到的事物或规律。②发觉。

蛮干——巧干

【释义】

蛮干：不顾客观规律或实际情况去硬干。

巧干：按客观规律和实际情况干。

蛮横——讲理

【释义】

蛮横：（态度）粗暴而不讲理。

讲理：①评是非曲直。②遵从道理。

漫长——短暂

【释义】

漫长：长得看不见尽头的（时间、道路等）。

短暂：短时期。

忙碌——悠闲

【释义】

忙碌：事情多而繁忙。

悠闲：没有杂事烦扰，安逸自得。

美丽——丑陋

【释义】

美丽：好看，使人看后产生美感的事物。

丑陋：难看，使人看了产生厌恶感。

迷茫——清晰

【释义】

迷茫：模糊不清的样子。

清晰：清楚明晰。

密切——疏远

【释义】

密切：多指关系近。

疏远：多指关系远。

绵薄——雄厚

【释义】

绵薄：谦辞，指自己薄弱的能力。

雄厚：（人力、物力）充足。

腼腆——大方

【释义】

腼腆：在人面前难为情，不自然。

大方：举止自然，不拘束。

藐视——重视

【释义】

藐视：轻视；小看。

重视：认为人的德才优良或事物的作用重要而认真对待。

藐小——伟大

【释义】

藐小：微小。

伟大：品格崇高；才识卓越；规模宏大；超出寻常，令人敬仰钦佩的。

灭亡——存在

【释义】

灭亡：（国家、种族等）不再存在或使不存在。

存在：①事物持续地占据着时间和空间；实际上有，还没有消失。②哲学上指不依赖人的意识并不以人的意识为转移的客观世界，即物质。

明白——模糊

【释义】

明白：懂得，清楚。

模糊：①不分明；不清楚。②混淆。

谬论——真理

【释义】

谬论：荒谬的、错误的言论。

真理：能正确反映客观事物及规律的道理。

陌生——熟悉

【释义】

陌生：多指生疏不熟悉。

熟悉：知道得很清楚，不陌生。

N

耐心——急噪

【释义】

耐心：多指性格、态度上有充分的忍耐性。

急噪：性格容易激动，遇事不冷静。

难受——舒服

【释义】

难受：①身体不舒服。②伤心，不痛快。

舒服：①身体或精神上感到轻松愉快。②能使身体或精神上感到轻松愉快。

内在——外在

【释义】

内在：①事物本身所固有的。②存于内心，不表露在外面。

外在：事物本身以外的。

内容——形式

【释义】

内容：事物内部所包含的实质和意义。

形式：事物外部的形状、结构等。

浓密——稀疏

【释义】

浓密：数量多、间隔近，密集。

稀疏：在空间或时间上的间隔远。

浓缩——稀释

【释义】

浓缩：①用加热等方法使溶液中的溶剂蒸发而溶液的浓度增高。②泛指用一定

的方法使物体中不需要的部分减少，从而使需要部分的相对含量增加。

稀释：在溶液中再加入溶剂使溶液的浓度降低。

懦弱——坚强

【释义】

懦弱：软弱，不坚强。

坚强：强固有力，不可动摇或摧毁。

O

藕断丝连——一刀两断

【释义】

藕断丝连：比喻没有彻底断绝关系。

一刀两断：比喻坚决果断地断绝关系。

偶然——必然

【释义】

偶然：事理上不一定要发生而发生的；超出一般规律的。

必然：多指一定是这样的，它的发生是不以人的意志为转移的。

P

排斥——吸引

【释义】

排斥：使别的人或事物离开自己这方面。

吸引：把别的物体、力量或别人的注意力引到自己这方面来。

派遣——召回

【释义】

派遣：命人到某处做某项工作。

召回：命令派遣人员返回。

批评——表扬

【释义】

批评：①指出优点和缺点；评论好坏。②专指对缺点和错误提出意见。

表扬：对好人好事公开赞美。

疲倦——精神

【释义】

疲倦：疲乏；困倦。

精神：①表现出来的活力。②有活力；

有生气。

偏向——公正

【释义】

偏向：①不正确的倾向（多指掌握政策过左或过右，或在几项工作中只注重某一项）。②偏于赞成（某一方面）。③（对某一方）无原则地支持或袒护，不公正。

公正：公平正直，没有偏私和袒护。

片面——全面

【释义】

片面：①单方面的。②偏于一面的。

全面：各个方面的总和。

漂泊——固定

【释义】

漂泊：①随波浮动或停泊。②比喻职业、生活不固定，东奔西走。

固定：不变动或不移动的。

贫乏——丰富

【释义】

贫乏：①贫穷。②缺少；不丰富。

丰富：①（物质财富、学识经验等）种类多或数量大。②使种类多或数量大。

贫穷——富强

【释义】

贫穷：生产资料和生活资料缺乏。

富强：（国家）出产丰富，力量强大。

平安——危险

【释义】

平安：没有事故，没有危险；平稳安全。

危险：有遭到损害或失败的可能。

破旧——崭新

【释义】

破旧：又破又旧。

崭新：属性词，极新；簇新。

破碎——完好

【释义】

破碎：多指破裂有损坏。

完好：没有损坏，不残缺。

朴实——华丽

【释义】

朴实：①朴素。②质朴诚实。③踏实；不浮夸。

华丽：美丽而有光彩。

Q

齐全——短缺

【释义】

齐全：物品等应有尽有。

短缺：不够，数量不足。

歧视——尊重

【释义】

歧视：不平等地看待，瞧不起。

尊重：尊敬或重视。

奇妙——平淡

【释义】

奇妙：奇特，巧妙有趣。

平淡：平凡，缺乏趣味，没有出奇的地方。

前进——后退

【释义】

前进：向前行动或发展。

后退：向后退，退回。

浅薄——渊博

【释义】

浅薄：缺少知识或经验，根底不深。

渊博：（学识）深而且广。

浅显——深奥

【释义】

浅显：书籍、文章的字句或道理简单明白，容易理解。

深奥：书籍、文章的字句或道理艰深奥妙，不容易懂。

强大——弱小

【释义】

强大：力量坚强雄厚。

弱小：力量虚弱微小。

强烈——微弱

【释义】

柔和：温和而不强烈，软和。

微弱：小而弱。

清静——喧闹

【释义】

清静：（环境）安静，没有声音或声音很小。

喧闹：吵闹，声音大而且杂乱。

穷困——富裕

【释义】

穷困：生活困难贫穷。

富裕：财物丰富充裕。

曲折——笔直

【释义】

曲折：弯曲，多用来形容道路、线条、河流等，也指办事复杂，不顺当。

笔直：不弯曲。

取消——保留

【释义】

取消：废止，去除，不再保留下来。

保留：保存不变，把事物保持下来，使它长期不会变动。

缺陷——健全

【释义】

缺陷：欠缺或不够完备。

健全：完备而没有缺陷。

R

热爱——憎恨

【释义】

热爱：热烈地爱，爱的情意深厚，情绪热烈。

憎恨：厌恶痛恨。

热闹——冷清

【释义】

热闹：场面、景象活跃，气氛热烈。

冷清：冷静而凄凉。通常形容气氛、景象、场面等，也可以形容个人的心情等。

仁慈——残酷

【释义】

仁慈：仁爱慈善，常用于长者对幼辈、上级对下级的充满喜爱而深厚的感情。

残酷：凶狠冷酷。

认真——马虎

【释义】

认真：严肃对待，做事不马虎。

马虎：粗心大意，不认真。

容许——禁止

【释义】

容许：许可。

禁止：不允许，不许可。

柔软——坚硬

【释义】

柔软：软和，不坚硬。

坚硬：非常硬。

S

删除——添加

【释义】

删除：删去。

添加：增添。

善良——狠毒

【释义】

善良：心地纯洁，没有恶意。

狠毒：手段凶狠毒辣。

奢侈——节俭

【释义】

奢侈：花费大量钱财追求过分享受。

节俭：用钱等有节制。

伸展——收缩

【释义】

伸展：向一定方向延长或扩展。

收缩：①物体由大变小或由长变短。②紧缩。

慎重——轻率

【释义】

慎重：谨慎认真。一般形容人的态度、行为。

轻率：随随便便，没有经过慎重考虑。一般形容人的态度、行为。

生动——枯燥

【释义】

生动：文章、讲话的内容有趣，能感动人。

枯燥：文章、讲话的内容、语言单调乏味，不感人，没趣味。

生疏——熟练

【释义】

生疏：没有接触过或很少接触过。

熟练：技术纯熟老练。

胜利——失败

【释义】

胜利：指在斗争或竞赛中打败对手。

失败：在斗争中或竞赛中被对方打败。

失望——希望

【释义】

失望：失去希望，没有指望。

希望：心里想要达到某种目的或期待出现某种情况。

疏忽——谨慎

【释义】

疏忽：粗心大意，忽略。一般指人们对待事物的态度。

谨慎：密切注意，慎重对待。

衰落——强盛

【释义】

衰落：事物由兴盛转向没落。

强盛：强大而昌盛。

衰弱——强壮

【释义】

衰弱：①身体失去了强盛的精力、机能。②不健壮，精力不旺盛。

强壮：身体结实，有力气。

斯文——粗鲁

【释义】

斯文：举止文雅。

粗鲁：（性格或行为等）粗暴鲁莽。

松弛——紧张

【释义】

松弛：不紧张，松散。

紧张：精神处于高度准备状态，兴奋不安。

肃静——喧闹

【释义】

肃静：严肃寂静。

喧闹：喧哗热闹。

缩短——延长

【释义】

缩短：使原有的长度、距离、时间等变短。

延长：扩展长度使更长。

T

坦白——抗拒

【释义】

坦白：如实地说出（自己的错误或罪行）。

抗拒：抵抗和拒绝。

坦然——惊慌

【释义】

坦然：形容心里平静，无顾虑。

惊慌：害怕，紧张。

讨厌——喜欢

【释义】

讨厌：惹人厌烦，厌恶。

喜欢：对人或事物有好感或感兴趣。

特殊——普通

【释义】

特殊：不同于同类的事物或平常情况。

普通：平常，一般。

提高——降低

【释义】

提高：使位置、程度、水平、质量、数量等方面比原来高。

降低：使位置、程度、水平、质量、数量等方面比原来低。

提前——推迟

【释义】

提前：把预定的时间往前移。

推迟：把预定时间向后改动。

天堂——地狱

【释义】

天堂：某些宗教指人死后灵魂居住的永

享幸福的地方，也可比喻幸福美好的生活环境。

地狱：某些宗教指人死后灵魂受苦的地方，也可以比喻黑暗而悲惨的生活环境。

甜蜜——痛苦
【释义】
甜蜜：形容感到幸福、愉快、舒适。
痛苦：身体或精神上感到非常难受。

调和——挑拨
【释义】
调和：①配合得适当。②排解纠纷，使双方重归于好。③妥协，让步。
挑拨：搬弄是非，挑起纠纷或不和。

挑战——应战
【释义】
挑战：①鼓动对方跟自己比赛。②故意激怒敌人，使敌人出来打仗。
应战：①接受对方提出的挑战条件。②跟进攻的敌人作战。

听从——违拗
【释义】
听从：按别人的意思行动。
违拗：有意违背。

停止——继续
【释义】
停止：不再继续进行。
继续：接连，延续下去。

挺进——撤退
【释义】
挺进：（军队）直向前进。
撤退：（军队）放弃阵地或占领的地区。

通俗——高雅
【释义】
通俗：适合群众的水平和需要，容易叫群众理解和接受的。
高雅：水平高，很雅致的。

统一——分裂
【释义】
统一：部分联成整体，分歧归于一致；一致的，整体的。

分裂：使整体的事物分开。

投降——抵抗
【释义】
投降：停止对抗，向对方表示妥协、屈服。
抵抗：抵，抗拒。抗，抵挡。用力量制止、抗击对方进攻。

透彻——肤浅
【释义】
透彻：多用来形容人了解情况或分析事理详尽而深入。
肤浅：对学识、认识等浮浅、不深刻。

团结——分裂
【释义】
团结：为达到共同目的或实现共同理想而联合或结合，友好，和睦。
分裂：使整体的事物分开。

团聚——离别
【释义】
团聚：团圆相聚。
离别：告别，分开。

推却——承担
【释义】
推却：拒绝，推辞。
承担：担负，担当。

退却——攻击
【释义】
退却：军队在作战中向后撤退；畏缩；因害怕后退。
攻击：①进攻。②不怀好意地进行指责。

妥协——斗争
【释义】
妥协：多用来指在谈判中或者在某种非常的情况下，用让步的方法避免冲突或争执。有时也指向敌人或困难屈服。
斗争：矛盾的双方互相冲突，一方力求战胜另一方。

W

弯曲——笔直
【释义】

151

弯曲：不直。

笔直：像笔一样直。

完备——短缺

【释义】

完备：应该有的全都有了。

短缺：物资缺乏；不足。

完整——零碎

【释义】

完整：具有或保持着应有的各部分，没有损坏或残缺。

零碎：细碎；琐碎。

威逼——利诱

【释义】

威逼：用权势或武力强迫或紧逼。

利诱：用财物、名位等引诱。

微薄——丰厚

【释义】

微薄：微小单薄；少量。

丰厚：①丰富。②富裕。

违背——遵守

【释义】

违背：违反；背离；不遵守。

遵守：依照规定行动，不违背。

违抗——遵从

【释义】

违抗：抗，抗拒。违背和抗拒；不听话，不服从。

遵从：按规矩行事，不违背。

维护——捣乱

【释义】

维护：维持原状，使免遭破坏。

捣乱：进行破坏；扰乱。

伟大——渺小

【释义】

伟大：品格崇高；才识卓越；超出寻常，令人敬仰钦佩。

渺小：非常微小。

温柔——粗暴

【释义】

温柔：温和柔顺。

粗暴：鲁莽；暴躁。

文明——野蛮

【释义】

文明：①文化。②社会发展到较高阶段和具有较高文化的状态。跟"野蛮"相对。③旧时指有西方现代色彩的（风俗、习惯、事物）。

野蛮：①不文明；没有开化。②蛮横残暴。

文雅——粗俗

【释义】

文雅：言谈举止温和有礼貌，不粗俗。

粗俗：粗野庸俗。

稳定——动荡

【释义】

稳定：稳固安定，没有变动。

动荡：比喻局势、情况不稳定。

稳固——动摇

【释义】

稳固：安稳而巩固。

动摇：不稳固，不坚定。

稳重——轻浮

【释义】

稳重：多用来形容人言谈、举止、办事沉着而有分寸。

轻浮：言行随便，不稳重，不严肃。

污秽——纯洁

【释义】

污秽：不干净或不干净的东西。

纯洁：纯正清白。

污浊——清澈

【释义】

污浊：水、空气等不干净；混浊。

清澈：形容水澄清透明。

无足轻重——举足轻重

【释义】

无足轻重：无关紧要。

举足轻重：所处地位非常重要，一举一动都关系到全局。

侮辱——尊重

【释义】

侮辱：使对方人格或名誉受到损害，蒙受耻辱。

尊重：尊敬；敬重。

X

希望——失望

【释义】

希望：心里想达到的某种目的或出现某种情况时的心愿。

失望：感到没有希望，失去信心。

奚落——奉承

【释义】

奚落：用尖刻的话数说别人的短处，使人难堪。

奉承：用好听的话恭维人，向人讨好。

稀少——繁密

【释义】

稀少：事物出现得少。

繁密：多而密。

稀疏——密集

【释义】

稀疏：多指植物、毛发等长得少。

密集：数量很多地聚集在一起。

熙熙攘攘——冷冷清清

【释义】

熙熙攘攘：形容人来人往，非常热闹。

冷冷清清：形容冷落而凄凉。

喜出望外——大失所望

【释义】

喜出望外：遇到出乎意外的喜事而特别高兴。

大失所望：本来寄予很大希望，结果却落空了，非常失望。

下贱——高贵

【释义】

下贱：卑劣下流的。

高贵：达到高度道德水平的。

显露——隐藏

【释义】

显露：原来看不见的变成看得见。

隐藏：藏起来不让发现。

掀起——平息

【释义】

掀起：使运动等大规模地兴起。

平息：（风势、纷乱等）平静或停止。

邪恶——正义

【释义】

邪恶：不正当，不利于人民。

正义：公正，有利于人民。

心甘情愿——迫不得已

【释义】

心甘情愿：心里完全愿意，没有一点勉强。

迫不得已：迫于无奈，不由得不那样做。

新颖——过时

【释义】

新颖：新的、别致的。

过时：陈旧的，不合时宜的。

兴旺——衰落

【释义】

兴旺：兴盛旺盛。

衰落：衰败没落。

形象——抽象

【释义】

形象：生动具体的。

抽象：不能具体经验到的，笼统的；空洞的。

凶恶——善良

【释义】

凶恶：性情、行为或面容十分可怕。

善良：心地纯洁，没有恶意。

凶猛——温顺

【释义】

凶猛：气势、力量凶恶强大。

温顺：温和顺从。

喧闹——宁静

【释义】

喧闹：喧哗热闹。

宁静：形容环境或心情很安静。

削弱——增强

【释义】

削弱：（力量、势力）变弱。
增强：增进；加强。

Y

雅致——俗气

【释义】

雅致：美观而不落俗套。

俗气：粗俗；庸俗。

严惩——宽恕

【释义】

严惩：严厉惩处。

宽恕：宽容饶恕。

延续——中断

【释义】

延续：照原来的样子继续下去。

中断：中途停止或断绝。

严厉——宽容

【释义】

严厉：严肃厉害；不宽容。

宽容：宽厚容忍。

掩盖——暴露
　　　　拆穿

【释义】

掩盖：隐藏；隐瞒。

暴露：显露出来。

拆穿：揭露；揭穿。

野蛮——文明

【释义】

野蛮：没有文化；不文明。

文明：具有较高文化的。

一丝不苟——粗心大意
　　　　　　漫不经心

【释义】

一丝不苟：一点儿也不马虎，
　　　　　形容办事认真细致。

粗心大意：做事粗心，不细致。

漫不经心：随随便便，一点儿也不放在
心上。

殷勤——怠慢

【释义】

殷勤：热情而周到。

怠慢：冷淡；招待不周。

英明——昏庸

【释义】

英明：卓越而明智。

昏庸：糊涂而愚蠢。

幼稚——成熟
　　　　老练

【释义】

幼稚：头脑简单或缺乏经验。

成熟：工作能力、处世经验发展到完善
的阶段。

老练：阅历深，经验多，稳重而有办法。

约束——放纵

【释义】

约束：限制使不越出范围。

放纵：纵容，不加约束。

Z

杂乱——整齐

【释义】

杂乱：混乱，没有程序或条理。

整齐：有秩序，有条理。

责备——夸奖

【释义】

责备：指责；批评。

夸奖：称赞；赞扬。

赞成——反对

【释义】

赞成：同意别人的主张和行为。

反对：不同意别人的主张和行为。

噪音——谐音

【释义】

噪音：泛指嘈杂刺耳的声音。

谐音：和谐的声音；字词的音相同或
相近。

责备——夸奖

【释义】

责备：原意是要求人尽善尽美，后指批
评；指责过失。

夸奖：当众表扬。

增添——削减

【释义】

增添：在原有基础上增加。

削减：从已定的数目中减去。

憎恨——热爱

【释义】

憎恨：厌恶痛恨。

热爱：热烈的爱。

增长——下降

【释义】

增长：增加；提高。

下降：从高到低，从多到少。

崭新——陈旧

【释义】

崭新：极新。

陈旧：旧而过时。

占领——撤离

【释义】

占领：用武装力量取得领土；思想上的控制；占据；领有。

撤离：撤退；离开。

战争——和平

【释义】

战争：为了达到一定的政治目的而进行的武装斗争。

和平：没有战争的状态。

珍惜——浪费

【释义】

珍惜：珍重爱惜。

浪费：对人力、财物、时间等用得不当或没有节制。

真诚——虚伪

【释义】

真诚：诚恳；没有一点虚假。

虚伪：不诚实；不实在；做假。

真理——谬误
　　　　谬论

【释义】

真理：真实的道理，即客观事物及其规

律在人的意识中的正确反映。

谬误：错误的理论，即客观事物及其规律在人的意识中的错误反映。

谬论：荒谬的言论。

珍贵——普通

【释义】

珍贵：价值大，意义深刻；宝贵。

普通：平常的；一般的。

镇定——慌乱
　　　　惊慌

【释义】

镇定：遇到紧急的情况不慌不乱。

慌乱：慌张而混乱。

惊慌：害怕慌张。

镇定自若——惊慌失措

【释义】

镇定自若：不慌不忙，不变常态。

惊慌失措：举止失去常态。

整齐——杂乱
　　　　凌乱

【释义】

整齐：①有秩序；有条理；不凌乱；②大小、长短相差不多。

杂乱：多而乱，没有秩序或条理。

凌乱：不整齐，没有秩序。

整体——部分
　　　　局部

【释义】

整体：指整个集体或整个事物的全部。

部分：整体里的一些个体。

局部：一部分；非全体。

正确——错误
　　　　荒谬

【释义】

正确：符合事实、道理成为某种公认的标准。

错误：不正确，与客观实际不符合。

荒谬：极端错误；非常不合情理。

支持——反对

【释义】

支持：给以鼓励或赞助。

反对：不赞成；不同意。

质朴——浮华

【释义】

质朴：朴实；不矫饰。

浮华：讲究表面上的华丽或阔气，不顾实际。

抓紧——放松

【释义】

抓紧：紧紧抓住，不放松。

放松：松开或对事物的控制由紧变松。

卓越——平凡

【释义】

卓越：非常优秀，超出一般。

平凡：平常；不稀奇。

自由——纪律

【释义】

自由：在法律范围内规定的按自己意志活动的权利。

纪律：指为保障集体或社会利益而要求每个成员必须遵守的规章制度。

诅咒——祝福

【释义】

诅咒：咒骂别人得到不幸或灾祸。

祝福：祝愿别人得到幸福和平安。

阻拦——放行

【释义】

阻拦：阻止；拦住。

放行：不阻拦；准许通过。

4．时代热词

【博客】 一种网上共享空间，让人以日记的方式在网络上展现自己的形式。博客让两个女人飞速走红：木美子和芙蓉姐姐。

【菜鸟】 原指电脑水平比较低的人，后来广泛运用于现实生活中，指在某领域不太拿手的人，与之相对的就是老鸟。

【粉丝】 FANS的音译，超迷某人或某物的一类人，也称扇子、番薯，简称"粉"或"迷"。

【BBS】 BulletinBoardSystem的缩写，指电子公告板系统，国内统称论坛。

【SOHO】 SmallOfficeHomeOfficer的简称，意思是"在家办公"。

【蚁族】 指的并不是一种昆虫族群，而是学者廉思为"80后"一个鲜为人知的庞大群体——"大学毕业生低收入聚居群体"下的定义。这是因为他们和蚂蚁有许多相似的特点：高智、弱小、群居。是继农民、农民工、下岗职工三大弱势群体之后的第四大弱势群体。

【蜗居】 在房价以让人瞠目结舌的速度飞涨的2009年，这部描写"房奴"的电视剧猛然走红，抛出的是中国年轻人一年无法避开的沉甸甸的话题：何时能拥有一套属于自己的"蜗居"？

【牛奋男】 像牛一样勤勉奋斗着的好青年。他们不"拼爹"（指比拼父母的实力），而相信自己的努力，有网友说，愿意"鲜花插在牛奋上，做牛鲜花"

【比婚女】 与"牛奋男"大受追捧相反，势利的"比婚女"特指追求奢华的婚礼，追求享受的女孩子，在网络上被广为讥讽。

【犇】 读bing，原意是指雷声，现在被网友形容不是一般的雷。"替谁说话"，6月17日中央人民广播电台记者任磊萍到郑州市规划局了解情况，副局长逯军一句"是准备替党说话，还是准备替老百姓说话？"的问话成为网络"犇语"。

【炅】 读yín，原为光明的意思。现在网友使用这个字时赋予了它新的意思，那就是热血沸腾、永不言败的精气神。炅字的网络流行语："男人，重要的不是帅，是炅！""炅你没商量！"

【嫑】 读biǎo，方言不要的意思。明骏女孩有一首歌叫《表酱紫》，其中的"表"和"嫑"意思是一样的，也就是"不要"。

【囧】 "囧"是一个传奇的汉字，其经

历可以和选秀冠军媲美，从一个我们不可能知道的汉字变成全民热爱的字。"囧"读音与"窘"相同，其本意是"光明"，但明显现在已经完全没有这个意思。在网络社会的光辉折射下，它的意思是"尴尬"、"受不了"和"被你打败"的意思，其读音配合上这个八字眉方型口的脸，确实笑感十足。当囧在网络社会飞速流行起来后，很多网友将"囧"人肉搜索，才发现在王羲之的《远宦帖》清晰地印上了一个"囧"字样的印章。

【雷】　雷人的本义是云层放电时击倒某人，某网络语言意义源自 2008 年 08 月 26 日的一则新闻"男子发誓欠钱被雷劈，话音刚落被雷电击伤"，福清东瀚一男子为赖账，手持铁棍时不惜对天发誓，称如确实欠钱就遭天打雷劈，结果一分钟后就遭雷击，所幸最终经抢救脱离生命危险。从此以后，"被雷到了"成为让人感到很无语，很无奈，很"冷"的代名词。一说出自浙江某地方言，也有文章称"雷人"一词是外来语。

【被】时代　被就业、被捐款、被自杀、被开心、被小康……日前，"被 XX"式构词在互联网上广为流行，甚至有媒体疾呼：我们已进入"被时代"。这一构词所用的错乱的语法，本用于嘲弄公权膨胀的荒谬，透着弱者的委屈与无奈。

【躲猫猫】　躲猫猫原本是南方人对一种游戏的称，在其他地区亦称摸瞎子、捉迷藏。属南方方言，北方则称作"藏猫猫"。这句话在 2009 年 2 月 12 日被云南省晋宁县警方用过后，一夜之间流行起来。是继 2008 年流行词"俯卧撑"之后，又一个可以致人死命的身体行为。有网友无奈感叹："俯卧撑、打酱油、躲猫猫是中国武林三大顶尖绝学！"

【低碳生活】　"低碳生活（low－carbon life)"。就是把生活作息时所耗用的能量要尽量减少，从而减低二氧化碳的排放量。低碳生活，对于我们这些普通人来说是一种生活态度。也成为人们推进潮流的新方式。

【感动中国】　感动中国年度人物评选始于 2002 年，此后每年里，"感动中国"都会评选出本年度体现中国传统美德和良好社会风尚的不同岗位的杰出人物。

【海选】　海选原是中国农民在村民自治中创造的一种直接选举方式，用四个字概括，就是"村官直选"。而后随着某一大众娱乐节目成为广泛流传的文化热词。该词有两个方面的含义：一是由选民直接提名、确定候选人进行选举，犹如从大海中捞取珍珠一样选择自己信任的人。二是"海"有"极多"和"漫无边际"义，比喻不指定候选人，想选谁就可以提名谁。

【PK】　目前比较流行的词汇之一，该词源于网络游戏中的"Playerkilling"，原指在游戏中高等玩家随意杀害低等玩家的行为。后引申发展为"对决"等含义，并且用法更加广泛。

第四章　句　子

句子是由词或词组按照一定的顺序构成，具有一定语调并能表达一个完整意思的语言运用单位。

积累课文中的优美词语、精彩句段，以及在课外阅读和生活中获得的语言材料。

尝试在习作中运用自己平时积累的语言材料，特别是有新鲜感的词句。
学习修改习作中有明显错误的词句。

——《全日制义务教育语文课程标准》
（中华人民共和国教育部制订）

第一节　句子的一般结构

句子都是由词或短语按一定的语法规律组成的。我们可以根据语法规律，剖析出不同的组成部分，即所谓的句子成分。句子成分主要有：主语、谓语、宾语、定语、状语、补语和独立语。在小学阶段，我们主要是学习主语、谓语、宾语。

1. 主语和谓语

一个完整的句子通常可以分为两个部分。前一部分指明所要说的是什么或什么事物，回答"谁"或"什么"一类的问题，是主语部分。后一部分说明前一部分如何如何，回答"做什么"或"怎么样"一类的问题，是谓语部分。主语部分的中心词叫主语，谓语部分的中心词叫谓语。例如：

春天‖来了

阳光‖灿烂

一般情况下，主语在前，谓语在后。

各类实词都可以做主语。最常见的是名词、代词做主语。如：

小鸟‖飞走了。

这‖是什么树？

我们‖走吧！

词组也可以做主语，如：

秀丽的风光‖吸引了很多客人。

我和妈妈‖逛商场。

各类实词也都可以做谓语。最常见的是动词、形容词做谓语。如：

万里长城‖十分壮观。

同学们‖在踢足球。

词组也可以做谓语。如：

我们的教室‖宽敞明亮。

吸饱雨水的树枝‖垂下来。

2. 宾语

用在动词后面，表示动作、行为所涉及的人或事物的连带成分，叫宾语。宾语一般由名词或代词充当，可以回答"谁"或"什么"一类的问题。如：

孩子们‖在堆雪人。

小明和伙伴们‖打篮球。

词组也可以做宾语。例如：

他‖从小就喜欢研究自然。

海上的风景‖是很可怕的。

宾语有时也可以是一个复句形式。如：

我们‖都明白了：幸福要靠劳动，要靠很好地尽自己的义务，做出对人民有益的事情。

在划分句子成分时，主语部分和谓语部分之间用"‖"隔开，主语用"＿＿"表示，谓语用"＿＿"表示，宾语用"～～"表示。

第二节　句子的类型

1. 常见句式

句子按不同的标准可以分成不同的类型。根据说话人所要达到的目的不同，即语气不同，可以将句子分为陈述句、疑问句、祈使句和感叹句。

（1）陈述句

只要意思是在告诉别人一件事，都可以视作陈述句。陈述句的语调一般是平的，句末用句号。如：我交上了作业。

（2）疑问句

当我们对某一件事不明白或不理解时，就要用一句话去问别人，这句话就叫做疑问句。疑问句的语调一般是上扬的，句末用问号。如：你吃饭了吗？

（3）祈使句

祈使句是用来要求别人做某件事或不做某件事的句子，句子末尾的语调一般向下降，句末用句号，语气较强的用感叹号。如：请你赶快把书送回去！

（4）感叹句

抒发诸如喜欢、厌恶、痛恨、悲伤等强烈感情的这类句子叫做感叹句。感叹句末尾的语调一般是下降的，句末大多用感叹号。

例如：昨天是我的眼睛骗了我，那"鸟的天堂"的确是鸟的天堂啊！

2. "把"字句和"被"字句

（1）"把"字句

在句子中用"把"字来表示处置关系，这样的句子叫做"把"字句，如：我把饭吃完了。"把"字在这里没有什么实在的含义，只表示一种"处置"与"被处置"的关系。"把"字常常用在两种事物的名称之间，表示前者处置了后者。

（2）"被"字句

在句子中用"被"字来表示处置关系，这样的句子叫做"被"字句，如：饭被我吃完了。"被"字在句子中与"把"字句中的"把"字作用类似，也是表示一种"处置"与"被处置"的关系，只不过它所表示的关系，与"把"字恰恰相反。它用在两种事物的名称之间，表示后者处置了前者。

3. 肯定句和否定句

（1）肯定句

肯定一件事的句子叫肯定句。肯定句中往往没有明确表示肯定的词语。

例如：她是我妈妈。

（2）否定句

否定一件事的句子叫否定句。否定句中常用"不"、"没"、"没有"、"否认"等词来表示否定。

4．反问句和设问句

（1）反问句

反问句是用疑问的句式来表达确定意思的句子，起到可以加强语气的作用。反问句提出问题，只问不答，把答案巧妙地藏在问话里，读者可以从中体会到明确的答案。它常常用否定的疑问形式来表示肯定的意思，或者用肯定的疑问形式来表示否定的意思。反问句中一般都有明显的反问词语出现，例如"难道"、"不是……吗"等。如：万里长城难道不是劳动人民智慧和汗水的结晶吗？

（2）设问句

说话或写文章时，为了强调自己的看法和结论，先提出一个问题，然后紧跟着把自己的看法说出来，也就是自问自答，这就叫设问。用设问的方法写出来的句子叫做设问句。

例如：是谁创造了人类世界？是我们劳动群众。

第三节　扩句和缩句

1．扩句

一个最简单的句子一般包括两部分——主语部分、谓语部分。主语部分说的是"谁"、"什么"，谓语部分说的是"做什么"、"怎么样"。简单句子虽然能表达一个完整的意思，但意思表达得不够具体、生动。如果在主干的基础上添枝加叶，根据表达的需要添加上定语、状语、补语等连带成份，使句子或课文的意思更具体形象、充实丰满，这个过程就是扩句。扩句主要有以下方法：

（1）**局部扩句法**。即把句子分成两部分——主语部分和谓语部分，先扩前面部分，再扩后面部分。如：

"小明读书"，前面部分是"小明"，先补充"小明"是谁，与我的关系，这样前面部分可扩充为"我的同学小明"；后面部分可补充"在什么地方"、"怎样读书"，这样后半部分可补充为"在教室里认真地读书"。全句扩为"我的同学小明在教室里认真地读书"。

（2）**整体扩句法**。就是把句子两部分一下子扩充。如：

"红旗升起来了"，可按"什么样的"红旗、"在什么地方"、"怎么样"升起来，扩成："鲜艳的五星"红旗"在教学大楼的房顶上徐徐地"升起来了。

扩句时要根据表达需要合理增添有效的成分，不要生硬地堆砌意思相同的词语，不要前后重复，也不要改变原句的意思。在完成扩句作业或试题时，如果对扩充部分有具体规定的应按规定扩句，如没作规定的，可进行整体扩句。扩句后别忘了加标点。

2．缩句

缩句，就是把"枝繁叶茂"的长句子，缩短为只留"主干"的短句子，并且不能改变原句的主要意思。无论多么复杂的单句，只要层层压缩，就会越来越简单，最后剩下的就是这个句子的"主干"。换句话说，"主干"就是把所有的定语、状语、补语都压缩了之后余下的部分。缩句的主要方法如下：

（1）**分辨句式，提出问题。**先看看这句话是写人还是写景物的，然后可以提出"谁是什么"、"谁干什么"、"谁怎么"或者"什么是什么"、"什么干什么"、"什么怎么样"来找出句子的主要部分。如：

"满头白发的老奶奶拄着拐杖，焦急而又耐心地等待着周总理的灵车。"这是一个长句，我们就可以提问：谁？——老奶奶，干什么？——等待灵车，缩句后就成为："老奶奶等待灵车。"

（2）**进行词语比较，找出主要词语。**有些句子很长，修饰的部分较多，我们就要在几个词语中选出主要的，才能正确地缩句。如：

"工人宿舍前的草地上开满了五颜六色的野花。"因为"野花"只能开在"草地上"，所以"草地上"是主要词，而"工人宿舍前"是修饰"草地"的。

（3）**如果是否定句缩句，就要把否定词一起写出来，否则会改变句意。**如：

"我不相信他那种骗人的鬼话。应缩成"我不相信鬼话"，而不能缩成"我相信鬼话"。

另外要提醒小朋友的是，缩句后，虽然句子十分简短，但它还是个完整的句子，所以句末必须加上原句的标点符号。

第四节　造句与仿写

《全日制义务教育语文课程标准》要求，能够熟练准确地构造句子，对写话有兴趣，写自己想说的话，写想象中的事物，写出自己对周围事物的认识和感想。

造句是写作的最初阶段，能造好句子，才能写好文章。同时，练习造句可以帮助我们综合训练有关词语理解与辨析以及句式的相关内容，有助于同学们阅读能力的提高。

造句就是用词语来构造句子。它是运用词语和句式的综合练习，目的是培养我们理解运用词语、写好一句话的能力。比如要求用"闪烁"造句，可以写成：夜晚的天空上，星星在闪烁，美丽极了。

造句有不同层次的要求，小学六年级造句不能像在小学一、二年级造句那样简单，应有一定的水平。例如：

"我们歌颂可爱的祖国"可以改为"我们在这欢乐的国庆之夜，尽情地歌颂我们的母亲——可爱的祖国"。这样一改，显然就生动具体多了。

1. 造句的要求

要能够熟练准确地造句，就需要熟悉并会使用五种词：名词、动词、形容词、关联词和比喻词。

（1）名词。名词是表示人或事物名称的词。如：太阳、歌曲。

（2）动词。动词是表示人或事物的动作、情况、变化的词。如：听、说、观察、研究。

（3）形容词。形容词是表示人或事物性质、状态的词。如：美丽、坚强、灵活、无精打采。

（4）关联词。关联词是连接句中两部分内容的词语。下一章专门讲这方面的内容。

（5）比喻词。比喻词是比喻句中的专用词。如：像……似的、像……一样。

2. 造句的形式

造句的形式一般有给词造句、照例句仿写、用关联词语造句三种。

（1）给词造句。给词造句要求运用给定的词语来构造句子，在理解词语的基础上训练造句。给词造句涉及有关词语理解和辨析方面的知识。例如：

用"喜欢"造句：我很喜欢家中的小花猫。

（2）照例句仿写。照例句仿写要求仿照例句的格式构造一个句子，是考查对几种普通句式和特殊句式的理解。

（3）用关联词语造句。用关联词语造句是考查对关联词语的掌握以及构造句子的能力，在造句时要考虑关联词语所表示的句意关系。例如：

用"因为……所以……"造句：因为天气很热，所以我把外套脱了。

3. 仿写

仿写就是仿照例句写句子。一般要求运用相同的手法，如修辞手法等，词性要相当。

形式上严格限制，内容上海阔天空，是仿写的特性。古代私塾课业要"对对子"，这是一种颇有渊源的启蒙手段，能够有效地开启蒙童的思维能力和语言能力。"对对子"就是仿写的一种形式。仿写，是提高写作语言水平的必由之路，只是同学们在运用时大多处于自发、散漫、随意的状况。

4. 仿写的形式

仿写的形式，一般有以下几种：

（1）以一个完整的名句做例句，按要求仿写。如：

依照下面的例句，以"你渴望理解吗"或"你希望成才吗"作开头写一句话。

例句：你热爱生命吗？那么别浪费时间，因为时间是组成生命的材料。

（2）限定使用某种修辞手法来仿写。

仿照下面的比喻形式，另写一组句子。

例句：生活是什么？生活是一本无字的书，生活是一条崎岖的路。

第五节　关联词的应用

关联词是指在各级语言单位中起关联作用的词语。两个或两个以上意思密切相关的简单句子，合起来构成了复杂句子。构成复杂句子的简单句子称作分句。分句与分句之间，一般用关联词连接。因此正确掌握关联词，有助于我们正确理解句子的意思，也有助于我们更好地表情达意，使句子更加简练，意思更加明确而又富有逻辑性。

根据一句话中分句间的逻辑关系，分为 8 种类型：

①**并列句**。各分句间的关系是平行并列的，如："这衣裳既漂亮，又大方。"常

用的关联词语有：又……又……、既……又……、一边……一边……等。

②**承接句**。各分句表示连续发生的事情或动作，分句有先后顺序，如："看了他的示范动作后，我就照着样子做。"常用的关联词语有：……接着……、……就……、……于是……等。

③**递进句**。分句间是进一层的关系，如："海底不但景色奇异，而且物产丰富。"常用的关联词语有：不但（不仅）……而且……、不但……还……、……更（还）……、……甚至……等。

④**选择句**。各分句列出几种情况，表示从中选出一种，如："我们下课不是跳橡皮筋，就是踢毽子。"常用的关联词语有：不是……就是……、或者……或者……、是……还是……、要么……要么……等。

⑤**转折句**。后一个分句与前一个分句的意思相反或相对，或部分相反。如："虽然天色已晚，但是老师仍在灯下伏案工作。"常用的关联词语有：虽然……但是……、尽管……可是……、……然而……等。

⑥**因果句**。分句间是原因和结果的关系，如："因为这本书写得太精彩了，所以大家都喜欢看。"常用的关联词语有：因为（由于）……所以……、……因而（因此）……、既然……就……等。

⑦**假设句**。一个分句表示假设的情况，另一分句表示假设实现后的结果。如："如果明天下雨，运动会就不举行了。"常用的关联词语有：如果……就……、即使……也……等。

⑧**条件句**。一个分句说明条件，另一个分句表示在这一条件下产生的结果，如："只要我们努力，成绩就会不断地提高。"常用的关联词语有：只要……就……、无论（不管、不论）……也（都）……、只有……才……、凡是……都……等。

第六节 修改病句

病句是指结构不完整，意思表达得不准确、不清楚，不符合语言规范的句子。修改病句，是考查对病句的识别与分析，用增、删、调、换等方法，把病句改成正确句子的练习。

1. 病句类型及修改

内容和结构上有毛病的句子称为病句。常见的病句有以下几种类型。

（1）句子成分残缺。

指句子不完整，缺少句子的一个成分，使句子意思表达不清楚。例如：

上个礼拜到加拿大去了。（缺少主语。）

美丽的公园。（缺少谓语。）

战士们纷纷报名参加。（缺少宾语。）

小姑娘笑得。（缺少补语。）

（2）用词不当。

指句子中某个词语用得不恰当。也许是因为词义范围不当，或是轻重不当，或近义词使用不当，或应用对象不合适。例如：

李小华助人为乐，全校同学都在赞颂他。（大词小用。）

我家电冰箱坏了，李叔叔一会儿就把它治好了。（使用对象不恰当。"治"一般用于人或动植物，机器等一般是修好了。）

（3）搭配不当。

所谓搭配不当，指词语或相关连的成分之间的搭配不合理、不合习惯、不合汉语的结构规律等。搭配不当一般有两种情况：一种是词语搭配不当，另一种是句子成分搭配不当。例如：

他知道自己错了，心情很繁重。（词语搭配不当，"心情很繁重"应改为"心情沉重"。）

夏天的青岛是一年中最美丽的季节。（句子成分搭配不当。主语"夏天的青岛"和宾语"季节"显然搭配不当，地点怎能和时间搭配呢？）

（4）词序颠倒。

指句中词语没按一定顺序排列，使句意表达不清。例如：

气象小组的同学每天早上都记录并收听当天的天气预报。（这里"记录"和"收听"顺序颠倒，应先"收听"再"记录"。）

大约一个小时以后，有人就陆续交卷了。（"有人"应放在"陆续"后面。）

博物馆里最近展出了唐代新出土的文物。（"新出土的"应在"唐代"之前。）

（5）重复累赘。

指句子中使用了相同意思的词语，显得累赘。例如：

他经常回忆过去的往事。（"往事"本身就是过去的事，应删去"过去的"或"往"。）

青云山风景优美，景色秀丽。（"风景优美"与"景色秀丽"，是一个意思，可省略一个。）

（6）指代不明，概念模糊。

句中使用代词（如我、你、他、这、那等）指代不明确，造成意思不明确，含糊不清。例如：

小明和小华放学后到他家写作业。（"他"指的是谁？到底去谁的家？）

（7）前后矛盾。

指句子表达的意思前后不统一，自相矛盾。例如：

同学们排着整齐的队伍挤进了展览馆。（"整齐的"和"挤进"前后矛盾。）

全班同学都去上操了，只有小华一人未去。（"都去"和"一人未去"前后矛盾。）

（8）一个动词两个宾语。

在句子中主语的一个动作却出现了两个动作对象，以致动宾搭配不当。例如：

爸爸急急忙忙地穿上衣服和领带。（"衣服"是"穿"，"领带"却是要"系"或"打"，不能"穿"。）

休息时，我喝了一瓶汽水和苹果。（"喝"只能针对"汽水"，而不能针对"苹果"。）

（9）不合情理。

指句子表达的意思不符合事物发展的规律和客观事实。例如：

荷花在春风中点头微笑。（"荷花"开在夏季，怎能在"春风"中点头？不合乎自然规律。）

农民们冒着凛冽的寒风在田里收割麦子。（在寒冷的冬天，哪里会有成熟的麦子呢？）

（10）归类不当。

把不属同类的、同一性质的事物混杂在一起而造成逻辑混乱。例如：

书包里装着语文书、数学书、练字本、音乐书等书籍。（"练字本"不属于"书籍"类。）

柜台上摆满了黄瓜、西红柿、冬瓜、西瓜、茄子等蔬菜。（"西瓜"属于水果类，不是蔬菜。）

（11）大小概念并列。

对句子中词语概念的范围划分不清，以致概念模糊，句意不明。例如：

昨天上午刮了一天的风。（"上午"等于"一天"？这显然是错误的。）

南京是我国六大古都。（"六大古都"应包括六个城市，而"南京"才是一个城市，这怎能等同起来呢？）

（12）关联词使用不当。

指的是前后两个分句和所用关联词之间的关系不协调。例如：

虽然成绩再好，你也不能自满呀！（"成绩再好"是一种假设，后一分句"也"表明结果，全句应为假设关系复句，"虽然"应改成"即使"。）

我们全班同学不但尊敬李老师，而且其他班级的同学也尊敬他。（"不但……而且……"连接主语不同的两个分句，"不但"应放在第一分句的主语之前。）

（13）修辞不当。

句子中修辞手法应用不当，如比喻不贴切、夸张过分等。例如：

八名运动员像脱缰的野马，潮水般地涌向终点。（"八名运动员"怎能形成"潮水"般的气势？太夸张，况且把运动员比成野马也不太合适。）

大海蓝得像蓝墨水一样。（比喻不恰当。）

（14）褒贬不分。

写句子时，不注意人物的身份、立场，用词不当，感情色彩错位。例如：

我们的李老师像狐狸一样聪明。（"老师像狐狸"有讽刺的意味，不合适。）

国民党74师师长张灵甫牺牲在孟良崮战役中。（张灵甫是反面人物，而"牺牲"一词有褒义，不恰当。）

2. 修改步骤、方法、符号及注意事项

（1）修改病句的具体步骤是：

①读：读懂原句，揣摩说话人本来想说的是什么意思。然后找准病因，辨清病句的类别，是用词不当、成分残缺、搭配不当、重复累赘、词序颠倒、自相矛盾，还是分类不当。

②画：用铅笔在病句上画出需要修改的部位，以便针对病因，进行分析、修改。

③改：运用修改符号，进行删、补、换。即删去多余及错误的词语，使句子简明。补上句子残缺成分，使句子完整。替换有关词语，使用词恰当。移前挪后，调整词语位置，使语序正确。

④对：把修改后的句子进行复查性质的校对阅读。看看是否通顺，有无新的语病产生，是否把说话人原先想说的意思表达清楚了。如果发现有问题，还得重改。

（2）修改病句的方法

修改病句是指在不改变原句所表达的意思的前提下，修改有明显错误的词句，使语句通顺、正确。

①补法

此法多用于修改成分残缺的病句。例如：

在这次比赛中，得了第一名。（补主语）

改为：在这次比赛中，我得了第一名。

老师无微不至的关怀。（补谓语）

改为：老师给了我们无微不至的关怀。

教室里整齐地摆放。（补宾语）

改为：教室里整齐地摆放着课桌、椅子。

②删法

删法一般用于修改重复累赘、成分残缺、搭配不当和归类不当等病句。例如：

我断定明天可能会下雨。

改为：我断定明天会下雨。

通过读这本书，使我明白了很多道理。

改为：通过读这本书，我明白了很多道理。

菜市场里蔬菜品种很多，有西红柿、黄瓜、茄子、西瓜等。

改为：菜市场里蔬菜品种很多，有西红柿、黄瓜、茄子等。

③换法

换法多用于修改搭配不当、用词不当、指代不明等病句。例如：

国庆节那天，北京到处都洋溢着欢乐的景象。（搭配不当）

改为：国庆节那天，北京到处都洋溢着欢乐的气氛。

他的成绩有了明显的增长。（用词不当）

改为：他的成绩有了明显的提高。

小东和小西放学后到他家写作业。（指代不明）

改为：小东和小西放学后到小西家写作业。

④调法

调法多用于修改词序混乱的病句。例如：

展览室里展出了各种各样同学们画的山水画。

改为：展览室里展出了同学们画的各种各样的山水画。

（3）常用的修改符号

常用的修改符号有以下几种：

①删除符号： 如：昨天的化学考试题，我大部分完全做对了。

②增添符号：×××××　如：为了绿化校园，<u>同学们</u>争先恐后参加植树活动。

③更换符号：×× ⊗ ×　如：班主任王老师经常⊗<u>鼓动</u>大家努力完成学习任务。

④调节符号：×× □×××× ×　如：<u>两个</u>新旧社会，真是鲜明的对比呀！

（4）修改病句注意事项

①首先要认真读句子，读懂句子，理解句意后，才能发现句子的毛病。

②读懂句意后，再回到原句，从句子结构开始，认真查找。

③找到句子的病灶以后，要对症下药，进行修改。修改中一定要遵循两条原则：一是不能改变句子原意；二是作最小幅度、最小范围的修改，修改的范围不能太大。

④修改完后一定要将句子从头到尾读一遍，检查一下是否通顺、正确，有无疏漏。看是否改变了句子的原意。

第七节　整理句序

整理句序，就是把排列混乱、条理不清的几句话，整理成排列有序、条理清楚的一段话，以准确表达作者的表达思路和意图。说话总有一定的顺序，一段话或文章有一定的结构。句与句、段与段，可以是总分关系、并列关系、顺序关系、因果关系、转折关系、递进关系等。句子或段的顺序可以是时间顺序、空间顺序、事情发展顺序、事物的几个方面等。整理排列错乱的句子时，要找出它们的内在联系，按照一定的关系或顺序进行排列，就可以得到正确的答案了。例如：

①我穿过院子向北屋走去。屋门敞开着，一眼就望见迎面墙上的彩色画。

②我想：这就是我要访问的那位退休老师吧？

③院子里静悄悄的，收拾得干干净净。靠近屋门有一棵松树，长得高大挺拔。

④屋里坐着一位头发花白的老年人，正在对一群孩子讲着什么。

⑤我轻轻推开院门。

⑥我朝屋里望去。

读了上面6句话，我们知道这段话是讲"我"去访问一位退休老教师的经过。从这几句话看，是按"推开院门"——"看到院子里"——"穿过院子，看到北屋"——"朝屋里望去"——"心想"的过程叙述的，也就是按从看到想及视线的转移顺序写的。按照上面的思路，这几句话应排列成⑤③①⑥④②的顺序，这样句子就连贯了，表达的意思也清楚了。最后，按照排列的新顺序连起来读一读，也就是检查一番，任务就完成了。

整理句序可以分以下步骤进行：

通读句子，理解每句话的意思，明确这几句话要表达的中心。

分析句子与句子之间的关系，确定语段按什么结构排列。

找出第一句后进行试排，反复推敲。

排成语段后再认真细读，看是否通顺、连贯，句子间逻辑关系是否合理，并进行适当修改。

整理句序时，我们要注意两点：①一定要弄清句子和句子之间的关系，找出正确排列顺序的依据。②一定要找出正确的开头。有了首句，才能以此类推，完成理顺句子的任务。

对于句序的排列，通常按如下几种关系进行排列：①按总分关系排列；②按时间的先后顺序排列；③按空间的转换顺序排列；④按事情发展的顺序排列；⑤按内在的逻辑关系排列。

第八节　标点符号

1. 标点符号口诀歌

标点符号很重要，组成文章不可少，
该用哪种小符号，都要认真来思考。
意思说完用逗号，话说完了用句号，
喜怒哀乐感叹号，提出问题用问号，
并列词语用顿号，并列分句用分号，
提示下文用冒号，对话引用加引号，
注释进层破折号，书文名称书名号，
意思省略省略号，表示停顿用顿号。

2. 标点符号的作用

标点符号是书面语里用来表示停顿、语调以及词语的性质和作用的符号。虽然它只是一个符号，而且形象看上去很小，但是作用非常大。在写作时，什么时候用什么样的标点符号，都要认真考虑，如果把标点符号的位置略作移动，所表达的意思就会大不相同。如：(1) 老师在大会上表扬了我哥哥，还给了奖品。(2) 老师在大会上表扬了我，哥哥还给了奖品。句 (1) 是哥哥受了老师的表扬，并且得到了老师发的奖品。句 (2) 是我受了老师的表扬，哥哥给了我奖品。另外，同一个句子，如果使用了不同的标点符号，语气就会大不相同。如：(1) 飞机要起飞了。(2) 飞机要起飞了？(3) 飞机要起飞了！三个句子的内容完全一样，但是句 (1) 用的是句号，告诉别人一件事情，是陈述的语气。句 (2) 用的是问号，是向别人提出问题，是疑问的语气。句 (3) 用的是感叹号，对所发生的事情表示惊讶或喜悦，是感叹的语气。

因此，我们在学习语文的过程中，一定要重视标点符号的学习。

3. 标点符号的书写格式

在读书和作文中，重视标点符号有助于进一步读懂文章内容和准确表达作者的思想感情。标点符号在书写时有一定的格式和位置，这是每一个使用汉语的人都应该掌握的。

在横行书写的文稿中，句号、问号、叹号、逗号、顿号、分号和冒号都占一个字的位置，放在句末的右下角。这七种符号通常不能放在一行的开头，因为这些符号表示语气的停顿，应该紧跟在一句话的末尾。如果一行的最后一个格正好被文字占用了，那么这个标点就必须点标在紧靠文字的右下角。

引号、括号、书名号的前一半和后一半都各占一个字的位置，它们的前一半可以放在一行的开头，但不出现在一行的末尾，后一半不出现在一行的开头。

破折号和省略号都占两个字的位置，可以放在一行的开头，也可以放在一行的末尾，但不可以把一个符号分成两段。连接号和间隔号一般占一个字的位置。这四种符号的位置都写在行次中间。

着重号和专名号标在字的下边。

直行书写时，标点符号的格式是这样的：句号、问号、叹号、逗号、顿号、分号和冒号放在字的下方偏右，也占一个字的位置。

破折号、省略号、连接号和间隔号放在字下居中。

引号改用﹁ 和﹂。括号的两部分分别放在被标明词语的上下。

着重号标在字的右侧。专名号标在字的左侧。哪些符号不该放在一行的开头和末了，直行书写和横行书写的规则是一样的。

4. 标点符号的用法

（1）逗号的用法

逗号表示句子内部的一般性停顿。使用逗号的时候较多，相对来说，逗号的用法也比较复杂。可以大致归纳为以下几点。

①较长的主语后面，或虽不长但有必要强调的主语后面，或带着语气词的主语后面，常用逗号表示停顿。例如："她呀，已经毕业好几年了。"

②如果宾语较长，特别是当宾语是主谓短语时，动词和宾语之间常用逗号。例如："值得注意的是，这次检查发现的问题全部出在联营柜台上。"

③全句开头的状语后面，一般要用逗号表示停顿；主语后谓语前的状语，如果较长，需要停顿，后面也用逗号。例如："十五期间，我市增加了对能源工业的投入，推动了能源工业的技术进步。"

④称呼语、插入语等特殊成分同句子中一般成分之间，常用逗号表示停顿。例如："没事，老王，您就别说这些见外的话了。"

⑤句子成分不在通常位置上的时候，这个成分后面一般要用逗号。例如："起来，不愿做奴隶的人们！"谓语动词"起来"因放在主语之前，所以都用了逗号，表示两部分之间有一个停顿。

⑥并列的短语如果较长或者有两层的并列关系，第二层已经用了顿号，第一层就要用逗号，以体现出层次性。例如："影片散文式的结构，如诗如画的景色，简洁、纯朴的对白，以及那深长的、带着淡淡忧伤的笛声，都深深地打动了观众的心。"

⑦表示序次的词语如"首先、第一、其次、最后"等之后，可以用逗号表示停顿。例如："首先，要加快开发、引进适合本地生产的蔬菜新品种，搞好加工……"

⑧复句内各分句之间除了有时要用分号外，都要用逗号。例如："恒星有各种各样，但全都是发光发热的气球体。"

⑨关联词语如"所以、可是、然而、否则、那么"等后面所引领的分句如果较长，这些关联词语后面可以用逗号表示停顿。

（2）句号的用法

①用于陈述句的末尾

陈述句占句子的大多数，用来判断、叙述、描写事实。

a. 我们中国人是有骨气的。（吴晗《谈骨气》）

b. 国家推广全国通用的普通话。（《中华人民共和国宪法》）

c. 森林越来越密。（《夜莺之歌》）

例：a. 表示判断，b. 表示叙述，c. 表示描写。以上三句子都是主谓句。

②用于语气舒缓的祈使句的末尾

a. 还是让我来说一段故事吧。（魏巍《谁是最可爱的人》）

b. 你辛苦了，休息休息吧。（陈广生、崔家骏《雷锋的故事》）

③用于间接问句的末尾

间接问句是包含在陈述句、祈使句中的问句，是大句的一部分，通常充当宾语。例如：

现在我明白了，镇上那些老年人为什么坐在教室里。（都德《最后一课》）

④用于语气舒缓的反问句末尾

10年的时间，2700多课时，用来教本国语文，却又大多数过不了关，岂非咄咄怪事。（《光明日报》1999.1.22）

⑤用于语气舒缓的感叹句的末尾

他们还使我懂得，用那些多付的钱可以买到多少好东西啊。（富兰克林《哨子》）

（3）问号的用法

①用于特指问句的末尾

特指问句是有所指而问，句中常用"谁、什么、怎么、怎样、哪、几、多少"等疑问词作疑问点，句末有时可加语气词"呢"以示强调。特指问句要求针对疑问词所提的问题作具体的回答，不能单纯表示同意或不同意。例如：

a. 采得百花成蜜后，为谁辛苦为谁甜？（罗隐《蜂》）

b. 什么样的社会才是最理想的社会呢？（陶铸《崇高的理想》）

②用于是非问句的末尾

是非问句由陈述句带疑问语调，或带"吗"、"吧"等疑问语气词构成，要求对所陈述的意见作肯定或否定的回答。可以用"嗯"、"是"、"是的"、"不"、"不是"、"有"、"没有"、"对"、"不对"等作简单的回答。例如：

李有才在家吗？

李有才还在家吧？（赵树理《李有才板话》）

③用于选择问句末尾

选择问句是列出两项或几项，让人选择其中一项来回答，不能用单纯表示同意或不同意的词语来回答。常用"……还是……"、"是……是……"等句式。供选择的项目有时在前面加"是"，在末尾加"呢"以表示强调，有时不加。供选择的两项之间有时有停顿，有时无停顿。例如：

a. 先有鸡，还是先有蛋？（宋健主编《现代科学技术基础知识》）

b. 药店骤增：是喜是忧？（《光明日报》）

④用于反复问句的末尾

反复问句又称正反问句，用谓语的肯定部分和否定部分重叠（S不S）的方式来提问，让人作肯定或否定的答复。因为是从一正一反中选择一项，所以反复问被认为是一种特殊的选择问。例如：

王掌柜，晚上还添评书不添啊？（老舍《茶馆》）

⑤用于设问句的末尾

设问是明知故问，以引起人们对问题的注意。设问要作回答，一般是自问自答。例如：

a. 座中泣下谁最多？江州司马青衫湿。（白居易《琵琶行》）

b. 难道我们就万事不如人吗？不是。（宋龙玲《谈"比较"》）

⑥用于反问句的末尾

反问又叫激问，是用疑问的形式表达确定的意思。反问与设问都是无疑而问，设问是从正面提出问题，反问是从反面提出问题，语气比设问强烈。反问从结构和语调上看是问句，但一般不要求回答。用特指问、是非问、选择问构成的反问句，答案已包含在反问之中：用肯定的形式表示否定的意思，用否定的形式表示肯定的意思。

a. 我怎么知道？

b. 我怎么不知道？

⑦用于疑问形式的祈使句的末尾

a. 你到底赞成不赞成吧？（《现代汉语八百词》）

b. 来回总共要多少天吧？

⑧用于叹词构成的疑问句的末尾

"嗯？"老杨的眉毛拧了个结。（徐光兴《枪》）

哦？什么时候？（列夫·托尔斯泰《穷人》）

⑨表示疑问语气，不表示句末停顿

疑问句被引用充当一个更大的句子的成分，问号可以保留。如果这个疑问句不是出现在句末而是出现在句中，它所保留的问号只表示疑问语气，不表示句末停顿。如果出现在句末，所保留的问号兼表句末停顿。例如：

说"你去吗？"就符合汉语的组织规律，说汉语的人都能理解，而不能有"吗你去？"或"你吗去？"之类的说法。（陈望道《文法简论》）

⑩表示存疑或不确定

问号对某个数据、说法、词语等表示存疑或不确定，这样使用时不表示语气和停顿。

①作者马致远（1250？－1321），大都（今北京市）人，元代戏曲作家、散曲家。

②是不是表示作者（编者？校者？）还拿不定主意呢？（吕叔湘《错字小议》）

⑪叠用问号以加强语气

问号很少叠用，叠用时具有强烈的感情色彩。例如：

是谁发动了这场战争呢？？是掠夺者，是英国和德国的掠夺者。（列宁《在罗戈日区群众大会上的讲话》）

（4）叹号的用法

①用于一般感叹句的末尾

感叹句是带有强烈感情色彩的句子，用以抒发人的喜、怒、哀、乐、惊、忧、恐、爱、憎、怜等多种多样的情感。感叹句常以"啊"、"呀"、"哇"、"了"等语气词结尾，或用"多"、"多么"、"那么"、"何等"、"太"、"真"、"好"等副词来强调程度或加强肯定语气。例如：

a. 天气那么暖和，那么晴朗！（都德《最后一课》）

b. 哎呀，真是美极了！（安徒生《皇帝的新装》）

②用于语气强烈的祈使句的末尾

a. 刚刚，彬彬，小军，来！跟我封锁交通！（赵丽宏《雨中》）

b. 巡警：走！滚！快走！（老舍《茶馆》）

③用于语气强烈的反问句的末尾

反问句往往兼有疑问语气和感叹语气，用问号还是叹号取决于作者要表达的意思。用问号侧重于问，用叹号可使语气更强烈，感叹语气更明显。例如：

打仗有什么出奇？只要你不着慌，谁还不会趴那里放枪呀！（孙犁《荷花淀》）

④用于语气强烈的陈述句的末尾

a. 六十一个同志的生命，危在旦夕！一千支注射剂，非得空运不可！（《为了六十一个阶级弟兄》）

b. 他又伸出那个戴金戒指的手指，说："这个，金的，也给你！"（《小英雄雨来》）

⑤用于标语口号的末尾

a. 解放战争和人民革命中牺牲的人民英雄们永垂不朽！（毛泽东《中国人民站起来了》）

b. 伟大的工人阶级和劳动人民万岁！

⑥用于感叹句的末尾

常用来单独组句的叹词有"啊"、"唉"、"哎呀"、"呀"、"哟"、"哎哟"、"哈哈"、"哦"、"呵"、"咳"、"哼"、"呸"等。例如：

a. 啊！闰土的心里有无穷无尽的稀奇的事，都是我往常的朋友所不知道的。（鲁迅《故乡》）

b. 人家有心和你交朋友，可你……哼！那么随你便好了。（《贝壳》）

⑦用于单独成句的称呼语之后

姓名、外号、亲属称谓、职务称呼或通称等构成的称呼语，作为句子的一个成分时，后面的停顿一般用逗号；如果单独成句，可用叹号。例如：

a. "外婆！"我欢叫着跑进院子。（《数鸡》）

b. 老乡！人生一世，你也得去见识一下呀！（夏衍《包身工》）

⑧用于单独成句的呼唤语、应对语之后

呼唤语（"喂"、"嗨"等）、应对语（"嗯"、"是"、"行"、"好"、"可以"、"对"、"有"、"不"、"不是"、"不行"、"没有"等）一般用逗号、句号表示停顿，语气强烈、单独成句的也可用叹号。例如：

喂！该醒了吧。（黄春明《锣》）

⑨用于问候语和祝福语之后

a. 祝安好！问候你的夫人和孩子们！

b. 祝大家成功！（老舍《从记事练起天天练认真练》）

⑩用于斥责语之后

a. 懒虫！等太阳上山吗？（夏衍《包身工》）

b. 你混帐！（曹禺《雷雨》）

⑪用于突然出现的事物

狼！

火车！

⑫用于单独成句的象声词之后

哧！火柴燃起来了，冒出火焰来了！（《卖火柴的小女孩》）

⑬表示感叹语气，不表示句末停顿

带叹号的话不是独立使用，而是作为句子成分，这时叹号只表示感叹语气，不表示句末停顿。例如：

他是在老婆——这么个老婆！——手里讨饭吃。（老舍《骆驼祥子》）

⑭ 表示惊异，不表示语气和停顿

叹号外加括号放在某些词语或某种说法的后边，表示惊异，带有否定的意味，这时叹号不表示语气和停顿。例如：

"把劳动资料提高为社会的公共财产"（！），应当说把它们"变为社会的公共财产"。这不过是顺便提一句罢了。（马克思《哥达纲领批判》）

★ 顿号、逗号

顿号表示句子内部并列词语之间的停顿。例如："在人类发展史上，产权载体已先后出现了自然物、劳动产品、商品、货币、债券与股票等多种形式。"但是，并列词语间并不一定都要用顿号。两项并列可以只用"和、与"等连词，多项并列中间可以用顿号，而最后两项常用"和、与"等连词，用了连词就不再用顿号。并列词语如果结合较紧，一般说起来中间也没有什么停顿，就不能用顿号，如长江中下游、春秋天、上下班、父母亲、男女青年、离退人员、中小学生、城乡差别、红白喜事、吃饱喝足、一遍又一遍等。

并列词语间如果有较长的停顿，或为了突出并列各项，也可以在并列词语间用逗号。例如："严格的教育，严格的训练，严格的管理，使交警支队成为济南城市文明的一个标志。"

并列词语内如果又包含有并列关系的词语，那么上一层要用逗号，次一层用顿号，还可以和连词"和、与、以及"等配合着用，目的就是避免结构层次的混乱。例如："政局的稳定，经济的发展，在国际舞台上的相互理解、相互支持，是使两国关系向前发展的良好基础。"主语部分是一个两重并列的结构，第一层用逗号，第二层用顿号。

（5）冒号的用法

①用于书信、讲话稿的称呼语之后，表示提起下文

同学们：今年七月，恰值我们小学毕业 20 周年，有人建议搞一个同学聚会。……（《在老同学聚会上的发言》）

②在采访、辩论、座谈、法庭审讯等言谈的记录中用于说话人名之后，以引出说话内容

记者：您二位一向关心语文教学，请谈一谈一个学生怎样才能学好语文？

秦牧：要学好语文，必须注意多读、多写、多思索。……

紫风：除读好教科书外，必须进行课外阅读。……（《秦牧、吴紫风答记者问》）

③用于提示性话语之后，表示提起下文

"问/答、说、想、是、即、写道、认为、证明、表示、指出、例如"之类动词都可加冒号，使其具有提示性，以引出宾语。例如：

a. 莎士比亚说："书籍是全世界的营养品。"（叶文玲《我的"长生果"》）

b. 他，心里想着：这个女孩子完全有条件成为一个优秀的歌唱家，我几乎犯了错误！（何为《第二次考试》）

④用于总说性话语之后，引出分说

a. 我们一般提六门基础科学：天文，地学（地球科学），生物，数学，物理，化学。（钱学森《现代自然科学中的基础科学》）

b. 事实和根据的来源有两种：一种是自己亲眼看到的，一种是听别人传说的。（顾颉刚《怀疑与学问》）

⑤用于总括性话语之前，总结上文

a. 张华考上了北京大学，在化学系学习；李萍进了中等技术学校，读机械制造专业；我在百货公司当售货员：我们都有光明的前途。（《标点符号用法》）

b. 他知道露水怎么样洒在草叶上，露水的味道怎么样香甜；他知道星星怎么样眨眼，月亮怎么样笑；他知道夜间的田野怎么样沉静，花草树木怎么样酣睡；他知道小虫们怎么样你找我、我找你，蝴蝶们怎么样恋爱：总之，夜间的一切他都知道得清清楚楚。（叶圣陶《稻草人》）

⑥需要解说的话语之后，表示下文是解说

生活教我认识了桥：与水形影不离的过河的建筑。刘宗明《北京立交桥》）

⑦作者和作品名称

许慎：《说文解字》……（《出版物上数字用法的规定》）

⑧分隔标题中的主题词和说明补充部分

a. 中国农业方向：发展生态农业（《新华文摘》）

b. 信息消费：现代社会新潮流（《光明日报》）

（6）双引号和单引号

国家标准《标点符号用法》规定，引号所标示的，是"行文中直接引用的话"，以便把这些话和作者自己的话区别开来。如果所引的话中又包含有引用的话，则要采用外双内单的办法，即外面一层用双引号，里面一层用单引号。例如：

当时北平各报载"十一月三十日重庆专电"："北大代理校长傅斯年，已由昆明返渝，顷对记者谈：'伪北大之教职员均系伪组织之公职人员，应在附逆之列，将来不可担任要职。'"

以上例子摘引自少云写的《关于傅斯年》一文。引文内又有引文，所以先用双引号，后用单引号。如果写成"少云在《关于傅斯年》一文中援引当年报纸的材料说：'当时北平各报载……'"，则"引用的话"就有了三层，引号怎样使用呢？也还是先双后单，待到第三层行文时又用双引号。这样处理层次比较清楚，不致引起误解。

引号还用来标明具有特殊含义的词语。如果遇到引号里面还需用引号时，同样是外双内单。

报纸上说："全国足球职业联赛发展到今天，请教练'下课'已不是什么值得惊讶的事情了。"

（7）书名号的一般用法

①用于各类作品名称

各类作品，包括用文字、声音、图像、动作等表现的作品等，其名称都可用书名号。例如：《在延安文艺座谈会上的讲话》（讲话名）

《论雷峰塔的倒掉》（文章名）

《普通话异读审音表》（表名）

作品的简称和全名一样，都可用书名号。例如：

首都文艺界聚会纪念毛泽东《讲话》发表55周年。（《光明日报》）

②用于各类出版物名称

出版物是作品的载体。各类出版物的名称都可以用书名号。例如：

a.《中国大百科全书》（书名）

b.《人民日报》（报纸名）

"杂志""周刊"之类名词如果是刊物名称的一个组成部分，用在书名号的里边（如《东方杂志》、美国《出版商周刊》），否则用在书名号的外边（如《读书》杂志、英国《书商》周刊）。对于大家熟悉的报刊名称，在不会引起误解的情况下可不加书名号，如：人民日报、新华月报、东方杂志。报社和出版社名称一般不加书名号，如：人民日报社、外语教学与研究出版社。

西文书刊名在西文中一般用斜体字标明，如果夹用在中文中，也可用书名号。例如：

如果说比尔·盖茨畏惧一个人的话，这个人肯定是加里·里贝克。在《Update》杂志评出的1998年影响全球的信息产业的律师中，他排在第3位。（《光明日报》）

（8）破折号的用法

①表示破折号后面是解释说明的部分

带工老板或者打杂的拿着一迭迭的名册，懒散地站在正门出口——好像火车站剪票处一般的木栅子前面。

②表示意思的递进

每年——特别是水灾、旱灾的时候，这些在日本厂里有门路的带工……

③表示意思的转换、跳跃或转折

"好香的干菜——听到了风声了么？"赵七爷站在七斤的后面七斤嫂子的对面说。

我本来不想去，可是俺婆婆非叫我再去看看他——有什么好看的啊！

④表示语音的延长

我们在天安门前深情地呼唤：周——总——理。

⑤表示语音较大的停顿或中断

鲁侍萍：亲戚

周朴园：嗯，——我们想把她的坟墓修一修。

⑥表示总结上文

捣乱，失败，再捣乱，再失败，直至灭亡——这就是帝国主义和世界上一切反动派对待人民事业的逻辑，他们绝不会违背这个逻辑的。

⑦用在副标题前

火刑

——纪念乔尔·布鲁诺

⑧表示事项的列举分承

五年来，在改革开放的推动下，我国国民经济持续发展，总的形势是很好的。

——国家经济实力继续得到显著增强。……

——国民经济的重大比例关系进一步趋于协调，宏观经济效益有了提高。……

第九节　常见的修辞方法

修辞的本义就是修饰言论，也就是在使用语言的过程中，利用多种语言手段以收到尽可能好的表达效果的一种语言活动，小学常见的修辞方法如下：

一、比喻

比喻就是利用不同事物之间的某些相似的地方，借一个事物来比方另一个事物，也就是我们平常所说的"打比方"。这个"不同事物"指两种不同类的事物，它们不仅形似，而且神似。

比喻一般由三个部分组成：被比喻的事物叫本体；作比喻的事物叫喻体；使本体和喻体发生相比关系的词叫比喻词。如：

叶子出水很高，像亭亭的舞女的裙。

句中的"叶子"是本体，"裙"是喻体，像是比喻词。此比喻句取它们外形上的形似。又如：

每朵花都像一团烧得正旺的火焰。

二、拟人

拟人是指把非人类的东西加以人格化，赋予他们以人类的思想感情、行动和语言能力。通过运用拟人的手法，动物也能像人一样说话并且具有感情了。

请看下面两个例句：

（1）每条岭都是那么温柔……（《林海》）

（2）兴安岭多么会打扮自己呀……（同上）

例（1）（2）是用描写人的词语（"温柔"和"会打扮自己"）写兴安岭，因此都是拟人。如果把上面两例改写一下，就可变成比喻：

（3）每条岭都像慈母那样的温柔……

（4）兴安岭多么像少女那样会打扮自己呀……

从例（1）—（4）我们可以清楚地看出比喻和拟人的关系。

拟人实际上暗含着一个比喻，比喻略去了比喻词和喻体，让描写喻体的词语直接同本体发生关系，就成了拟人。反过来说，拟人补上比喻词和喻体之后，也就转换成了比喻。

但是，比喻和拟人又是有着明显区别的，主要表现在以下三个方面：

1. 比喻是用喻体同本体作比（明喻和暗喻），或用喻体替换本体（借喻）；拟人用描写拟体（实际上是暗含的喻体）的词语去直接描写本体。

2. 在比喻里，喻体必须出现，本体可以出现（如明喻和暗喻），也可以不出现（如借喻）；在拟人里，本体必须出现，拟体并不出现，只是拿适用于描写拟体的词语（即适用于描写人的词语）来描写本体（即事物）。

3. 在比喻中，喻体是确定的；在拟人中拟体（人）没有出现，是虚指，可据描写拟体的词语去推断，所以拟体往往是不确定的。如性情"温柔"的，不一定是慈母，还可以是别的人。又如，"会打扮自己"的，不一定是少女，还可以是年轻妇女或小伙子或其他什么人。

三、夸张

夸张指为了启发听者或读者的想象力和加强所说的话的力量，用夸大的词句来形容事物。如："他的嗓子像铜钟一样，十里地都能听见。"夸张可分为以下三种形式：

1. 扩大夸张

为了达到生动幽默效果，我们往往人为拔高事物特点，使之更高，更强，更快，更多，甚至达到排山倒海、翻天覆地的神奇效果。如《景阳冈》中："大虫见掀他不着，吼一声，就像半天里起了个霹雳，震得那山冈也动了。"课文把老虎的吼声惟妙惟肖地写出来了。这种扩大夸张在古诗中我们经常能看到它的踪迹："飞流直下三千尺，疑是银河落九天。"

2. 缩小夸张

缩小夸张与扩大夸张相反，这类夸张是故意把一般事物往小处说，使之更低、更弱、更慢、更少，达到数倍缩小作用。如"教室里静得连根针掉在地上也听得到。"就是缩小夸张的使用。许多影视、文学作品大量地使用缩小夸张，甚至把人缩小成比蚂蚁还小的人，从而展开神奇的故事。

3. 提前夸张

有时为了表现急切，突出后者，我们可以打乱前后顺序，把后出现的事当成先出现的或是同时出现的。如：她一点胃口也没有，饭没入口，人就饱了。把本应后出现的"人饱了"说成先出现的事"饭入口"，使"饱"得到了强化。

但是，我们在使用夸张时，要以一定的客观现实为基础，不能过分夸张，从而造成虚假的感觉。而且夸张要表述明白。总之，恰当地使用夸张，会让你的语言与众不同、先声夺人，让你的文章大放异彩。

四、双关

双关是借助语音或语义上的联系，使语句同时关涉两种事物，它往往言在此，而意在彼。它可以使语言含蓄，风趣，富有表现力，耐人寻味。双关主要有以下两种类型：

1. 谐音双关。即利用词语的同音或近音条件构成的双关。例如：

（1）杨柳青青江水平，闻郎江上踏歌声。东边日出西边雨，道是无晴却有晴。（刘禹锡《竹枝词》）

（2）外边树梢头的蝉儿却在枝头唱高调："要死哟！要死哟！"（茅盾《雷雨前》）

例（1）利用"晴"、"情"同音构成双关，例（2）利用音近表面摹拟蝉儿的叫声，实际是用雷雨前闷热得要死来诅咒反动黑暗的统治已到了末日。此外，汉语中的许多歇后语就是利用谐音双关构成的。例如：

（3）老虎拉车——谁赶（敢）？（4）孔夫子搬家——净是书（输）。（5）窗户眼吹喇叭——鸣（名）声在外。

2. 语义双关。即利用词语或句子的多义性构成的双关。例如：

（1）他（指陈毅）却笑着说："没关系！吃点墨水好哇，我肚子里的'墨水'还太少呢！"（《吃墨水》）

（2）可是匪徒们走上几十里的大山背，他们没想到包马脚的麻袋片全烂掉在马路上，露出了他们的马脚。（曲波《林海雪原》）

例（1）用"墨水"的多义性，表面用的是本义，实际指的却是比喻义：学问或知识。例（2）中"马脚"也是实际用的比喻义：破绽。

五、借代

当说到某事物时不直接说出这种事物的名称来，而是把与它有关的另一种事物名称说出来，这种修辞方法叫作借代。被代替的事物是本体，用来代替的事物是借体。

借代重在事物的相关性，也就是利用客观事物之间的种种关系巧妙地形成一种语言上的艺术换名。这样的换名可以引人联想，使表达收到形象突出、特点鲜明，具体生动的效果。

根据所借用事物类型的不同可以将借代分为以下几种：

1. 用事物特征代本体事物。例如：红眼睛原知道他家里只有一个老娘……

2. 具体代抽象。例如：枪杆子里面出政权。

3. 专名代泛称。例如：我们的时代需要千千万万个雷锋。

4. 形象代本体。例如：上面坐着两个老爷，东边的一个是马褂，西边的一个是西装。

5. 部分代整体。例如：吟罢低眉无写处，月光如水照缁（zī）衣。（鲁迅）

6. 结果代原因。例如：专弄文墨为壮士捧腹。（"捧腹"是"笑"的结果）

7. 资料代本体。例如：五十年间万事空，懒将白发对青铜。（陆游）

六、排比

排比，就是把结构相同或相似、语气一致、意思密切相关的句子或者成分排列起来的一种修辞手法。作用是增强语势，加深感情。

排比的种类：

1. 成分排比。即一个句子中的一些成分组成排比。例如：

延安的歌声：它是黑夜的火把，雪天的煤炭，大旱的甘霖。

2. 分句排比。即一个复句的各个分句构成排比。例如：

他们的品质是那样的清洁和高尚，他们的意志是那样的坚韧和刚强，他们的气质是那样的淳朴和谦逊，他们的胸怀是那样的美丽和宽广。

3. 单句排比。例如：

八路军穿草鞋，把日本鬼子赶下海。解放军穿草鞋，把蒋家王朝踢下台。如今八连穿草鞋，把香风毒雾脚下踩。

　　4. 复句排比。例如：

如果我们能够研制出一种类似鹰眼的搜索、观测技术系统，就能够扩大飞行员的视野，提高他们的视敏度。如果能研制出具有鹰眼视觉原理的"电子鹰眼"，就有可能用于控制远程激光制导武器的发射。如果能给导弹装上小巧的"鹰眼系统"，那么它就可以像雄鹰一样，自动寻找、识别、追踪目标，做到百发百中。

七、对偶

对偶：对偶是用字数相等、结构形式相同、意义对称的一对短语或句子来表达两个相对或相近意思的修辞方式。对偶的种类有：

1. 正对：上下句意思相似、相近、相补、相称的对偶形式。

墙上芦苇，头重脚轻根底浅；

山间竹笋，嘴尖皮厚腹中空。

2. 反对：上下句意思相对、相反的对偶形式。

横眉冷对千夫指，俯首甘为孺子牛。

3. 串对：上下句的意思具有承接、因果、递进、假设、条件等关系的对偶形式。

才饮长江水，又食武昌鱼。

八、设问和反问

设问，指的是无疑而问，并自问自答、引人思考的一种修辞手法。反问，指的是无疑而问，只问不答，但表达的意思是确定的意思的一种修辞手法。设问和反问的区别主要是：

1. 设问是先提出问题，然后紧接着把自己的看法说出来。设问就是自问自答。

例如："谁是我们最可爱的人呢？我们的战士，我觉得他们是最可爱的人。"

设问的作用：可以引起读者注意，发人深思，可以提出重点，还可以使行文生动，不呆板。

2. 反问是用疑问的形式来表达确定的意思，以加强语气。反问就是只问不答，答案即在反问句中。

例如，"你不觉得我们的战士是可爱的吗？"这个否定的反问句表达的是肯定的意思，不用另外去答，意思便已明了。

反问的作用：可以增强语言气势，使确定的意思更强烈，不容置疑，富有感染力。（加强肯定语气）

板块二　成语熟语

第一章　成　语

成语运用口诀歌

成语主要考运用，错题类型要弄清。
一看是褒还是贬，感情色彩应分明；
二辨其中词语意，望文生义必生病；
不明出典最害人，成语常有专指性；
有的不能带宾语，搭配不当也可能；
前后矛盾或赘余，不合理来不合情；
成语词性名动形，不能颠倒谦和敬。
近义成语易混淆，仔细分辨莫乱用。
做题联系上下文，保你学语能成功！

第一节　成语的概念、特点和来源

1. 概念

成语是人们在日常生活中使用、锤炼而形成的，具有特定意义的固定短语。它是比词大而又相当于一个词的语言单位。一般由四字组成，也有三字成语，还有五、七字甚至更多字的成语。如"莫须有"、"墙倒众人推"、"惶惶不可终日"、"真金不怕火炼"、"英雄无用武之地"等。

2. 特点

成语的特点是结构比较固定，一般情况下，不能随便变换字序、增减字数，也不能随意换字。如"南腔北调"说成"北腔南调"，"三心二意"不能说成"三个心两个意思"。但也有极少数的成语是可以变换个别词的顺序的，如"自不量力"可以说成"不自量力"，"天长地久"可以说成"地久天长"。也有少数的词可以换字，如"揠苗助长"可以说成"拔苗助长"，"望尘莫及"可以说成"望尘不及"。

3. 来源

成语的来源主要有以下几个：

第一，来自古代寓言故事。这些成语多数为这些寓言故事的题目。如：揠苗助长、守株待兔、刻舟求剑、滥竽充数等。

第二，来自古代神话传说。如：精卫填海、夸父追日、开天辟地、沧海桑田等。

第三，来自历史故事或历史事件。如：四面楚歌、完璧归赵、毛遂自荐、负荆请罪等。

第四，古文章中重点词句的摘引或改写。如：千钧一发、擒贼先擒王、口若悬河等。

第五，历代俗语流传。如：山穷水尽、亲如手足、锦上添花、水落石出等。

第二节　成语归类

一、实用成语归类

1. 天文气候

春意盎然	春暖花开	春色满园	春去秋来	骄阳似火	秋高气爽
寒冬腊月	数九寒天	乍暖还寒	千里冰封	滴水成冰	天寒地冻
冰冻三尺	冰天雪地	天昏地暗	暮色苍茫	风调雨顺	风和日丽
日上三竿	风清月朗	和风细雨	月光如水	月明星稀	暴风骤雨
电闪雷鸣	飞沙走石	大雨如注	倾盆大雨	风雨交加	滂沱大雨

2. 自然环境

山清水秀	千山万水	锦绣河山	江山如画	湖光山色	崇山峻岭
地大物博	地广人稀	荒无人烟	荒山野岭	穷乡僻壤	不毛之地
名山大川	一马平川	一碧万顷	一泻千里	崎岖不平	迂回曲折
羊肠小道	悬崖峭壁				

3. 岁月时光

长年累月	光阴似箭	一刻千金	天长地久	古往今来	天荒地老
遥遥无期	一日三秋	斗转星移	时过境迁	朝朝暮暮	昙花一现
多事之秋	迫在眉睫	三年五载	通宵达旦	为期不远	指日可待
转瞬之间					

4. 动物植物

百花齐放	苍松翠柏	姹紫嫣红	飞禽走兽	飞蛾扑火	花红柳绿
芳草如茵	绿草如茵	绿树成荫	落英缤纷	鸟语花香	奇花异草
桃红柳绿	万紫千红	五彩缤纷	生机勃勃	春意盎然	花团锦簇
郁郁葱葱	枝繁叶茂	一草一木			

5. 多少有无

包罗万象	比比皆是	不计其数	不可胜数	不胜枚举	数不胜数
车载斗量	成千上万	堆积如山	多如牛毛	俯拾即是	浩如烟海
漫山遍野	目不暇接	一应俱全	绝无仅有	五花八门	寥寥无几

一无所有　　荡然无存

6. 杂乱差劲

参差不齐	颠三倒四	横七竖八	七零八落	杂乱无章	支离破碎
错落不齐	不堪入耳	乱七八糟	丢人现眼	每况愈下	乌七八糟
俗不可耐	一塌糊涂	一无是处	残缺不全	美中不足	

7. 完整美好

美不胜收	尽善尽美	妙不可言	难能可贵	天造地设	鬼斧神工
恰到好处	恰如其分	十全十美	完美无缺	至善至美	无懈可击
中西合璧	锦上添花				

8. 容貌神态

白发苍苍	雍容华贵	慈眉善目	鹤发童颜	满面红光	明眸皓齿
翩翩少年	气宇轩昂	风流潇洒	粗眉大眼	风华正茂	相貌堂堂
目光炯炯	落落大方	文质彬彬	一表人才	仪态万方	秀外慧中
楚楚动人	花容月貌	如花似玉	眉清目秀	浓妆艳抹	貌不惊人
蓬头垢面	披头散发	青面獠牙	面目狰狞		

9. 体格形态

彪形大汉	虎背熊腰	人高马大	身强力壮	五大三粗	血气方刚
神采奕奕	生龙活虎	生机勃勃	婀娜多姿	风度翩翩	绰约多姿
娇小玲珑	亭亭玉立	弱不禁风	文弱书生	老态龙钟	大腹便便
皮包骨头	瘦骨嶙峋				

10. 举止言谈

昂首阔步	昂首挺胸	笨手笨脚	东张西望	挤眉弄眼	探头探脑
蹑手蹑脚	吞云吐雾	狼吞虎咽	细嚼慢咽	妙语连珠	谈笑风生
直抒己见	脱口而出	片言只语	千言万语	言不由衷	出口成章
有声有色	绘声绘色	头头是道	滔滔不绝	咄咄逼人	破口大骂
吞吞吐吐	心直口快	唇枪舌剑	强词夺理	大声疾呼	横眉竖眼
前仰后合	前俯后仰	大吹大擂	目瞪口呆	张口结舌	

11. 感情情绪

乐不可支	自得其乐	喜不自胜	喜形于色	喜出望外	眉飞色舞
眉开眼笑	破涕为笑	捧腹大笑	手舞足蹈	心花怒放	兴高采烈
号啕大哭	泪如雨下	泣不成声	撕心裂肺	痛不欲生	心如刀割
暴跳如雷	恼羞成怒	大发雷霆	愤愤不平	火冒三丈	怒火中烧
七窍生烟	深恶痛绝	痛心疾首	怀恨在心	忧心忡忡	多愁善感
闷闷不乐	怅然若失	大惊失色	呆若木鸡	惊魂未定	面如土色
气急败坏	魂不守舍	六神无主	七上八下	忐忑不安	心烦意乱
心乱如麻	心神不定	坐立不安	坐卧不宁	耿耿于怀	牵肠挂肚
日思夜想	大失所望	归心似箭	梦寐以求	自惭形秽	无地自容
扪心自问					

12. 道德品质

赤胆忠心	粉身碎骨	忠心耿耿	鞠躬尽瘁	舍生取义	视死如归

威武不屈	不屈不挠	肝胆相照	言而有信	百折不挠	持之以恒
有始有终	一如既往	当仁不让	奋不顾身	抱打不平	赴汤蹈火
身体力行	挺身而出	义无反顾	勇往直前	大公无私	拾金不昧
高风亮节	正大光明	克勤克俭	助人为乐		

13. 文化艺术

妙笔生花	一气呵成	别具匠心	别出心裁	画龙点睛	丝丝入扣
耐人寻味	耳目一新	回肠荡气	情景交融	千锤百炼	惟妙惟肖
百读不厌	脍炙人口	画蛇添足	狗尾续貂	索然无味	声情并茂
引吭（háng）高歌		神来之笔			

14. 学习教育

循循善诱	循序渐进	循规蹈矩	以身作则	良师益友	举一反三
言传身教	潜移默化	诲人不倦	不厌其烦	十年树木	书香门第
耳濡目染	金玉良言	开卷有益	能者为师	人才辈出	温故知新
无师自通	晓之以理	语重心长	为人师表	身体力行	孜孜不倦
一字之师	有条不紊	春风化雨	揠（yà）苗助长		

二、趣味成语归类

1. 动物

按图索骥	爱屋及乌	抱头鼠窜	杯弓蛇影	草长莺飞	藏龙卧虎
蚕食鲸吞	沉鱼落雁	对牛弹琴	打草惊蛇	堤溃蚁穴	胆小如鼠
呆若木鸡	多如牛毛	雕虫小技	独占鳌头	饿虎扑羊	蜂拥而来
伏虎降龙	风声鹤唳	非驴非马	飞蛾扑火	凤毛麟角	狗血喷头
蛊惑人心	狗仗人势	鬼蜮伎俩	狐假虎威	虎口余生	画蛇添足
画虎类狗	鹤发童颜	海市蜃楼	虎穴龙潭	虎背熊腰	虎头蛇尾
狐朋狗友	虎视眈眈	鹤立鸡群	尖嘴猴腮	金蝉脱壳	狡兔三窟
鸡鸣而起	惊弓之鸟	鹿死谁手	老马识途	漏网之鱼	狼吞虎咽
龙飞凤舞	两虎相斗	龙腾虎跃	狼奔豕突	马不停蹄	满腹狐疑
盲人摸象	牛毛细雨	鸟枪换炮	攀龙附凤	群龙无首	轻于鸿毛
千军万马	黔驴技穷	骑驴找马	千里鹅毛	如鱼得水	人欢马叫
如狼似虎	以狼牧羊	丧家之犬	杀鸡取卵	顺手牵羊	势成骑虎
鼠腹鸡肠	鼠窃狗盗	杀鸡吓猴	声名狼藉	守株待兔	生龙活虎
声誉鹊起	投鼠忌器	螳臂当车	脱缰之马	偷鸡摸狗	兔死狐悲
蜗角虚名	物腐虫生	望子成龙	万马奔腾	乌合之众	亡羊补牢
瓮中捉鳖	瞎子摸鱼	虾兵蟹将	心猿意马	鱼水情深	雁过拔毛
羊肠小道	饮鸩止渴	一箭双雕	自相鱼肉	蛛丝马迹	指鹿为马
照猫画虎					

2. 植物

布衣蔬食	布帛蔬粟	不辨菽麦	揠苗助长	沧海一粟	草菅人命
草木皆兵	草长莺飞	出水芙蓉	春兰秋菊	春暖花开	豆蔻年华
繁花似锦	风扫落叶	风吹草动	根生土长	根深蒂固	瓜田李下

瓜熟蒂落	谷贱伤农	滚瓜烂熟	花容月貌	黄花晚节	火中取栗
花枝招展	花团锦簇	囫囵吞枣	黄粱美梦	横生枝节	火树银花
借花献佛	锦上添花	节外生枝	荆棘丛生	荆棘丛生	枯木逢春
开花结果	柳暗花明	李代桃僵	浪迹萍踪	面有菜色	目光如豆
名列前茅	昨日黄花	胸有成竹	藕断丝连	萍水相逢	破竹之势
披荆斩棘	奇花异草	如火如荼	三顾茅庐	桑榆暮景	世外桃源
树大招风	顺藤摸瓜	视如草芥	树大根深	昙花一现	投桃报李
天女散花	桃红柳绿	五谷不分	望梅止渴	胸有成竹	叶落知秋
叶落归根	一叶蔽目	雨后春笋	斩草除根		

3. 人体

爱不释手	不绝于耳	病入膏肓	闭目塞听	病从口入	不堪回首
促膝谈心	慈眉善目	出人头地	垂头丧气	唇齿相依	成竹在胸
唇亡齿寒	大打出手	点头哈腰	胆战心惊	夺眶而出	掉以轻心
耳熟能详	耳闻目睹	耳目众多	耳聪目明	肺腑之言	肥头大耳
俯首听命	粉身碎骨	腹背受敌	光彩夺目	骨肉相连	肝肠寸断
肝胆相照	感人肺腑	骨瘦如柴	肝脑涂地	魂不附体	火烧眉毛
汗流浃背	鹤发童颜	恨入骨髓	恨之入骨	筋疲力尽	脚踏实地
惊心动魄	接踵而来	迫在眉睫	口干舌燥	口若悬河	口是心非
扣人心弦	令人发指	另眼相看	两手空空	浪子回头	了如指掌
良药苦口	面无人色	满面春风	满目疮痍	面黄肌瘦	目瞪口呆
迷人眼目	满腔热忱	灭顶之灾	面红耳赤	毛骨悚然	面不改色
眉飞色舞	满腹牢骚	眉清目秀	目不暇接	摩拳擦掌	没头没脑
浓眉大眼	怒发冲冠	劈头盖脸	评头论足	披肝沥胆	皮开肉绽
破口大骂	蓬头垢面	迫在眉睫	屈指可数	拳打脚踢	沁人肺腑
切齿痛恨	沁人心脾	情同手足	燃眉之急	食不果腹	身外之物
手无寸铁	失之交臂	赏心悦目	手足无措	舌敝唇焦	铁面无私
提心吊胆	铁石心肠	泰山压顶	徒费唇舌	痛入骨髓	挺身而出
头重脚轻	唾手可得	望其项背	挖空心思	为国捐躯	五脏六腑
心旷神怡	心花怒放	须眉交白	心口如一	心事重重	信手拈来
腥风血雨	喜笑颜开	心惊肉跳	血肉相连	血流成河	信口开河
心灵手巧	心腹之患	心心相印	心手相应	血口喷人	掩人耳目
引人注目	扬眉吐气	掩耳盗铃	眼明手快	眼花缭乱	咬紧牙关
咬牙切齿	义愤填膺	晕头转向	足不出户	拙口钝腮	抓耳挠腮
至亲骨肉	趾高气扬				

4. "想"的成语

冥思苦想	不堪设想	沉思默想	痴心妄想	非分之想	浮想联翩
敢想敢干	敢想敢说	胡思乱想	朝思暮想	千思万想	思前想后
想方设法	想入非非	心无二想	想当然		

5. 兵器

兵不血刃	唇枪舌剑	单枪匹马	当头棒喝	当头一棒	短兵相接

刀光剑影　大刀阔斧　大动干戈　归心似箭　剑拔弩张　眦指怒目
箭在弦上　借刀杀人　夹枪带棒　惊弓之鸟　口蜜腹剑　临阵磨枪
明枪暗箭　秣马厉兵　鸟尽弓藏　盘马弯弓　强弩之末　琴心剑胆
图穷匕见　同室操戈　亡戟得矛　无的放矢　心如刀绞　心如刀割
一箭双雕　有的放矢　自相矛盾　折戟沉沙　枕戈待旦

6. 数字

百无禁忌　半斤八两　半途而废　八面威风　半夜三更　横扫千军
含笑九泉　火冒三丈　胡说八道　进退两难　九霄云外　精神百倍
屡次三番　略胜一筹　六神无主　两败俱伤　两面三刀　目迷五色
千载难逢　七窍生烟　七上八下　千难万险　千军万马　千丝万缕
千方百计　千头万绪　千奇百怪　千钧一发　千姿百态　入木三分
四面八方　三生有幸　三头六臂　四海为家　四通八达　十指连心
十全十美　神气十足　瞬息万变　十拿九稳　五色缤纷　五大三粗
万水千山　危机四伏　五光十色　万紫千红　万籁俱寂　沃野千里
五脏六腑　五花八门　五颜六色　一望而知　一泻千里　一举两得
一本万利　遗臭万年　一唱百和　一塌糊涂　一尘不染　奄奄一息
一知半解　一清二楚　一草一木

7. 方位

安内攘外　惩前毖后　彻里彻外　东张西望　大敌当前　东窗事发
东鳞西爪　东倒西歪　福如东海　俯仰之间　后起之秀　后来居上
节外生枝　居高临下　举国上下　间不容发　江东父老　九霄云外
苦中作乐　梁上君子　里勾外连　力争上游　里应外合　马放南山
绵里藏针　名列前茅　内顾之忧　内外交困　南征北战　南来北往
内忧外患　旁若无人　旁敲侧击　前车之鉴　前呼后拥　前仰后合
人间地狱　日薄西山　上蹿下跳　上漏下湿　说东道西　声东击西
泰山北斗　天上人间　天南地北　天下大乱　外柔内刚　外强中干
外圆内方　袖手旁观　秀外慧中　下不为例　喜出望外　雨后春笋
以绝后患　游戏人间　走南闯北　字里行间　左右开弓　转战南北
掌上明珠　锥处囊中　左邻右舍　左顾右盼　置之脑后　瞻前顾后
左右为难　中流砥柱

8. 色彩

白发苍苍　白雪皑皑　白发丹心　碧血丹心　白纸黑字　白云苍狗
苍松翠柏　苍髯如戟　唇红齿白　姹紫嫣红　灯红酒绿　黄金时代
花里胡哨　火树银花　红男绿女　皓首穷经　红颜薄命　金光灿烂
看朱成碧　绿水青山　炉火纯青　明眸皓齿　面红耳赤　青面獠牙
人老珠黄　数黑论黄　万紫千红　乌烟瘴气　五黄六月　须眉交白
一寸丹心　以白为黑　一碧万顷　朱唇皓齿

9. "不"字成语

按兵不动　爱不释手　不由自主　不谋而合　不寒而栗　不同凡响
不甘示弱　不知深浅　不动声色　不择手段　不足为奇　不绝于耳

不可思议	不共戴天	不计其数	不可收拾	表里不一	不约而同
不求甚解	不知去向	不学无术	参差不齐	措手不及	川流不息
常备不懈	从容不迫	词不达意	愁眉不展	猝不及防	寸步不让
放荡不羁	祸不单行	惶恐不安	华而不实	经久不息	截然不同
坚忍不拔	机不可失	坎坷不平	连绵不断	屡教不改	络绎不绝
力不从心	名不虚传	绵绵不绝	怒不可遏	锲而不舍	不知所措
弱不禁风	死不悔改	时不我待	深不可测	史不绝书	恬不知耻
萎靡不振	纹丝不动	无所不有	形影不离	下不为例	义不容辞
一尘不染	犹豫不决	夜不成寐	一毛不拔	原封不动	欲罢不能
坐立不安	赞叹不已	债多不愁	惴惴不安		

10. "人"字成语

不近人情	不省人事	不甘人后	百年树人	差强人意	稠人广众
惨无人道	出口伤人	痴人说梦	成人之美	地广人稀	大快人心
大有人在	达官贵人	睹物思人	地利人和	风云人物	风土人情
高人一等	狗仗人势	荒无人烟	嫁祸于人	家破人亡	脍炙人口
冷语伤人	盲人瞎马	目中无人	耐人寻味	平易近人	沁人心脾
强人所难	人心涣散	人生如梦	人情冷暖	人财两空	人地生疏
人面兽心	人困马乏	人才济济	人浮于事	人才辈出	人尽其才
人命关天	人声鼎沸	人所共知	任人唯贤	人迹罕至	人烟稠密
人各有志	人之常情	舍己为人	耸人听闻	事在人为	深入人心
盛气凌人	视同路人	拖人下水	为人师表	先人后己	先发制人
以貌取人	渔人之利	一鸣惊人	与人为善	贻人口实	引人注目
杳无人迹	以理服人	助人为乐	振奋人心	治病救人	仗势欺人

11. 叠字成语

比比皆是	步步登高	白发苍苍	白雪皑皑	陈陈相因	大名鼎鼎
断断续续	得意洋洋	沸沸扬扬	纷纷扬扬	愤愤不平	虎视眈眈
昏昏沉沉	花花公子	浩浩荡荡	轰轰烈烈	津津乐道	炯炯有神
节节败退	井井有条	家家户户	斤斤计较	夸夸其谈	来势汹汹
历历在目	绵绵不绝	念念不忘	飘飘欲仙	窃窃私语	气势汹汹
热气腾腾	人人自危	人才济济	姗姗来迟	生机勃勃	三三两两
死气沉沉	神采奕奕	亭亭玉立	头头是道	滔滔不绝	天网恢恢
吞吞吐吐	娓娓动听	威风凛凛	歪歪扭扭	栩栩如生	欣欣向荣
惺惺作态	小心翼翼	熙熙攘攘	羞羞答答	喜气洋洋	循循善诱
心心相印	星星点点	遥遥相对	洋洋得意	郁郁葱葱	依依惜别
摇摇欲坠	奄奄一息	跃跃欲试	庸庸碌碌	影影绰绰	沾沾自喜
朝气勃勃	战战兢兢	啧啧称赞			

12. 一对近义语素成语

唉声叹气	报仇雪恨	抱残守缺	不声不响	捕风捉影	不偏不倚
慈眉善目	赤手空拳	道听途说	雕章琢句	颠三倒四	大摇大摆
翻江倒海	翻云覆雨	风驰电掣	风平浪静	怪模怪样	高楼大厦

感恩戴德	火烧火燎	海阔天空	祸国殃民	欢蹦乱跳	惊心动魄
接二连三	酒囊饭袋	评头论足	狂风暴雨	口燥唇干	流言蜚语
漫山遍野	民脂民膏	摩拳擦掌	奴颜婢膝	难分难解	匿影藏形
无忧无虑	心平气静	千仇万恨	千变万化	千姿百态	千言万语
如花似玉	日积月累	生龙活虎	伤天害理	山崩地裂	山摇地动
添油加醋	提纲挈领	添枝加叶	涂脂抹粉	添砖加瓦	五颜六色
无边无际	无边无垠	无忧无虑	无依无靠	无精打采	降龙伏虎
心灵手巧	心旷神怡	星罗棋布	一清二楚	咬文嚼字	争妍斗奇
争权夺利	争分夺秒	遮天蔽日	抓耳挠腮		

13. 两对近义语素成语

崇山峻岭	层峦叠嶂	翻山越岭	分门别类	丰功伟绩	改朝换代
豪言壮语	街谈巷议	惊涛骇浪	精雕细刻	灵丹妙药	离乡背井
能说会道	琼楼玉宇	奇形怪状	琼浆玉液	深思熟虑	生拉硬扯
甜言蜜语	通情达理	污言秽语	歪门邪道	汪洋大海	文从字顺
心满意足	虚情假意	幸灾乐祸	凶神恶煞	心烦意乱	摇头晃脑
真凭实据	斩尽杀绝	装模作样	追根究底		

14. 一对反义语素成语

避实击虚	出神入化	除暴安良	从头至尾	大材小用	苦尽甘来
大公无私	东倒西歪	扶老携幼	逢凶化吉	反败为胜	顾此失彼
古为今用	鬼斧神工	改邪归正	功败垂成	公报私仇	横七竖八
横眉立目	化零为整	今非昔比	积少成多	苦尽甘来	来龙去脉
逆来顺受	弄巧成拙	南辕北辙	弄假成真	拈轻怕重	否极泰来
铺天盖地	弃暗投明	求同存异	取长补短	七上八下	前仰后合
前赴后继	起死回生	弃旧图新	若明若暗	惹是生非	若隐若现
殊途同归	舍己为人	生荣死哀	水深火热	吞云吐雾	天经地义
同床异梦	天寒地冻	先斩后奏	有恃无恐	因小失大	异曲同工
有气无力	远亲近邻	异口同声	以攻为守	以逸待劳	朝秦暮楚
转危为安	自始至终	朝令夕改	走南闯北	争先恐后	

15. 两对反义语素成语

避重就轻	悲欢离合	避实就虚	藏头露尾	此起彼伏	春华秋实
大同小异	扶弱抑强	古往今来	好逸恶劳	寒来暑往	厚此薄彼
经天纬地	吉凶祸福	你死我活	南来北往	轻重缓急	前因后果
人小鬼大	神出鬼没	深入浅出	凤兴夜寐	送往迎来	生死存亡
是古非今	是非曲直	盛衰荣辱	天南地北	外强中干	先公后私
喜新厌旧	凶多吉少	先人后己	有名无实	有始无终	

16. 近义反义语素成语

寻死觅活	长吁短叹	东张西望	大街小巷	东奔西跑	东躲西藏
尔虞我诈	返老还童	鬼使神差	横冲直撞	昏天黑地	欢天喜地
街头巷尾	惊天动地	开天辟地	冷嘲热讽	来踪去迹	明争暗斗
南征北战	南腔北调	胼手胝足	手舞足蹈	生离死别	说长道短

同生共死	同甘共苦	挑肥拣瘦	天崩地裂	天罗地网	新仇旧恨
摇头摆尾	阴差阳错	左顾右盼	瞻前顾后	左思右想	

17. 隔字相同成语

本乡本土	不死不活	不慌不忙	大喊大叫	大模大样	古色古香
虎头虎脑	活灵活现	久而久之	毛手毛脚	难解难分	偏听偏信
破罐破摔	群策群力	任劳任怨	若隐若现	如醉如痴	如泣如诉
人山人海	傻头傻脑	天兵天将	同心同德	无拘无束	无依无靠
瓮声瓮气	无穷无尽	无声无息	稳扎稳打	问长问短	无影无踪
无边无际	有始有终	有声有色	自高自大	载歌载舞	自作自受

第二章 谚 语

　　谚语是流传在人们口头上的一种通俗而又含义深刻的定型化的语句。谚语反映了人们在生产劳动中、在同自然的斗争中、在社会生活中的经验，是人们智慧的结晶。谚语一般都能揭示一个客观规律或反映一个事理，使人从中受到启示。谚语通俗易懂，生动形象，结构整齐，音节匀称，音调和谐。谚语大致可以分为两类：(1) 关于自然和农业生产的；(2) 关于社会生活方面的。

小学生谚语大全

一、礼貌与修养

大人不记小人过，宰相肚里能撑船。

好话一句三冬暖，恶语伤人六月寒。

君子一言，驷马难追。

喊人不蚀本，舌头打个滚。

滴水之恩，当涌泉相报。

学文化，从字母开始；讲文明，从小事做起。

静坐常思己过，闲谈莫论他非。

江山易改，本性难移。

上梁不正下梁歪。

吃人家的嘴软，拿人家的手短。

二、生活哲理

人心齐，泰山移。

众人一条心，黄土变成金。

人在人前闯，刀在石上荡。

当家才知柴米贵，养儿方知父母恩。

离家十里路，各处各乡风。

办酒容易请客难。

不怕一万，就怕万一。

山中无老虎，猴子称大王。

树挪死，人挪活。

人往高处走，水往低处流。

人在屋檐下，不得不低头。

众人搭柴火焰高。

心慌吃不成热粥，骑马看不好《三国》。

三、谦虚与骄傲

虚心使人进步，骄傲使人落后。

满招损，谦受益。

取人之长，补己之短。

人非圣贤，孰能无过？

强中自有强中手，能人背后有能人。

痒要自己抓，好要别人夸。

满瓶不动半瓶摇。

好汉不提当年勇。

四、学习方法

书读百遍，其义自见。（多读）

拳不离手，曲不离口。（多练）

好学深思，心知其义。（多思）

学问学问，边学边问。（多问）

三人行，必有我师。（多问）

好记性不如烂笔头。（多记）

书本不常翻，犹如一块砖。（多读）

读书破万卷，下笔如有神。（多读）

常说嘴里顺，常写手不笨。（多写）

五、美好与丑恶

人过留名，雁过留声。

老鼠过街，人人喊打。

多行不义必自毙。

家丑不可外扬。

三分像人，七分像鬼。

人中吕布，马中赤兔。

六、勤劳与懒惰

勤劳是个宝，一生离不了。

一分耕耘，一分收获。

细水长流，吃穿不愁。

勤是摇钱树，俭是聚宝盆。

鸟美在羽毛，人美在勤劳。

一勤生百巧，一懒生百病。

勤人睡成懒人，懒人睡成病人。

不怕家里穷，只怕出懒虫。

饭来张口，衣来伸手。

天上掉下馅饼来。

七、诚实与虚伪

真的假不了，假的真不了。

明人不做暗事，真人不说假话。

挂羊头，卖狗肉。

见人说人话，见鬼说鬼话。

猫哭老鼠假慈悲。

当面是个人，转脸是个鬼。

八、求知与学艺

无事不登三宝殿。

精益求精，艺无止境。

台上三分钟，台下十年功。

三百六十行，行行出状元。

世上无难事，只怕有心人。

玉不琢，不成器；人不学，不知义。

水不流会发臭，人不学会落后。

活到老，学到老，一生一世学不了。

不怕学不成，只怕心不诚。

学如逆水行舟，不进则退。

内行看门道，外行看热闹。

钟不敲不鸣，人不学不灵。

早起多长一智，晚睡多增一闻。

平时不烧香，临时抱佛脚。

九、时间与金钱

不怕慢，就怕站。

机不可失，时不再来。

时间像生命，一刻值千金。

花儿凋谢不再开，光阴一去不再来。

今朝有事今朝做，莫将忙事待明天。

一寸光阴一寸金，寸金难买寸光阴。

追赶时间的人，生活就会宠爱他；放弃时间的人，生活就会冷落他。

浪费时间，等于缩短生命。

十、朋友与敌人

有福同享，有难同当。

邻居好，赛金宝。

远亲不如近邻，近邻不抵对门。

老乡见老乡，两眼泪汪汪。

在家靠父母，出门靠朋友。

交人交心，浇花浇根。

岁寒知松柏，患难见真情。

路遥知马力，日久见人心。

酒逢知己千杯少，话不投机半句多。

有缘千里来相会，无缘对面不相识。

多个朋友多条路，多个冤家多堵墙。

宁喝朋友的白水，不吃敌人的蜂蜜。

娶妻娶德不娶色，交友交心不交财。

朋友千个少，敌人一个多。

仇人相见，分外眼红。

弱敌不可轻，强敌不可畏。

第三章　诗词名句

第一节　春夏秋冬

1. 春眠不觉晓，处处闻啼鸟。 （孟浩然《春晓》）

2. 红豆生南国，春来发几枝？ （王维《相思》）

3. 野火烧不尽，春风吹又生。 （白居易《赋得古原草送别》）

4. 春种一粒粟，秋收万颗子。 （李绅《悯农》）

5. 国破山河在，城春草木深。 （杜甫《春望》）

6. 落红不是无情物，化作春泥更护花。 （龚自珍《己亥杂诗》）

7. 不知细叶谁裁出，二月春风似剪刀。 （贺知章《咏柳》）

8. 春色满园关不住，一枝红杏出墙来。 （叶绍翁《游园不值》）

9. 力尽不知热，但惜夏日长。 （白居易《观刈（yì）麦》）

10. 深居俯夹城，春去夏犹清。 （李商隐《晚晴》）

11. 首夏犹清和，芳草亦未歇。 （谢灵运《游赤石进帆海》）

12. 仲夏苦夜短，开轩纳微凉。 （杜甫《夏夜叹》）

13. 农夫方夏耘，安坐吾敢食。 （戴复古《大热》）

14. 人皆苦炎热，我爱夏日长。 （李昂《夏日联句》）

15. 残云收夏暑，新雨带秋岚。 （岑（cén）参《水亭送华阴王少府还县》）

16. 连雨不知春去，一晴方觉夏深。 （范成大《喜晴》）

17. 清江一曲抱村流，长夏江村事事幽。 （杜甫《江村》）

18. 芳菲歇去何须恨，夏木阳荫正可人。 （秦观《三月晦日偶题》）

19. 秋风萧瑟，洪波涌起。 （曹操《观沧海》）

20. 解落三秋叶，能开二月花。 （李峤（qiáo）《风》）

21. 常恐秋节至，焜黄华叶衰。 （《汉乐府·长歌行》）

22. 湖光秋月两相和，潭面无风镜未磨。 　　　　　　（刘禹锡《望洞庭》）

23. 自古逢秋悲寂寥，我言秋日胜春朝。 　　　　　　（刘禹锡《秋词》）

24. 银烛秋光冷画屏，轻罗小扇扑流萤。 　　　　　　（杜牧《秋夕》）

25. 春花秋月何时了，往事知多少。 　　　　　　（李煜（yù）《虞美人》）

26. 欲说还休，却道天凉好个秋。 　　　　（辛弃疾《丑奴儿·书博山道中》）

27. 且如今年冬，未休关西卒。 　　　　　　　　（杜甫《兵车行》）

28. 秋月扬明晖，冬岭秀寒松。 　　　　　　　　（陶渊明《四时》）

29. 南邻更可念，布破冬未赎。 　　　（陆游《十月二十八日风雨大作》）

30. 冬尽今宵促，年开明日长。 　　　　　　　　（董思恭《守岁》）

第二节　　山水日月

1. 千山鸟飞绝，万径人踪灭。 　　　　　　　　（柳宗元《江雪》）

2. 会当凌绝顶，一览众山小。 　　　　　　　　（杜甫《望岳》）

3. 空山不见人，但闻人语响。 　　　　　　　　（王维《鹿柴》）

4. 相看两不厌，只有敬亭山。 　　　　　　　（李白《独坐敬亭山》）

5. 种豆南山下，草盛豆苗稀。 　　　　　　　（陶渊明《归园田居》）

6. 青山遮不住，毕竟东流去。 　　　（辛弃疾《菩萨蛮·书江西造口壁》）

7. 不识庐山真面目，只缘身在此山中。 　　　　（苏轼《题西林壁》）

8. 所谓伊人，在水一方。 　　　　　　　（《诗经·蒹葭（jiā）》）

9. 水何澹澹（dàn），山岛竦峙。 　　　　　　（曹操《观沧海》）

10. 白毛浮绿水，红掌拨清波。 　　　　　　　　（骆宾王《咏鹅》）

11. 天门中断楚江开，碧水东流至此回。 　　　　（李白《望天门山》）

12. 杨柳青青江水平，闻郎江上踏歌声。 　　　　（刘禹锡《竹枝词》）

13. 日出东南隅，照我秦氏楼。 　　　　　　　（《汉乐府·陌上桑》）

14. 迟日江山丽，春风花草香。 　　　　　　　　（杜甫《绝句》）

15. 日暮苍山远，天寒白屋贫。 　　　（刘长卿《逢雪宿芙蓉山主人》）

16. 清晨入古寺，初日照高林。 　　　　（常建《题破山寺后禅院》）

17. 燕山雪花大如席，纷纷吹落轩辕台。 　　　　（李白《北风行》）

18. 千门万户瞳瞳日，总把新桃换旧符。 　　　　（王安石《元日》）

19. 接天莲叶无穷碧，映日荷花别样红。 　（杨万里《晓出净慈寺送林子方》）

20. 两岸青山相对出，孤帆一片日边来。 　　　　（李白《望天门山》）

21. 野旷天低树，江清月近人。 　　　　　　　（孟浩然《宿建德江》）

22. 明月松间照，清泉石上流。 　　　　　（王维《山居秋暝（míng）》）

23. 月黑雁飞高，单于夜遁逃。 　　（卢纶（此处读 lún，又音：guān）《塞下曲》）

24. 举杯邀明月，对影成三人。 　　　　　　　（李白《月下独酌》）

25. 小时不识月，呼作白玉盘。 　　　　　　　（李白《古朗月行》）

26. 深林人不知，明月来相照。 　　　　　　　　（王维《竹里馆》）

27. 人有悲欢离合，月有阴晴圆缺。 　　（苏轼《水调歌头·明月几时有》）

28. 秦时明月汉时关，万里长征人未还。 　　　　　　（王昌龄《出塞》）

第三节　风花雨雪

1. 夜来风雨声，花落知多少。 　　　　　　　　　　　（孟浩然《春晓》）
2. 风劲角弓鸣，将军猎渭城。 　　　　　　　　　　　（王维《观猎》）
3. 林暗草惊风，将军夜引弓。 　　　　　　　　　　　（卢纶《塞下曲》）
4. 野火烧不尽，春风吹又生。 　　　　　（白居易《赋得古原草送别》）
5. 柴门闻犬吠，风雪夜归人。 　　　　（刘长卿《逢雪宿芙蓉山主人》）
6. 随风潜入夜，润物细无声。 　　　　　　　　　（杜甫《春夜喜雨》）
7. 城阙（què）辅三秦，风烟望五津。 　　　（王勃《送杜少府之任蜀州》）
8. 相见时难别亦难，东风无力百花残。 　　　　　　（李商隐《无题》）
9. 待到重阳日，还来就菊花。 　　　　　　　　　（孟浩然《过故人庄》）
10. 人间四月芳菲尽，山寺桃花始盛开。 　　　　（白居易《大林寺桃花》）
11. 花间一壶酒，独酌无相亲。 　　　　　　　　　（李白《月下独酌》）
12. 感时花溅泪，恨别鸟惊心。 　　　　　　　　　　（杜甫《春望》）
13. 晓看红湿处，花重锦官城。 　　　　　　　　　（杜甫《春夜喜雨》）
14. 曲径通幽处，禅房花木深。 　　　　　（常建《题破山寺后禅院》）
15. 黄四娘家花满蹊，千朵万朵压枝低。 　　　　（杜甫《江畔独步寻花》）
16. 无可奈何花落去，似曾相识燕归来。 　　　　　　（晏殊《浣溪沙》）
17. 西塞山前白鹭飞，桃花流水鳜鱼肥。 　　　　　（张志和《渔歌子》）
18. 借问酒家何处有，牧童遥指杏花村。 　　　　　　　（杜牧《清明》）
19. 若道春风不解意，何因吹送落花来。 　　　　　（王维《戏题盘石》）
20. 空山新雨后，天气晚来秋。 　　　　　　　　　（王维《山居秋暝》）
21. 山路元无雨，空翠湿人衣。 　　　　　　　　　　　（王维《山中》）
22. 青箬笠，绿蓑衣，斜风细雨不须归。 　　　　　（张志和《渔歌子》）
23. 夜阑卧听风吹雨，铁马冰河入梦来。 　　（陆游《十一月四日风雨大作》）
24. 清明时节雨纷纷，路上行人欲断魂。 　　　　　　　（杜牧《清明》）
25. 寒雨连江夜入吴，平明送客楚山孤。 　　　　（王昌龄《芙蓉楼送辛渐》）

第四节　草柳树木

1. 天苍苍，野茫茫，风吹草低见牛羊。 　　　　　　　　（《敕勒歌》）
2. 离离原上草，一岁一枯荣。 　　　　　（白居易《赋得古原草送别》）
3. 国破山河在，城春草木深。 　　　　　　　　　　　（杜甫《春望》）
4. 林暗草惊风，将军夜引弓。 　　　　　　　　　　　（卢纶《塞下曲》）
5. 道狭草木长，夕露沾我衣。 　　　　　　　　　（陶渊明《归园田居》）
6. 独怜幽草涧边生，上有黄鹂深树鸣。 　　　　　（韦应物《滁州西涧》）

7. 乱花渐欲迷人眼，浅草才能没马蹄。　　　　　（白居易《钱塘湖春行》）

8. 春城无处不飞花，寒食东风御柳斜。　　　　　　　（韩愈《寒食》）

9. 山重水复疑无路，柳暗花明又一村。　　　　　（陆游《游山西村》）

10. 沾衣欲湿杏花雨，吹面不寒杨柳风。　　　　　（志南僧人《绝句》）

11. 渭城朝雨浥（yì）轻尘，客舍青青柳色新。　（王维《送元二使安西》）

12. 两个黄鹂鸣翠柳，一行白鹭上青天。　　　　　　　（杜甫《绝句》）

13. 羌（qiāng）笛何须怨杨柳，春风不度玉门关。　（王之涣《凉州词》）

14. 杨柳青青江水平，闻郎江上踏歌声。　　　　　（刘禹锡《竹枝词》）

15. 红酥手，黄滕酒，满城春色宫墙柳。　　　　　　（陆游《钗头凤》）

16. 树木丛生，百草丰茂。　　　　　　　　　　　　（曹操《观沧海》）

17. 绿树村边合，青山郭外斜。　　　　　　　　　（孟浩然《过故人庄》）

18. 碧玉妆成一树高，万条垂下绿丝绦（tāo）。　　　（贺知章《咏柳》）

19. 忽如一夜春风来，千树万树梨花开。　　（岑参《白雪歌送武判官归京》）

20. 晴川历历汉阳树，芳草萋萋鹦鹉洲。　　　（崔颢（hào）《黄鹤楼》）

21. 泉眼无声惜细流，树阴照水爱晴柔。　　　　　　（杨万里《小池》）

22. 昨夜西风凋碧树，独上高楼，望尽天涯路。　　　（晏殊《蝶恋花》）

第五节　云鸟江河

1. 月出惊山鸟，时鸣春涧中。　　　　　　　　　　（王维《鸟鸣涧》）

2. 春去花还在，人来鸟不惊。　　　　　　　　　　　（唐寅《画》）

3. 荡胸生层云，决眦（zì）入归鸟。　　　　　　　　（杜甫《望岳》）

4. 山气日夕佳，飞鸟相与还。　　　　　　　　　　（陶渊明《饮酒》）

5. 山光悦鸟性，潭影空人心。　　　　　（常建《题破山寺后禅院》）

6. 鸟宿池边树，僧敲月下门。　　　　　　　（贾岛《题李凝幽居》）

7. 蝉噪林愈静，鸟鸣山更幽。　　　　　　　　（王籍《入若耶溪》）

8. 关关雎（jū）鸠，在河之洲。　　　　　　　　　（《诗经·关雎》）

9. 九曲黄河万里沙，浪淘风簸自天涯。　　　　　（刘禹锡《浪淘沙》）

10. 大漠孤烟直，长河落日圆。　　　　　　　　　（王维《使至塞上》）

11. 白日依山尽，黄河入海流。　　　　　　　　（王之涣《登鹳雀楼》）

12. 旦辞黄河去，暮宿黑山头。　　　　　　　　　　　（《木兰辞》）

13. 无限山河泪，谁言天地宽。　　　　　　　　　（夏完淳《别云间》）

14. 飞流直下三千尺，疑是银河落九天。　　　　　（李白《望庐山瀑布》）

15. 黄河远上白云间，一片孤城万仞山。　　　　　　（王之涣《凉州词》）

16. 三万里河东入海，五千仞岳上摩天。　（陆游《秋夜将晓出篱门迎凉有感》）

17. 至今思项羽，不肯过江东。　　　　　　　　　　（李清照《乌江》）

18. 孤舟蓑笠翁，独钓寒江雪。　　　　　　　　　　（柳宗元《江雪》）

19. 日出江花红胜火，春来江水绿如蓝。　　　　　（白居易《忆江南》）

20. 竹外桃花三两枝，春江水暖鸭先知。　　　（苏轼《惠崇〈春江晓景〉》）

21. 孤帆远影碧空尽，唯见长江天际流。　　　　（李白《黄鹤楼送孟浩然之广陵》）
22. 月落乌啼霜满天，江枫渔火对愁眠。　　　　　（张继《枫桥夜泊》）
23. 正是江南好风景，落花时节又逢君。　　　　　（杜甫《江南逢李龟年》）
24. 明月出天山，苍茫云海间。　　　　　　　　　（李白《关山月》）
25. 众鸟高飞尽，孤云独去闲。　　　　　　　　　（李白《独坐敬亭山》）
26. 只在此山中，云深不知处。　　　　　　　　　（贾岛《寻隐者不遇》）
27. 野径云俱黑，江船火独明。　　　　　　　　　（杜甫《春夜喜雨》）

第六节　离　别

1. 与君离别意，同是宦游人。
   海内存知己，天涯若比邻。　　　　　　　　　（王勃《送杜少府之任蜀州》）
2. 又送王孙去，萋萋满别情。　　　　　　　　　（李白《送友人》）
3. 春草明年绿，王孙归不归？　　　　　　　　　（白居易《赋得古原草送别》）
4. 渭城朝雨浥轻尘，客舍青青柳色新。
   劝君更尽一杯酒，西出阳关无故人。　　　　　（王维《送元二使安西》）
5. 寒雨连江夜入吴，平明送客楚山孤。　　　　　（王昌龄《芙蓉楼送辛渐》）
6. 莫愁前路无知己，天下谁人不识君。　　　　　（高适《别董大》）
7. 桃花潭水深千尺，不及汪伦送我情。　　　　　（李白《赠汪伦》）
8. 山回路转不见君，雪上空留马行处。　　　　　（岑参《白雪歌送武判官归京》）

第七节　亲　情

1. 慈母手中线，游子身上衣。
   临行密密缝，意恐迟迟归。
   谁言寸草心，报得三春晖。　　　　　　　　　（孟郊《游子吟》）
2. 煮豆燃豆萁，豆在釜中泣。
   本是同根生，相煎何太急。　　　　　　　　　（曹植《七步诗》）
3. 爷娘闻女来，出郭相扶将；
   阿姊闻妹来，当户理红妆；
   小弟闻姊来，磨刀霍霍向猪羊。　　　　　　　（《木兰辞》）
4. 戍鼓断人行，边秋一雁声。
   露从今夜白，月是故乡明。
   有弟皆分散，无家问死生。
   寄书长不达，况乃未休兵。　　　　　　　　　（杜甫《月夜忆舍弟》）
5. 洛阳城里见秋风，欲作家书意万重。
   复恐匆匆说不尽，行人临发又开封。　　　　　（张籍《秋思》）
6. 独在异乡为异客，每逢佳节倍思亲。

遥知兄弟登高处，遍插茱萸少一人。　　　（王　维《九月九日忆山东兄弟》）

7. 邯郸驿里逢冬至，抱膝灯前影伴身。
   想得家中夜深坐，还应说着远行人。　　　（白居易《邯郸冬至夜思家》）

8. 稚子牵衣问：归来何太迟？
   共谁争岁月，赢得鬓边丝？　　　　　　　　（杜　牧《归家》）

第八节　乡　情

1. 君自故乡来，应知故乡事。
   来日绮窗前，寒梅着花未？　　　　　　　　（王　维《杂诗》）

2. 少小离家老大回，乡音无改鬓毛衰（cuī）。
   儿童相见不相识，笑问客从何处来？　　　（贺知章《回乡偶书》）

3. 岭外音书断，经冬复立春。
   近乡情更怯，不敢问来人。　　　　　　　　（宋之问《渡汉江》）

4. 客路青山下，行舟绿水前。
   潮平两岸阔，风正一帆悬。
   海日生残夜，江春入旧年。
   乡书何处达，归雁洛阳边。　　　　　　　　（王　湾《次北固山下》）

5. 入春才七日，离家已二年。
   人归落雁后，思发在花前。　　　　　　　　（薛道衡《人日思归》）

6. 床前明月光，疑是地上霜。
   举头望明月，低头思故乡。　　　　　　　　（李　白《静夜思》）

7. 谁家玉笛暗飞声，散入春风满洛城。
   此夜曲中闻折柳，何人不起故园情。　　　（李　白《春夜洛城闻笛》）

8. 客舍并州已十霜，归心日夜忆咸阳。
   无端更渡桑干水，却望并州是故乡。　　　（刘　皂《旅次朔方》）

第四章　歇后语

　　歇后语是俗语的一种，多为群众熟悉的语言。俗语包括谚语、熟语和歇后语三种形式，歇后语形式上是半截话，采用这种手法制作的联语就是"歇后语"。

　　歇后语是中国人民在生活实践中创造的一种特殊语言形式。它一般由两个部分组成，前半截是形象的比喻，像谜面，后半截是解释、说明，像谜底，十分自然贴切。

　　在一定的语言环境中，通常说出前半截，"歇"去后半截，就可以领会和猜想出它的本意，所以称它为歇后语。

　　歇后语具有鲜明的民族特色，浓郁的生活气息，幽默风趣，耐人寻味，为广大人民所喜闻乐见。古代的歇后语虽然很少见于文字记载，但在民间流传肯定是不少的。如钱人昕（xīn）《恒言录》所载："千里寄鹅毛，礼物轻情意重，复斋所载宋时谚也。"这类歇后语，直到今天还继续为人们所使用。

第一节　常用歇后语

孔夫子搬家——净是书（输）	和尚打伞——无法无天
虎落平阳——被犬欺	画蛇添足——多此一举
箭在弦上——不得不发	竹篮打水——一场空
飞蛾扑火——自取灭亡	百米赛跑——分秒必争
拔苗助长——急于求成	芝麻开花——节节高
瞎子点灯——白费蜡	兔子尾巴——长不了
偷鸡不成——蚀把米	王婆卖瓜——自卖自夸
老虎屁股——摸不得	老鼠过街——人人喊打
麻雀虽小——五脏俱全	墙上茅草——随风两边倒
三十六计——走为上计	塞翁失马——焉知祸福
韩信点兵——多多益善	丈二和尚——摸不着头脑
猫哭耗子——假慈悲	饺子破皮——露了馅
八仙聚会——神聊	菜刀切豆腐——两面光
钉头碰钉子——硬碰硬	狗咬吕洞宾——不识好人心
鸡蛋碰石头——不自量力	姜太公钓鱼——愿者上钩
十五个吊桶打水——七上八下	老鼠钻风箱——两头受气
门缝里看人——把人看扁了	泥菩萨过河——自身难保
泼出去的水——收不回	骑驴看唱本——走着瞧
肉包子打狗——有去无回	山中无老虎——猴子称大王
司马昭之心——路人皆知	外甥打灯笼——照旧（舅）
小葱拌豆腐——一清二白	小和尚念经——有口无心
周瑜打黄盖——两厢情愿	擀面杖吹火——一窍不通
猴子捞月亮——空忙一场	秀才遇到兵——有理讲不清
和尚训道士——管得宽	过年娶媳妇——双喜临门
聋子见哑巴——不闻不问	里弄里扛竹竿——直来直去

第二节　包含12生肖的歇后语

老（鼠）过街——人人喊打	（牛）角抹油——又尖又滑
老（虎）嘴里拔牙——冒险	（兔）子尾巴——长不了
（龙）王跳海——回老家	打（蛇）七寸——找要害
（马）尾搓绳——不合股	挂（羊）头卖狗肉——有名无实

（猴）子照镜——得意忘形　　　　（鸡）蛋碰石头——不自量力
（狗）捉耗子——多管闲事　　　　（猪）八戒照镜子——里外不是人

第三节　人物歇后语

孙悟空西天取经——大显神威　　　　猪八戒照镜子——里外不是人
猪八戒吃面条——粗中有细　　　　　猪八戒吃西瓜——独吞
白骨精扮新娘——妖里妖气　　　　　曹操败走华容道——不出所料
曹操杀华佗——讳疾忌医　　　　　　曹操杀吕伯奢——将错就错
刘备借荆州——有借无还　　　　　　刘备摔孩子——收买人心
张飞穿针——粗中有细　　　　　　　关羽降曹操——身在曹营心在汉
诸葛亮弹琴——计上心来　　　　　　诸葛亮的锦囊——神机妙算
孔夫子拜师——不耻下问

第五章　对　联

　　对联又称楹联和对偶，是一种对偶文学，起源于桃符，也要押韵。对联大致可分诗对联，以及散文对联，严格区分大小词类相对。传统对联的对仗要比所谓的诗对联工整。随着唐朝诗歌兴起，散文对联被排斥在外。散文对联一般不拘平仄，不避重字，不过分强调词性相当，又不失对仗。

　　对联源远流长，相传起于五代后蜀主孟昶（chǎng）。他在寝门桃符板上的题词"新年纳余庆，佳节号长春"，谓文"题桃符"（见《蜀梼杌（táo wù）》）。这要算我国最早的对联，也是第一副春联。下联以异物对之，或和其意，或驳其意。意义及深之对句，散文对联亦不可说不行。

　　特点：首先要字数相等，断句一致。除有意空出某字的位置以达到某种效果外，上下联字数必须相同，不多不少。其次动词对动词，形容词对形容词，数量词对数量词，副词对副词，而且相对的词在相对的位置上。再次要平仄相合，音调和谐。按韵脚来分，如上联韵脚为仄声，则下联韵脚为平声，谓之"平起仄收"。两者均为基本要求。最后要内容相关，上下衔接。到了明代，明太祖朱元璋大力提倡对联。他在金陵（现在的南京）定都以后，命令大臣、官员和一般老百姓家除夕前都必须书写一副对联贴在门上，他亲自穿便装出巡，挨门挨户观赏取乐。当时的文人也把题联作对当成文雅的乐事，写春联便成为一时的社会风尚。

第一节　趣联故事

1．一日，寇准与友同游，乘兴出对曰：**水底月为天上月**。从无以相对。杨大年刚好赶到，答道：眼中人是面前人。众皆喝彩。

2. 刘贡父善属对。王安石出对试之：三代夏商周。刘对道：四诗风雅颂。王安石夸其对句：真乃天造地设。

3. 苏东坡与黄庭坚在松树底下走棋。一阵风吹来，松果掉进棋盘。苏东坡得句曰：松下围棋，松子每随棋子落。黄庭坚对道：柳边垂钓，柳丝常伴钓丝悬。

4. 新婚之夜，苏小妹欲试新郎秦少游之才，将秦拒之门外并出对曰：闭门推出窗前月。秦少游左思右想不得其对，徘徊长廊。苏东坡见状，虽替妹夫焦急，却又不便代劳。突然，他灵机一动，拾起一块石头，投进盛满清水的花缸里。秦少游听到"卟通"一声，顿时领悟脱口而出：投石冲破水底天。苏小妹闻声大喜，急忙迎进新郎。

5. 某日朱元璋与刘伯温下棋。朱出对曰：天作棋盘星作子，日月争光。刘伯温对到：雷为战鼓电为旗，风云际合。朱刘之对各合身份，用词绝妙。

6. 唐伯虎同祝枝山因事到乡村，看到农夫车水。祝出对曰：水车车水，水随车，车停水止。唐对道：风扇扇风，风出扇，扇动风生。祝唐之对实属巧妙，传诵一时。

7. 徐唏上任，守令率诸生相迎。诸生以徐出身贫寒，相见时颇为无礼。守令心中恼怒，乃出对考诸生：擘破石榴，红门中许多酸子。诸生面面相觑，无人能对。徐答日：咬开银杏，白衣里一个大人。诸生惊赧（nǎn），再也不敢小觑徐唏也！

8. 明人解缙，门对富豪的竹林。除夕，他在门上贴了一副春联：门对千根竹，家藏万卷书。富豪见了，叫人把竹砍掉。解缙深解其意，于上下联各添一字：门对千根竹短，家藏万卷书长。富豪更加恼火，下令把竹子连根挖掉。解缙暗中发笑，在上下联又添一字：门对千根竹短无，家藏万卷书长有。富豪气得目瞪口呆。

9. 程敏政，人称神童，宰相李贤欲招为婿，指着席上果品出对曰：因荷（何）而得藕（偶）。程对道：有杏（幸）不须梅（媒）。李贤大喜，乃将女儿配之。

10. 戴大宾五岁时，应童子试。诸生见其年少，笑问："欲为何官？"戴答道："阁老"。众人戏之曰：未老思阁老。戴大声答道：无才做秀才。众皆大笑。

11. 杨慎，字用修，号升庵，生于明代弘治元年。相传他五六岁时在桂湖附近一个堰塘里游泳，县令路过，他居然不起来回避。县令命人把他的衣服挂在一个古树上，并告诉杨慎："本县令出副对子，如果你能对得出，饶你不敬之罪！"县令刚念完上联：千年古树为衣架。杨慎即对出：万里长江做澡盆。县令叹服，赞杨慎为神童。

12. 沈义甫八岁时，其师命对云：绿水本无忧，因风皱面。沈对道：青山原不老，为雪白头。师爱其聪明，赞之不绝。

13. 清朝侍学士荣光，因争设津浦铁路车站，受到舆论的谴责。津门某报撰联云：荣光争设车站，求荣反辱面无光。该报悬赏征对，应者纷然，佳作有：胜保妄谈兵，未胜先骄身莫保。又一联：载振为藏娇，千载一时名大振。联语所述均为实事，且与上联工力悉敌，一时传为笑谈。

14. 1894年，中日甲午战争爆发。同年十一月二日，日军侵占大连。败讯传来，正值慈禧太后六十大寿，有人愤然书联于北京墙头：万寿无疆，普天同庆；三军败绩，割地求和。慈禧垂帘听政二十余年，丧权辱国，死后却被尊为：慈禧端佑康颐昭豫庄诚寿恭钦献崇熙皇太后。对此，有人书联嘲之：**垂帘廿余年，年年割地。尊号十六字，字字欺天。**

15.苏昆名丑杨三在演白蛇传时，讽刺了李鸿章的卖国行为，后被李迫害致死。观众十分气愤。有人写了这样一副对联：**杨三已死无苏丑；李二先生是汉奸。**李鸿章排行第二，故称李二先生。

16.俞曲园携女游西湖灵隐寺，见冷泉亭有一联，俞轻声念道：**泉自几时冷起；峰从何处飞来。**其女笑答：**泉自禹时冷起；峰从项处飞来。**俞惊问：项字何谓？其女道：项羽若不将此山拔起，峰安得飞来？

17.李某为官，巧立名目，搜刮钱财，百姓无不恨之入骨。其死后有人戏作一联曰：**早死一时天有眼，再留三日地无皮。**

18.王某平日挥霍无度，过年时缺柴少米，在门上贴副对联：**行节俭事，过淡泊年。**邻居在上下联各添一字：**早行节俭事，不过淡泊年。**观者为之捧腹。

19.某生家贫，向亲友借贷，均被拒绝。中举后，亲友纷纷前来巴结，趋之若鹜（wù）。书生感慨万千，在门口贴了一副对联：**回忆去岁，饥荒五、六、七月间，柴米尽焦枯，贫无一寸铁，赊不得，欠不得，虽有近亲远戚，谁肯雪中送炭；侥幸今年，科举头、二、三场内，文章皆合适，中了五经魁，名也香，姓也香，不拘张三李四，都来锦上添花。**

20.秀才张某恃才高傲。一天，在田垅遇一挑泥农夫，不肯让路，两人均不得过。农夫笑道：我有一联，君若能对，愿下田让道。秀才满口应承。农夫曰：**一担重泥遇子路（寓一旦仲尼遇子路）。**张苦思冥想，无言可对，只得下田让路。三年后，张某看河工决堤引水，傍晚河工约会笑而返，才恍然大悟，续上前联：**两行夫子笑颜回。**

21.有一财主，父子花钱各捐了一个进士，心中十分得意，大年三十，在门前贴了一副对联，以示庆贺。联曰：**父进士，子进士，父子同进士；妻夫人，媳夫人，妻媳皆夫人。**才人王某读罢，在对联上寥添数笔，其联顿成：**父进土，子进土，父子同进土；妻失夫，媳失夫，妻媳皆失夫。**财主见了又羞又怒，只得把对联撕去。

22.汤某与友上街游玩，见酒店吊着一盏方灯，四面都写着酒字，出对曰：**一盏灯，四个字，酒酒酒酒。**时夜已深，报更者出，友曰，我对矣：**三更鼓，两面锣，汤汤汤汤。**

23.有一贪官，为表其清白，于衙门书联：**爱民如子，执法如山。**夜里，有人在其联下续上二行：**爱民如子，金子银子皆吾子也；执法如山，钱山靠山其为山乎。**众人看了，无不发笑。

24.郭沫若幼年在私塾读书。有一次和同学们偷吃了庙里的桃子。和尚找先生告状，先生追责学生，没人承认。先生说，我出个对子，谁能对上免罚。先生曰：**昨日偷桃钻狗洞，不知是谁？**郭沫若思索了片刻，对道：**他年攀桂步蟾宫（chán gōng 指月亮），必定有我。**先生惊其才华，极为高兴，全体学生都免予处罚。

25.蒋介石竞选总统时，续范亭戏作一联：**井底孤蛙，小天小地，自高自大；厕中怪石，不中不正，又臭又硬。**此联把蒋介石的丑态勾画得惟妙惟肖，人们无不拍手称快。

26.1953 年，钱三强率科学考察团出访，团员有华罗庚、张钰哲、赵九章、贝时璋、吕叔湘等人。途中闲暇无事，少不得谈今论古。这时华罗庚即景生情，得出上联一则：**三强韩魏赵**。求对下联。三强说的是战国时期韩、魏、赵三个强国，却又隐喻代表团团长钱三强的名字，这就不仅要解决数字联中难对的困难，而且要在下联中嵌入一位科学家的名字。因此，华老上联一出，诸人大费踌躇。隔了一阵，只见华罗庚不慌不忙地吟出了下联：**九章勾股弦**。九章是我国古代著名的数学著作，这本书首次记载了我国数学家所发现的勾股定理。同时，九章又是大气物理学家赵九章的名字。对得如此之妙，使满座为之倾倒！

第二节　名人对联

气备四时，与天地日月鬼神合其德；教垂万世，继尧舜禹汤文武人之师。（写孔子）

其人虽已没，千载有余情；昔时人已没，今日水犹寒。（写荆轲）

志洁行廉，忠君爱国真气节；辞微旨远，经天纬地大诗篇。（悼屈原）

万顷重湖悲去国，一江千古属斯人。（写屈原）

何处招魂，香草还生三户地；当年呵壁，湘流应识九歌心。（悼屈原）

江东子弟多才俊，卷土重来未可知。（写项羽）

十年成败一知己，七尺存亡两妇人。（写韩信）

青冢有情犹识路，平沙无处可招魂。（写王昭君）

两表一对，鞠躬尽瘁酬三顾；鼎足七出，威德成孚足千秋。（悼诸葛亮）

师卧龙，友子龙，龙师龙友；弟翼德，兄玄德，德弟德兄。（写关羽）

酌酒花间，磨针石上；倚剑天外，挂弓扶桑。（颂李白）

舟系洞庭，世上疮痍空有泪；魂归洛水，人间改换已无诗。（写杜甫）

天意起斯文，不是一封书，安得先生到此；人心归正道，只须八个月，至今百世师之。（写韩愈）

四面湖山归眼底，万家忧乐到心头。（悼范仲淹）

翁去八百载，醉乡犹在；山行六七里，亭囊（nǎng）不孤。（悼欧阳修）

萃父子兄弟于一门，八家唐宋占三席；悟骈散诗词之特征，千变纵横识其源。（悼苏洵父子）

赖社稷之灵，国已有君，自分一腔抛热血；竭股肱（gǔ gōng）之力，继之以死，独留青白在人间。（写于谦）

理冤狱关节不到，自是阎罗气象；赈灾黎慈悲无量，依然菩萨心肠。（写包公）

万里留长城，南渡朝廷从此小；一抔（póu）留古墓，西湖烟水到今香。（写岳飞）

铜板铁琶，继东坡高唱大江东去；美芹悲黍，冀南宋莫随鸿雁南飞。（郭沫若为辛弃疾题）

大河百代众浪齐奔淘尽万古英雄汉，词苑千载群芳竞秀盛开一枝花。（悼李清

照）

集中十九从军乐，亘古男儿一放翁。（写陆游）

扬震旦天声，前无古人，后无来者；作欧亚盟主，博我皇道，安我汉京。（写成吉思汗）

写人写妖，高人一等；刺贪刺虐，入骨三分。（郭沫若为蒲松龄题）

鬼狐有性格，笑骂成文章。（写蒲松龄）

赐国姓，家破君亡，永矢孤忠，创基业在山穷水尽；复父书，词严义正，千秋大节，享俎豆于舜日尧天。（写郑成功）

江户矢丹枕，感君首赞同盟会；轩亭洒碧血，愧我今招女侠魂。（孙中山挽秋瑾）

是中国自由神，三民五权，推翻历史数千载专制之局；愿吾侪（chái）后死者，齐心协力，完成先生一二件未竟之功。（写孙中山）

译书尚未成功，惊闻陨星，中国何人领呐喊；先生已经作古，痛忆旧雨，文坛从此感彷徨。（悼鲁迅）

旷代天才，回荡当齐马赛曲；炎黄后胄，激扬永振义勇军。（写聂耳）

有雄才，有伟略，有奇勋，实在有德；无后裔，无偏心，无享受，真正无私。（写周恩来）

第三节　名胜古迹对联

龙游凤舞中天瑞，风和日朗大地春。（北京故宫楹联）

胜赏寄云岩万象总输奇秀，清阴留竹柏四时不改茏葱。（北京中南海静谷楹联）

玉宇琼楼天上下，方壶园峤水中央。（北京中南海跨桥联）

七宝栏杆千岁古，十洲烟景四时花。（颐和园知春堂联）

万树梅花一潭水，四时烟雨半山云。（云南黑龙潭联）

有亭翼然占绿水十分之一，何时闲了与明月对饮而三。（昆明海心亭联）

高风振千古，印学话西泠（líng）。（杭州西泠印社后门石坊联）

飞峰一动不如一静，念佛求人不如求己。（杭州飞来峰联）

千秋冤案莫须有，百战忠魂归去来。

青山有幸埋忠骨，白铁无辜铸佞臣。（岳坟前对）

人从宋后少名桧，我到坟前愧姓秦。（秦某题秦桧跪像）

山山水水处处明明秀秀，晴晴雨雨时时好好奇奇。（西湖天下景联）

洞庭西下八百里，淮海南来第一楼。（湖南岳阳楼联）

何处招魂香草还生三户地，当年呵壁湘流应识九歌心。（长沙三闾大夫祠（屈原））

一楼萃三楚精神云鹤俱空横笛在，二水汇百川支派古今无尽大江流。（武汉黄鹤楼联）

我辈复登临目极湖山千里而外，奇文共欣赏人在水天一色之中。（滕王阁联（李春园题））

酒味冲天飞鸟闻香化凤，糟粕落地游鱼得味成龙。（山西杏花村汾酒厂楹联）

揽月居然凌上界，摒云便要洒齐州。（泰山岱庙联）

远山收入画回首白云低，离阁逼云霄举头红日近。（黄山玉屏楼联）

画阁镜中看幻作神仙福地，飞泉云外听写成山水清音。（趵突泉联（石琢堂书））

能攻心，则反侧自消，从古知兵非好战；不审势，即宽严皆误，后来治蜀要深思。（成教武侯祠诸葛亮殿）

两表酬三顾，一对足千秋。（武侯祠）

此女校书旧日枇杷门巷，为古天府第一郊外公园。（成都望江楼大门对联）

一水绕当门滚滚浪分岷岭雪，双扉开对廓熙熙人乐锦楼春。（望江楼门联）

门可通天仰观碧落星辰近，路承绝顶俯瞰翠微峦屿低。（南岳衡山南天门对联）

犹留正气参天地，永剩丹心照古今。（文天祥祠对联）

三过其门虚度辛壬癸甲，八年于外平成河汉江淮。（禹王庙联）

海水朝朝朝朝朝朝朝落，浮云长长长长长长长消。（山海关姜女庙联）

第四节　生活中的对联

1. 春联

春风送福　　喜气临门　　春回大地　　日暖人间　　风调雨顺

人寿年丰　　物华天宝　　人杰地灵　　一元复始　　万象更新

江山千古秀　　社稷万年春　　腊尽千门暖　　春归万物苏　　人勤三春昌

地肥五谷丰　　人有鲲鹏志　　国呈龙虎姿　　岁岁皆如意　　年年尽平安

万家腾笑语　　四海庆新春　　祖国山河好　　人民岁月新

江山万里如画　　神州四时皆春　　祖国山明水秀　　中华人杰地灵

爆竹声声辞旧岁　　红梅朵朵迎新春　　风送花香红满地　　地满红香花送风

生意兴隆通四海　　财源茂盛达三江　　十亿神州春日起　　千秋华夏巨龙飞

顺雨调风龙气象　　锦山绣水凤文章　　五湖四海皆春色　　万水千山尽得辉

一帆风顺年年好　　万事如意步步高　　春满人间百花吐艳

福临小院四季常安　　春风送春处处春色美　　喜鹊报喜家家喜事多

好时代好风光处处有好人好事　　新社会新气象天天谱新曲新歌

家家户户说说笑笑欢欢喜喜同过新年　　上上下下男男女女老老少少都添一岁

2. 寿联

① 男寿联

五十寿

五岳同尊唯嵩峻极　　百年上寿如日方中

数百岁之桑扶过去五十再来五十　　问大年于海屋春华八千秋实八千

不福星，真福星，即此一言，可为君寿

已五十，又五十，请至百岁，再征余文

六十寿

八月秋高仰仙桂六旬人健比乔松

甲子重新如阜春秋不老大德如山

七十寿

人歌上寿　　天与稀龄　　从古称稀尊上寿　　自今以始乐余年

八十寿

渭水一竿闲试钓　　武陵千树笑行舟

日岁能预期廿载后如今日健　　群芳齐上寿十年前已古来稀

九十寿

瑶池果熟三千岁　　海屋筹添九十春

四化行春新岁月　　九旬益健老青年

百岁寿

人生不满公今满　　世上难逢我正逢

称（chēng 举）觞（shāng 酒杯）共庆千秋节

祝嘏（gǔ，又 jiǎ，福）高悬百寿图

②女寿联

五十寿

庭帏长驻三春景　　海屋平分百岁筹

婺（wù）宿腾辉百龄半度　　天星焕彩五福骈臻

六十寿

青松翠竹标芳度　　紫燕黄鹂鸣好春

玉树阶前莱衣兑舞　　金萱堂上花甲初周

七十寿

会桂牛辉老益健　　萱草长春庆古稀

愿岁岁今朝以腊八良辰陈千秋雅戏

祝婆婆老福从古稀七十到上寿百年

八十寿

八秩寿筵开萱草眉舒绿　　千秋佳节到蟠桃面映红

逾古稀又十年可喜慈颜久驻　　去期颐尚廿载预征后福无疆

九十寿

明月有恒纪年合献九如颂　　长春不老添润当称百岁人

设帨（shuì）溯当年喜花甲一周又半　　称觞逢此日祝萱颜百岁有奇

百岁寿

桃熟三千瑶池启宴　　筹添一百海屋称觞

风范仰坤仪欢呼共祝千秋节　　期颐称国瑞建筑应兴百岁坊

3. 挽联

流芳百世　　遗爱千秋　　音容宛在　　浩气常存

美德堪称典范　　遗训长昭泣人　　陇上犹留芳迹　　堂前共仰遗容

第六章 方言俚语集萃

碍眼：妨碍别人。（北京）

倍儿：特别、非常的意思。（北京）

甭，甭介：不用。（北京）

搓：吃的意思。（北京）

兜圈子，绕弯子：有话不直说，顾左右而言他，兜起圈子来。（北京）

多新鲜呢：这事儿有什么值得奇怪的呢？（北京）

回头：有机会。（北京）

遛弯儿，溜达：散步。（北京）

撂挑子：扔下事情不管了。（北京）

傻冒儿：傻，也代指傻子。（北京）

涮：骗，耍的意思。（北京）

挑眼了，挑理儿：挑理，怨别人办事不合规矩。（北京）

找抽：找打。（北京）

嘴皮子：说话的功夫。（北京）

瘪三：乞丐先生，用来形容叫花子、难民、逃荒者等各式穷人。后引申为最广泛的骂人用语之一。（上海）

赤佬：英语"cheat"和中文"佬"的混生词语。（上海）

戆大：傻瓜，呆鹅，糊涂虫，引申为受骗者，现被北方人读如"港督"。（上海）

毛毛雨：如牛毛那样细小的雨。俗指微不足道，小意思。（上海）

翘辫子：畜生或死人。（上海）

小开：小骗子之意，后引申为对有钱人的泛称，有时也用为老开。（上海）

打住：停住。（天津）

扣索：吝啬。（天津）

麻利点：快点。（天津）

没门儿：不可能。（天津）

腻味：不喜欢，无聊。（天津）

有戏：有希望。（天津）

有过结（节）儿：以心中有疙瘩不解，表示有矛盾。（天津）

摆平：就是打架。（重庆）

摆龙门阵：聊天。（重庆）

对头，逗是：是的。（重庆）

好多钱：多少钱。（重庆）

啥子：什么。（重庆）

要的：好。（重庆）

多会儿：什么时间。（河北）

蛇皮袋：塑料编织袋。（河北）

迷呼了：困了，想睡觉了。（内蒙古）

营生：活计。（内蒙古）

不着调：不走正道。（辽宁）

得瑟：喜形于色，臭显摆。（辽宁）

急眼：发火。（辽宁）

坷碜：不好看。（辽宁）

拉倒：终结。（辽宁）

磨不开：碍于情面。（辽宁）

那疙瘩：那个地方。（辽宁）

抬杠：无理争辩。（辽宁）

消你：打你。（辽宁）

小抠儿：吝啬。（辽宁）

兴许：可能。（辽宁）

白话：能说（贬意）。（吉林）

赶趟：来得及。（吉林）

海了：多的意思。（吉林）

急眼：急了。（吉林）

拉倒：作罢。（吉林）

死乞白列：纠缠不放。（黑龙江）

贼亮：特别亮。（黑龙江）

弄堂：胡同（浙江）

得劲：舒服，开心，如意。（河南）

蒙住了：骗住了。（河南）

扯皮：吵架。（湖南）

堂客：老婆；成年妇女。（湖南）

无厘头：从香港传入的流行俚语，形容词，意为"没来由的"、"不知所谓的"、"没意义"、"不实际"的。（广东）

出粮：发工资。（广东）

发烧友：从香港传进的新俚语，指爱好或迷恋某事物，到了不能自休、热情有如发高烧的人。（广东）

拍拖：指男女牵手同行，尤指谈恋爱者。（广东）

炒鱿鱼：泛用作动词，义为解雇、辞退。（广东）

打牙祭：此词反映的是四川人的祭祀习俗，后泛指吃肉。（四川）

忒：很好，很棒。（陕西）

伙计：一般指朋友、哥们、女孩子的男朋友。（陕西）

煲粥：长时间的拿着电话筒跟别人无聊地闲谈。（香港）

出位：指不安其位，超越常规。（香港）

板块三　阅读积累

　　阅读是语文课程中极其重要的学习内容，课程标准关于阅读的目标，在理念上有较大的变化。现代的阅读观认为，一般意义上的阅读，是搜集处理信息、认识世界、发展思维、获得审美体验的重要途径，语文课程的阅读同样也应这样理解。阅读教学是学生、教师、文本之间对话的过程。

　　《语文课程标准》中明确提出："培养学生广泛的阅读兴趣、扩大阅读面、增加阅读量，提倡少做题、多读书、好读书、读好书、读整本书，鼓励学生自主选择阅读材料"。并且每个年级段都规定了阅读总量。这就告诉我们必须树立大语文观，课内的语文教学必须向课外阅读延伸。将课外阅读与课堂语文教学有机结合，致力于学生语文素养的提高，为学生全面发展和终身发展奠定基础。

　　阅读，是小学语文的重要环节，考查阅读，是语文测试中的一个重要内容，而且是目前考试改革的一个重要课题。

　　阅读能使同学们积累大量知识，有着开拓知识面、拓宽视野、提高自身文化素养等多方面的作用。同学们受到优秀作品的感染和激励，会执著地追求美好的理想。

第一章　阅读的基本方法

阅读方法口诀歌

借助提示，明确目的。

浏览一遍，心中有底。

标明序次，理清头绪。

划分段落，归纳段意。

把握重点，提出问题。

循序渐进，熟读精思。

圈点画线，旁注眉批。

字词句篇，寻根究底。

突破难点，集中精力。

掩卷复述，择要记忆。

解决疑难，完成练习。

精采之处，做好摘记。

巩固知识，不忘复习。

1. 读懂题目，给文章分类

文章的题目是一篇文章的高度概括，它像一个窗口，透过它，可以了解到文章的内容和实质，理清文章的脉络，把握文章的中心，体会作者表达的思想感情。因此，要想读懂一篇文章，首要步骤是先要读懂文章的题目。

通过文章的题目我们还能概括文章的主要内容，揭示文章的主题，了解事情发生的时间、地点、环境，可以确定文章的线索。

（1）弄清题目特点

文章的题目就其特点可以分为两大类：一类是语言表达形式类；另一类是语言表达内容类。

①按语言表达形式的不同，可分为：

➡用一个词语作题目的，如，《雨》《灯光》《穷人》等。

➡用一个词组作题目的，如，《开国大典》《高原红柳》《夜莺的歌声》等。

➡用一句话作题目的，如，《黄河是怎样变化的》《"你们想错了"》等。

②按语言表达内容的不同，可分为：

➡写人的文章，直接用人名作题目，如，《詹天佑》等。

➡以所写人物所做的事情为题目，如，《女娲补天》等。

➡以人物品质为题目，如，《倔强的小红军》等。

➡写事的文章，又可分为以事情发生的时间、地点以及主要事件为题目，如，《十六年前的回忆》《峨眉道上》等。

➡以事情内容为题目，如，《飞夺泸定桥》《放风筝》等。

➡描写景物的文章大多以某处景物的名称作题目，如，《五彩池》《桂林山水》等。

➡状物的文章一般以所写事物的名称为题目，如，《鲸》《太阳》《新型玻璃》等。

➡说明文的题目，大都以说明的一种道理、议论的一件事情或一种做法为题目，如，《蛇与庄稼》《只有一个地球》等。

（2）明确题目的要求

①弄清题目含义。阅读文章时，要反复多读文章的题目，逐字逐词地领会它的意思。如，《将相和》这个题目，先要弄清"将"指什么，"相"指什么，"和"是什么意思。在这里，"将"是指武将廉颇，"相"是指文官蔺相如，"和"的意思是和好。把整个题目连起来理解就是：文官武将团结和好，共同把国家的事情办好。当然，有些文章的题目比较浅显，让人一目了然，就不需要逐字、逐句地去研究了。

②抓住题目中的题眼了解文章内容。如，《迷人的张家界》，在阅读时要抓住"迷人"一词去体会文章的内容，感受描写张家界迷人的句子。

③根据题目判断文章的类别和表达顺序。如，《草船借箭》，我们根据题目大体判断这是写事的文章，依据题目在阅读前可给自己设置这样的问题：A. 谁利用草船向谁借箭？B. 如何用草船借箭？C. 借箭的结果如何？在阅读时，顺着问题往下读，就可以读懂文章了。

2. 理解词句含义

（1）理解文中词语含义

在阅读文章时，如果对词的意义及其用法理解不够深刻，似是而非，就会对文章理解得肤浅，甚至会曲解文章的意思。在写作时，如果不理解词义，乱用词语，往往不能正确地表达自己的思想感情。所以，正确理解词语在句中的意思，可以更好地帮助我们提高阅读和写作的水平。

主要方法有：

①用观察和想象的方法来理解。在《跳水》一文中，讲猴子冲着孩子"龇牙咧嘴"可以借助动作的演示，同学们一看就知道了。

②先理解词语中词素的意义，再综合理解。如，《夜莺的歌声》一文中所写的"空旷的花园里，烧焦的树垂头丧气地弯着腰"，这里的"垂头丧气"一词中的"垂"指低下，因事情不顺利而情绪低落。整个词的意思是：形容情绪低落、失望懊丧的神情。

③想象情境来理解。如，《十里长街送总理》一文中的"肃穆"一词，只要反复读课文，想象当时人们的心情，周围的气氛，就能体会到该词的意思了。

④先弄清本义，再联系内容，理解词的引申义。如，《我的伯父鲁迅先生》中的"你想，四周围黑洞洞的，还不容易碰壁吗？"这句中的"碰壁"一词本来指碰在墙壁上，比喻遇到严重阻碍或遭受拒绝，事情行不通，在文中指反动统治者对鲁迅的迫害。

⑤用举例的方法理解。可联系平日的生活实际，用具体事例去理解词义。

⑥查工具书理解。利用工具书，弄清重点字的义项，再组成词或在句子中确定选用哪个义项，然后结合课文或句子的内容来理解词的深刻含义。

⑦联系上下文理解词义。例如，《圆明园的毁灭》中的"我国这一园林艺术的瑰宝、建筑艺术的精华，就这样被化成了灰烬"，这句中的"瑰宝"一词，只有在充分把握课文内容的基础上，才能体会出圆明园是中国园艺史上的稀有而珍贵的宝贝。

⑧比较词义，推测用法。意义相近的词容易相互混淆。为了避免近义词的错用，理解词义时可用已经学过的同义词进行比较，弄清楚词的运用范围、感情色彩、使用对象的异同。

（2）理解文中重要句子的深层含义

句子是由若干个词组成的，无数的句子又组成了段落，若干个段落有机地结合形成一篇文章，在阅读中，要准确理解和把握文章的内容，首先要读懂句子，特别是文中重要句子。

①重要句子在全文中的作用

➡文章的重点句，也是中心句，起到点明中心的作用。

例如，《詹天佑》一文开头："詹天佑是我国杰出的爱国工程师。"全文就是以詹天佑的爱国之心为基础，他靠着杰出的才干，顶住种种压力，接受了主持修筑京张铁路的任务，创造性地设计了"人"字形线路，最终提前两年成功修筑了京张铁路，给藐视中国的帝国主义者一个有力回击。

➡过渡句在文章中起着承上启下的作用。

《白杨》一课的第2段："从哪儿看得出列车在前进呢？"

这是过渡句也是过渡段。第2段描写了车窗外大戈壁的景象，由这一句引出第3段，列车前进的唯一参照物是"沿着铁路线的一行白杨树"，由景到物点出了文章的主题——白杨。这样描写，紧扣文章的中心，上下文过渡自然，衔接紧密。

由以上两个例子我们不难看出，读懂文中的重点句、中心句、过渡句等，有助于我们对课文内容的理解和对文章思想感情的体会。

②理解句子的含义

理解句子的含义是小学生学习语文的一项基本要求。首先，要深入理解课文，要依据全篇课文的思想内容去分析句子的意思，特别是要紧密联系句子上下文的内容去理解句子的意思。其次，不能孤立地看一句话，要很好地理解每个词语在句子中的意思和它所表达的思想感情。对于句中所运用的修辞手法和标点符号的作用，也要认真地分析。

所谓含义，就是词和句所包含的意义。理解句子的含义，主要包括体会作者的写作目的、所要表达的思想感情，这句话所要说明或揭示的道理，它与全文思想内容的联系和关系，以及它对表现中心思想的作用等。

➡抓住关键词语。

有些句子讲含义时，要先找出关键词语，弄清这些词语的意思，句子的含义也就理解了。例如"四周围黑洞洞的，还不容易碰壁吗"这一句，用"黑洞洞"暗喻旧社会的黑暗，用"碰壁"来比喻人民丝毫没有自由，革命进步人士处处受迫害。理解了这两个词的意思，我们就会体会到这句话的含义。即鲁迅先生用诙谐的说笑来抨击黑暗的旧社会。

➡联系上下文理解句子含义。

结合具体的语言环境，从全段或全文的整体意思入手，分析句子的含义。例如，《鸟的天堂》最后一句话："那'鸟的天堂'的确是鸟的天堂啊！"结合全文来理解，这个句子既点明了主题，总结了全文，又表达了作者对"鸟的天堂"的深情赞美。要理解这句话，体会它蕴涵的思想感情，就必须联系全文的内容。"鸟的天堂"为鸟儿提供了优越的栖息环境，无数的鸟儿在这里自由自在地生活，并受到农民的保护，是名副其实的鸟的天堂。

➡抓住关键部分，理解句子含义。

如，《向往奥运》中"一个国家，一座城市，能够举办一次奥运会，该是一件多么了不起的事情"，这一句抒发了作者听到我国申奥成功的消息时激动而自豪的情感。我国承办2008年奥运会的强烈愿望终于变成了现实，这说明中国正在走向世界、走向富强。要从这一句话中领悟出我国申奥成功的重大意义。

➡思考言外之意。

《我的伯父鲁迅先生》中有好几处这样的句子，例如，伯父跟"我"谈起《水浒传》……"我"就张冠李戴地乱说一气，伯父摸着胡子笑了笑，说："哈哈！还是我的记性好。"听了伯父这句话，"我"又羞愧，又悔恨，比挨打挨骂还难受。这是为什么？原来，伯父的话表面上在夸自己的记性好，实际上在委婉地批评"我"读书不认真。"我"听懂了伯父的言外之意，才那样羞愧后悔。阅读时，只有领会到这层意思，才能体会到鲁迅先生对孩子的教育和体贴。所以，认真揣摩词句的言外之意，是领会有些词句内涵的重要方法。

➡结合时代背景，理解句子的含义。

如："你想，四周围黑洞洞的，还不容易碰壁吗？"为什么当时的"我"听不懂这句话？这是因为，那时"我"年纪小，不清楚反动统治者是怎样迫害进步人士的。事隔半个多世纪，我们也是小小年纪，为什么却能体会到这句话是鲁迅先生对反动统治的有力抨击？这是因为，老师向我们介绍了时代背景，我们就能体会到这句话的含义了。

➡抓住修辞手法理解句子含义。

《记金华的双龙洞》一文中，有这样一句话："一路迎着溪流。随着山势溪流时而宽，时而窄，时而缓，时而急，溪声也时时变换调子。"以"时而"构成排比来形象地描写出溪流随着山势变化而变化的动态。

文章中含义深刻的句子常常是重点句。重点句和文章的中心思想往往有着密切的关系，起着突出中心的作用。联系文章的中心思想，有时候能够有效地帮助我们理解句子的含义。

总之，文章中多数句子一看就懂。但有些重要句子除了表面的意思，还有深层的含义。对于这些句子我们必须细细体会，认真揣摩，通过各种有效途径理解它们的深层含义。

3. 理清文章结构并分段

学会正确地给文章划分段落，是进行概括能力和思维能力训练的重要内容，对于小学中高年级的学生来说，是学习语文的重要一课。划分文章段落的过程就是深入阅读文章的过程，它可以帮助我们提高驾驭全篇的能力，为归纳文章的主要内容、提炼中心思想打下基础。

（1）按文章表达的顺序安排分段

①按事情发展顺序。文章在叙述一件事情时，没有明显划分段落的标志，这时我们可根据事情发展的顺序，将结合比较紧密的段落合并起来，组成一大段。

如，《十里长街送总理》一文，可按"等灵车"—"望灵车"—"送灵车"的发展顺序分为三段。有些文章，可以明确分出事情的起因、经过和结果，可按这三部分来划分段落。有些叙事性文章经过部分比较复杂，也可以按事件的发生、发展、高潮、结果几个部分来分段。

②按时间顺序。有些文章在叙述过程中按照时间的先后顺序来组织安排材料。这样的文章，肯定会出现一些交代时间变化的词语或句子来作提示，随着这个时间的变化，事物也发生了相应的变化。如一天的时间顺序：早晨、中午、晚上；季节的变化顺序：春、夏、秋、冬。各个时间段内，事物的特点各不相同，则独立成段。如，《一夜的工作》可按审稿前、审稿时、审稿后、作者回来的顺序，分为四段。这样的记叙文段落，开头一段一般有交代时间的话，可作为按时间先后顺序分段的参考，关键是准确找出交代时间变化的句子。

③按空间顺序。有些写景或记事的文章，按照空间位置的转换来安排材料，因此，空间位置的转换就成了文章划分段落的依据。空间位置的转换不仅是地点的变化，还包括由内到外、由远到近、由整体到部分、由上到下等方位的变化。如，《草原》一文，记叙了作者第一次访问内蒙古草原所看到的美丽景色，以及受到蒙古族同胞热情欢迎的情景。根据人物活动场所的转移，可以按"初入草原—进入公

社—蒙古包外—蒙古包内—蒙古包外的路边"的顺序，将课文划分为五大段。再如，《记金华的双龙洞》一文，依次写了途中见闻、游外洞、由外洞到内洞、游内洞和出洞等几个过程。按照作者游览的顺序分段，一目了然，对描写的景物印象深刻。

（2）按不同的内容分段

带有说明性的文章或状物记叙文，往往以内容的不同划分段落。例如，《鲸》一文，第1段写了鲸的大小；第2、3段写了鲸的属性和种类；第4～7段写了鲸的生活习性。文章的思路清楚，是按照"大小—属性和种类—生活习性"这样的顺序写的，分段的依据应该是按不同的内容来分。因此课文就可以按大小、属性和种类、生活习性分成三大段。

（3）按文章的结构分段

有些文章或在开头有一个总起段，或在结尾有一个总结段，或是前后都有，而中间部分是分述，分述部分是相互并列的关系。分段时，分述部分可以合并成一个大段，也可以并列成几个小段。这就是按文章的结构分段。

①总—分—总。文章开头和结尾的段落是一种总的、概括性的叙述描写，而中间的自然段则是展开的、具体的描写。这种文章在划分段落时，可按总—分—总来进行划分。

例如，《美丽的小兴安岭》一文，全文共6段，第1段先概括地写小兴安岭的特点——绿色的海洋，是全文的总述；第2～5段则分别具体描写小兴安岭春、夏、秋、冬四季的美丽景色；第6段则再一次概括地说：小兴安岭是一座巨大的宝库，也是一座美丽的大花园。这可以看做是对全文的总结，全文首尾呼应，中间的四段是并列关系。因此课文的结构是"总—分—总"式，全文可分大三大段：第一部分（第1段），第二部分（第2～5段），第三部分（第6段）。

②先总后分。文章的开头段先用概括性语言，简要叙述全文的主要意思，然后再围绕这段话详细展开叙述。如，《林海》一文可以这样分段：第一部分（第1段）总述，大兴安岭这个悦耳的名字给人以亲切舒服之感；第二部分（第2～7段）分述，大兴安岭美丽的景色和它与人们的关系，与祖国建设的关系，给人亲切舒服之感。

③先分后总。先分别叙述对象的各个方面，然后再对分述部分加以概括总结。《太阳》这篇课文就可以这样分段：第一部分（第1～7段）分述，太阳的远、大、热以及太阳与地球的关系；第二部分（第8段）总述，没有太阳，就没有我们这个美丽可爱的世界。

文章划分段落的方法有很多，我们要在学习的过程中仔细领会、实践，做到活学活用。同时给文章划分段落时还要注意以下四点：

➡有的课文划分段落既可以用这种方法，也可以用另一种方法，因此，在分段时一定要细读多思，依据课文的具体内容和表达方法，来选择最恰当的分段标准。

➡每一个意义段都有一个中心，划分段落要注意把说明一个意思的段归纳在一起，使每个段落只说明一个相对独立的意思。

➡划分段落和分析段中的层次都要依据课文的具体内容。内容决定形式，不要死记术语概念，用形式去套内容。

→对于过渡段，要弄清它的主要意思是"承上"还是"启下"，如果主要意思是用来总结上文的，就应该归于上段；如果主要意思是用来引起下文的，就应该归于下段。有的也可以单独成段。

4. 归纳段意和文章的主要内容

（1）归纳段意

段落是文章中相对独立的单位，虽然文章的各个段落都是表达全篇中心意思的，但是每个段落也有它相对的独立性，也有自己的中心意思，全段的话就是发挥段落的中心意思的。在概括段意的过程中，既要进行分析、比较、综合，又要运用简练、准确的语言进行表达。怎样概括段意呢？一般来说要注意如下几点：首先要阅读全文，了解课文的主要内容和作者写文章的思路、目的是什么；其次，仔细阅读每个自然段，抓住这些自然段的主要意思进行分析比较，考虑它们在全文中的地位和作用，找出与全文主要内容有关系的内容；最后，将次要的内容舍去，用简明扼要的语言表达段落的中心，这就是段落大意了。

概括段落大意通常可用下面几种方法：

①摘引法。有一些文章在每段的开头或中间或结尾，用一两句话概括了本段的大意，这一两句话便是段落的重点句或中心句，我们在概括段意时，可以摘引这个重点句或中心句作为段意。

如，《参观人民大会堂》中的："穿过大厅，走进了大礼堂。啊！礼堂大极了，楼上楼下这么多座位！我正要数一数这么大的礼堂到底能坐多少人，王叔叔说：'不用数啦，三层一共有九千六百多个座位，加上主席台上的三百多个，全场能坐一万人。'"概括这段的段意就可以抓住第二句话来归纳。

②提取法。有时候，一个段落包含好几方面的意思，在归纳段意时，不一定要面面俱到，可以取其主要的、重点的意思，舍弃那些次要的或与中心关系不密切的意思。如，《十里长街送总理》：

夜幕开始降下来。几辆前导车开过去以后，总理的灵车缓缓地开来了……上面装饰着大白花，庄严，肃穆。人们心情沉痛，目光随着灵车移动。好像有谁在无声地指挥，老人、青年、小孩，都不约而同地站直了身体，摘下帽子，眼睁睁地望着灵车，哭泣着，顾不得擦去腮边的泪水。

就在这十里长街上，我们的周总理迎送过多少位来自五洲四海的国际友人，陪着毛主席检阅过多少次人民群众。人们常常幸福地看到周总理，看到他矫健的身躯，慈祥的面庞。然而今天，他静静地躺在灵车里，越去越远，和我们永别了！

在这个意义段里，讲了三点：一是灵车的样子，二是人们的表情和动作，三是人们的怀念。其中灵车的样子是次要的，后两点是主要的，所以取主舍次。段意是讲灵车到来时，人们眼望灵车怀念总理的悲痛场面。

③综合法。有的文章在一段中讲了几层意思，如果只抓住某些来概括段意就不够全面，就需要合并几层意思来归纳段意了。如果一段就是一部分，先看这一段讲了几层意思，再把这几层意思综合起来又是什么意思，那么这就是段意。如果一个大段是由若干个自然段构成的，我们先要搞清每个自然段是什么意思，再看这几个自然段合起来是什么意思，重点讲了什么，最后用一两句话概括出来，就是这一大

段的段落大意。

例如，《美丽的小兴安岭》一课的第二部分，共有四段。第 1 段：小兴安岭春天的美丽景色；第 2 段：小兴安岭夏天的美丽景色；第 3 段：小兴安岭秋天的美丽景色和丰富的物产；第 4 段：小兴安岭冬天的美丽景色和动物们是怎样过冬的。因此，采用综合法合并，本段的段意归纳为：小兴安岭一年四季的美丽景色和丰富的物产资源。

（2）归纳文章的主要内容

阅读的过程中，在理解文章的词句进行分段和归纳段落大意的同时，要掌握文章的主要内容，从而领会文章的思想感情。

文章的主要内容，是指把文章所写的人、事、景、物及其活动、发展变化过程等具体内容能用一两句话概括出来。它是一篇文章内容的浓缩或内容提要。概括文章的主要内容的方法很多，一般可采用以下几种方法进行归纳：

①段意综合法。一篇文章可以分为几段，每一个段落大意都概括了一个段落的主要意思，把各段的段意综合起来，就能归纳出文章的主要内容了。综合组织各段的大意为主要内容，并不等于各段大意的总和，概括时一定要注意区别重点段落与次要段落，做到有详有略，重点突出。如，《飞夺泸定桥》，全文分为四段：第 1 段，北上抗日的红军要夺取泸定桥；第 2 段，红军昼夜急行军，抢在敌人援兵前面赶到泸定桥；第 3 段，红军猛攻天险，夺取了泸定桥；第 4 段，红军渡过了大渡河，奔赴抗日前线。从各段大意可以看出，全文是围绕红军怎样飞夺泸定桥这一中心事件来写的，文章的主要内容可以概括为：北上抗日的红军急行军抢时间，英勇顽强攻天险，奔赴抗日最前线。

②分析比较法。一篇文章的主要内容不一定一次就能抓住，这就需要反复地进行分析比较，分析内容的主次，准确抓住文章的主要内容。有的文章还需要分析文中的关键词句和段落，抓住了这些关键词句和重点段落，主要内容也就容易归纳了。

例如，《落花生》一文，第 1 段讲的是种花生和收花生。第 2 段讲的是一家人围坐在一起品尝花生，谈论花生。显然第 2 段是重点段，其中，先谈到花生的特点和好处，后以花生喻人，讲应该怎样做人。所以归纳这篇文章的主要内容时要抓住第 2 段，特别是父亲的话。可归纳为：一家人谈论花生的好处，让我们知道了人要做有用的人，不要做只讲体面而对别人没有好处的人。

③文题扩展法。有许多文章题目本身就已经高度概括了主要内容，所以，只要仔细剖析题目，把题目扩展开来，就容易归纳出文章的主要内容了。

如，《草船借箭》这篇课文，通过文题我们就可以看出本文的主要内容是：诸葛亮施妙计，利用草船向曹操借箭的故事。

又如，《十里长街送总理》这篇课文，从题目中，我们可以把握文章的主要内容：首都人民在十里长街迎送总理灵车的感人场面。

④串联要素法。凡是写人、记事类的记叙文，都有具体的时间、地点、人物、事件（包括起因、经过和结果）等基本要素，阅读文章时，只要弄清楚这几个要素，文章的主要内容就把握住了。

我们阅读写人记事的记叙文时，要找出文章的要素并不困难。串联要素也并不是把这几个要素简单相加，而是要进行综合整理，即先把找出的时间、地点、人物，事件的起因、经过、结果按顺序连接起来，然后去掉重复的语句，再把语句整理通顺。

例如，《西门豹》这篇课文的主要内容可以这样概括：本文记叙的是战国时候，西门豹在邺（yè）这个地方破除迷信，兴修水利的事。这里，时间是战国时候；地点是邺这个地方；人物是西门豹；事件是破除迷信，兴修水利。

由此可见，归纳文章的主要内容，不仅可以检查同学们对文章的理解程度，而且是对同学们分析能力、概括能力和语言组织能力的一项重要训练。

5. 归纳中心思想

阅读一篇文章，不仅要知道它的主要内容，而且应该进一步理解作者写这些内容的目的，也就是体会出文章的中心思想。文章所写的人、事、景、物等都属于主要内容，而作者的情感态度（通过这些内容要抒发的情感）和思想观点（通过这些内容要赞扬的精神、品质、阐明的道理）等，就是文章的中心思想。中心思想是作者写这篇文章要达到的目的。

（1）中心思想常用表达方式

①文章歌颂（或赞扬）了……的崇高品质（抒发了作者……的思想感情）。

②文章赞美了……（抒发了作者对……的热爱）。

③文章揭露了……的现象（或问题）（表达了作者对……）。

④文章说明了（或告诉我们）……的道理。

⑤文章表现（或反映了）……的精神（或道德风尚）。

⑥文章控诉了……的罪行。

（2）归纳文章中心思想的方法

①抓主要内容。分析文章的主要内容，是归纳文章中心思想的最常见、最基本的方法。许多文章，作者所要表达的中心思想不是直接点出来的，而是通过文章所记叙的具体的人或事去体会，去理解概括出来的。所以，归纳这一类文章的中心思想，要在认真阅读课文的基础上，先概括出文章的主要内容，了解作者写了些什么，然后再分析作者的写作目的是什么，最后才能领悟文章的中心思想。

如，《我的战友邱少云》这篇文章。主要内容是：邱少云在执行潜伏任务时，为了不暴露目标，忍受着烈火烧身的极端痛苦，最后壮烈牺牲。通过对文章主要内容的分析，透过邱少云烈火烧身而纹丝不动的感人场面，表现了邱少云高尚的品质。因此，抓住了本文的主要内容，中心思想应概括为：通过记叙邱少云在执行潜伏任务时，为了不暴露目标，忍受着烈火烧身的痛苦，最后壮烈牺牲的感人事迹，赞扬了他为革命的胜利，宁可牺牲自己也要严格遵守纪律的崇高品质。

分析主要内容法，分析内容知中心。
综合段意理思路，揣摩目的思全文。
明确中心整内容，此种方法担重任。

②抓文章题目。有些文章的题目揭示了文章的中心，这样的题目，通常称为"题眼"，即文章的题目是文章的眼睛。从"眼睛"（题目）入手，就可以概括出文章的中心思想。这种题目大都有两种类型：A. 题目直接揭示中心。如，《我爱故乡的杨梅》，从题目上看，"爱"字揭示了作者的写作目的，"故乡的杨梅"交代了文

章的主要内容。作者通过写故乡杨梅的可爱，表达了自己对故乡的热爱。B. 题目中的修饰语揭示文章中心。例如，《迷人的张家界》中的"迷人"这个修饰词语，表达了作者对张家界的赞美，明确揭示了文章的中心。

分析题目归纳法，归纳中心方法佳。
先找题中重点词，思整部分易归纳，
由题发问读文章，主要内容是回答。
二者合并成一体，中心思想一枝花。

③抓中心句。所谓的中心句，就是文章中点明中心思想的句子，它直接表达了作者喜怒哀乐的感情，与中心思想有着密切的关系。有时中心句在文章的开头，总结全文，起着揭示中心思想的作用；有时中心句在文章的结尾，起着点明中心思想的作用；有些中心句出现在文章中间；还有些中心句在文章中会反复出现多次。在阅读文章时，只要善于紧紧抓住这些关键的中心句，就不难归纳出文章的中心思想了。

➡在文章开头出现的。

例如，《詹天佑》这篇课文，开篇就点出了"詹天佑是我国杰出的爱国工程师"。透过文章的这个中心句，文章的中心思想可归纳为：赞扬了詹天佑杰出的创造才能和强烈的爱国热情。

➡在文章结尾出现的。

例如，《草原》这篇课文，结尾句"蒙汉情深何忍别，天涯碧草话斜阳"，就是点明中心的句子。透过这个中心句，文章的中心思想可归纳为：赞扬了蒙汉人民亲如一家的深厚情意。

➡在文章中间出现的。

例如，《落花生》这篇课文，文中有这样一句话："人要做有用的人，不要做只讲体面，而对别人没有好处的人。"这句便是再现文章中心的句子，透过这个中心句，可以体会到，文章的中心思想是告诉我们"人要做有用的人，不要做只讲体面，而对别人没有好处的人"。

抓中心句归纳法，归纳中心结精华。
读文寻找中心句，仔细揣摩文中话。
分析已毕再综合，中心思想可归纳。

④抓重点段。作者在写作过程中，总是把与中心思想有密切联系的内容作为重点来进行详细描写，也就是说，文章的重点段落是最能体现中心思想的内容。因此，我们在阅读中，如果能抓住重点段落进行认真分析、体会，文章的中心思想就能很快地被领悟出来。

重点段落分析法，去其次要主要抓。
边读重点边思考，作者为甚要写她？
逐词逐句细解剖，中心思想先解答。

⑤抓主要事件。有些文章，作者为了充分表现自己写作目的，往往具体记叙了几个主要事件。在阅读中，必须紧紧抓住这几个主要事件，寻求它们的共性，综合起来，才能归纳出文章的中心思想。例如，《我的伯父鲁迅先生》这篇课文，具体记叙了谈《水浒传》、讲"碰壁"、救车夫、劝阿三四个主要事件。综合这四个主要

事件，可以体会到：文章的中心思想是意在赞扬鲁迅先生憎恨旧社会，同情劳动人民，为自己想得少、为别人想得多的高尚品质。

主要事件是主干，内在联系不简单。

综合事件内在意，作者意图立显现。

寻求共性抓主旨，中心思想在眼前。

⑥抓文体。一般的说明文，只要把文章的要点加以概括就是中心思想了。寓言是用一个简短的故事说明一个道理，说明的道理，就是中心思想。

（3）归纳中心思想的一般步骤

①逐段读懂文章，抓住文章的主要内容。

②找出文章中的重点段落或句子，想一想它们与表达中心思想的关系。

③从内容中仔细体会作者的写作目的，想一想作者赞扬（批评）了什么，歌颂（鞭挞）了什么，说明了什么道理，抒发了什么感情等。

④用简练的语言，准确、完整地表达出来。

另外，有的文章在概括中心思想的过程中，还要弄清文章的历史背景和作者的写作动机、政治倾向等。如，《匆匆》。

第二章　记叙文阅读

1. 记叙文文体知识

（1）记叙文的概念

记叙文是以写人、叙事、写景、状物为主要内容，以记叙、描写为主要表达方式的一种文体。记叙文通过人物活动、事件经过、环境变化的具体叙述和形象描绘，来反映事物的本质，表达作者的观点。记叙文虽以记叙、描写为主，但可以灵活运用议论和抒情等多种表达方式。

（2）记叙文的分类

记叙文　{ A. 写人为主
　　　　 B. 记事为主
　　　　 C. 写景状物为主 { 写景
　　　　　　　　　　　　　　 状物 }

（3）记叙文的要素

记叙文有"六要素"，即时间、地点、人物、事件的起因、经过和结果。在写作中，六个要素有详有略。一般地说，详写的部分就是重点部分，是体现中心的关键所在。

（4）记叙文的顺序

记叙文的顺序包括顺叙、插叙、倒叙、补叙等。顺叙是最基本的方法。

顺叙：按照事件发展的时间先后次序来叙述。

插叙：暂时中断中心事件的叙述，插入相关的另一事情的叙述，一般是对缘由作补充或对人物作介绍。

倒叙：先写结局，再追述，按顺序叙述事情经过。往往是为了埋下伏笔或使叙事更直接清楚。

补叙：与插叙基本相同，但内容更简洁，笔墨更简约。

（5）记叙文的人称

记叙文的人称一般包括第一人称和第三人称。运用第一人称，直抒胸臆，读起来有一种亲切感和真实感。运用第三人称，不受时间、空间的限制，可从多方面自由叙述。

（6）记叙文的线索

所谓线索，就是将文章的材料组织串联起来，并贯穿在全文始终的某个事物或脉络。充当线索的事物，具有下列两个条件：

①能体现材料之间的内在联系。

②有利于突出主题。

记叙文的线索是多种多样的，常见的有六种，即中心事件、感情、事物、人物、时间、空间。

（7）记叙文的详略

根据中心决定材料的详略。突出中心的材料详写，次要的材料略写，与中心无关的不写。譬如：写人为主，以人物的外貌、语言、动作、心理描写为主；记事为主，以叙述事情的发生、发展、经过和结果为重点；绘景为主，以描绘景物寄托情怀为主；状物为主，以状物为主，借象征抒怀。

（8）记叙文的表达方式

①叙述，对事情原委、始末作直接介绍、说明和交代。

②描写，对人、事、物、景作具体、形象的刻画。

$$
人物描写\begin{cases}肖像\\语言\\动作\\心理\end{cases} \quad 景物描写\begin{cases}交代环境\\烘托气氛\\表现心理\\抒发感情\end{cases} \quad 细节描写\begin{cases}细微\\典型\end{cases}
$$

③夹叙夹议，叙述或描写中穿插分析或评论。

④抒情，对感受、感情的抒发、表达。

$$
\begin{cases}直抒胸臆\\间接抒情，通过记叙描写或议论来抒发感情\end{cases}
$$

2. 记叙文阅读的基本要求

（1）能用普通话正确、流利、有感情地朗读课文。

（2）联系上下文和自己的积累，推想有关词句的意思，体会表达效果。

（3）阅读中理清段落层次，把握整体结构，归纳段意和概括文章的主要内容，体会文章表达的思想。

（4）揣摩文章的表达顺序，领会表达方法。

（5）了解故事梗概，描述印象最深的场景、人物、细节，说出喜欢、憎恶、崇敬、向往、同情等感受。

3. 记叙文阅读的重点

（1）把握记叙的要素和线索，理解文章的基本要求。

（2）弄清记叙的顺序和人称，掌握文章的结构。

（3）分析叙述和描写，了解文章的思想内容。

（4）研究议论和抒情，领会作者的思想感情。

4. 各类记叙文体的阅读

对于不同内容的文章，应该用不同的方法去阅读。因为不同的记叙文体，作者的思路会不同，重点不同，表达的方法也不一样。

（1）写人的记叙文

通过一件或几件具体事例反映人物的精神、品德，给人以深刻的印象。阅读这类文章时，先初步了解事例的内容，因为写人离不开写事。再看看先写了什么，后写了什么，理清结构。然后可用分析重点词句的方法，抓住文章的主要内容，概括中心思想，表明受到的感染和熏陶。

（2）写事的记叙文

通过一个或几个具体完整的事件生动地再现生活中的某个片段，借以赞颂社会中的某种精神或风尚，揭露社会中的某种现象或问题。阅读这类文章，首先初步了解事件内容，再理清写作顺序，把握事件的起因、经过和结果，然后通过分析重点段落理解文章的主要内容，结合作者的叙述、议论或抒情，体会思想感情。

（3）绘景的文章

就是对某一处景物作具体描写，借以表达作者的喜爱和赞美之情。阅读这类文章，首先要把握文章的写作顺序（时间顺序或空间顺序）；然后抓住景物特点，展开丰富想象；最后学习文章观察和描写的方法，体会文章表达的情感。

（4）状物的文章

主要是通过对某种具体的物的生动、形象的描写，来表达作者的思想感情（借物抒情、托物言志）。阅读这类文章的方法：

①把握文章的顺序，理清文章的结构。

②抓住事物的特点，探究作者的意图。

③归纳中心思想，学习作者的写作方法。

第三章　说明文阅读

1. 说明文文体知识

（1）说明文的概念

说明文是客观地说明事物的一种文体，目的在于给人以知识或说明事物的状态、性质、功能和特征，或阐述事理。

（2）说明文说明的顺序

说明文常见的说明顺序有时间顺序、空间顺序、逻辑顺序。

①时间顺序：通常用于说明事物的发生、发展过程，介绍产品的制作过程和工艺流程。

②空间顺序：通常用于介绍事物的内部结构和建筑物的方位、布局。

③逻辑顺序：常以推理过程来表现，如从现象到本质、从整体到部分、从原因到结果、从概括到具体、从特点到用途等。

（3）说明的方法

下定义——用简明扼要的语言对事物的本质特征或概念作规定性的说明。

举例子——列举事例对事物作具体说明。

打比方——运用比喻的方法，对事物或事理进行形象化说明。

作比较——将两事物进行比较，说明事物的特征，常用类比、对比。

列数字——用准确数字资料加以说明。

分类别——按照一定标准、角度对较复杂的事物进行分类，再逐一说明。

还有画图表、作诠释等常用方法。

（4）说明文的语言特点

①说明语言的准确性：表示时间、空间、数量、范围、程度、特征、性质、程序等，都要求准确无误。

②说明语言的多种多样：或概括，或具体；或简洁，或丰腴；或精练，或详尽；或平易朴实，或幽默风趣。

2. 说明文阅读的基本要求

（1）把握说明对象，抓住特征

阅读事物说明文，首先从整体入手，把握文章说明的是什么事物，即说明的对象是什么；阅读事理说明文，要弄清文章说明了什么事理。如何找准说明对象呢？一是看题目，不少题目都表明了说明的对象，如《太阳》《琥珀》等。二是抓首括句和中心句，好的说明文往往运用这种句子来突出所要说明的事物的特征。

事物的特征主要表现在构造（内外），形态（大小、长短等），性质（硬、软、冷、热等），变化（动、静、快、慢），成因（简单、复杂），功用（正、反）等。一般来说，说明的重点，往往就是事物的特征。

（2）理清说明的顺序，把握文章结构

作者为了把事物的特征表述得清楚、明了，往往采用一定的说明顺序。使用了什么说明顺序，还要看说明的对象。一般来说，说明事物的演变发展，生产的过程、变化的经过等，用时间顺序，如《琥珀》；说明建筑物的，用空间顺序，如《北京的四合院》；介绍高科技产品或说明事物间的联系的，用逻辑顺序，如《太阳》。

理清了说明文的顺序，把握文章的结构就不难了。

①总分关系，这种结构方式主要反映对象的整体与部分、全面与片面、"属"与"种"的关系。"总"指总括对象的整体，综合的性质、特征或某事物、事理的一个大类；"分"指从几个方面、部分或分支分别进行说明，如《只有一个地球》。

②并列关系，这种结构方式要反映说明对象各要素、各部分之间的平行关系，在具体安排上呈现并列的两个或两个以上的部分，如《世纪宝鼎》。

（3）判断说明方法，体会说明文语言的特点

为了把事物特征说清楚，把事理阐述明白，必须有相应的说明方法。首先明确各种说明方法的特点。

①举例子，是通过列举有代表性的实例来进行说明，以突出被说明事物的某些特

点，给读者以具体鲜明的印象。如《太阳》一文中，要说明太阳离我们"远"，举了这样一个例子："到太阳上去，如果步行，日夜不停地走，差不多要走 3500 年。"

②分类别，其作用是更有条理，更清楚地说明事物。

③列数字的目的是从数量方面突出事物的特征，使读者对被说明的事物了解得更具体、更精确。

④作比较是指用具体可感的、为人们所熟知的事物与某些不具体、较陌生或抽象的事物进行比较，在比较中突出事物的特征。

⑤下定义是指用准确、简明的语言对某一概念的本质、特征作规定性的说明，以揭示被说明事物的本质属性。

⑥打比方是我们最感兴趣的说明方法，就是用比喻的方法进行说明，突出事物的某些特点，增强说明的生动性、形象性。然后根据说明的内容判断说明的方法，通过说明的方法，就能体会到说明文语言的准确、具体、生动、形象。

（4）整体感知，把握中心

在理清说明顺序的基础上，分析段与段、部分与部分之间的关系，就有了文章的结构。把握结构后，说明的中心即被说明事物的特征，或阐释了怎样的事理就归纳出来了。也就是说，只要把文章的要点加以概括就是中心思想了。如《世纪宝鼎》共4段，第1段：介绍了联合国在它成立50周年前夕，得到了中国人民赠送的珍贵礼品巨型青铜器——"世纪宝鼎"；第2段：说明宝鼎的整体结构、艺术造型和纹饰配制；第3段：说明宝鼎的文化内涵和艺术价值；第4段：说明中国人民铸赠宝鼎的深刻寓意（中国人民对联合国的美好祝愿，对创造一个更加美好的新世纪的希冀）。把四段内容的要点加以概括便得出《世纪宝鼎》的中心思想：本文通过对"世纪宝鼎"艺术造型和文化内涵的介绍，表现了中国人民的艺术创造力，表达了中国人民对联合国和新世纪的美好祝愿。

第四章 阅读鉴赏

第一节 童 话

一、安徒生童话

皇帝的新装

很久以前，有一位皇帝，他非常喜欢穿美丽的新衣服。为了穿得漂亮，他可以不问国家大事，可以不管臣民，但对穿不穿新衣服却非常关心，非常在意，他几乎把所有的钱都用来添置华丽的服饰。他并不喜欢看戏或者闲逛，即使是去看戏或者驾车去树林里游玩，也只是为了炫耀自己的新衣服。每隔一个钟头他就要换一套衣服，所以经常会出现这种情况，每当人们问起陛下在哪里的时候，臣子总是回答说："陛下在更衣室里！"

在皇帝住的这个大都城里，人们的生活很太平、很愉快，每天都有许多外国人和外乡人来到这里做客，因而经常可以看见异地的游客。有一天城里来了两个骗子，他们自称是织工，在城里四处闲逛，逢人便说他们纺织的布料非常美丽，谁也想象不出来天底下竟然有这样漂亮的布料，而且用这种布料做成的衣服有个非常奇妙的特点，即不诚实的或者是愚蠢的人看不见这衣服。

"那正是我最喜欢的衣服！"皇帝心想："穿上这种衣服，我就可以识别哪些大臣不称职；也可以辨认出哪些人聪明，哪些人傻了！"于是，他给了两个骗子很多钱，命令他们马上工作。

两个骗子接到命令后，架起了两台织布机，装作是在工作的样子。可是织机上什么东西也没有，甚至连根线丝儿也找不着，他们接二连三地向皇帝索要最好的生丝、金子。得到这些东西后，他们全都装进自己的腰包。然后接着在那空织机上假装忙碌地织布，而且一直忙到深夜。

"我想知道布料的进展情况，"皇帝想，"不过，万一自己看不见丢丑怎么办呢？"他的心里的确有些不自在，于是，他派一位大臣先去了解一下情况。当地人对这种奇异的布料也都感到非常好奇，消息不胫而走，大家都很想借此机会来测验一下他们的邻居究竟有多笨、有多傻。

"我应该派最诚实的老部长去织工那里看看！"皇帝心里这样想，"他肯定能够看出布料的好坏来，毕竟他非常聪明，而且谁也没有像他这样称职！"

因此这位善良的老部长来到了两个骗子的工作地点。老部长把眼睛睁得不能再睁了，可还是什么也看不见，只是看见他们在空空的织布机上忙活着。他开始感到惶恐起来。

两个骗子请这位老部长走近一点，靠近织布机，一边说，一边用手指着两台空织布机问他："您觉得这花式很漂亮吧，颜色很美丽吧？"

可怜的老部长眼睛越睁越大，可是除了两架空织布机和这两个人以外，什么也没有看见。"天啊！"他心想，"难道我是一个不诚实的人吗？我从来没有怀疑过自己的品德！这决不能让任何一个人知道！是我不称职吗？不，千万不能让任何人晓得我看不见这种布料！"

"哎，您一点意见也没有吗？"一个正在织布机上"工作"的骗子问道。

"啊……很美，美极了！再漂亮不过了！"老部长煞有介事地戴上眼镜，装作仔细地欣赏，而且不停地赞美，"多美丽的花式，多鲜艳的色彩！我要呈报陛下，对于这块布，我的确感到满意。"

"是吗，我们听了您的话真高兴！"两个织工异口同声地说。他们把这些稀有的色彩和花纹仔细地讲解了一番，还加上些名词儿。老部长认真地听着，并且记住了两个织工的每一句话。这样做的目的是，回去后等皇上问的时候好和盘托出。

骗子们见机会来了，便大胆地索要更多的丝线和金子，他们振振有辞地说这是为了织布的需要。当然，他们得到钱财后，统统装进了自己的腰包，连一根线也没放在织机上。随后，依旧和先前一样在空织机上装模作样地工作着。

没过多久，皇帝派了另一位非常诚实的官员去看看，布是不是很快就可以织好了。他的运气也不比头一位官员的运气好，他看了又看，可那两架织机上什么也没有，他什么东西也看不到。

"您认为这段布美不美？"两个骗子故伎重施，向他指指点点，讲解着那根本不存在的布料。

"我并不愚蠢！"这个人很纳闷，"难道说我不称职啦？这简直不可思议，我可千万不能让任何人知道这件事情！"因此，他就不停地夸奖他并没有看见的布料，同时还说自己十分喜欢那些漂亮的色彩和巧妙的花纹。回去后他向皇上禀告说："那布料可真是美得不得了。"

当地所有的人几乎都在议论这美丽的布料。

当布料还在织机上的时候，皇帝已经等不及了，他决定亲自前去看看。他将精心挑选出来的诚实的大臣带着，让他们在自己的背后跟随着——其中包括那两位已经来过的"诚实"的大官。皇帝来的时候，两位狡诈的骗子正在聚精会神地织着布，尽管连一根丝线的影子也找不着。

"您看这料子漂亮吗？"那两位"诚实"的大官指着那空空的织布机对皇帝说："陛下请看，多美丽的花纹，多鲜艳的色彩！"原来，他们生怕自己的愚蠢或者不称职被别人发现，便故意这样大声赞叹。

"这是怎么回事啊！"皇帝听了十分惊讶，"我什么也没看到！这太恐怖了！是我不诚实吗？难道我不配当这个皇帝吗？这恐怕是我碰上的最恐怖的事情了！"

"啊，它真是漂亮极了！"皇帝赞叹说，"的确是不一般的布料，我感到十二分的满意和开心！"他假装看见了料子似的，对着那空空的织机满意地点着头。因为他也不愿意说他什么也没看见啊！跟皇上一起来的人，都瞧了又瞧，虽然他们跟皇上一样，也是什么都没看见，但他们却都对皇帝说："啊，的确美极了！"

随后，他们向皇帝建议说："用这新奇而又美丽的新布料做成衣服吧，以便在即将举行的游行大典上穿用。"皇帝听后十分高兴。官员们都高声附和着："这衣料真是太豪华了，太妙了！"皇帝听后，赐给织工每人一个爵士的头衔，还有一枚勋章，并封他们为"宫廷织布师"。

在游行大典举行的前一天夜里，两个骗子彻夜未眠，点起十几根蜡烛忙碌着。显然，他们正在加夜班，以便按时完成皇帝的新装。

他们装模作样地把布料从织机上取下来，然后用剪刀在空中剪裁了好一阵子，接着，又拿着没有线的缝衣针煞有介事地缝了一通，最后他们才说："请看，新衣服做好了！"

皇帝带着他的一群最高贵的骑士来到做衣服的地方。这两个骗子每人各朝天空举起一只手，就仿佛拿着什么贵重东西似的，嘴里说道："您看，裤子！袍子！还有上装！这身衣服轻柔得像蜘蛛网一样，因此穿上以后，就跟身上什么也没有穿一样，当然这也正是这种衣服最奇妙的地方！"

"是啊！"众骑士一齐说道。可他们什么也看不到，因为实际上就什么也没有。

"现在请您脱下衣服，"两个骗子对皇上说道，"好让我们为您穿上这漂亮的新装！"

皇帝听后，把自己身上的衣服全脱了，两个骗子装作把刚刚缝好的新衣服一件接一件地给皇上穿上，他们两人在皇帝的腰部拨弄了一会儿，好像是给他束上什么东西似的，其中的一个骗子说是后裾（jū）。皇帝听骗子说穿好了以后，转过身来，在镜子前转着，看着。

"上帝啊，这套衣服果真是太合身了！式样也裁得非常漂亮！"就这样，大家不住地称赞着，"多漂亮的花式！多鲜艳的色彩！真是一套无与伦比的衣服！"

"陛下，您的车子已经停在外面了，等您穿好衣服了，游行大典就可以开始了！"典礼官轻轻地说道。

"好，我差不多已经准备好了！"皇帝高兴地说，"这套衣服正合我身。"他一边说，一边又转过身来，再照一次镜子，还在镜子面前转动着身子，显然，他是想让大家看出他在非常认真地欣赏自己身上穿着的华丽的新装。

那些负责托后裾的侍臣们，都用手在地上东摸西摸，好像他们真的托着一副后裾一样，随后他们慢慢把手举在空中。尽管他们手中托着的，实际上只是空气而已，但他们也不想让人看出他们什么东西也没看见。

就这样，皇帝的游行开始了。不论是站在街道边上的，还是在窗子里观看的人，都对皇帝的新装赞不绝口："乖乖，皇帝的新装真漂亮啊！你看那长袍的后裾多华贵啊！这套衣服穿在皇上的身上实在是再合适不过了！"

就跟那些官员一样，街道上的人们谁都不愿意在别人面前说他什么也看不见，因为他们深知，这样一来他就成了不诚实的、愚蠢的人。——皇帝以前穿过的任何一件衣服也没有得到过如此普遍的称赞。

"可是，他的身上什么也没穿啊！"这时候，有一个小孩天真地说道。

"上帝啊，赶快闭嘴！"爸爸赶忙教训道。可是，小孩的话却在人群中飞速地传扬开来。

"小孩说的是对的，皇上并没有穿什么衣服啊！"

"皇上什么也没有穿！"最后，街道上的百姓都这么喊。

皇帝听着呼声，心里有点发抖，他不得不承认老百姓所讲的话毕竟是事实——他自己的身上的确什么也没穿。然而，他又想："不论如何，我必须把游行大典进行完毕。"因此，他装出一副更加高傲的神气，他的内臣们也恭敬地跟在他后面，托着那并不存在的袍子的后裾。

【启示】

洞悉了皇帝和大臣心理的骗子的诡计得逞了，因为他们抓住皇帝和大臣的心理弱点，轻易地就将财富揽到手了。人们都有虚荣心，有时候为了可怜的颜面，不懂装懂。然而这种你骗我、我骗你的假象，总有被揭穿的一天。因此，我们可千万不要向这个皇帝学习，一定要做一个实事求是、敢说真话的人。

一枚银毫

从前有一块银毫，当他从造币厂里跳出来时容光焕发，又喊又叫："万岁！万岁！我现在可以到广大的世界里去了！"说着，他就来到了这个世界上。

孩子用温暖的手捏着他，守财奴用手紧握着他；年老的人翻来覆去地看着他，年轻的人一拿到手就把他花掉了。

这个毫子是真正的银子做成的，他的身上含有铜的成分很少；他来到这个世界上已经有一年时间了，他一直在铸造他的国家里生活着，但是有一天他要开始出国旅行了。他是和他一起旅行的主人的钱袋中的最后一块本国钱。这位绅士到路上以后才发现了他。

"手中居然还有一块本国钱！"他说，"那么，我可以带他一起去旅行了。"

当他把这枚毫子放进钱袋里的时候，毫子高兴地跳呀跳，发出了叮当叮当的响声。他现在时常跟一些陌生的朋友在一起；这些朋友来了又去，留下空位子给后来的人填。不过这枚本国毫子老是待在钱袋里。这无疑是一种光荣。

很快，好几周的时间都过去了。毫子在这世界上已经跑得很远，弄得连他自己也不知道究竟到了什么地方。他只是从别的钱币那里听说，他们不是法国造的，就是意大利造的。一个说，他们到了某某城市；另一个说，他们是在某某地方。不过毫子对于这些说法完全摸不着头脑。一个人如果老是待在袋子里，当然是什么也看不见的。毫子的情形正是如此。

直到有一天，就在他躺在钱袋里时，他发现袋子没有束上。

于是他就爬到袋口往外看。后来的经历表明，他不应该这样做，不过他当时的确很好奇——人们常常要为好奇心付出代价。他溜到裤袋里去，当天晚上，当钱袋被取出的时候，毫子在裤袋里留下来了。他和其他的衣服一道被送到了走廊上去了。他在这儿滚到地上，没有任何人看到他。

第二天一早，这些衣服又被送回来了。那位绅士穿好后，继续进行他的旅行，而这枚毫子却被留在了原地。但是不久他就被发现了，所以又不得不出来为人们服务。很快，他跟另外三块钱一起被用出去了。

"能看看周围的事物是一桩愉快的事情啊，"毫子想，"认识许多人，还能知道许多风俗习惯，也是一桩愉快的事情啊。"

"这是一枚什么毫子啊？"这时有一个人说，"它不是这国家的钱，它是一枚假钱，一点用也没有。"

毫子的故事，根据他自己所讲的，就从这儿开始。

"假货——一点儿用处也没有！这话真叫我伤心！"毫子说。

"我敢肯定，我是货真价实的银子铸成的，敲起来响亮，官印是真的。"

"他们这些人一定是弄错了。他们决不会是在指我！不过，他们显然是在指我。他们专门把我叫做假货，说我一点用都没有。'我得偷偷地把这家伙使用出去！'得到我的那个人说；于是我就在黑夜里被人花出去，在白天被人咒骂着。——'假货——没有用！我得赶快把它使用出去。"

就这样，每次当这枚银毫被偷偷地当作一块本国的钱币转手的时候，他就在发抖。

"我多可怜！假如我身上的银子、价值、官印都没有用处，那么它们对于我而言，又有什么意义呢？在世人眼中，觉得你有价值才算有价值。我本来是没有罪的啊，但就因为我的外表与他们不同，就当我有罪，于是我就不得不在罪恶之路上偷偷地爬来爬去。这真是可怕——每次当我被人们拿出来时，一想到世人望着我的那些眼神，我便开始战栗起来，因为我很清楚，我将被人们当成骗子和假货退回去，扔到桌子上的。"

　　"有一回我落到了一个穷苦老太婆之手，作为她一天辛苦劳动的工资。她无法把我再用出去。就这样，谁都不要我，到了最后，我成了她的一桩沉重心事。"

　　"'看来我不得不用这毫子去欺骗一个人了，'她说道，'我实在是没有能力收藏一块假钱啊。我觉得，那个有钱的面包师可以得到他，他有足够的能力承担这么一点损失——不过，我这样做显然还是不对的。'"

　　"啊，我成了她良心上的一个重大负担了，"毫子不禁长叹一声，"难道我到了晚年之后真的就要改变这么多吗?"

　　"犹豫良久，老太婆还是到了有钱的面包师那儿。这个人非常熟悉市场上流行的普通毫子，他认出了我，并不接受我。他把我扔给那个老太婆。结果，她也就没有用我买到面包。这个时候，我的心里非常难过，觉得自己居然给别人造成了这样大的烦恼，而我年轻时是多么快乐，多么自信啊。我陷入了忧愁，一块无人问津的毫子所能有的痛苦，我全都有了。最后，那个老太婆又无奈地把我带回家去。"

　　"她用一种友爱而又温和的态度热情地打量着我。'不，我将不再用你去欺骗任何一个人，'她说道，'我得在你的身上打一个小眼，好让人们一看就知道你是假货。不过我觉得你可能是一枚十分吉祥的毫子。我可以在你的身上打一个洞，把你作为一个吉祥的装饰品挂在邻居家小孩的脖子上。'"

　　"因此她就在我的身上打了一个洞。被人敲出一个洞当然是一件十分痛苦的事；不过，只要人们的本意是善良的，这些痛苦我就可以忍受得了。我身体上的洞里被穿进一根线，于是，我很快变成了一枚徽章，被挂在了一个小孩子的脖子上。这个小孩子对着我微笑，还吻着我；我整夜就躺在他那温暖而又天真的胸脯上。"

　　"早晨到来的时候，孩子的母亲就把我拿到手上，打量着我。对于我，她已经有了自己的一套想法——这一点我很快就能感觉得出来。她取出一把剪刀，把拴我的这根线剪断了。"

　　"'一枚吉祥的毫子!'她说道，'哦，我们很快就可以看出来了。'"

　　"她把我放进了醋中，使我的全身变成绿色，然后她再把这个小洞塞住，把我的身体擦得闪闪发光，到了黄昏时分，她将我带到了一个卖彩票的地方，用我买了一张她渴望发财的彩票。"

　　"我的心里非常痛苦，有一种强烈的被刺痛的感觉，好像我的身体快要破裂似的。我很清楚，人们会将我叫做假货，将我扔掉。别的毫子和钱币的面上都刻着字和人像，他们因此而觉得了不起。而我却溜了进去，卖彩票的人很忙，因此我跟许多其他的钱币一起，在他不注意的时候滚进匣子里去了。"

　　"究竟用我换来的那张彩票中奖了没有，我不知道。不过有一点我非常清楚，那就是：第二天清早人们会认出我，并继续把我当成假货，拿到外边欺骗其他人。这是一种多么令人难受的事啊，特别是你自己的品行原本很好的时候——我不能否认我这一点的。"

　　"有好长一段时间，我都是从这个人的手里转到那个人的手里，从这一家商店跑到那一家商店，我总是被人咒骂，被人看不起，谁也不相信我，我对自己失去了信心。"

　　"最后有一天，来了一个旅客。我当然被转到了他的手中，他这个人很老实，很快便接受了我，还把我当作一枚通用的货币。不过，最后他也想把我用出去。于是，不出意料，我又听到一个叫声：'这是假货！'"

"'啊，我可是把他当成真货接受过来的呀！'这人说道。接着，他仔细地看了看我，突然他满脸堆笑——我以前可从没有看到这样的笑容啊。'啊，真是奇怪！'他说道，'原来这是我本国的一枚钱啊，是一个从我的祖国来的、诚实的、上好的毫子；而人们却在他的身上穿出一个洞来，还要把他当作假货。啊，这可真是一件稀奇的事情！我要把他保存好，带回家去。'"

"一听到我被叫做上好的、诚实的毫子，我真是开心极了。"

"我将要被带回家去。只有在喜庆的场合或者当许多本国人聚集的时候，我才会被拿出来给大家欣赏。大家都称赞着我，都说我很有趣。"

"最后我总算是回来了。我的一切烦恼也都宣告结束。我的快乐生活又开始了，因为我是上好的银子制成的，而且盖有官印。因此我再也不用忍受以往的屈辱了，尽管我像一枚假币一样，身上被穿了一个小洞。但是假如你并不是假货，那又有何关系呢？一个人应该等到最后一刻，他的冤屈总会被申雪的——这是我的信念。"毫子说。

【启示】

自己的价值得不到别人的承认是最痛苦的事，这种时候是选择坚持还是选择放弃？故事中的银毫正是因为货真价实，因此才会在自己的国度找回价值。在现实生活中也是这样，每个人都有最适合他的地方，真正有本事的人，即使身处黑暗，也会迎来发光的时候。

海的女儿

在大海的深处水很蓝的地方，有一个人鱼王国，里面住着国王、六位公主以及她们年老的祖母。

这六位公主都十分漂亮，特别是最小的那个，她的美丽即使是天上的美神见了，都要忍不住颔首称赞的。

人鱼公主们常常和色彩斑斓的鱼儿在水中追逐嬉戏，就像鸟儿在天空中嬉戏一样。

但是，她们最喜欢的还是听老祖母讲述多彩多姿的人间百态，船、城市、人和动物，每一个故事都是那么令人感动！

在人鱼王国里有这么一个规矩：只有年满十五岁的公主，才可以浮出海面，看看人类世界。

今天是大公主十五岁的生日，她刚从海面回来，讲述最美的事：她在月光下平静的海滩上躺着，紧靠岸边，凝视那座大城市。在那里，闪闪的灯光就像无数的星星。她躺在海滩上倾听着音乐、车子响声和人的高声喧闹……

时间一年一年地过去了，姐姐们都相继过了最珍贵的十五岁生日，只有小公主还在等待着，憧憬着。

"为什么时间过得这样慢，我的十五岁生日还没到呢？"小公主等得好着急哟！毕竟言语的描绘不能满足她好奇的心灵。

盼望着，小公主十五岁的生日终于来临了！出发前，老祖母为她戴上了一串漂亮的珍珠头饰。

"啊！我终于可以亲眼看看人间了！"于是她朝海面浮起。

当公主把头探出水面时，天边一颗闪亮的星星正对着她亲切地微笑。

"啊，海上的世界多奇妙多美丽啊！"小公主深吸了一口清新的空气，迎着海风，深深地陶醉在这一片人间美景中。突然，和着悠扬的乐声，一阵阵悦耳动听的歌声传入她的耳中。仔细一看，原来是一艘三桅式的游艇渐渐地驶近。

夜幕降临，天渐渐暗下来。船上的灯火一下子全亮了，灿烂辉煌，耀人眼目。

小公主朝大船游去，好奇地朝上看。

首先映入眼帘的，是一位风度翩翩的王子，英俊潇洒。他和人们一个个地握手，有时高声笑着，有时微笑着，优美的音乐清脆地回荡在他的周围。

原来，今天是王子的生日，大家正为他举行庆祝舞会。他们唱歌、跳舞，玩得好不开心。

过了一会儿，他们又开始放焰火。只见一团团五彩缤纷的焰火，把漆黑的天空点缀得灿烂美丽。小公主呆呆地看着眼前的一切。

真是天有不测风云，忽然之间，暴风雨来了，天空闪着电光，狂风大作，乌云涌动，海面上也波涛汹涌。

天上所有的星星都躲起来了，代之出现的是闪闪的电光和隆隆的雷声。浪头愈来愈高了，愈来愈大，大船就像是一片树叶在大风浪中颠簸着，眼看就要沉没。

果然，一个大浪头把船打翻，沉入水中。王子也被抛进汹涌的大海里……

"只要我把王子救起来，就可以和他一同生活在海底了！"可是转念之间她又想到，在海底人类是根本无法生存的。

"可是无论如何我一定要救王子！"小公主挥动双手，排开巨浪奋力向王子身边游去。

这时，王子在巨浪的摧残下，早已精疲力竭，奄奄一息了。

于是小公主紧紧地抱住王子，划着水，向岸边游去。

来到岸边，公主把王子安放在沙滩上，这时浪退了，但是王子依旧昏迷。小公主焦急地守候着他，呼唤着他。

过了很久很久，当天亮了的时候，王子的脸色才逐渐恢复红润。

这时，公主看见远远的有一个人朝着这里走来，小公主为了不让别人发现自己，慌忙躲到岩石背后。

"啊！来人呀！快来人呀！快来人救王子呀！"那人原来是一个女郎，当她发现全身湿漉漉的躺在沙滩上的王子时，立刻唤来了许多人。

在他们全力抢救下，王子渐渐苏醒过来。他睁开眼睛，望着女郎和那群人感激地含笑点头。

小公主一直悄悄地躲在岩石后面偷看，一直目送王子被人救走，在视野中消失，她才回到海底去。

"人间很好玩吧！"姐姐们围绕着她，笑着争相询问。

但是小公主没有回答，只是垂着头，因为她担心王子的安危。

从此，王子的音容笑貌就不时显现在小公主的脑海中。她常常浮出水面，在过往的船只中寻找着，希望奇迹出现，能再见王子一面。

她有时甚至幻想，自己能变成人类，陪伴着王子，长相厮守，白头到老。于是，她开始向老祖母打听人类的事。

"祖母，人类会死吗？"公主问道。"当然啦！但是死的仅仅是他们的肉体，他们的灵魂却是不灭的，会升往神的国度里……"祖母回答。

小公主脸上露出羡慕的神情，因为人鱼一旦死亡便将化成海水中的泡沫！

"祖母，我要如何才能拥有不死的灵魂呢？"公主焦急地询问。

老祖母长叹了一口气说："难呀！不过只要有人忠心地爱你，愿意娶你为妻，那么你就可以和他分享不死的灵魂了！"

小公主很灰心："那可真是太难了，谁又会爱上有尾巴的人鱼呢？"这时她真希望自己没有出生在人鱼族里，而是出生在人间，能拥有人类的两条腿。

正好这天夜里，人鱼王国举行盛大的舞会，大家都兴高采烈地赶去参加。

舞会的会场被晶莹明亮的贝壳灯装饰得美丽异常。在梦幻般的灯光照射下，整个会场顿时光彩夺目起来。音乐声起，人鱼们纷纷舞起他们的鱼尾，挥动他们的人手，舞姿曼妙。而小公主坐在场中轻柔忧伤地唱着歌曲，赢得满堂喝彩。

歌声伴着舞影，会场呈现一片热闹景象。

然而，四周欢笑的场面和欢乐的气氛，只是更增添小公主心中的寂寞罢了！她思念着王子，企盼能得到不死的灵魂，她的歌声愈唱愈凄楚，愈唱愈悲凉。

一股无法排遣的愁绪，乌云般萦绕着小公主的心头，在它的影响下，小公主真想大哭一场！但悲哀的是，人鱼虽然有人一样的眼睛，可是没有眼泪。于是她只好悄悄地离开会场。

黑夜漫漫，最能抚慰孤寂的心灵。浮在水面上的小公主这才缓缓地长长吁了一口气。这时，远方传来一声熟悉的汽笛声。

这汽笛声使她无比思念王子，于是小公主下定决心："只要能获得王子和灵魂，再大的痛苦我都愿意承受！"

于是她冒着险恶的漩涡，去找巫婆，请求她帮助。

恐怖的漩涡像要吞食她一般不停地翻卷。

小公主的身体像要被撕裂似的，一阵阵疼痛直袭心头，但是她紧紧咬着牙，忍受着。才过漩涡，又是一处半植物、半动物的黑森林，恐怖的生物张牙舞爪地扭动着，好不吓人！

小公主只得捂着双眼，鼓起勇气穿过去。一路上，那些树叶像手一样不断地拉扯着她，使她难以脱身。

经过千辛万苦，百般折磨，小公主终于来到了巫婆的家门口，满目尽是阴森森的白骨、扭动的盘蛇……仿佛来到地狱一般。

"嘻嘻嘻，小姑娘，我已经知道你的来意了，我可以满足你的愿望。"全身缠绕着海蛇的巫婆一边说着，一边奇怪地拿出一个药瓶。

"只要喝下它，你的尾巴就会变成一双修长美丽的腿，但……"巫婆笑了笑又说，"你必须忍受刀割般的痛苦！"

"我愿意！"小公主诚挚地说。"慢点！还有，一旦喝下它，你就永远不能恢复成人鱼了，不能到这里和众姐妹玩耍，不能回到你父亲的宫殿了。而且万一你所爱的王子与别人结了婚，那么，第二天的早晨，你将会化成一滩泡沫。请你再仔细考虑考虑吧！"

"不用考虑，我已经决定了！"虽然她的脸庞变得死一样的苍白，但还是斩钉截铁地说。

"另外一个条件是，你必须拿你的声音和我交换药水。因为在海底所有的声音中，你的声音最美妙。""我答应你，可是你拿走我的声音，我还剩下什么呢？"

"你有苗条的身段，"女巫回答，"轻盈的腰肢和你那会说话的眼睛，一样能迷住人心。"于是，小公主用她的舌头换得药水。

小公主满心欣慰地握着药瓶，游回城堡。可是她现在已经哑了，既不能唱歌，也不能说话了。

这时，舞会已经结束了，姐妹们都散了。人鱼王国一片沉寂。小公主就要走了，她依依不舍地徘徊在城堡四周。

"再见了，我亲爱的家人！"

小公主怀着期待来到王子居住的城堡边。当她爬上王子宫殿那宏伟的大理石台阶的时候，皎洁的月亮正高挂在空中。

她在岩石上坐下来，仰头将药水一饮而尽。刹那间，她只感觉到一阵剧痛，就像一柄双刃的利剑穿透了她娇嫩的身体。她昏了过去。

当她醒来时，阳光已洒满全身，而那位朝思暮想的王子就站在眼前。王子用乌黑的眼睛盯着她。

她赶紧坐了起来，发现那条鱼尾巴果然变成了一双光洁白嫩的腿了。这是一双只有极少数少女才有的最漂亮的腿。

"你是谁呀？"王子和善地问着。但是她无法回答。

她只能用她那深蓝色的眼睛温柔而悲伤地看着他，因为她已经不会讲话了。

王子亲切地扶起小公主，牵着她的手，把她带进宫里。

就像女巫事先告诉她的那样，她每走一步都好似踩在尖钉和利刃上。

小公主忍着痛，心中却是快乐无比。因为有王子陪伴在身边，一切都是那么幸福。

现在，小公主已经穿上了价值昂贵的华丽轻纱，配上她秀丽的脸蛋，宛如仙女下凡般美丽。她是王宫中最漂亮的。

王子的身边常有许多宫女唱歌给他听，那声音美妙而动听，听得王子眉开眼笑。小公主却很悲伤，她曾经唱得比这些人好听得多。

"如果我的声音还在的话，连小鸟都要听得入神呢！"小公主幽幽地回忆着往事，"要是他知道，我为了和他在一起，把我的声音永远丧失了，那该多好。"

忽然，她想到了以另一种方式来表达她的情感，那就是和着歌声，轻盈地起舞。她把美丽而洁白的手臂举起，踮起脚尖，飘然舞了起来。从没有人跳过如此优美的舞蹈，每一个舞步都充分表现出她的美。

虽然这样做她的脚很痛，每碰一次地，都像踩在利刃上，但为了博得王子的欢心，小公主还是卖力地跳着。

"你永远留在我的身边，好吗？"王子动心地拉着小公主的手，诚挚地说，并给了她一套男装，这样便可以随他一起骑马出游。

从此，小公主和王子整天在一起，邀游在香气弥漫的山林、草原间。

虽然她的脚疼得厉害，出了血，别人都看见了，但她什么都不顾，只要一看到王子，疼痛马上就消失了。

只是她常在夜晚来到海边，借着海水治疗脚痛，同时思念着海水深处的亲人。

一天晚上，她那些姐姐们突然互相挽着胳膊浮上海面，出现在台阶前，告诉她家人对她的怀念。

而失去声音的小公主，却只能用眼神来传达自己的思念。从此她们便时常如此相聚。有一天夜里，她在老远的地方看见了老祖母和国王，他们已经好多年没有浮上水面了，国王头上戴着王冠。他们把手伸向她，却不敢像姐妹们那样靠近陆地。

王子很喜欢这位既温柔又美丽的小公主，但也仅止于兄妹之情，并没有想过要把她立为王后。因为他的整个心早被海畔那位曾经救过他的陌生女郎占据了。

当王子幽幽地把这段心曲告诉小公主时，她既惊愕又伤感！

"救你上岸的是我呀！是我把你背到岸边的！"小公主很想辩白，却无法开口。

不久，邻国的国王派人前来向王子求婚。王子准备了一艘十分宏伟的船，以访问邻国的名义去相亲，还有一大队人马要跟着他去。

"除了海滩上那位女郎外，我是不会和任何女人结婚的。小妹妹你是最了解我的，你懂吧！"善解人意的小公主轻轻地点着头。"但是，对于邻国的国王，我仍必须做礼貌性的拜访，因为我的父母要求我这样做，希望你能和我同往。"

能得到王子的信赖，小公主的心温暖了起来，她的心中又想起人间的幸福和永生的灵魂。

这天，他们搭上一艘豪华的帆船，驶往邻国。

小公主的姐姐们都纷纷冒出水面，目送着他们远去……忐忑不安的心似乎预感到不幸即将发生。

第二天，船驶进了邻国宏伟都城的港口，所有教堂的钟一齐鸣响起来，邻国的国王带着公主，亲自到码头来迎接他们。

当王子和邻国公主的目光相遇时，王子不禁惊叫起来，原来，她正是他的意中人哪！王子把面带害羞的新娘拥在手臂里。

而那位公主对王子早就心有所属，于是两人便情不自禁地拥抱在一起，惊喜交集。

"感谢神，王子终于找到了心上人……"小公主抑住心中的悲痛，默默地祝福着王子。

所有教堂的钟声鸣响起来，婚礼很快进行了。牧师为新人们献上神的祝福，新娘和新郎的脸上洋溢着幸福的微笑。只有小公主，虽然穿着金缕绣花的丝绸衣服，可是却神色黯然地拉着新娘的白纱礼服。她的耳朵里听不到喜庆的声音，眼睛里看不到神圣的礼仪，她多么希望披上白纱的是自己啊！可是一切都枉然。她心中想着自己临死前的一夜，想着她在世上所失去的一切。

婚礼过后的当天晚上，他们一道踏上归程。

他们在甲板上架起一个美丽的帐篷，当做新人的洞房。

海风把船帆吹得满满的，船轻快平稳地在海上行驶着。船向着无垠的美夜驶去，天边的繁星和船上五光十色的灯火交相辉映。

不久，夜空中绽放着一朵朵美丽异常的焰火，结婚舞会开始了。小人鱼情不自禁地又想起了她第一次游出海面时看到的场面，和现在同样的壮观和欢乐。

乐声一起，小公主在甲板上疯狂地舞了起来，轻盈、美妙得有如一只花蝴蝶，又宛如被追逐的燕子在飞翔一样。

她仿佛是要用尽生命中的最后一丝力气舞着。表面上看起来，她好像很快乐，其实，有谁能够了解她内心的凄苦呢？她知道这是她能见到王子的最后一个夜晚了，为了他，她离开了自己的族人和家庭，交出了自己动听的声音，每天经受着无休止的折磨，而他却一点也不知道。小公主一面舞动着，一面忍不住想起巫婆可怕的笑声。今晚是她活在世上的最后一晚了，命运真是捉弄人啊！

夜深了！所有的人都进入了梦乡。只有小公主拖着疲惫的身心，倚栏眺望……她要看这世界最后一眼。

"明天，当第一道晨光射向大地，就是我向世界告别的时候了……"小人鱼伤心地想着，眼泪不禁流下来。

这时，姐姐们忽然从海水中探出头来，她们的脸色都和她一样苍白，个个眉头深锁，而秀丽的长发却都不见了。

"妹妹，快，接着这把刀！这是我们用美丽的头发跟巫婆换来的，只有它能救你。"

"太阳升起以前，把刀刺进王子的胸膛，让鲜血洒在你的脚上，你就可以恢复人鱼的模样了……"她们发出奇怪的、深深的叹息，沉到海底去了。

东方的天空已经渐渐转成鱼肚白了。小公主握着匕首，揭开了帐篷上紫色的帘子，悄悄地溜进帐篷内。

只见王子的嘴角带着微笑正沉睡着。小公主轻轻地在王子的漂亮的脸颊吻了一下，然后望了望天空。

朝阳快要升起了，小公主望望天边，又看看手中的小刀。

这时，忽然传来王子低声的呢喃，梦中的他声声唤着新娘的名字……他心中只有她。刀在小人鱼的手中颤抖着。

小公主的心痛苦地纠结着，而握着小刀的手不住地颤抖，她无论如何也不能杀害自己所深爱的人啊！

"我宁可化为泡沫！"小公主毅然地把匕首抛入海中。匕首落在浪花里，刀子落下的地方闪着红光，就像一滴滴的血从水中溅了出来。

小公主眷恋地回头望了一眼帐篷后，用朦胧的目光再望了望王子，便将自己投入奔流的海水中。

她感到自己渐渐与海水融为一体，一点一点地化为泡沫。

转瞬间，万丈光芒投射在海面上，阳光柔和地温暖地照射在冰冷的泡沫上。绚烂的海水好似在为小公主的勇敢歌颂。

但是，她并没有任何死亡的感觉，有的只是畅快的解脱感。

奇怪的事情发生了！小公主变成的泡沫再度凝聚起来，幻化为一个晶莹剔透的形体，自海面升起，越来越高。"我要上哪儿去呢？"小公主发出如新莺出谷般美妙的声音，人世间的任何音乐都不能和它相比。

"到太空的女儿那里去。"一群像小公主般透明晶亮的小精灵聚拢过来，向小公主和善地解释着，"我们是一群透明的精灵，在空中飘浮着，只要我们心地善良，三百年后，便能获得永生的灵魂，参加到人类永恒的幸福中去，还可以升入到天国里。"

"真的？"小公主感动得滴下她这一生中第一颗眼泪，把自己明亮的手举向太阳。

第二天早晨，王子发现他可爱的小妹妹不见了，便神色忧伤地对着大海不停地呼唤，好像知道她已经纵身跳入浪花里去了。

而化成精灵的小公主，看到王子如此焦急地找寻着自己，感到十分欣慰。没有人能够看得见她，她朝王子微笑着，和其他太空的孩子一起升到了浮游在天上的玫瑰红色的云朵上。

【启示】

一个善良的灵魂无私地为他人奉献，她所失去的并不会比得到的多。勇敢、坚强、善良的小公主为了追求幸福，勇敢地用美妙的声音作交换；她为了王子开心，强忍剧痛展现美丽的舞姿；为了别人的幸福，宁愿牺牲自己。最后她自己也获得了永生的灵魂。这个童话告诉我们：心地善良、坚强勇敢的人，幸福和快乐便会青睐他。

卖火柴的小女孩

天正下雪，冷得很厉害，黑暗的夜幕开始垂下来，大雪狂舞，滴水成冰。这是一年的最后一个夜晚——除夕。在这冰天雪地中，在这昏暗的夜色里，在这早已空旷的街上，走来了一个可怜的贫穷的小女孩。她头上没有头巾，光着双脚艰难地挪动着步子。从家里出来的时候，她穿了一双非常大的靴子，那是她妈妈以前用过的，又肥又大。她匆忙穿过街道的时候，为了躲避两辆飞驰的马车，慌乱之中，一只靴子再也无法找到，而另一只让一个小男孩捡起来，拿着逃走了。那男孩说等他将来有了孩子时，可以用它来做摇篮。

现在小女孩赤脚走在街上，一双小脚丫被冰冷的天气冻得红一块青一块。她在一条旧围裙里包了不少火柴，都捆成了一小把一小把的，以便出售。这一整天，谁也没有向她买过一根火柴，准也没有给她一个铜板，可怜的小姑娘，饥饿和寒冷使她愁容满面。

大片大片的雪花飞落在她那金黄的头发上，这金发在她的脖子后卷曲着，看起来非常美丽，不过她并没有想到自己漂亮。所有的窗户里都射出了光亮，街上弥漫着烤鹅的香味。她才想起今天是除夕。

前面不远处有两所相邻的房子，其中一所有些突出，向街面略伸出一小截，这样使两所房子之间出现了一个角落。小女孩走过去，坐了下来，身子蜷曲着，缩做一团，她已把她的一双小脚也缩到了身体下面，越发地感到冷了。

她不敢回家里去，因为一根火柴也没有卖掉，一个铜子儿也没有挣到，爸爸会打她的。其实家里也很冷，只有一个破裂的屋顶遮着头，虽然最大的裂口已经用草和破布堵住了，但是风可以从那上面灌进来。小女孩坐在那儿，一双小手几乎冻僵了。"唉，一小根火柴会很管用的。"她想。于是抽出一根，在墙上一划，"哧"的一声擦着了，冒出火光来，火光多亮啊！她用双手拢着的那燃烧的火柴，就像一枝小小的蜡烛，变成了一朵温暖、光明的火焰。这时候小女孩觉得自己真像坐在一个大大的火炉前，铜的炉膛、铜的提把，全都是亮堂堂的、黄澄澄的。手烤热了，又不由自主地把双脚伸了过去，也想让它们暖和暖和，但就在这时候，火焰突然熄灭了，火炉不见了，她坐在那儿，手中只有一短截燃烧过的火柴棍。

她又点着了一根，火柴燃烧着，发出火焰，火光照在墙上的地方好像变成了透明的，又像一片薄纱。

小女孩朝里面望去，可以看到房间里的东西，里面的桌子上铺着一块雪白的桌布，上面摆着精致的瓷碗、瓷盘和烤得香喷喷的鹅，鹅的肚子里填满了李脯、梅脯和苹果。更奇怪的事情发生了，鹅从盘子里蹦了出来，背上插着刀和叉，顺着地板蹒跚着朝那穷苦的小女孩走了过来。小女孩高兴极了，正准备伸手去抓那肥鹅时，火柴熄灭了，她面前只有一堵厚厚的、冰冷的墙。

小女孩又点燃了另一根新的火柴。这一回她看到自己坐在可爱的圣诞树下面，这是一棵她盼望已久的圣诞树。前几天过圣诞节时，她透过商店的玻璃窗看到一棵漂亮的圣诞树，希望自己也有，可那是属于富有的商人的。而现在的这棵圣诞树是真正属于自己的，它比商店老板的那棵还要大，装点得还要美。树上挂着许多彩色的圣诞卡，那上面画有各种各样的美丽图画。

树上绿色的枝子上燃烧着几千枝蜡烛，一闪一闪的好像星星在向她眨眼。于是小女孩把手伸过去，可就在这时候，火柴熄灭了。那许许多多的圣诞蜡烛向上冉冉升起，越升越高，最后变成了明亮的星星。这些星星有一颗落了下来，在天空划出一道长长的亮光。

"现在又有一个什么人死去了！"小女孩说道，因为老祖母在世时对她讲过，天上掉一颗星，便有一个灵魂升到上帝那儿去。老祖母曾是世上惟一疼爱她的人，可却早早地过世了天国。

她又在墙上划着了一根火柴，火光把周围环境都照亮了。在亮光中老祖母出现了，她站在亮光里，全身闪闪发光，精神焕发，那么温柔，那么慈祥。

"奶奶！"小女孩叫了起来，"啊，请把我带走吧！我知道火柴一灭，您就消失了。就像那暖暖的火炉、那香喷喷的烤鹅和那美丽的能给人带来幸福的圣诞树一样，都不见了。"小女孩匆匆把剩下的火柴一根根都划着了，她要留住祖母，站在祖母面前。火柴发出强烈的光芒，照得比大白天还要亮。老祖母从来没有这么美丽过，从来没有像现在这样高大。

她把小孙女抱起来，搂在怀里，光辉照耀着她们，欢乐笼罩着她们，她们双双在光明和快乐中飞走了，越飞越高，飞到了没有寒冷，没有饥饿，没有恐惧的地方——她们已飞向上帝，跟上帝在一起。

新年的清晨，小女孩坐在那房子的犄角里很安静，原来她已经在除夕之夜冻死了。她的脸庞红红的，表情是那样安详，嘴角还透出一丝微笑。新年清晨的白雪覆盖着她的尸体，她坐在那儿，手里拿着一把差不多都划光、烧光了的火柴。人们说："她想让自己暖和一下。"可是谁也不知道，她曾经看到过那么美丽的东西，她曾经是多么幸福地跟祖母一起，走到美好的天国。

【启示】

穷困、弱小、孤苦、无助的小女孩，憧憬着美好的生活：一个温暖的火炉，一顿丰富的晚餐，一件精美的礼物就可以使她满足，感受到幸福，觉得生活无比快乐！与可怜的小女孩儿相比，我们现在的生活是多么幸福呀！这则童话告诉我们：幸福生活是来之不易的，我们一定要珍惜自己拥有的一切。

二、格林童话

狼和七只小山羊

从前，有一位山羊妈妈，她有七只小羊羔。她是一个极有爱心的母亲，对她的这些孩子非常疼爱。

有一天，山羊妈妈要去森林里找吃的，但是把这七个孩子留在家里她非常不放心，于是她把这七只小羊羔叫到跟前，吩咐道："孩子们，妈妈要到森林里去找吃的，你们好好呆在家里等妈妈，好不好？你们要特别注意老狼，假如狼来了，他会把你们连皮带毛整个吃下去的。因此你们一定不要开门，因为这个坏蛋非常会伪装自己。你们听到刺耳的嗓音、看到四脚是黑色的，就要知道是狼来了。记住他来的时候一定不能开门让他进来！"

小羊羔们听话地说："我们知道了，亲爱的妈妈，您就放心地去森林里找吃的吧！"

老山羊咩咩叫了两声，就起身上路了。

老狼果然一直想找机会吃掉山羊妈妈的这七只小羊羔，并且经常在山羊妈妈的房子周围转悠，寻找机会。这天他见山羊妈妈独自出门了，就知道家里只剩下七只小山羊了，不由开心地想着：哈，我终于有饱餐一顿的机会了！

于是他跑到小山羊家门口，装着老山羊的声音叫道："小宝贝们，开开门，你们的妈妈回来了，给你们每个人都带回了好吃的东西。"

小山羊们一听，这声音很刺耳，猜想是狼来了，隔着门说："你不是我们的妈妈，我们不开门。你这破铜锣一样的声音哪有我们妈妈的声音娇嫩好听，你是大灰狼。"

于是狼跑到杂货商人那儿，买了一包藕粉吃下去，把自己的嗓音变得娇嫩，接着又回到门前来，叫道："小宝贝们，你们的妈妈回来了，开开门吧，我把好吃的东西给你们带回来了。"

但狼在不经意中把爪子放到了窗户上，小羊羔们看到了他的黑爪子后，就知道又是狼来了，齐声说：

"我们不开门，你不是妈妈。妈妈的脚不是黑色的，你一定是老狼！"

老狼扭头就跑到磨坊主那儿，想让磨坊主给沾些白粉。磨坊主心想："老狼不知又在打什么坏主意，说不准又想骗谁。不行，不能够答应他。"想到这些，磨坊主就摇头拒绝了老狼，老狼恶狠狠地说："如果你不给我沾些白粉，我就把你给吃了！"磨坊主非常害怕，只想保住自己的性命，很快就把老狼的爪子涂成了白色。

现在，老狼第三次来敲门了，叫道："亲爱的孩子们，开门吧，你们的妈妈从森林里带回了你们从来没有吃过的好东西。"

小山羊们一听，声音娇娇嫩嫩的，便说："把你的脚掌伸到窗台，让我们看看。"

狼把脚掌伸到窗台上，他们看到它是白的，于是就相信了他的话，打开了门。

可进来的是谁呢？不是妈妈，而是大灰狼！小山羊一下子慌了神，东窜西逃，想找个地方藏起来。第一只跑到了桌子下面；第二只藏到了床底下；第三只跳到空火炉里；第四只藏到柴房草下；第五只藏进衣橱；第六只藏到洗脸盆下面；第七只蹿到挂钟壳子里去了。

但是恶狼还是一个个找到了他们，张开血盆大口，把他们一个个吞进了肚子里；只有藏在挂钟壳里那只最小的羊没有被发现，幸免于难。

狼吃饱后，离开那里，来到一棵树下，躺在青草地上睡着了。

过了一会，山羊妈妈挎了一篮子嫩草从森林里回来了。啊，她看到了多么可怕的景象啊！门敞开着，桌椅板凳都翻倒了，洗脸盆打碎了，柜子里的衣服被扔得到处都是。她到处都找不到她的七个孩子。她挨着个呼喊孩子们的名字时，第七只小山羊战战兢兢地答道："妈妈，我在挂钟壳里。"

山羊妈妈将孩子抱出来，孩子哭着把老狼来的事情说了一遍。山羊妈妈伤心地哭了，她是那样的悲痛！

最后，山羊妈妈决定带着最小的孩子去屋外的草场，但没走多远就看见老狼挺着大肚子躺在一棵树下睡着大觉。山羊妈妈围着老狼看了一圈，发现他的肚子里好像有东西在动，她欣喜地想，"天呀！会不会是我的孩子们还活着？"

于是山羊妈妈让小山羊回家取来针线和剪刀。山羊妈妈剪开了大灰狼的肚皮，刚剪一下，马上就有一只小山羊眨着眼睛跳出来；她接着剪下去，六只小山羊整整齐齐地站到了她面前，而且一点也没有受伤。

原来，那坏东西太贪吃了。他看见有一群小山羊，觉得能饱吃一顿，于是就找到他们，一口吞下一只，根本没有咀嚼。小山羊们抱着亲爱的妈妈，欢喜得不得了。老山羊说："喂，你们都去找些石头来，趁这个坏东西还没有睡醒，我们填满他的肚皮。"于是，七只小山羊搬来了很多石头。他们把大灰狼的肚皮塞得满满的，然后又用针线缝好。

最后老狼终于醒了，他晃晃悠悠地站起来，感到肚子里非常饱，而且还特别想喝水，他哪里知道那是由于他肚子里装着的全是石头呀！他当时只想赶快找口井，喝些水解渴。他一走动，肚子里的石头便互相撞开了，还发出"咔嚓，咔嚓"的声音。老狼不耐烦地叫着：

"是什么东西在我的肚子里咔嚓咔嚓地敲敲打打？我想是那几只可口的小羊！怎么感觉像是石头在摩擦？！"

他来到井边，刚想低头去喝水，腰一弯，肚里的石头就往前一坠，他也跟着一头跌到井里淹死了。

七只小山羊看见了，咩咩叫着："大灰狼淹死了！大灰狼淹死了！"他们异常高兴，和他们的妈妈在井边跳起舞来。

【启示】

凶恶的大灰狼被羊妈妈带着七只小羊打败了，可见，智慧的力量是无穷的，坏心眼的人是没有好下场的。生活中我们也可能碰到危险，在这个时候就需要我们联合起来，运用智慧去战胜它。

白雪公主

有一年冬天，天空下着鹅毛大雪。一位王后坐在黑油油的乌木框子窗边做针线活儿。她一面做针线，一面看窗外的雪，一不小心，针儿扎在手指头上，在雪里滴下了三滴血。红红的血在白白的雪里显得格外美丽，于是她想：要是我能有一个孩子，皮肤像雪一样白净，嘴唇像血一样红润，头发又像乌檀木一样黑亮，那该多好啊。

不久，王后果然生下一个正如她所希望的那样美丽的女孩，取名叫"白雪公主"。不幸的是，在白雪公主出生后不久王后就去世了。

第二年，国王又娶了个美丽骄傲的女人为王后。新王后傲慢、自负，容不得有人比她更美丽。她有一面魔镜，每次照镜子时都要问："魔镜，魔镜，快显魔力，世上的女人，谁最美丽？"

魔镜回答说："王后，你是全国最美的女人。"

王后听了很满意，她知道，魔镜总是说实话。

白雪公主慢慢长大，到了 7 岁，美得像明净的天空，比王后还美。一天，王后像平常一样，拿起小镜子，问："魔镜，魔镜，快显魔力，世上的女人，谁最美丽？"

魔镜说："啊，这里你最美丽，但白雪公主比你漂亮一千倍。"

王后很生气，从此，她看见白雪公主就心里难受，妒忌使她日夜不安。

终于在某一天，她叫来一名猎人，对他说：

"把那个女孩子带到森林里去，我再也不想见到她。你必须杀死她，把她的肝和肺带来做证据。"

猎人听从王后的话，把白雪公主带到了野外。在他抽出长长的猎刀要去刺白雪公主纯洁的心时，白雪公主哭了起来，说：

"啊，亲爱的猎人，别杀我，我会跑到荒僻森林里去，永远也不再回家。"

猎人见她长得这么漂亮，不禁起了同情之心，说：

"逃吧，可怜的孩子。"

公主走后，猎人刺死了一头小野猪，取出心、肝、肺，交给了王后。王后竟吩咐厨师把这些东西煮熟，然后吃掉。她还以为自己吃了白雪公主的心、肝、肺。

白雪公主一个人呆在大森林里，心里很害怕，她漫无目的地往前飞跑，许多猛兽从她身边走过，但都没有去伤害她。快到晚上的时候，她看见一栋小房子，便走了进去。

在这个小屋里，什么东西都很小，但整洁精致得没有办法形容。

屋子里有一张铺白布的小桌子，上面放着七只小盘子，每只小盘子边还有小勺。另外还有七把小叉、七把小刀和七只小酒杯。墙边有七张排成一列的小床，上面铺着雪白的床单。

白雪公主，就从每只小盘子里吃一些蔬菜和面包，再从每一只小杯子里喝一滴酒，因为她不想把一只盘子和一只杯子里的东西都吃光喝完。

后来她很累，就躺在一张小床上，可是前六张床没有一张合她的身，有的太长，有的太短，最后她试了第七张床：大小正好。她就躺在上面睡着了。

天完全黑的时候，小屋子的主人回来了，他们是七个小矮人，每天都在山里开矿。他们点起七盏小灯把屋里照亮，马上发现屋子里有人来过。第一个说："有人坐过我的小椅子。"第二个说："有人吃过我盘子里的面包。"第三个说："有人吃了我的菜。"第四个说："有人用过我的小叉子。"第五个说："有人用过我的小刀子。"第六个说："有人喝了我的酒。"第七个说："我的盘子里也少了点东西。"

接着他们又发现自己的床也被别人动过，第七个小矮人往自己的床上看了看，发现了白雪公主，她正躺在那儿呼呼大睡。于是他招呼别的矮人，他们赶紧跑了过来，惊异地叫了起来。他们举起了七盏小灯，照着白雪公主的脸。"哎，老天爷！哎，老天爷！"他们大声嚷嚷，"多漂亮的小孩子啊！"他们异常快乐，并没有叫醒她，而是让她在小床上继续睡觉。

第二天，白雪公主醒来看见七个小矮人，她大吃一惊。小矮人非常和气地问："你叫什么名字？为什么到这里来？"

于是白雪公主把她的不幸告诉给小矮人，小矮人对她很同情。他们说："假如你愿意替我们铺床、烧饭、洗衣服、打扫房间，你就住下好了。我们会很好地对待你，不会让你吃亏的。"

就这样白雪公主留了下来，她把一切都料理得井井有条，小矮人们非常满意。整个白天，白雪公主都要一个人在家，善良的小矮人警告她说："你要防备你的继母，她有面镜子，她会知道你住在我们这里。当心，千万别让外人进来。"

王后以为白雪公主死了，她又成了第一美人，于是又问魔镜，说："谁是全国最美的女人？"

镜子说："在这里你最美丽，但在七个小矮人家中还有个比你更美的白雪公主呢。"

王后非常生气，她决定这次亲手杀死白雪公主。她装扮成卖杂货的老太婆，带着一把有毒的梳子，来到小矮人家门口，敲着门大喊："卖好东西。"

白雪公主打开窗户，问："老婆婆，你卖什么东西？"

"卖梳子，上等的梳子。"老太婆一边说，一边拿出有毒的梳子，把它举得很高。

白雪公主看到这样的梳子很高兴，不由得喜欢上了，就打开了门。

当她们讲定这笔买卖后，老太婆说："让我来好好梳一梳你的头发。"

可怜的白雪公主没有一点防备，让那老太婆随意摆布。那梳子一碰到头发，毒性开始发作，白雪公主立刻倒在地上，不省人事。

王后见阴谋得逞，便扬长而去。幸好天色马上黑了下来，七个矮人回屋来了。

当矮人们看到白雪公主跟死了一样躺在地上，他们马上怀疑这是她继母干的，便东寻西找，最后发现了那把有毒的梳子。他们刚把它拔出来，白雪公主就苏醒了，并把刚才发生的事如实地告诉了他们。

于是小矮人又一次叮嘱，不论是谁，以后都不能让他进来。

王后回到宫中，拿出魔镜，又提出老问题，当她得知白雪公主仍活在世上时，肺都快气炸了。她发疯似的大叫说："我就是死，也一定要杀掉白雪公主。"

于是她做了一个一边白一边红的苹果，红的半边放了毒药。这次，她又装扮成农妇，去敲七个小矮人家的门。白雪公主说："我不会让任何人进来。"农妇回答说："我送你一个苹果。"白雪公主说："不，我不要。"农妇笑笑说："你怕有毒吗？你看，我把苹果切成两半，你吃红的，我吃白的。"说完咬了一口苹果。白雪公主看到农妇在吃，也就忍不住伸出手去，拿了那有毒的一半。她才吃一口，就倒在地上，死去了。

王后回到家里问镜子，这次镜子终于回答说："王后啊，全国是你最美丽。"

当晚上七个矮人回家时，发现白雪公主躺在地上，已经没有了呼吸，她真的死了。于是他们将她抱了起来，看看可不可以找到什么有毒的东西，梳理她的头发，用水和酒擦洗她的身体，可是这一切都没有用。

白雪公主这次真的死了，再也活不过来了。他们把她放在尸架上，七个人一起坐在旁边，放声痛哭，一连哭了三天之久。

他们说绝对不能把白雪公主埋到黑暗的地下去。他们叫人做了一口透明的玻璃棺材，把她放了进去，这样，从四面都可以看见她。他们还用金粉将她的名字写在上面，说明她是一个公主。最后他们把棺材抬出去，放在山上，由他们看守。

就这样，白雪公主在棺材里躺了十年，样子就像是沉睡，面色也白里透红，长发又黑又亮。有一天，一位王子看到棺材里的白雪公主，他深深地喜欢上了她。于是他找到小矮人，说："把棺材卖给我，随你们要多少钱都行。"但矮人拒绝了王子的要求。王子说："你们如果不肯卖，就送给我好了，我看不到白雪公主就活不下去，我要像保护眼睛一样保护她。"矮人觉得王子很诚实，便答应了王子的请求，把棺材送给他。王子让人抬起棺材，没想到把棺材刚抬起来，就撞在树上，白雪公主受到震动，喉咙里的毒苹果掉了出来。她睁开双眼，推开棺材盖，坐了起来，叫道："天啊！我这是在哪儿呀？"

王子高兴地说了事情的经过，接着说："我太爱你了，离开你，我不知道怎么活下去，做我的妻子吧。"

白雪公主觉得王子英俊潇洒，心地善良，愉快地同意了王子的请求。小矮人也高兴得欢呼舞蹈。

老国王和王后为王子和白雪公主举行了世界上最热闹最隆重的婚礼，并邀请邻近的国王和王后作为嘉宾。那个可恶的王后也接到了请柬，她又向魔镜提出老问题，魔镜说："最美的女人是王子的新娘。"

听了这话，那个恶毒的女人气得不得了，咒骂起来。她起初本来不想参加婚礼，可是她怎么也不能使自己的心情平静下来，她一定要去，看看年轻的王后究竟有多漂亮。她一进王宫就认出了白雪公主，于是惶恐万状，站在那儿一动也不能动。她看见炭火上放着一双铁拖鞋，人们用火钳夹了过来，放在她的面前。她被迫穿上那双烤得透红的鞋子跳舞，一直跳到倒在地上死去。

【启示】

恶毒的王后受到了应有的惩罚，美丽的白雪公主最终得到了幸福。可见，邪恶是永远战胜不了正义的。同时，这则童话还告诉我们，人的美丑，不在于她的外貌而是内心。心灵美才是真正的美。

兔子和刺猬赛跑

在收获季节的一个礼拜天的早晨，荞麦正开着花，太阳悬挂在天上，温暖的晨风吹拂着田野，百灵鸟在空中唱着愉快的歌，蜜蜂在荞麦花中间"嘤嘤嗡嗡"地采蜜，人们则穿着礼拜日的漂亮衣服到教堂做礼拜去了，世上的万物都快快活活，连刺猬也是一样。

刺猬站在自己的家门口，看着清晨的美景，双臂抱在胸前，不经意地哼起一支小曲儿来，而且哼得还算可以，就像在可爱的礼拜天清晨刺猬经常哼的那样。哼着哼着，他突然想到何不趁着老婆孩子还在洗脸漱口的时候，去地里散散步，看看胡萝卜长得怎么样。

胡萝卜地离他家特别近，他和全家经常到那儿饱餐，把它当成自己的财产。

说走就走，刺猬随手关上了门，就向地里走去，没走多远，在绕过挡在胡萝卜地前边的野玫瑰丛时，他遇上了兔子。兔子是去看看他的白菜地的。刺猬看到兔子，友好地向他道了一声早安。兔子生来就有副贵族脾气，非常傲慢，对刺猬的问候不仅不搭理，还摆出一副瞧不起人的样子。

他对刺猬说："你怎么一大早就到地里瞎逛？"

"我散步来着。"刺猬回答。

"你散步？"兔子笑起来，"照我看，你的腿本应该派点更好的用场喽！"这样的话太伤刺猬的心了，因为说什么他都能够忍受，就是不想让人说他的腿——他天生是歪腿。

"怎么？你难道认为，你那几条腿儿有更大的本事吗？"刺猬生气地说。

"我是这么认为哩！"兔子回答。

"那咱们比一比，"刺猬说，"我打赌，咱们要是赛跑，我肯定跑赢你！"

"真好笑，你长着歪腿还想赛跑？"兔子回答，"不过我可以答应你，假如你兴趣真的很大，可赌什么呢？"

"一块金币加一瓶烧酒。"刺猬说。

兔子说："可以呀，我们就这样说定了，然后马上开始。"

"不，不要这么急，"刺猬说，"我还没有吃饭哩，想先回家去吃早饭，过半个小时后再回这儿来。"

兔子同意了，刺猬马上往回走。半路上他心里想："兔子仗着自己腿长，但我一定要跑赢他。他虽然是个贵族，但笨得很，不输才怪哩。"回到家里，刺猬对妻子讲："太太，快穿上衣服，和我到地里去。"

"有事吗？"妻子问。

"我要和兔子赛跑，赌一块金币和一瓶酒，我要你也在场帮助我。"

"我的天啊，"妻子一听就嚷起来，"你是不是疯了，还是完全失去了理智？我们怎么可以和兔子赛跑哟！"

"住嘴！"刺猬喝道，"这是我的事情，快穿上衣服，然后跟我走！"刺猬的妻子有什么办法呢，她想去也好，不想去也好，只得跟着刺猬去了。

他们走到半道上，刺猬对妻子说："喏，注意我给你布置的任务。你瞧，我们的赛场就是那块长条形的地，就是说，兔子跑一条犁沟，我跑另外一条犁沟，我们一起从那上边起跑。你什么也不用干，只是站在犁沟下边，在兔子每次跑过来的时候，你对他喊：'我已到喽！'"

他们一边说，一边来到地里，刺猬给妻子指好站的位置后，就独自向上边走去。他走到的时候，兔子早等在那里了。

"能开始了吗？"兔子问。"当然可以。"刺猬回答。

"那就各就各位吧！"说着，他们一齐站进了自己的犁沟。兔子数道："一——二——三！""三"字刚说，他已像闪电一样冲向地的下边一头。刺猬呢，大约只跑了三步，就蹲下身子，静静坐在犁沟里不再动了。

这时候，兔子正拼尽全力跑到地的下边一头，刺猬太太一看见兔子便冲他喊："我已到喽！"兔子大吃一惊，心里特别奇怪，他以为冲他喊的是刺猬，因为谁都知道，刺猬太太和她的丈夫长相完全一样。

兔子却想："这样是不行的。"他叫道："再往回跑一次！"于是他又闪电般跑起来，这次差点儿跑掉了耳朵。刺猬太太却安静地坐在老地方。兔子跑到上边一头时，刺猬又冲它喊："我已到喽！"兔子特别生气，大叫："再来一次，跑回去！"

"哈！哈！我才不怕哩。"刺猬回答，"你想跑多少次，我就陪你多少次。"就这样兔子一气儿跑了七十三趟仍坚持着。每回兔子跑到上边或者下边，刺猬或刺猬的妻子便说："我已经到喽！"

可到了第七十四趟，兔子没有再跑完。他倒在了犁沟中间，血从喉咙里涌了出来，当场就死了。刺猬却拿着赢来的金币和烧酒，把藏在下边的妻子喊了上去，夫妻俩高高兴兴地回到家。

【启示】

"人无完人"，世界上的每个人都有缺点和不足，不管是谁都不能妄自尊大地嘲笑别人的缺点。兔子就是因为这个惹来了杀身之祸。这则童话告诉我们：要尊重别人，包容别人的缺点，千万不要揪住别人的缺陷加以嘲笑，否则可能就会付出惨重的代价。

三个幸运的孩子

很久以前有个父亲，他有三个儿子。有一次，他把三个儿子叫到跟前，给第一个孩子一只公鸡，第二个孩子一把镰刀，第三个孩子一只猫。

他对三个孩子说："我已经老了，快要死了，我想在我死之前再为你们操一次心。钱我是没有的。我现在给你们的东西，看来值不了多少钱，但问题在于你们如何利用它们：假如你们能找到一个地方，那儿的人对这类东西还比较陌生，那你们就发财了。"

父亲死了之后，老大带了他的公鸡外出，但他到了一个地方，那儿的人都已经熟悉公鸡。在很多城市里，他从远处就见公鸡栖息在钟楼顶上，身子随风转动。在每个村子里，他都无数次地听见公鸡啼鸣，没有人对公鸡感到惊异，以致他要想在公鸡身上走运变得没有希望了。

可是后来，他到了一个岛上，那儿的老百姓完全不知道世界上还有公鸡，甚至不知道怎样划分一天的时间。

他们只知道，什么是早晨，什么是晚上，可在夜里，假如他们不是一觉睡到天亮，而是夜间醒了过来，那他们中就没有一个人可以知道准确的时间。

"瞧，"他说，"这是一只特别有用的动物，它头上戴一项红宝石般的冠冕，夜里到了一定时辰，它就向你报时，一共三次，到了最后一次啼鸣时，太阳马上就要从东方升起来了。假如它在大白天啼叫，那就是提醒你们，天气就要发生变化了。"

那儿的老百姓对公鸡都非常感兴趣，他们一夜没睡，带着巨大的喜悦，听公鸡在夜里两点钟、四点钟和六点钟啼鸣，向人们报时。

他们问带鸡来的人，可不可以出让这个动物，要价多少。

他回答说："大概与一头驴子能驮的金子差不多。"

"用这么便宜的价钱换这么一只珍贵的动物。"他们一起叫道，于是就高兴地给了他所要求的金子。

他拿了这么多金子回家时，他的两个弟弟觉得奇怪，大弟说："这么说来，我也应该出去碰碰运气，我那镰刀是不是也可以一帆风顺，换这么多钱呢？"

由于他到处碰到的是农夫，他们肩上扛的镰刀和他的一样精良，因此他觉得自己看不出有丝毫交好运的迹象。

最后他也走运，来到了一个岛上，那儿的老百姓不知道世界上还有镰刀。

那儿的麦子熟了以后，农夫就在田边架起大炮，用炮弹把穗秆打下来。

这样干，不一定打得准，因为有的炮弹从麦田上飞过，并没有打在麦秆上。有的打中的不是麦秆而是麦穗，这样，麦穗给轰光了，同时还毁了很多别的庄稼。此外，大炮轰鸣，会发出令人心烦的嘈杂声。

于是他当场作了精彩的表演，他用镰刀轻轻地割麦秆，秆子迅速倒在地上。这场表演让站在一旁观看的人惊得睁大了眼睛。他们很高兴地拿出他要求的价钱把镰刀买下了，他得到了一匹马所能驮得动的金子。

现在轮到最小的孩子把他的猫卖给需要它的人。他开始的情况跟他的两个哥哥一模一样，他一天呆在大陆上，就一天没有任何结果，因为这里到处都有猫，猫实在太多了，人们常把新生下来的小猫扔在水里淹死。

最后他乘船来到了一个岛上，正巧那儿还没有一只猫，老鼠特别厉害，不管家里有没有人，都在桌子和长凳上跳来蹦去。老百姓哀叹鼠害的严重。国王本人在王宫里也不知怎么办才好。老鼠在房子角落里发出吱吱声，只要是它们的牙齿咬得动的东西，都被咬坏了。

于是那只猫开始捕捉老鼠，不一会儿就把几个大厅里的老鼠都抓光了。老百姓请求国王为这个国家买下这只神奇的动物。小兄弟的要价是一头骡子所能驮得动的金子，国王满足了他的要求。于是小兄弟带了最大的一笔钱财回到家里去了。

那只猫在王宫里以捕鼠为乐，它咬死了很多老鼠，数也数不清。最后猫由于追捕老鼠浑身发热，口也干了，它就停下来，掉头向着高处叫道："喵呜，喵呜。"

国王和他手下的所有臣民，一听见这没听过的叫声，心里都非常吃惊，他们心怀恐惧，一起来到宫外。国王在王宫下面和群臣商讨良策，最后商议，派一名传令官前去让猫离开王宫，不然，就对它采用暴力。

那些谋士们说："我们宁愿受老鼠干扰——因为我们对鼠害已经习惯了，也不愿把我们的生命白白牺牲给这样一只怪物。"

有一位年轻的宫廷侍从,受到大家委托前去问猫,它是否愿意离开王宫?可是这时猫越来越渴,它干脆回答道:"喵呜,喵呜。"

那个年轻的宫廷侍从把这理解为"绝对不能,绝对不能"的意思,他把这个情况报告给了国王。

那些谋士们说:"那么,就得采取武力手段让它屈服了。"

于是人们搬来大炮,轰击那王宫,使王宫着火。当大火烧到猫呆着的那个大厅时,猫很轻松地从窗子里跳了出去,但那些包围王宫的士兵没有听到声音,他们不停地轰击,直到王宫被炸成了平地。

【启示】

任何事物都有自身的价值,关键是如何利用它,使它的价值得到充分的体现。就像童话里的三兄弟一样,使平常小物发挥了最大的价值。其实人也是一样,每个人都有用武之地,关键在于我们如何发掘自身的潜力。只要将才能用到刀刃上,就一定会成功。

三、中外现当代童话

小兔的"千里眼"

狐狸这家伙最狡猾了,总是坑害其他动物。有一次,它用木板做了一棵假桃树,漆上绿漆,并且心怀恶意地在路上挖了一个陷阱,然后去找猴子。狐狸狡猾地装着笑容满面,对猴子说:"猴老弟,我种了一棵桃树,桃子长得好大呀,请到我家吃桃子吧!"

猴子于是就跟着狐狸去了,登上山顶,远远望去,只见山下果然有棵绿叶茂盛的桃树,心里很高兴。

"等一等!"猴子刚想走,小兔子就从草丛里跳出来,拦住了它,对它说:"如果你真的那么想吃桃子,还是自己种吧。狐狸那个狡猾的家伙在骗你,那是假桃树!"小兔子拿出一张相片来,对狐狸说:"狐狸,你这个狡猾的家伙,你可骗不了我,我有'千里眼'呢!瞧,这是我拍的彩色红外线相片!通过红外线,可以分出植物的真假。"

狐狸还不愿意承认,故意大笑说:"兔子,你在骗人!你的照片上只是些莫名其妙的图形。凭照片怎能分出真假桃树来,真是荒唐!"

兔子说:"太阳光里包含着一种光线,叫红外线,人的眼睛看不见这种红外线,但是植物可以反射它,绿漆可没有反射红外线的本领。红外感光照片可以说明这个道理。"

狐狸的阴谋被戳穿了,气得要命,吼叫着扑向小兔子。可是,机灵的小兔子跳呀,跳呀,跳到草丛里不见了。

小猴子听了小兔子的话,就自己动手种了棵桃树。桃子长大了,又大又红,十分诱人。这事又被狐狸知道了,这个坏家伙竟然捉了许多害虫,偷偷地放到桃树上,但是小猴并不知道狐狸干了这个坏事。

聪明的小兔子用红外线一照，发现了情况，赶紧去找小猴，对小猴说："你的桃树上有害虫，与那些没有害虫的桃树相比，它反射红外线的能力要低多了。"小猴十分吃惊，及早地把害虫消灭掉了。

过了没几天，桃子熟了，小猴把朋友们都请来吃桃子，当然没有邀请那个狡猾的狐狸。

【启示】

当今社会，科技十分发达。再高明的骗术，在高科技的照射下都无处遁形。小兔子凭借红外线这个法宝，几次戳穿了狐狸的阴谋，保护了小猴子的利益，真了不起。这则故事告诉我们，要充分利用科学的力量去解决问题。

老鼠搬家

老鼠一家住在一户富有的人家里，天天吃着流油的残汤剩菜，它们吃得又肥又胖，生活很舒服。另外，这户人家还有许多粮食，而老鼠的洞就在米仓附近。

有一天，老鼠先生收到了一封信，这封信是它的田鼠大叔写来的，信上说：亲爱的老鼠侄子：

你好！

我有一个好消息要告诉你，今年的稻子长得非常好，现在已经完全成熟了，马上就要收割了，你们主人家肯定又要收获很多粮食。让我祝贺你，我幸运的侄子，你们又要过上好日子了。

咱们商量一件事：田里的稻子一割完，就要全部运走了。到那时，我的粮食有可能就不够了。我想到你们家去过冬，还想借点粮食帮助一下家里的人，你肯定会同意吧？

祝你们一家健康！

老鼠看完了信，心里十分高兴，想到一谷仓的白米可以供它们一家支配，不由得笑出了声。它扔下信，高兴地一把搂住了太太的肥腰，它们欢快地跳起了舞，几个孩子也跟着跳了起来，洞里充满了它们一家的笑声。

老鼠的家就在谷仓的墙脚，这个谷仓十分大，如果装满了粮食，足够几百人吃上整整一年。

老鼠在谷仓里跑了几圈，心里算计着："等新鲜的粮食运来了，我们全家就可以好好吃一顿了，再不用吃残汤剩菜了，那些菜太油腻，吃多了对心脏不好。"它的太太也在一旁说："我最喜欢吃新鲜的大米了，新鲜的食物有益健康。""是啊，我也是这么想。"老鼠接着太太的话说，"真是太好了，主人的大米就是我家的大米。等新米来了，咱们就好好享受。田鼠大叔想哪天来，就让它来吧！反正它也吃不了多少。"

自从老鼠收到田鼠的信后，一直盼望着主人家赶紧把新米运进谷仓，它每天都在盼望。

不过，年年如此的事情在今年发生了变化。一天、两天、半个月、一个月，老鼠家的食物吃得差不多了，还是没有新米入谷仓。老鼠急得不行，恐慌极了。主人谷仓里还不进新米，老鼠洞里就再也没有什么储备了。

一天晚上，老鼠决定出去看看发生了什么事。找谁去问呢？它想起了水牛大哥，它认为水牛最够义气，水牛大哥的话最可信。

老鼠钻出洞，跑过了宽广的谷仓，悄悄地溜了出去。它跑了好远好远的路，才来到牛棚。水牛大哥可能是累了，已经睡着了，还打着呼噜。

"牛大哥，牛大哥！"老鼠扯着嗓子大喊，但水牛没有醒，它睡得好香呀。

"牛大哥，牛大哥！"老鼠几乎要钻进水牛的耳朵里，水牛这才醒来。

"哞——什么事呀？"水牛打着哈欠，抖抖耳朵说，"哦，是老鼠先生呀，你来找我什么事呀，过得怎么样？"

"谢谢你，还算不错。真是抱歉，很久都没来看你了。"老鼠说，"这次来，想问你一件事，主人家的大米怎么还没进谷仓呀？"

水牛问道："你的主人自己种田吗？"

"我的主人有钱、有田地。"老鼠骄傲地说。它以为水牛不懂这些，所以说的时候显得特别骄傲，好像它就是主人似的。

"既然你的主人自己有地，他是自己种吗？"水牛说。

"他让人帮他种。"老鼠着急地说。

"这不合理！"水牛说，"这种不合理的事情现在已经改变了。你的主人已经没有土地了，懂了吗？乡下人现在都有自己的地了，他们自己种、自己吃。你的主人自己不种地，土地当然就被没收了。"

"但是……"老鼠还想说什么，水牛制止了它，"你不要总但是、但是的，你想靠着主人家的谷仓自己不劳动是不行啦！"

"那么……"老鼠哭丧着脸说，"那么我只好搬家了？"

水牛笑了，心想你这个奸猾的东西，不劳动还想吃饭？真是又可怜、又可笑。水牛不再理会老鼠，转了个身继续睡觉了。

老鼠失望地回家了，刚好又接到了田鼠大叔的一封信。

亲爱的老鼠侄子：

问你全家好！

今年真奇怪，你主人的土地听说因为不耕种被没收了。我不知道究竟怎么了，但我现在富足起来了。我不用向你借米了，也不用去你家住了。

田鼠

"这可怎么办呢？"老鼠哭丧着脸对太太说，"看起来，只好搬家了。"

于是，老鼠搬家了。它换了好几个地方，但再也找不到像过去那样紧靠米仓、可以尽情吃喝的地方了。还是水牛大哥的话有道理：老鼠确实是个又奸又懒的坏东西，只知道偷窃、破坏、不劳而获，对这个世界毫无用处，还吃掉许多粮食。

老鼠搬家，最后要搬到哪里去呢？说不定没地方可住。因为人类文明越来越进步，建筑也越来越坚固，老鼠尖利的牙齿毕竟抵不过钢铁和混凝土。

【启示】

世界上从来没有不劳而获的事情。老鼠又奸又懒，妄想坐享其成，什么活都不干，不管搬多少次家都没用，只能坐吃山空。这个故事告诉我们，只有付出辛苦的劳动，才能有所回报。

沙漠找水

小阿里和爸爸一起去长途旅行，走了好久，他们走进了沙漠。小阿里口干舌燥，拿起行军壶喝起来，真爽快。

"阿里，少喝点，别喝完了，沙漠里找水很难呀！"爸爸接过水壶，放在嘴角舔了几下，水壶里只有几滴水了。

在沙漠里旅行，如果没有水会渴死的，小阿里急得眼泪都掉出来了。

爸爸安慰他说："碰到困难要想办法，哭有什么用？"他朝周围观望了一下，看见在一座沙丘上有一只狒狒。爸爸说："我们有办法找到水了！"小阿里还没明白过来，就问："狒狒是狒狒，水是水，它又没有背行军壶，哪里会有水？"

爸爸笑着说："它现在是没有，但狒狒不是旅客，它每天都生活在这里，能离开水吗？狒狒生活在这里，就一定有水源。要找到水，得让狒狒给我们当向导。"

狒狒朝这边跑来。爸爸说："阿里，你不要害怕，躲起来，我去把它捉住。"

小阿里半信半疑，藏好了身子，看爸爸做什么去了。奇怪，爸爸根本没去抓狒狒，而是走到沙丘下挖了一个洞。爸爸一会儿就把洞挖好了，然后把随身带的野瓜子儿全倒了进去。

狒狒看到小阿里的爸爸把野瓜子儿倒在洞里，特别想吃。等爸爸一走开，狒狒就伸爪去洞里拿瓜子吃。

狒狒的爪子在洞里掏呀掏呀，找到了好多好多的野瓜子儿。狒狒一边抓一边继续往里掏。抓的正起劲的时候，它的爪子拿不出来了，狒狒急得大叫。

爸爸挖的洞口小底大，狒狒想吃更多的瓜子，用爪子抓住一大把野瓜子儿不放，它的爪子就拔不出洞口了。

爸爸毫不费力就捉住了它，把几块盐巴丢给它。狒狒吃到盐巴，感到好吃极了，吃了一块又一块，好像从没吃过似的。过了一会儿，它不停咂巴起嘴来：它渴了。

爸爸松开了绳子，狒狒跑得很快，它渴极了，要去找水喝。

"阿里，跟着它跑，狒狒带我们去找水啦！"

狒狒渴极了，一口气跑到一个水池边，贪婪地喝起水来。水好清凉呀。小阿里跳了起来，高喊着："太好了！狒狒带我们找到水啦！"他们痛痛快快地喝了很多水，又装满行军壶，继续赶路了。

【启示】

爸爸经验十分丰富，对狒狒的生活习性非常了解，利用狒狒才使得他们在沙漠中顺利找到了水源。从这则故事中不难看出，必要的生活经验是十分重要的，我们要在生活中一点一点地积累，这样，在紧要时刻就能派上用场。

月亮的脸

地球上的人们看到空中的月亮：她长着圆圆的脸蛋，放射着柔和、银白的光。"月亮好漂亮呀！"地球赞美道。

"是吗？"月亮高兴得骄傲了，"你再说说，我同星星比，谁更美呢？"没等地球回答，她就开始自夸了："星星太小，也太暗了，当然是我美！"她并不知道，其实星星比它还要大，只是因为距离太远，看起来才很小很暗。

过了几天，地球发现月亮的脸瘦了，地球很奇怪。月亮也从地球的眼睛里看到，自己的脸少了一边，并且每晚都在消瘦下去，渐渐地变成了一个银色的钩子。

"可是，我的脸根本没变呀！"月亮抚摸着自己的圆脸，问地球，"你怎么会看到我的脸少了一边呢？"

"我想，这是太阳光照射的缘故吧。我也不知道真正的原因……"

月亮听了，开始对太阳不满了，不住地埋怨："太阳不在了，该多好啊，这样，我在地球的眼里永远都是圆的……"

太阳听了，心想："月亮实在不懂事！既然她想让我消失，那就让她在事实面前明白一些道理吧。"于是太阳就远远地藏起来了。

世界立刻变得又冷又暗。月亮在空中哭喊着："我怎么看不见自己呀！"她想从地球的眼睛里找到自己的影子，可是，没有了太阳，她什么也看不见。

但是，那满天的星星，一直在眨呀眨，晶亮晶亮的。

月亮感到很惭愧：遥远的星星，看起来虽然小，却永远默默地发着光。月亮后悔自己以前的傲慢了："自己是不能发光的，太阳给了我光亮，我有什么理由责备太阳呢！"

太阳看到月亮已经后悔，就立刻回来了。于是一切又都恢复了正常。

地球又张开眼睛仰望着天空。每月、每年，地球眼里的月亮，圆了又缺，缺了又圆……

【启示】

经过事实的教育，月亮改掉了骄傲的毛病，赢得了太阳的原谅。人谁无过？犯了错误不要紧，只要我们勇于承认并及时改正，一定会得到他人的谅解。我们在生活中也一样，知错善改，就不失为一个成功的人。

第二节 寓 言

一、伊索寓言

龟兔赛跑

在一个晴朗的日子，一只乌龟在池塘边散步，迎面来了一只可爱的小白兔。它看到乌龟那慢吞吞的样子，觉得很可笑，于是问道："乌龟先生，你走路怎么那么慢？""我真的走得很慢吗？"乌龟反问。"嗯，世上再没有人走得比你更慢了。"白兔轻视地说。

乌龟听它这么说，很不服气地说："那我们来比比，看谁跑得快。""啊！你要和我比赛？"白兔不敢相信自己的耳朵。"是的，比比看，就知道谁快了。"乌龟一本正经地说。白兔看它一副很认真的样子，就说："好吧！如果你坚持的话。"于是，它们就决定第二天在这里碰头，一决胜负。它们商量后一致同意请狐狸来定跑道定终点。到了比赛那天，它们同时出发。乌龟一刻不停，始终用它慢而不断的步子跑向终点。

兔子自信天生跑得快，就没把比赛放在心上，跑到中途竟在路边躺下来呼呼大睡。等到它睡醒了，奋力快跑，发现乌龟早已到达终点，正在舒舒服服地睡觉呢。小白兔惊呆了，一句话也说不出来。

【寓意】

只有坚持不懈，才能抵达胜利的终点。

狮子与老鼠

一个夏日的午后，森林之王——狮子正懒懒地躺在一棵大树边睡午觉。

"哼，万兽之王的狮子睡起觉来也不过如此，有什么可怕的？哈！"一只顽皮的小老鼠一看狮子睡着了，便跳到狮背上，接连翻了几个跟头。

可是，当小老鼠玩得正开心时，没想到狮子竟睁开眼，一把揪住它的尾巴。

"你这小鬼头，竟敢打搅本大王的美梦！你当我的背是运动场呀！不给你一点颜色看是不行了！"说着，他提起小老鼠就往嘴里送。"哎呀！大王饶命，来日我一定报答您的大恩大德。"老鼠脸都吓绿了，拼命求饶。

"唉，算了。"狮子看老鼠那副样子，觉得怪可怜的，便把他放了下来。

"谢谢，谢谢！"老鼠连声道谢，转身便想跑。

"等一等。"狮子扯着喉咙把老鼠又叫了回来，"小鬼头，别以为我是巴望你的报答才放了你，其实你那一点肉还不够塞我的牙缝呢！"

过了几天，狮子被猎人捉住了。猎人用结实的绳子把狮子牢牢地捆住，扔在了地上。老鼠听出是狮子的吼叫声，便来用牙咬断绳子，把狮子从危难中解救了出来，老鼠说："你曾经不屑一顾地认为我不能帮助你，因此你根本没有指望我会报答你的恩德。但现在你知道了，即使是一只老鼠，也是能够帮助一头狮子的。"

【寓意】

人各有所长，世上没有万能的"天才"和"英雄"。

山鹰与狐狸

山鹰与狐狸是好朋友，为了彼此的友谊更加巩固，他们决定住在一起。于是山鹰飞到一棵高树上面，筑起巢来孵育后代，狐狸则走进树下的灌木丛中间，生儿育女。

有一天，狐狸出去觅食，山鹰也正好断了炊，他便飞入灌木丛中，把幼小的狐狸抢走，与雏山鹰一起饱餐一顿。狐狸回来后，知道这事是山鹰所做，他为儿女的死悲痛，而最令他悲痛的是一时无法报仇，因为他是走兽，只能在地上跑，不能去追逐会飞的鸟。因此他只好远远地站着诅咒敌人，这是力量弱小者唯一可以做到的事情。

不久，山鹰的背信弃义的罪行也受到了严惩。有一次，一些人在野外杀羊祭神，山鹰飞下去，从祭坛上抓起了带着火的羊肉，带回了自己的巢里。这时候一阵狂风吹了过来，巢里细小干枯的树枝马上燃起了猛烈的火焰。那些羽毛未丰的雏山鹰都被烧死了，并从树上掉了下来。狐狸便跑了过去，在山鹰的眼前，把那些小山鹰全都吃了。

【寓意】

对于背信弃义的人，即使受害者弱小，不能报复他，可神会惩治他。

田鼠与家鼠

田鼠与家鼠是好朋友，家鼠应田鼠所约，去乡下赴宴。他一边吃着大麦与谷子，一边对田鼠说："朋友，你知道吗，你这是过着蚂蚁一般的生活，我那里有很多好东西，去与我一起享受吧！"田鼠跟随家鼠来到城里，家鼠给田鼠看豆子和谷子，还有红枣、干酪、蜂蜜、果子。田鼠看得目瞪口呆，大为惊讶，称赞不已，并悲叹自己的命运。他们正要开始吃，有人打开了门，胆小的家鼠一听声响，害怕得赶紧钻进了鼠洞。当家鼠再想拿干酪时，有人又进屋里拿什么东西。他一见到有人，立刻又钻回了洞里。这时，田鼠也顾不上饥饿，恐慌地对家鼠说："朋友，再见吧！你自己尽情地去吃，担惊受怕地享受这些好吃的东西吧。可怜的我还是去啃那些大麦和谷子，平平安安地去过你看不起的普通生活。"

【寓意】

人们宁愿过简单平稳的生活，而不愿享受那充满恐怖的欢乐生活。

弄巧成拙的驴子

有一天，一只驴子和它的主人到镇上的市场去，主人买了一批食盐后对驴子说："今天的货可比以前重喔，你要多辛苦了。"然后将一袋袋食盐绑在驴背上。

驴子驮着食盐上路了。它背上的食盐的确非常沉重，几乎要把它的脊背压垮了。可是驴子却仍然强忍下去，一步步地往前走。天气很热，它觉得这段路似乎比平常远得多。

它边走边祷告着，希望能早点到达目的地，好将这些沉重的货物卸下来。

不久，他们来到一条小河边，由于没有桥梁，所以必须下水过河。主人再三叮咛说："河床很滑，要特别小心喔！"

驴子点点头，便小心翼翼地渡河了。

不料河底太滑，驴不小心脚下一滑，一下跌倒在河里。

河水哗哗地流着，驴背上口袋里的盐很快地化了。

当那头驴挣扎着从河里站起来的时候，顿时觉得身上轻了许多，不禁心中一阵高兴，觉得这是一种解除疲劳的好方法。

有了这次经验，那头驴总是在心里想着，随时寻找机会，好让自己轻松轻松、高高兴兴G地活着。

于是，它准备在以后过河时，每一次都要跌倒，那身上就永远没有重量了。

那头驴想着想着，心中很是高兴。

过了一个月后，那驴子背着一批海绵，走在同一条路上。虽然海绵并不太重，可是驮着走久了也还是很累。

这时驴子想："对了，只要忍到河边就好了。"

终于来到那条小河边了，那头驴迫不及待地朝河里奔过去。刚到河的中间，它立即就主动地倒了下去，心里想，等自己再起来时就会一身轻松了。

时间一分一秒地过去了，驴觉得背上的东西一定都没了，便想站起身来。但无论怎样努力，它也站不起来了。原来，海绵吸饱了水，重量增加了十几倍。最后，那头驴被淹死在河里了。

【寓意】

用一种方式去解决所有的问题，肯定要吃大亏的。

燕子和蟒蛇

阳春三月，天气转暖，几只小燕子在燕妈妈的带领下从南方飞回了北方。

它们飞过高山，越过河流，来到了一个小村镇，猛然一抬头，发现了一个法院。"呀，这里有一个法院，我们就在这儿安身吧。"燕子们异口同声地说。

几天后，燕家族又添了几只小宝宝，燕妈妈高兴极了，她非常疼爱自己的孩子。每天都不辞辛苦，东奔西走地为燕宝宝找虫子吃，忙得焦头烂额。

日子一天天过去了，燕宝宝在妈妈的精心哺育下，羽毛一天天地丰满起来。

一天，燕妈妈对小燕子们说："孩子们，你们已经长大了，应该学会独立生活了，从明天开始，我教你们怎样飞翔、怎样捕食、怎样逃避敌人的追击……"

没等妈妈说完，一只小燕子插嘴道："妈妈，别说了，我们现在连站都还站不稳，怎么学习飞翔呢！还是再等些日子吧。"燕妈妈疼爱地教导小燕子们说："孩子，不早啦，现在正是你们学习本领的时候，否则你们以后会后悔的。"小燕子们仍然听不进妈妈的劝说，撒娇地说："好妈妈，你看，我们被你喂得这么胖，怎么学习飞翔呀！我们呆在家里，替你看家，还能防备小偷，这该有多好啊！"燕妈妈拗不过它的孩子们，又舍不得训斥它们，只好无奈地点点头。

小燕子一天天地长大了，所需的食物也一天比一天多了起来。燕妈妈更辛苦了，每天早出晚归，为孩子们四处觅食。这一天，天阴沉沉的，若隐若现的闪电预示着暴风雨就要来了。燕妈妈看看天，决定在暴风雨来临之前再给小燕子们找些吃的。小燕子们睡醒后没有见到妈妈，感到很饥饿，便叽叽喳喳地叫了起来。不料叫声把一条蟒蛇吸引了过来，它爬上树，见是一窝雏燕，心里高兴极了。小燕子们见了蟒蛇都吓坏了，叫喊着："妈妈，妈妈，快来救我们啊！"可是燕妈妈已经飞远了，哪里还听得到。

蟒蛇贪婪地看着小燕子们。小燕子们战战兢兢地说："不要忘记了，这里可是法院，你太放肆了，竟然到这么神圣的地方违犯法律。"蟒蛇哪里管这些，张开血盆大口说："什么法不法的，别浪费时间了，等着被我吃掉吧。"小燕子们哀求着："求求你，蟒蛇大哥，放了我们吧。"一边说一边拍着翅膀要飞起来，可是扇了好几下，怎么也飞不起来。转眼之间，小燕子们便成了蟒蛇的腹中之物。

燕妈妈觅食回来时，看见窝里的小燕子们已经没有了，只剩下斑斑血迹和几根稚嫩的羽毛，她伤心地哭了。

哭声把正在酣睡的另一只燕子吵醒了，她连忙飞过去问道："燕姐姐，发生什么事了？"燕妈妈说道："我的孩子丢失了。"另一只燕子安慰道："丢失孩子的不仅仅是你，别人也一样。"燕妈妈悲伤地说："为什么最讲道理的地方会发生这样的惨剧呢？"

【寓意】

选择生存环境固然重要，但要想有真正的安全，还得学习保护自己的本领。

二、克雷洛夫寓言

狼和杜鹃

狼生性残暴，时不时与周围邻居发生争斗，搞得邻居们都怨声载道，不愿和狼做朋友。狼感到既孤独又委屈。

一天，狼对一只杜鹃说："再见了，我亲爱的邻居。我已经无法在这里安居乐业，在这里我一天都住不下去了！你瞧瞧这里的人和狗，一个比一个难伺候，都是些坏脾气、坏心眼的家伙。即便你像天使那样善良，它们也会跟你吵架，与你为敌，我实在是忍受不了了。"

"那么，亲爱的狼先生，请你告诉我，要到什么地方才能找到你所想象的诚实的人们，在哪儿你才会和那里的人们和睦相处？"杜鹃认真地问道。

"哦，我正要告诉你，我要跑到森林的深处，那里没别的外来动物能找到，那才是真正的世外桃源。亲爱的朋友，那儿可真是个好地方。据说那里没有人知道什么是战争——你讲战争根本就没有人听得懂，更没有人要向你发动什么战争，大家都像天使一般温和善良。那里的河流中流淌的全都是牛奶，像水一样哗哗地流，你想怎么喝就怎么喝，没有人来限制你的。我还听说那儿的狗不会咬人，而且无论白天黑夜都不叫，你想一想要是那样的话，以后我吃小羊的时候就再也不用担心害怕，想什么时候吃就什么时候吃，想吃多少就吃多少，再也用不着饿肚子了。我将要在那个世外桃源建立美好的家园，享受人间生活，我一定会过得十分富足、和睦、安闲！哪会像现在，时刻都要留神，一不小心就有可能和别人发生战争；还经常没有肉吃，穷酸得要死；甚至连睡个觉都睡不好，因为我还要担心别人有没有在我睡着的时候来说我的坏话。"

杜鹃听完狼讲的话，说道："亲爱的狼先生，你说的可真是一个世外桃源，你真的要去那个地方吗？祝你一路顺风！顺便问一句，你的凶恶的习性和残忍的手段到那里是要悔改呢，还是一如既往呢？"

"废话，鬼才会改掉呢，要是能改掉这种习性，那就不需要离开这儿了，在这里我也能生活得很好。"狼连想都没想就回答道。

"那么，请你不要介意我实言相告，到那里不久你就会被那里的人们剥掉大灰皮，我劝你还是不要去了。"杜鹃真诚地劝告狼说。

狼哈哈大笑，大声说："你不要骗我啦，在那样的世外桃源，能有人来剥我的皮？谁相信你的鬼话，你肯定是在嫉妒我。"

说完，狼就跑了。

不久，狼刚刚到它所说的那个世外桃源，就被牧羊犬给咬死了。

【寓意】

狼残忍凶暴的本性是不会改掉的，人间的那些恶人也是如此。

患难中的农夫

在一个深秋的夜里，一个贼爬进了一家农夫的大院。他打开储藏室的大门，把四壁之内、天花板下面、地板上面的各式各样值钱的东西统统都偷走了。要知道小偷总是这样，他们是不会挑剔任何值钱的东西的。

说实在的，我们这个农夫以前还真是挺富有的，是这一带出了名的富人，家中值钱的东西还真不少呢！农夫以前虽然有钱，可他从不像有些富人那样吝啬得要死，他对穷人，尤其是对亲戚、朋友和邻居，从来都没有小气过，简直可以说对于他们是有求必应，也算得上是这一带有名的善人了。

哎！这个可怜的农夫，在他睡觉前一天的晚上还是个富人，一觉醒来却一贫如洗，变成了一个穷光蛋。农夫整天唉声叹气，感叹自己的命运不好！突然有一天他想到，他以前帮助过那么多人，现在他有困难了，大家是不是也应当帮一把自己呢？

于是他把所有的亲戚、朋友和邻居都请到自己家里来，对他们说："诸位，我以前富有的时候对大家都或多或少地有些帮助，现在我有了困难，简直难以生活下去了，我想你们是不会袖手旁观的吧！我请大家来就是想让大家给我一点帮助，让我渡过难关。"

于是客人们就开始大发高论，每个人提出的忠告和意见听起来都是蛮有道理的。

农夫的干亲家说："哎，亲家，你是我最亲近的人，我不得不给你提一个忠告。你以前富有的时候根本就不应该到处施舍，那样无疑是炫耀你的财富，让贼容易来偷你。现在可好，你穷得叮当响，再也不会招贼来了。不过我现在经济也很紧张，实在是帮不了你的忙，要不然我一定会送给你一大笔钱的。"

农夫的亲家说："我的亲家兄弟，咱们都是一家人，我得给你提点建议。你得放聪明点儿，把储藏室造得离住宅近些，这样一有动静你就能听到，小偷们就不敢再来偷你家的东西了。前几天你刚帮过我，我本来是想给你带来一笔钱的，可现在实在是拿不出来，以后等我有钱了一定帮你。"

邻居福卡这时抢上前去插嘴道："问题的实质不在于储藏室离住宅太远，而在于你家的院子里缺少一只猛犬。你家院子里要是有一只猛犬护院，别说一个小偷，就是几个，他也别想偷走你一分钱。要不这样吧，等我们家的母狗下一次下崽的时候，我送你一只，这一次的小狗已经没有了。与其小狗多得没地方养，把它们扔到河里去淹死，我倒不如送你们家一只，这样等狗长大了，你们家也就更安全了些。"

这帮人七嘴八舌地把农夫数落了一顿，一个钱也不肯出，若无其事地走散了。

【寓意】

没有原则的善良和施舍，必然会使自己伤心失意。

树木和火

　　冬天，过路人在树林旁边丢下了一堆火，其实也算不上一堆火，只剩下几根小木棒还在发着微弱的火苗，别的也就只有火星了。可是这个地方十分偏僻，几乎没有人从这里经过，因此也就没有谁往小火堆里添加些木柴呀、草呀之类的东西。火越来越小，小木棒上的火苗也即将消失了。眼看着自己就要熄灭，火苗比谁都着急。"怎么着自己也不能这么快就没有了吧，怎么办呢？一定得想个办法使自己存活下去。"火苗想道，"对了，我怎么忘了自己就在树林身边，有多少树木可供利用呀，我可真笨。"

　　于是，火苗对树林说道："亲爱的树林老爷爷，你是世上有名的智多星，是最聪明的，请你告诉我，你身上怎么会一片树叶都不要呢，这样光着身子，是真的要冻死的。为什么会这样，难道是你真的不想活了，还是命真的就这么苦呢？"

　　树林对火苗说道："亲爱的火苗，快别这么说了，其实我也没有什么了不起，你看现在的我，不是不想活了，是没有办法呀。整个冬天我既不能开花，也不能抽条、发芽，只能呆在这里，把自己的身体埋在雪里，取得一点点温暖，以免被寒风给冻死。"

　　"这点小事情，根本就不值一提，更犯不上烦恼！"火苗继续开导树林说，"只要你跟我结交，我将十分乐意为你效劳，因为我对你的敬仰实在是太久了，我在很小很小的时候就崇拜啦。不过说句实话，我的本领还是挺大的。我和太阳，太阳你是知道的，没有它世界就不可能有生命，我和它是亲兄弟。别看我小，其实在冬天，我所创造的奇迹绝不比太阳少。不信你到温室去看一看，每当寒冬到来时，寒风刺骨，雪花满天飘扬，简直要冻死人了，但在温室里面，升起一堆火，人们不但可以取暖，而且还可以使整个温室里温度升高，所有植物继续生长。在温室里到处都是鲜花和绿草，这一切都当归功于我。有了我，你哪里会是现在这个样子？"

　　"我不是给你吹牛，我生性就是老实人，从来就不会吹牛，也不知道什么是吹牛，向来实话实说。"火苗不断地给树林吹起了牛，要知道，有些人为了达到自己的目的，会想尽一切手段，说尽一切好话。"要是论本领，你别看太阳那么高、那么大，而我却这么小，但我一点都不比它差，甚至还要比它强。你瞧，它虽然照耀着整个大地，可是当大雪覆盖大地，厚冰冻结了河面，它却不能融化它们，在冰雪面前它丝毫没有办法，只能是探头看一看就跑回家里睡觉去了。而在我身边的积雪，你看一看，全都给融化了。要是你想在严寒的冬天里过得像春天，甚至像夏天那样舒适，那就请给我让出一点点儿你的地盘，让我更靠近你些，我一定不会令你失望的。"

　　树林起初也不相信火苗的话，但听火苗说了这么多，也就有些动心了。低头一看，火苗说得不错，它身边的积雪都融化掉了。于是树林就想："要是真的像它讲的那样，我也不妨试一试，冬天实在是太难熬了，春天和夏天该有多好哇！"最终，树林决定给火苗让出来一块地方。

正在这个时候，寒风也吹了过来，恰好就把火苗吹到了树林中。立刻，树林燃起了熊熊大火，火苗也无法控制自己，随着风向蔓延到树林的深处，从树干到树梢，不但积雪融化了，而且整个树林都浓烟滚滚，烈火熊熊，直冲云霄。小火苗已经变成了凶猛的大火，随着风势冲遍整个树林，整个原本茂密无比的树林，现在什么都没有了，留下来的只有一个个烧焦的树墩。

唉！这树林也真是傻，怎么能相信火苗的话，跟它结亲呢？

【寓意】

任何时候都要保持清醒的头脑，不然就会引火烧身。

猴　子

在一片茂密的森林中，生长着一群猴子。猴子们自认为是世上最聪明的动物，对什么都自以为是，尤其是喜欢模仿各种动作。当然啦，它们每天都无事可做，除了吃饭和玩耍，就是蹲在树上透过茂密的树叶来看外面的世界。

有一天，它们正在树上蹲着，看见来了一个猎人。猎人来到树下，先是坐了一会儿，休息了一下，接着就在草地上铺上了一张网。这张网既结实又精美：网是用很粗的绳子做成的，经得起几百斤的重量；网的上面还有一些花纹，由不同的颜色组成，非常耀眼。网铺在地上之后，猎人就在网上不停地滚来滚去，而且还做不同的动作。

这一切恰好被一只猴子透过树叶看到了，于是它就暗暗推了一下同伴。同伴又推了一下其他的猴子，越来越多的猴子都赶来观看，它们私下相互议论："瞧，那个小伙子真是了不起，他的武艺真高强，有耍不完的精彩节目。你看他一会儿翻筋斗，一翻都是连续好几个，一气呵成；一会儿四肢伸开，像一个小地毯一样，平平整整的；一会儿又把身体蜷曲起来，抱成一团，像个大雪球，连他的手和脚都看不见了。以前真是见都没见过，看来咱们的武艺还是不到家，要都像这个小伙子就好了，以后我们谁都不用怕了，即使是老虎来了我们也不用听命于它，那时我们说不定就是兽中之王了。咱们以前有谁见过这么好的功夫，没有人吧？这可是一次绝好的机会，等他走了之后咱们就可以在网上练习一下功夫了……"

猴子们正在议论纷纷的时候，猎人真的走了，但一张网却留在了地上。"怎么样"，一只猴子提议道，"别失去机会，走吧，咱们也到网上去练习一下武艺。"众猴子都同意它的看法，先后跳下树枝来到草地的网上，兴高采烈地练起了武艺，没有一只猴子想起过这是一张网，没有一只猴子知道这张网其实正是猎人故意留下来的，是给这些猴子布下的陷阱。它们争先恐后地钻进了网里面，一会儿翻个筋斗，模仿着猎人的样子，但没有谁能翻起来，更不用说连续几个一起翻了；一会儿耍起了把戏，也仿照猎人的动作，只是十分勉强，还没有猎人做的好看；一会儿又把自己的身体蜷曲起来，像一个大肉球，可怎么也弄不圆。它们把自己紧紧地裹在网里面，实在是太兴奋了，又是大喊，又是尖叫，那高兴劲儿简直没法来形容。

没有一只猴子是清醒的，当它们玩得正在兴头上的时候，已经是大难临头了，猎人在暗中已把网给拉紧了，等猴子们觉察到的时候已经是太晚了。网越收越紧，猴子们挣扎着想要从网里逃出去，可网太结实了，怎么也挣脱不了，一个个都被束住了手脚，任凭它们怎么叫喊与反抗都无济于事。这时猎人拿来几个口袋，口袋又大又结实，看一下就知道这是专门用来装猴子的。猴子们一看，都傻了眼，这才知道等待自己的将是什么样的命运。

果然，猎人把它们一个个从网里拖出来，塞进了口袋，带到集市上卖了。

【寓意】

惯耍小聪明的人，对任何事都是一看就"会"、一听就"懂"。其实，往往是既不会也不懂。

两只鸽子

有两只鸽子是一对最要好的朋友，亲如兄弟，形影不离，甚至连吃喝都在一起。随着日子一天天地过去，它们一天天地长大了。

其中有一只想离家远游，到外面的世界好好地看一下，见识见识广大世界中的奇珍异宝；还想辨别一下世间万物的是非问题，看一看到底哪些是正确的，哪些又是错误的。

一天，这只鸽子终于下定决心对另外一只鸽子说："亲爱的，我要到远方的世界旅游一下。""你要到哪里去？"另一只鸽子含着眼泪问道，"到远方去流浪有什么好的呀，还不如在家里呆着呢？难道你想把自己最亲近的朋友丢下不管吗？那你可就太没有良心了，别忘了咱们可是世上最要好的朋友。即便你就是不可怜我，你也该想一下那可怕的狂风暴雨、雷鸣闪电吧？还有那么多凶猛而又残忍的禽兽，你想都不敢想的陷阱，那你的旅途该有多么危险呀！我劝你还是别去了，要是真的想去，那你就等到明年春天再走，那时气候总会好一些，你不至于受太多的苦，到那时我也就不再劝你了。你看现在的季节，天气又冷又暗，吃的东西又这么少，到时候在外边你找不到吃的可怎么办呀？你听，乌鸦在不停地'呱呱'叫，要知道乌鸦可是报丧不报喜的，这是个不祥之兆哇！亲爱的，说来说去，我还是劝你别去了，留在家里吧，在家里该有多好哇！我们能天天在一起，想干什么就干什么。"

这只鸽子听了实在是太感动，心想：不愧是最要好的朋友，换了别人，没有人能对你这么好。可是它早已决定了要走，这种决心也容不得它去仔细地品味一下对方的话。它说："亲爱的朋友，快别哭了。这也不是什么大不了的事情，我不会出去太长时间的，可能有三四天时间就够了。我一边飞，一边迅速地看一下周围的一切，等见识了世界上最珍奇的东西，我就会马上飞回来，永远和你呆在一起。到那时我对你就有说不完的话，我可以把我的一切经历都讲给你听，你听了会生动地想象出一切。那样，即使你是呆在家里，也会像和我一样游历世界，那该多好哇。"

没有办法，它们最终只好依依不舍地分了手。一只留在了家里，另一只飞入云霄，去游历大千世界了。

突然，这个旅行者碰到了自己从未遇到过的狂风和暴雨，而这时下面全是绿色的草原，一眼望不到边。鸽子有些傻眼了，搞不清自己要到哪里去躲雨。正发愁的时候，看见下面有一棵橡树，枝叶还挺茂盛，于是就胡乱停在了树枝上，蜷缩着身子，但终究暴雨还是把它淋了个透湿。鸽子不得不忍受着风吹雨淋，在树枝上等待着。这时它已全身湿透了，浑身发抖。暴雨过后，狂风停止，太阳马上就露出了头，火辣辣地晒得它全身难受，可怜的鸽子不得不继续向前飞行。

飞了好久好久，鸽子饿得快要飞不动了，这时它发现在远处森林的后面，有一堆麦子。鸽子大喜，连忙飞下去吃这些麦粒。哪知道它刚刚飞下去，还没有啄上几粒，就发现一张罗网正徐徐向它盖来。鸽子大惊！这可真是刚出龙潭就又入虎穴了，鸽子拼命地撕咬、挣扎，幸好这张网也有一些破旧，它才得以破网而出。

鸽子终于侥幸逃出了罗网，但还是扭伤了自己的腿和脚，弄伤了自己的翅膀，全身可谓伤痕累累，不过终究是逃了出来，这就不错了。鸽子没命地向远方飞去，生怕猎人这时候再出现。猎人最终也没有跟上来，鸽子刚想喘口气，这时更大的灾难又降临了：不知道从哪里飞来一只老鹰，它恶狠狠地扑向了鸽子。老鹰的利爪太厉害了，差点要了鸽子的命。鸽子拼命地挣扎、厮打，但无论如何这时的鸽子已经是筋疲力尽、力不从心了。鸽子心中暗想：这一次可能是要死定了！正在此时，突然抓住鸽子的利爪松开了，有一股巨大的冷风冲了过来。怎么回事，原来是一只巨雕飞了过来，它正对着老鹰用自己的翅膀一个猛击，把老鹰就给拍死了，冷风就是从巨雕那里来的。

鸽子又得救了，尽管它像石子一样坠落在地上，摔了个半死，但无论如何还是活了下来，这时它只能缩着身子在篱笆下休息。

但是事情并没有到头，危险并没有结束，大难之后又跟来了大祸。在旁边的一个小孩捡起一块石头向鸽子砸了过来。鸽子想躲，但没有一点力气。石头砸到了鸽子的头，幸好是一块不太大的石子，扔石子的又是小孩子，没有太大的气力，只是把鸽子的头给砸伤了，并没有砸烂。

这时的鸽子再也不对大千世界有什么幻想，它忍受着头上的重伤，鼓动着已经受伤不轻的翅膀，带着早已扭伤了的腿和脚，好不容易才飞回了自己的家乡。所幸的是，这一段时间并没有新的灾难再次降临，要不然鸽子一定是活不了的。更幸运的是自己最亲近的朋友也没有抛下自己不管；相反对它更加细心地照料，喂它吃药，帮它把伤治好。很快这只鸽子就把伤痛给忘记了。但有一点，它却从此死死地记住了，那就是再也不会轻易地决定离家远行。

【寓意】

不要对自己的前途充满不合实际的幻想。

小 河

很早以前，一个牧羊人的一头小羊掉到大河里边淹死了。牧羊人非常伤心，站在小河的岸边诉说自己的痛苦，边说边唱起了令人心碎的悲歌。小河听到了牧人的悲歌，生气地说："大河真是个坏蛋，这家伙也太有些贪得无厌了，如果你少贪一些，哪怕一点点儿，也不会给别人造成这么大的痛苦。你瞧一瞧我，根本就不像你，水一点儿都不深，一眼就能看到底。即便不经意地对人们有一些伤害，人们也完全可以透过这清澈的水流，看到我所犯下的一切罪行，我自己也好在别人的监督下少犯一些罪行。我想，你肯定是觉得自己犯下的罪行太大，才在大地上面有意地挖成了那么大的河槽，其目的就是隐身于河槽当中，免得被别人发现你的罪行。"

"要是换了我，假若上天也给我这么大的力量，让我有这么多水，我肯定会把自然界装饰得非常美丽。同时也不会像你那样犯下那么多的罪行，连只母鸡我都不会伤害。总而言之一句话，我会用尽全身的办法来做善事，但决不会对任何地方造成痛苦的灾难。我要让我自己清洁无比，静静地流进海洋。"小河这样说，也是这么想的。

可是，就在小河说完这番话不到一个星期，在小河四周的山顶上，乌云密布，雷声鸣响，倾盆大雨从天而降，一连下了好几天。山洪暴发了，小河的水突然间猛增了好几倍，一下子变得好像大河一样。此时的小河一改往日的面貌，翻卷着又浑又大的巨浪，干嚎着向前冲去。洪水不断地溢出河面，就连百年的老树企图来阻挡一下洪水也都被冲倒、冲断了，老远人们就能听到嘎嘎的响声，河水咆哮着，像饿狼一样，猛冲了下去，势不可挡。

原来那位牧羊人说的自己的悲伤，也就只是一只小羊淹死在大河里面。这一回，不仅仅是一只小羊，牧羊人和他的整个羊群全都被冲到了洪水中。更为可恨的是，牧羊人住了几代的老木屋也被小河里的洪水卷走了，整个世界留下的只有不停泛滥的小河和它的洪水。

【寓意】

性质相同的人，到了条件具备时，当然会具有同等的行为。

撒谎的人

从前有一位贵族，地位非常高，非常有钱，经常外出旅游，然后回到家乡再向别人夸耀自己的经历。

有一次，贵族刚从远方旅行后回到了家乡，正巧遇到自己多年不见的老朋友。贵族非常高兴，就留这位朋友在自己家里住了一段时间，这段时间内他们一起谈天说地。

一天晚饭过后，贵族和朋友一起到外面去散步，贵族说："我基本上游遍了整个世界，到过的地方太多了，见过的珍贵东西更是不计其数。我这次去的那个地方简直就是人间天堂，我一想起那地方就感到无比的舒服。在那里，天气最冷的时候也用不着穿大衣，晚上不用点蜡烛也还有亮光，从来就不知道什么是黑暗，一年到头都像是五月的白天一样。那里的人根本都不需要耕田种地，但你无论如何也想不到田地里的庄稼却到处都是绿油油的，仓库里的粮食堆得满满的。给你举一个例子就知道了，比如我在罗马见到过一根黄瓜，我的天啊！难以想象，至今我还不敢相信能有那么大的黄瓜，像一座山似的。"

哪知道朋友听完贵族说的话后，平静地回答道："那有什么可奇怪的！世界上的好地方、好东西多得很，世界这么大，什么奇迹没有哇！只是人们有时并不去留心，不注意它们。现在我们面前就有一件奇怪的事情，我敢说以前你从来都没有注意过，那才是真正的奇迹。你看，前面河上有一座桥，这座桥表面上看起来平平常常，没有什么特别的地方，可我告诉你，事实上它不一般。现在我们要从这桥上通过，当我们中间有人撒谎吹牛的话，他就不可以走到桥上。因为只要他走到桥的中间，他一准会掉下桥去，而且上帝要有更严厉的惩罚在等着他。至于那些不撒谎的人们，完全可以坐着四轮马车来来往往，根本就用不着担心害怕。"

"这河水有多深呀，掉到里面会不会淹死呀？上帝不会太残忍吧？"贵族急忙问道。

"亲爱的老朋友，反正这水不会太浅的。你瞧，人世间真是无奇不有，你刚才说的是罗马的黄瓜有山那么大，是这样说的吧？"朋友平淡地说。

"哎！说实在的那黄瓜的确是太大了，即便没有山那么大，怎么也有房子那样大小，肯定不小于房子的。"贵族肯定地答道。

"这简直太令人难以相信了，不过无论怎么稀奇也不会比我们要过的桥更稀奇，真的，这桥从来不让撒谎的人从它上面通过。不知道你有没有听说过一件事，这件事早就传遍了全城。就在今年春天的时候，有两个记者和一个裁缝从这里经过，他们只是在以前说过一句谎话，就没有从桥上通过。假如你说的真是实话，黄瓜能跟房子一般大，那的确是神乎其神的呀。"朋友对贵族慢慢地说。

"嗯！其实，这也没有什么可以太奇怪的。你没有去过那个地方，你不大清楚，不了解那里的情况。你千万别以为世上各地的房子都是一般大，那个地方盖的房子也就只能容纳两个人，比我们这里的小多了。即使这样，我还要声明一下，当那两个人进入房子的时候还要弯着腰，低着头，像大虾一样挤进去。"贵族着急地向朋友解释着。

"尽管这样，我还是不得不承认，黄瓜有两个人那么大，的确是个奇迹。我以前从来没有见过，可能真是个神瓜。但我们面前的这座桥也是非同一般的，任何人只要说谎，在这桥上绝对走不到五步就会掉到河里面去，即使在下面没淹死，也会马上在河面上溅起一层浪花，让他在水中一定喝个够。"朋友很认真地告诉贵族。

"哎呀，我说咱们也真是的！"贵族连忙把话题岔开，"我们干吗非要从桥上过河呢？不如咱们顺着河找一找，说不定能发现有个浅水的地方，咱们就从那个地方趟过去多好哇！"贵族没有办法，只好承认自己的谎言。

从此以后，再也没有人见过贵族在别人面前说谎吹牛了。

【寓意】

谎言总有会被揭穿的一天。

猫和厨子

从前有一位非常有专长的厨子，他的饭菜做得特别精美香甜，在附近是出了名的。这一天，厨子去参加一个亲戚的葬礼，事后在酒馆里呆了一段时间。出门之前，厨子在自己家里留了一只小猫。

他非常喜欢这只小猫，因为它长得漂亮，而且踏实肯干。它每天守卫着厨房，逮了不少想来厨房偷吃食物的老鼠。于是厨子很放心，并且他还特意交代小猫一定要小心，这几天家里的老鼠特别多，千万别让它们偷吃了这些食物。

厨子走了以后，小猫就呆在厨房里。以前它从来都没有进到房里，现在主人单独把它放到这里，老鼠自然是不敢光临了，这儿全都是小猫儿的天下。"好多东西以前都没见过，好多东西以前都没有吃过。咦！这是什么？圆圆的像一个车轮，闻起来好香哦！不妨尝一下，也许主人不会在意，他既然这么器重我，让我单独管理这里，尝一下也不算什么吧！"

猫儿这样想，也就这样做了，吃了一口，但止不住把整个酥饼都吞了下去，因为实在是太好吃了。

既然有了第一次，就不会害怕有第二次。已经吃了半饱的小猫又闻到另外一种香味，特别的诱人，原来是厨子新做的烧鸡。本来是打算招待客人用的，但是猫儿闻到了香味，就流出了长长的口水，抓起烧鸡就啃了起来。

这时厨子回来了，他根本就没有想过要担心什么，因为有猫儿在这里什么都不用怕了。可是等他到厨房一看，自己早上起来刚做好的酥饼不见了，留在地上的只有一些酥饼的碎渣。再看一下自己可爱的小猫正躲在墙角呼哧呼哧地大吃烧鸡呢！

"哎呀，你这个坏家伙，怎么能这么馋呢！竟然偷吃东西。"厨子开始教训小猫，"你怎么一点儿也不脸红呢？我都替你脸红。"可是小猫根本就不理会厨子，依然大口大口地啃着烧鸡，以为厨子是在开玩笑。

"嘿，在此以前，你可是诚实无比的，从来都没有见你偷吃过什么东西。我还常常把你当做最听话的模范，到处向别人来宣扬你呢。"厨子继续说道，"可是你现在多么可耻呀！这下子所有的人都将会知道你是个骗子，你是个小偷，欺骗了主人，偷吃主人的食物。以后你不但不能再进厨房，就是这个院子我都不会让你进来的。所有的人都将会骂你是个败类、瘟神、祸根，他们都将像痛恨狼一样来痛恨你。"

小猫仍旧是边吃边听，根本就没有把这些话放到心上。相反，烧鸡却吃得越来越快，当厨子还想对小猫再来一篇长长的教育训词时，烧鸡已被小猫吃完了。

【寓意】

被眼前的利益所迷惑，就会忘记自己神圣的职责。

骑士和马

从前有一位骑士，不但是个骑马的高手，更是个驯马的能手。经他训练过的马不计其数，而这些马大多数都成为其他骑士的最爱。

一天，他从别人手里得到了一匹好马，非常高兴，决心一定要把这匹马训练成全城最好、最听话的马。于是骑士就全身心地来训练这匹马，这匹马果真被他训练得十分听话。骑士让马干什么马就干什么，根本用不着大声吆喝，更用不着用鞭子抽打，骑士对自己的成绩很满意。"这样的马可以取下笼头了，绝对不会有什么问题出现。"有一次骑士自言自语地说，"哎！我这主意真是好啊！"

正好骑士需要外出一趟，他就骑马离开了家，刚一出家门，骑士就把马笼头给取了下来。马儿感到了从未有过的自由，刚开始只是稍稍加快了步伐，抖抖身上的毛发，昂起头，轻轻松松地向前行走，似乎是在验证主人的话。骑士觉得这匹马太好了，自己把马笼头取下来也正做对了。

就在骑士得意的时候，马很快发现没有东西来约束它，于是就野性大发，全身热血沸腾起来，两眼闪亮得就像冒出了火花。它再也不听骑士的话，感受到了从未有过的自由，驮着主人拼命地奔跑。穿过广阔原野的时候，飞驰的马儿留给骑士的只有二耳的风声；渡过水洼的时候，飞奔的马儿让骑士只得到了一身的泥浆。可怜的骑士颤抖着双手，想给马重新拴上笼头，但此时的马儿早已不再理会骑士，又蹦又跳，后来竟把骑士摔了下来。

马这时候就像是疯了一样，一阵旋风似的向前飞跑。前面是悬崖，那悬崖又宽又深，马儿根本就没注意到，或是看到了也根本就不在乎。骑士担心马儿的安全，拼命地大声叫喊，可是马儿一听到主人的声音就像受了刺激似的，冲向了悬崖，最后四脚朝天地跌了下去。

骑士这时失声大哭，边哭边责骂自己：

"我可怜的马儿，是我害了你呀！要知道你是我这几年见到的最听话的马，可我不该把你的笼头摘下来，如果是这样咱们俩都会平安地回家，我不至于摔得满脸开花，而你也不会死得这么惨啊！"

【寓意】

自由并不是无节制地放纵，规范与管理是不可或缺的。

农夫和斧子

在一个遥远的国家，有一个农夫。有一天，他突然想再盖一座房子，于是，他就带着斧头上山去砍树了。

山上到处是粗壮高大的树木，农夫瞅准了一棵高耸入云的大松树，拿起斧头就砍。别看农夫是一个种庄稼的好手，但他做起木匠活来却是个门外汉，由于他根本不会用斧子，费了好大劲，他只在松树上留下了一个小小的口子。"天啊，这么大一棵树，要用多长时间才能砍下来啊！"农夫望着又粗又高的大松树，摸着手上磨出的大水泡，越想越没有耐心，越想越生气。他认为一定是这把斧头不好使，以致耽误了他砍树的进度。他越想越觉得是斧头的不是，于是他越看那斧头就越不顺眼。一气之下，他把斧头甩到一边，自己则一屁股坐到地上，破口大骂起来："都是你这该死的、没用的斧头！瞧你那呆头呆脑的样儿，从现在开始，你就只配给我砍些小树干、小枝条，你说你有什么用，连一棵大树都砍不倒。气死我了，你！哼！想我是多么聪明、能干又灵巧的人啊，都是你这个蠢笨的破斧子，比石头还钝，我不用你，也照样能砍倒大树，盖好我的房子。"

被扔在一旁的斧头觉得很委屈，它轻轻地说："这怎么能怪我呢，您用我的姿势不对，您应该让我斜着身子，再去砍那树，那样就省力多了。"

农夫一听更火了，他一下站起来，过去踩了斧头一脚，怒冲冲地指着斧头吼道："噢，是我的错！全是我的错！你难道就没有一点错吗？明明是你这个笨家伙毫无用处，却来埋怨别人，真是可笑之极！好了，从现在起，不用你，我也能轻轻松松地盖起我的房子。好！我就用普通的小刀，用它来切断这棵狂傲的大树，你就等着瞧吧！"说着，农夫转身就走。

斧头躺在地上，静静地听完，见农夫要走，就叫住了他，然后温和地说："好吧，您是主人，您吩咐我砍哪儿我就砍哪儿，谁让我是斧头呢，斧头就应该随时听主人的使唤，主人的意志就是我们的意志，我愿意服从您的意志，听从您的吩咐，您让我砍东我就砍东，您让我砍西我就砍西，绝对不会再有其他什么言语。"见农夫的神色稍微有些缓和了，斧头又更加轻声细语地说道："不过，我尊贵的主人啊，您真的应该再仔细地思量一下，不要故意把我弄钝，丢在这里。其实，谁都知道，砍伐大树就是要用斧头的，用小刀来砍，无论如何您都盖不起大木头房子的。主人啊，您很明白，您一定要认真考虑啊，免得事后再后悔。其实，我也挺好用的，您向邻居们打听一下，他们一定会替我说句公道话的。"

但农夫并没有听到心里去，他大步地往山下走去，边走还边说："好吧，我就去向邻居们打听一下，好证明你就是一把狂傲自大却毫无价值的斧头。"

【寓意】

因为自己过分蠢笨，所以才要固执地自作聪明。

三、中国古今寓言

点石成金

传说有一个神仙来到人间，点石成金。他想借此试验人心，寻个不贪财的，度他成仙。结果，怎么找都找不到这样的一个人。所遇到的人往往是：当神仙把大石变成金子，他还嫌金子太小。后来遇上一个人，神仙指着石头对他说："我将这块石头点成金子送给你用吧！"这个人倒头便拜，头如捣蒜，说着："不要不要。"神仙以为他嫌太小，又指着一块大石头说："我将这块最大的石头，变成金子送给你用！"这个人还是摇头说不要。

神仙心里想："这个人毫无贪财之心，碰到这样一个人实在不容易"，就想当场度他成仙。因此他问这个人："大块金子、小块金子你都不要，你究竟要什么？"这个人伸出手指头说："其他我什么都不要，只要神仙刚才用来点石成金的那个指头，换在我的手指上，让我到处可以点石成金。到那时，我可就大富大贵了，想有什么就有什么啦！"神仙气得一句话都说不出来，拂袖而去。

【寓意】

观察一个人不要光听他的言语，还要看他的行动。

东郭先生和狼

一天，东郭先生骑着毛驴在路上走，驴背上驮着个口袋，口袋里装着书。

忽然，从后面跑来一只狼，慌慌张张地说："先生，救救我吧！猎人在后边追我，让我躲在你的口袋里吧。躲过这场灾难，我不会忘了你的恩情的。"东郭先生本来心肠就软，再看看狼那可怜的样子，就答应了狼的要求。他把口袋里的书取出来，想办法把狼往口袋里装。可是口袋很浅，狼身子很长，怎么也装不进去。这时猎人的马蹄声越来越近了。

狼很着急，说："先生，求求你快一点儿！猎人一到，我就完了！"说着，它就躺在地上，蜷（quán）成一团，头贴着尾巴，四条腿并拢，叫东郭先生用绳子把它捆起来。东郭先生依照狼的意思，把它捆好了装进口袋里，又放上些书，扎紧袋口，放到驴背上，继续往前走。

猎人追上来发现狼不见了，就问东郭先生："你看没看见一只狼跑过去了，它往哪里跑了？"

东郭先生说："我没看见狼。这条路岔道多，它也许从岔道上逃走了。"

猎人走远了，已经听不到马蹄的声音了。狼就在口袋里说："先生，可以放我出来了吧。"东郭先生就把它放出来。狼伸伸腰、舔舔嘴，马上露出凶相，张开血盆大口，对着东郭先生说："我已经饿坏了。如果找不到东西吃，就一定要饿死。先生，你救我救到底，让我吃了你吧！"说着，就向东郭先生扑去。

东郭先生大吃一惊，没想到狼这么快就忘了自己的救命之恩。只好绕着驴躲避。他躲到驴这边，狼就扑到这边；躲到驴那边，狼又扑到那边。东郭先生累得气喘吁吁，嘴里不住地骂着："我好心救你，你却要吃我，你这没良心的东西！"

天色渐渐晚了，东郭先生也渐渐没力气了。正在危急的时候，有个老农民扛着锄头走来，东郭先生急忙上前向老农求救。他把事情的经过告诉了老农民，然后问道："狼应该吃我吗？"狼不等老农民说话，就抢着说："这哪里是救我，他刚才捆住我的腿，把我装在口袋里，上面还压了好多书。这分明是想闷死我。这样的人不该吃吗？"

老农民想了想说："我不相信你们的话，这个口袋这么小，怎么能装下一只狼，还能加上几本书呢？让我看看狼是怎么被装进去的，我才能信。"

狼同意了，它又躺下，像上次一样蜷作一团。东郭先生用绳子把它捆起来，装进口袋里。老农民立即把袋口扎紧，对东郭先生说："狼的本性就是吃人的，怎么会改呢？你对它讲仁慈，真是太糊涂了！"说罢，抢起锄头，把狼打死了。

东郭先生恍然大悟。他对农民说："谢谢你今天救了我，我一定记住这个教训！"

【寓意】

对凶狼的敌人讲仁慈，只能给自己带来灾祸。

谎言和事实

在长白山一带，大灰狼的名声坏极了，小动物们见了它就躲。

大灰狼把狐狸找来说："我的好朋友，小动物们都躲着我。你得想个办法，让它们别怕我呀！"

狐狸想了想说："这件事好办，你就交给我好了。"

第二天，山里的小动物们开游艺会，狐狸跑去说："昨天晚上，在拐子山，豹子要吃一只小山羊，大灰狼从后山窜过来。在豹子屁股上咬了一口，豹子疼得受不了，放下小山羊就跑。小山羊把大灰狼看做是救命恩人呢！这是我亲眼看见的，千真万确。"

大伙儿一听，都感到很稀奇。大灰狼真的发善心啦？有的说："狼改不了吃羊的习惯，善不善，咱要看一看！"

又过了几天，树林里开百鸟会。狐狸跑去说："我有一个好消息要告诉你们！昨天下午，猎狗追小白兔，眼看就要追上了，大灰狼跳出来对猎狗大吼一声，吓得猎狗屁滚尿流，小白兔趁机逃脱了。你们看，大灰狼确实变好啦！"

小鸟们又惊又喜，天下真有这等好事，大坏蛋能变好了！乌鸦是只多嘴婆，总是想炫耀自己知道得多。走到哪里，逢人就说："大灰狼的心肠可好了！救了小山羊、小白兔，又和气，又厚道……"

长白山里到处流传开大灰狼救护小动物的佳话，因为说得多了，大伙儿也就渐渐相信了。

有一天，梅花鹿要过生日，它请了很多小动物来家里做客。狐狸跑来对梅花鹿说："大灰狼听说你过生日，可高兴啦！让我送来鲜花和水果。它想亲自来祝贺你，不知你同意不同意，所以让我先来问一声，它在洞外等着哩。"

小动物一听大灰狼来了，害怕极了。梅花鹿说："人家来送礼，是一片好心，大伙儿放心吧！"

饿了几天的大灰狼，一进山洞就扑向小动物们。梅花鹿、小白兔跑得快，奔出了洞外。可怜的小山羊由于动作迟缓，成了大灰狼的腹中餐。

大灰狼吃小山羊的消息，又传遍了长白山。狐狸散布的谎言，像肥皂泡似的破灭了，因为谎言掩盖不了事实。

【寓意】

谎言说多了，就会像真的一样，但终究掩盖不了事实。

猴子捞月亮

从前，有一群猴子住在森林里。一天晚上，它们出来游玩，路过一口井，忽然看见井中有一个月亮的影子，一只猴子说：

"啊呀，朋友们快看呀！月亮落在水里了，要把它捞起来，不然，从此以后天上就没有月亮了！"

猴子们都担心天上没有月亮，惊慌得不得了，一齐说道：

"好，我们去把月亮捞起来。"

于是这群猴子就聚集在一棵树下，开始商量捞月亮的办法。这时，一只猴子说：

"我想出了一个捞月亮的办法。我抓住上面的那根树枝，你们抓住我的尾巴，这样一个一个接下去，做成一根长链子，就可以把月亮捞起来了。"

果然第一只猴子挂在一根树枝上，第二只就去挂在第一只的尾巴上，第三只又依次去挂在第二只的尾巴上，这样一只挨一只地都挂下去，做成了一根链子，然后就把这链子吊到水里去捞月亮。

这链子太长太重，树枝被挂得像弯弓一样。哪知快到水面时，最下面的一个猴子一上一下的，不断地打着池水，平静的水面被打出了许多波纹，它们不但没有捞到月亮，就连月亮的影子也看不见了。

当它们正在费力地寻找月亮时，树枝终于承受不住，"啪"地一声折断了，所有的猴子都掉到井水里去了。

【寓意】

要动脑筋，不要光看表面现象，要看事物的本质。

孔雀的尾巴

从前，森林里住着乌鸦、小猪、猩猩和孔雀，它们是好朋友。一天来了一位仙女，问它们道："你们中间谁认为自己长得最美丽？"乌鸦抢先说："我最美，我身上的羽毛乌黑发亮，还会唱歌。"接着就"哇！哇"地叫起来。小猪也说："我的皮肤像雪一样白，而且全身都是宝。"说完还很神气地摇动着尾巴。猩猩不服气，说："我的身上毛茸茸的，而且只有我最像人，因为我能直立行走，我才是最漂亮的呢！"

这时仙女见孔雀低着头站在一边一声不响，就问道："孔雀姑娘，你为什么不说呢？"孔雀羞涩地说："我的尾巴上只有几根又短又细的毛，我不如它们美。"仙女听了，不住地点头称赞，笑着说："孔雀姑娘，你的心是最善良的，我要让你成为世界上最美丽的动物。"仙女说完，就从头上拔下一朵五颜六色的花，插在孔雀的尾巴上，喊声"变！"。孔雀的尾巴一下子变成了一把五彩缤纷的"扇子"。

"啊！真漂亮！"乌鸦、小猪和猩猩看了都赞不绝口，羡慕得不得了，它们也求仙女把自己变成世界上最美丽的动物。但仙女摇着头说："不行，你们都只看到了自己美丽的地方，没看到自己的丑处和短处，却还总要夸耀自己最美。既然你们自以为是最美丽的，我就不能使你们变得更美了！"说完，仙女就飘走了。从此，孔雀就有了美丽的尾巴。

【寓意】

不能光看到自己的长处，更要看到自己的短处。

小马过河

马棚里住着一匹老马和一匹小马。小马整天跟着老马，从不离开一步。

有一天，老马对小马说："你已经长大了，能帮妈妈做点儿事吗？"小马连蹦带跳地说："好哇！我很愿意帮您做事。"老马高兴地说："那好啊，你把这半口袋麦子驮到磨坊去吧。"

小马驮起口袋，飞快地往磨坊跑去。跑着跑着，遇到一条小河，河水哗哗地流着，挡住了去路。小马为难了，心想："我能不能过去呢？要是有妈妈在身边就好了，可以问问她该怎么办。"可是小马已经离家很远了。他向四周望望，看见一头老牛在河边吃草。小马嗒嗒地跑过去，问道："牛伯伯，请您告诉我，我能蹚过这条河吗？"老牛说："水不深，刚没小腿，你能蹚过去。"

小马听了老牛的话，立刻跑到河边，准备蹚过去。突然从树上跳下一只松鼠，拉住他大叫："小马！别过河，河水很深，会淹死你的！"小马吃惊地问："水很深吗？"松鼠认真地说："当然啦！昨天，我的一个伙伴掉在这条河里就被淹死了。"小马连忙收住脚步，不知道怎么办才好。他叹了口气说："唉！还是回家问问妈妈吧！"

小马甩甩尾巴，又跑回家去。妈妈问："怎么回来啦？"小马难为情地说："一条河挡住了去路，过……过不去。"妈妈说："那条河很浅呀！"小马："是呀！牛伯伯也这么说。可是松鼠说河水很深，还把他的伙伴给淹死了呢！"妈妈说："那么到底是深还是浅呢？你仔细想过他们的话吗？"小马低下了头，说："没……没想过。"妈妈亲切地对小马说："孩子，不能光听别人说，自己不动脑筋，不去试试，那怎么行呢？你去试一试，就会明白了。"

小马又来到河边，刚刚抬起前蹄，松鼠又大叫起来："你怎么不要命了！"小马说："让我试试吧。"他一面回答，一面下了河，扑通扑通地趟过去了。原来河水既不像老牛说的那样浅，也不像松鼠说的那样深。

【寓意】

做事不要光听别人说，随声附和，要通过自己的实践来完成。

第三节　故　事

一、神话故事

盘古开天

宇宙是如何起源的，这是人类一直探索的奥妙。在很久以前，就有盘古开天辟地的神话传说。相传，天地本来是黑暗混沌的一团，好像一个大鸡蛋。盘古就孕育在中间，过了一万八千年，突然山崩地裂一声巨响，大鸡蛋裂开了。其中一些重而浊的东西渐渐下降变成了地，轻而清的东西冉冉上升，变成了天。混沌不分的天地被盘古分开了。他手托着天，脚踏着地。天每天升高一丈，地每天加厚一丈，盘古的身体每天也增长一丈。这样又过了一万八千年，盘古的身体长得有九万里高，像一根巨大无比的柱子，立在天地当中，使天地无法重新合拢，不再变得黑暗混沌。但是盘古也十分疲劳了，终于倒下来死去了。

盘古临死前，天地又发生了奇怪的变化。他发出的声音变成了隆隆的雷霆，他呼出的气变成了风云，他的左眼变成了太阳，右眼变成了月亮，他的身躯和四肢变成了大地的四极和五岳，他的血液变成了江河湖海，筋脉变成了道路，肌肉变成了田土，头发和胡须变成了天上的星星，皮肤和汗毛变成了花草树木，他的牙齿、骨头变成闪光的金属、坚硬的石头和圆亮的珍珠玉石，他流出的汗水变成了雨露。长在他身上的各类寄生物，受到阳光雨露的滋养变成了大地上的黎明百姓。这样，盘古开天辟地以后，又用他整个身体孕育了天地万物。

【启示】

盘古为了开天不惜辛劳，最终牺牲自己的性命，这种精神最终化成了一股神力。他即是天地，天地即是他，他和天地已经融为一体。这个神话也体现了人对天地的认识都是从对自身的认识开始的。

女娲造人与补天

中国上古神话中，有一位化育万物、造福人类的女神，这就是女娲。

据说天地开辟以后，大地上虽然有了山川湖泊、花草鸟兽，可是还没有人类的踪迹。女娲想创造一种新的生命，于是她抓起了地上的黄土，仿照自己映在水中的形貌，揉团捏成一个个小人的形状。这些泥人一放到地面上，就有了生命，活蹦乱跳，女娲给他们取名叫"人"。就这样，她用黄泥捏造了许多人。但是用手捏人毕竟速度太慢，于是女娲顺手拿起一截草绳，搅拌上浑黄的泥浆向地面挥洒，结果泥点溅落的地方，也都变成了一个个活蹦乱跳的人。于是大地上到处都有了人类活动的踪迹。女娲还使男女相配，叫他们自己生育后代，一代一代绵延。在神话中女娲不单是创造人类的始祖母，而且是最早的婚姻之神。

后来不知什么原因，宇宙突然发生了一场大变动，半边天空倒塌下来，露出一个个可怕的黑窟窿，地上也出现一道道巨大的裂口，山林燃起炎炎烈火，地底喷涌出滔滔洪水，各种猛兽、恶禽、怪蟒纷纷窜出来危害人类。女娲见人类遭受这样惨烈的灾祸，就全力补救天地。她先在江河中挑选许多五彩石，熔炼成胶糊，把天上的窟窿一个个补好。又杀了一只大龟，砍下它的四个脚竖在大地四方，把天空支撑起来。接着杀了黑龙，赶走各种恶禽猛兽，用芦苇灰阻塞了横流的洪水。从此，灾难得以平息，人类得到挽救，人世间又有了欣欣向荣的景象。为了让人类更愉快地生活，女娲还造了一种名叫"笙簧"的乐器，使人类在劳作之余进行娱乐。

【启示】

女娲是产生在母系氏族社会的神话人物。这个神话，反映出当时人类对自身起源和自然现象的天真认识。至今在我国的西南的苗族、侗族中还流传着女娲的神话传说，并把女娲作为本民族的始祖加以崇拜。

共工怒触不周山

水神共工是炎帝的后裔，与黄帝家族本来就矛盾重重。帝颛顼接掌宇宙统治权后，不仅毫不顾惜人类，同时也用强权压制其他派系的天神，以至于天上人间，怨声鼎沸。共工见时机成熟，约集心怀不满的天神们，决心推翻帝颛顼的统治，夺取主宰神位。反叛的诸神推选共工为盟主，组建成一支军队，轻骑短刃，突袭天国京都。

帝颛顼闻变，倒也不甚惊惶，他一面点燃七十二座烽火台，召四方诸侯疾速支援；一面点齐护卫京畿的兵马，亲自挂帅，前去迎战。

一场酷烈的战斗展开了，两股人马从天上厮杀到凡界，再从凡界厮杀到天上，几个来回过去，帝颛顼的部众越杀越多，人形虎尾的泰逢驾万道祥光由和山赶至，龙头人身的计蒙挟疾风骤雨由光山赶至，长着两个蜂窝脑袋的骄虫领毒蜂毒蝎由平逢山赶至；共工的部众越杀越少，柜比的脖子被砍得只连一层皮，披头散发，一只断臂也不知丢到哪儿去了，王子夜的双手双脚、头颅胸腹甚至牙齿全被砍断，七零八落地散了一地。

共工辗转杀到西北方的不周山下，身边仅剩一十三骑。他举目望去，不周山奇崛突兀，顶天立地，挡住了去路，他知道，此山其实是一根撑天的巨柱，是帝颛顼维持宇宙统治的主要凭据之一。身后，喊杀声、劝降声接连传来，天罗地网已经布成。共工在绝望中发出了愤怒的呐喊，他一个狮子甩头，朝不周山拼命撞去，只听得轰隆隆一阵巨响，那撑天拄地的不周山竟被他拦腰撞断，横塌下来。

天柱既经折断，整个宇宙便随之发生了大变动：西北的天穹失去撑持而向下倾斜，使拴系在北方天顶的太阳、月亮和星星在原来位置上再也站不住脚，身不由己地挣脱束缚，朝低斜的西天滑去，成就了我们今天所看见的日月星辰的运行线路，解除了当时人们所遭受的白昼永远是白昼，黑夜永远是黑夜的困苦。另一方面，悬吊大地东南角的巨绳被剧烈的震动崩断了，东南大地塌陷下去，成就了我们今天所看见的西北高、东南低的地势，和江河东流、百川归海的情景。

共工氏的行为最后得到了人们的尊敬。在共工氏死后，人们奉他为水师（司水利之神）。他的儿子后土也被人们奉为社神（即土地神），后来人们发誓时说"苍天在上，后土在下"，"后土"就指的是共工的儿子，由此可见人们对他们的敬重。

【启示】

共工不畏强权势力，为了解救人类的困苦，敢于以弱胜强，这是要有置之死地而后生的勇气和决心的。事实上，也正是由于共工决定拼死一搏，才有了最后的胜利，并最终赢得了世人的尊重、爱戴和纪念。

夸父逐日

身材高大的夸父，立下宏愿，决心去追赶太阳，做出一番惊天动地的事业来。夸父耳朵上挂两条黄蛇，手里也握着两条黄蛇，随身还携带着一根手杖。一天，太阳升起了，他迈开大步追去，一直追到禺谷。传说禺谷是太阳休息的地方。太阳西落到这里洗浴后，就在巨大无比的苦木上休息，到了第二天再升起来。这时只见一团巨大红亮的火球就在眼前，夸父已进入太阳的光轮，完全处在光明的包围中了。当他正在庆幸自己的胜利时，他感到极度口渴。于是他伏下身子大口大口地喝黄河、渭水里的水，几下就把两条河里的水喝干了，可还是口渴难忍。他又向北方奔去，想去喝大泽的水，大泽是一片纵横千里的水域。可是夸父还没有达到目的地，就死了，像一座大山一样倒了下来。手杖丢落的地方，出现了一片枝叶繁茂、鲜果累累的桃林。

【启示】

"夸父逐日"是中国古老的神话。它体现了原始先民追求光明的精神。虽然夸父最后是以失败告终，但是，夸父逐日的这种惊天宏愿和誓死不休的坚定信念正是我们中华民族精神的写照，在这种精神的激励下，我们中国人才能够自己制造"神舟七号"飞向宇宙，去追逐我们的"太阳"。

后羿射日

羿是一位擅长射箭的天神。即使是小鸟飞过，羿也能一箭把它射落。

传说尧当皇帝的时候，有十个太阳一齐出现在天空，给人类带来了严重的旱灾。土地被烤得直冒烟，禾苗全都枯干了，甚至铜铁沙石也被晒得软软的快要熔化了。人民更是不好受，体腔里的血液仿佛在沸腾。怪禽猛兽纷纷从火焰般的森林、沸汤般的江湖里跑出来伤害人民，弄的人民苦上加苦。天帝知道这件事后，就叫羿到凡间去解救人民。天帝赐给羿一张红色的弓，十只白色的箭。

羿奉了天帝的命令到了凡间，受到人民的欢迎。他于是摆好架势，弯弓搭箭，对准天上的火球，嗖的一箭射去。起初没声响，过了一会，只见天空中流火乱飞，火球无声爆裂。接着，一团洪亮亮的东西坠落在地面上。人们纷纷跑去观看，原来是一只三足乌鸦，颜色金黄，硕大无比，想来就是太阳精魂的化身。再一看天上，太阳少了一个，空气也似乎凉爽了一些，人们不由得齐声喝彩。这使羿受到鼓舞，他也不顾别的，连连发箭，只见天空中火球一个个地破裂，满天是流火。

站在土坛上看射箭的尧，忽然想到人间不能没有太阳，急忙命人暗中从羿的箭袋里抽去一只箭，总算剩下一个太阳没被羿射落。

【启示】

这个故事其实是在告诉我们过犹不及，做任何事情都要联系实际，不能盲目。设想一下，如果当时羿把天上所有的太阳都射死了，情况会如何呢？天地一片漆黑，再也没有了光明，羿把人民从这个灾难中解救出来，又把他们推入另一个灾难当中。正是由于尧的机警和深思熟虑，才使得人间保留灿烂的阳光。

嫦娥奔月

嫦娥原是天上的女神，因为丈夫羿奉了天帝之命到人间除害灭妖，她就跟随他来到地上。羿成天在外，为人民射落了九个太阳，杀死怪禽猛兽，顾不上家，嫦娥慢慢对他产生了不满了。一天，羿从西王母那里求来长生不死的灵药。如果两人一同吃了这灵药便可长生不死，一人独吃，就能升天成神。羿把药带回家，交给嫦娥，要她好好保管，想挑一个吉日两人一块吃。但嫦娥觉得自从跟了丈夫来到人间吃了不少苦头，灵药既然有升天成神的妙用，何不一人独享呢！

在一个晚上，嫦娥趁羿不在家，从葫芦里倒出灵药，全吞下肚子去。顿时，她的身体轻飘飘的，不由自主的飘出窗户，直向天上飞去。她边飞边想，如果到了天府，众神要耻笑她自私，况且见了丈夫也不好办，不如到月宫里暂时躲藏一下为好。谁知嫦娥一到月宫，脊梁骨不住地缩短，腰肚却拼命往外膨胀，最后竟变成了一只丑陋的蟾蜍（癞蛤蟆）。因此许多古诗里，称月亮为"蟾宫"。

【启示】

羿为大家舍小家，舍己为人，是个勇敢的英雄，这样的人是可敬的。而他的妻子嫦娥在面对诱惑时却抛弃了夫妻感情，是个十足的自私小人，这样的人是可耻的。

大禹治水

古时候洪水滔天，大地上一片汪洋，人民没有居住的地方，有的到山上找洞窟藏身，有的在树上学鸟雀做窝巢。飞禽走兽还要和可怜的人类争夺地盘和食物。大禹受了天帝的任命，便带了助手应龙，去挽救人类，治理洪水。

禹先率领天下群神赶走了兴风作浪的水神共工。随后叫一只大黑龟把息壤驮在背上，跟着自己。这息壤是一种神土，只要放在地上就会不断生长，积成山丘。禹一路上用它填平深渊。应龙也在前面开路，用尾巴划地。禹叫人民在应龙尾巴划过的地方挖掘河道，把洪水引导到江海。到了桐柏山，禹又设法擒服水怪无支祁。无支祁的形状像猿猴，力大却胜过九只大象，整日横蹦竖跳，没一刻安静，使得那地方总是刮风打雷。禹拿大铁锁锁住无支祁的脖子，把他压在龟山下面。禹因为治水非常繁忙，没有一点空闲，三次路过家门口都没有进去。

经过许多艰难和困苦，禹终于治好了洪水，可是还有别的灾害。有一个蛇身九头的怪物叫"相柳"，贪得无厌，一口气要吃九座山上的东西，什么地方只要给他一碰一喷，马上变成水泽，百姓深受其害。禹就运用神力杀死了相柳。这时才天下太平，人民安居乐业。后来，禹当了天子，九州的地方官送来许多铜，禹就叫工匠铸成九只宝鼎。鼎上刻绘着各种毒虫猛兽和妖魔鬼怪的图像，使人预先对这些东西有所提防。人民感念禹的恩德，就叫宝鼎为"禹鼎"，以后又把"禹鼎"作为辨认奸邪的代名词。

【启示】

大禹不怕鬼怪，也不怕艰辛，为了天下百姓的幸福生活奔波了一辈子。他的故事之所以能从古流传至今，很大一个原因也是由于他一生兢兢业业，为人类谋取幸福安宁的精神感动了世人。

二、历史故事

盘庚迁都

商朝建立以后，在三百年间，都城共搬迁了五次。在这多次的都城迁移中，有时是因为王族内部争夺王位而发生内乱，有时是因为黄河下游的水灾。

当商朝的王位传到盘庚手里的时候。他为了改变当时社会上民不聊生的局面，决心再一次迁都。

盘庚是一位十分贤明的君主，他主张迁都完全是为了老百姓着想。可是，当时朝中的大多数贵族贪图安逸，对搬迁很不情愿。甚至有一部分势力强大的贵族还恶意煽动平民起来反抗，闹得硝烟四起。

面对强大的反对势力，盘庚并没有动摇迁都的坚定决心。他一面向老百姓宣传自己的正确主张，一面耐心地劝说贵族："我搬迁都城，是为了我们的国家着想。你们应该理解我的苦心才对啊！你们不但不帮我，还煽动老百姓发起无谓的争斗，真是太糊涂了。我的主意已经定了下来，任何困难都不可能阻挠我。"

就这样，由于盘庚坚持迁都的主张，挫败了一股又一股的反对势力，贵族和老百姓这才顺从地渡过黄河，将都城搬迁到殷（即今天河南安阳小屯村）。此后，盘庚开始整顿朝政，实行适宜生产发展的政策，没过多长时间，便使衰落的商朝出现了复兴的局面。在以后二百多年里，商朝一直没有迁都。也正是因为这个原因，后来的人又把商朝称作殷商。

今天，从殷墟出土的甲骨文中，我们对殷商时期的社会情况有了比较确凿的考证。同时也说明，我国最早有文字记载的历史，是从商朝开始的。

【启示】

盘庚本着为老百姓着想的初衷坚持正确的主张，而且不向恶势力低头的这种精神值得我们每个人学习，也只有这样爱民的贤明君主才能得到老百姓的支持和拥护。

荆轲刺秦王

秦国的将军王翦攻破赵国以后，俘虏赵王，占领了赵国的国土，向北进军侵占土地，到达燕国南部的边界。

燕国的太子丹很害怕，就请求荆轲说："秦军马上就要渡过易水，那么虽然我想长久地侍奉您，又怎么能够做得到呢？"荆轲说："不用太子说，我也要请求行动。现在假如空手而去，没有什么凭信之物，那就无法接近秦王。现在的樊将军，秦王用一千斤金和一万户人口的封地作悬赏来购取他的头颅。果真能够得到樊将军的首级及燕国督亢一带的地图献给秦王，秦王一定高兴地召见我，我就有办法来报答太子了。"太子说："樊将军因为走投无路，处境困窘而来归附我，我不忍心由于自己个人的私仇而伤害长者的心意，希望您另外考虑对策吧！"

荆轲知道太子不忍心，于是私下里会见樊於期，说："秦国对待将军，可以说是刻毒透顶了。父亲、母亲和同族的人都被杀死或没收入官为奴。现在听说用一千斤金和一万户人口的封地作悬赏来购买将军的首级，您将怎么办？"樊将军仰天长叹，泪流满面地说："我每当想起这一点，常常恨之入骨，但是想不出什么计策啊！"荆轲说："现在有一个建议，可以用来解除燕国的忧患，报将军的深仇大恨，怎么样？"樊於期于是上前问道："怎么办？"荆轲说："希望得到樊将军的首级来献给秦国，秦王一定高兴而又友好地接见我。我左手抓住他的衣袖，右手拿匕首刺他的胸膛。这样，将军的仇报了，燕国被欺侮的耻辱也除掉了。将军是否有这个心意呢？"樊於期脱下一只衣袖露出一只胳膊，左手握住右腕，走近一步说："这是我日日夜夜咬牙切齿、捶胸痛恨的事，今天才得到您的指教！"于是自杀。

太子听说了这件事，赶着马车跑去，伏在樊於期的尸体上大哭，非常悲伤。但事已至此，没有办法挽回了，于是就收拾安放樊於期的首级，用盒子封好它。

太子预先寻求世上锋利的匕首，得到赵国徐夫人的匕首以后，他叫工匠在淬火时把毒药浸到匕首上。接着整理行装，派遣荆轲上路。

燕国有个勇士秦武阳，十二岁的时候就杀过人，人们不敢同他正眼相看，于是荆轲决定叫他做助手。

荆轲等待着一个人，想同他一起去。那个人住得很远，还没有来，因而停下来等候他。

过了一阵子荆轲还没动身，太子嫌荆轲走晚了，怀疑他有改变初衷和后悔的念头，就又请求他说："太阳已经完全落下去了，您难道没有动身的意思吗？请允许我先遣发秦武阳！"荆轲发怒，呵斥太子说："今天去了而不能好好回来复命的，那是没有用的小子！现在光拿着一把匕首进入不可意料的强暴的秦国是没有丝毫胜算的，我之所以停留下来，是因为等待我的客人好同他一起走。现在太子嫌我走晚了，请允许我告别吧！"于是出发了。

太子和他的宾客中知道这件事的人，都穿着白衣，戴着白帽给他送行。到易水边上，祭过路神，就要上路。众宾客都流着眼泪小声地哭。荆轲又上前作歌唱道：

"风萧萧兮易水寒，壮士一去不复还！"荆轲上车离去的时候，始终不曾回头看一眼。

到达秦国后，他拿着价值千金的礼物，赠送给秦王的宠臣中庶子蒙嘉。

蒙嘉替他事先向秦王进言，说："燕王确实非常惧怕大王的威势，不敢出兵来抗拒，愿意同别的诸侯一起尊秦王为天子。他们诚惶诚恐，不敢自己来陈述，恭谨地砍下樊於期的头颅和献上燕国督亢一带的地图，用盒子封好，燕王在朝廷上行跪拜大礼送出来，派使者来禀告大王。一切听凭大王吩咐。"

秦王听了蒙嘉的话，非常高兴。于是穿了上朝的礼服，安排下隆重的九宾大礼仪式，在咸阳宫接见燕国的使者。

荆轲捧着装了樊於期头颅的盒子，秦武阳捧着地图匣子，按次序进宫。到达殿前的台阶下时，秦武阳十分害怕，脸色都变了，秦国的群臣对此感到奇怪。荆轲回过头来对秦武阳笑了笑，上前替他向秦王谢罪说："北方蛮夷地区的粗鄙人，没有拜见过天子，所以害怕，希望大王稍微原谅他些，让他在大王的面前完成他的使命。"秦王对荆轲说："起来，取秦武阳所拿的地图！"

荆轲拿了地图捧送给秦王，地图全部打开的时候，匕首就露了出来。于是，荆轲左手抓住秦王的衣袖，右手拿着匕首刺秦王。可是还没有刺到秦王的身上，秦王就站了起来，挣断了袖子。秦王赶紧拔剑，可是剑太长，又插得很紧，所以不能立即拔出来。

就这样，荆轲追逐秦王，秦王绕着柱子跑。秦国的君臣都惊呆了。

按照秦国的法律，臣子们侍立在殿上的，不能带兵器；那些宫廷侍卫握着武器，都排列在宫殿的台阶下面，没有君王的命令不能上殿。

这时，侍臣们说："大王把剑背到背上！"于是秦王拔出剑攻击荆轲，砍断了荆轲的左大腿。荆轲倒下了，就举起他的匕首投向秦王，没有击中，击中了柱子。秦王又砍击荆轲，荆轲被砍伤了八处。

荆轲料想事情不能成功了，靠着柱子笑着，像撮箕一样地张开两腿坐在地上，骂道："事情之所以没有成功，是想活生生地劫持你，一定要得到约契来回报燕太子啊！"

秦王的侍臣上前，斩杀荆轲。台阶下的秦武阳也早被武士们杀了。

【启示】

虽然这是个悲剧，刺杀最后也以失败告终，但是樊於期和荆轲都是值得世人尊重的人，他们身上那种为了保全国家和人民的利益宁愿舍弃个人生命的精神，是那么的可贵。尤其是荆轲，在已经预料到这次行动的不测时，依然能发出"壮士一去兮不复还"的豪言壮语，在临死前依然能够笑骂秦王，大义凛然，视死如归。

萧何月下追韩信

秦末农民战争中，韩信仗剑投奔项梁军，项梁兵败后归附项羽。他曾多次向项羽献计，始终不被采纳，于是离开项羽前去投奔了刘邦。

有一天，韩信违反军纪，按规定应当斩首，临刑时看见汉将夏侯婴，就问到："难道汉王不想得到天下吗，为什么要斩杀壮士？"夏侯婴以韩信所说不凡、相貌威武而下令释放他，并将韩信推荐给刘邦，但未被重用。后韩信多次与萧何谈论，为萧何所赏识。刘邦至南郑途中，韩信思量自己难以受到刘邦的重用，于是就离开了。萧何听说韩信离开了，来不及向刘邦报告就去追韩信。这时有人对刘邦说丞相萧何离开了。刘邦听了大怒，好像失去了左右手。

过了一两天，萧何拜见刘邦，刘邦又怒又喜，责问萧何："你为什么要离开我？"

萧何说："我怎么敢离开，我是去追要离开的人。"

刘邦说："你去追谁？"

萧何说："韩信。"

刘邦又问："走了那么多人你都不去追，却去追韩信，为什么？"

萧何说："走的那些人都比较容易得到，但是韩信走了就找不到第二个了，大王如果只是想长期汉中称王那可以不用韩信，如果想争夺天下，那除了韩信就没有能为大王解决的人了，这全都看大王你的打算来决定的。"

刘邦说："我也想东进，怎么能一直呆在这个地方呢？"

萧何说："大王如果想东进，能重用韩信，他就会留下来，不能重用，他早晚会离开大王的。"

刘邦说："我让他做将军。"

萧何说："如果只是让他做将军，韩信一定不会留下。"

刘邦说："那让他做大将。"

萧何说："这很好。"

于是，刘邦就想叫来韩信册封他，萧何说："大王向来轻慢无礼，现在任命大将就像小孩做游戏一样，这就是韩信要离开的原因。大王想要任命他一定要选一个好日子，斋戒，设坛场等礼数都齐全了才可以。"

刘邦同意了。到任命大将的这天，诸将都很高兴，以为会任命自己做大将。等到知道新任命的大将是韩信，整个军队都很吃惊。

【启示】

这篇文章向我们讲述了萧何如何重用人才，如何向刘邦推荐韩信的故事。通过这个故事，我们可以学到这样一个道理：只有尊重别人，才能得到别人的尊重。

吕后诛杀韩信

楚汉战争一结束，韩信被改封为楚王。

汉高祖六年（前201）十月，刘邦再次采用陈平计谋，诱捕韩信。十二月，将韩信贬为淮阴侯。韩信郁郁不得志，称病不参加朝廷活动。汉高祖十年（前197）九月，刘邦宠臣陈豨反叛，自立为赵王，劫掠赵、代属地。刘邦用羽檄征召天下兵士，并亲自率兵征讨陈豨。韩信一向与陈豨交情不错，于是称病在家，不听从刘邦诏令，暗地里派人去向陈豨联络，谋求里应外合，并准备与家臣乘夜伪称诏令大赦诸官罪犯和奴役，发兵袭击吕后和太子。当时韩信舍人得罪了韩信，韩信想杀掉他。舍人弟怀恨在心，向吕后告发韩信谋反情况。吕后想召韩信，又担心他的党羽作乱，便与丞相萧何商讨计策，将韩信抓了起来并斩杀于长乐宫钟室，还灭其三族。韩信最初是被萧何推荐给刘邦的，现又是萧何将其骗入宫的，真是"成也萧何，败也萧何"。

【启示】

当初刘邦为了打天下重用韩信，也得到了韩信的很大帮助，如今得到天下后，他过河拆桥，这也表明刘邦这个人的多疑。"成也萧何，败也萧何"正道出了些许的无奈，萧何是个能相马的伯乐，但又是那么愚忠而不能保护好"良马"，可谓功过参半。

三、民间故事

牛郎织女

七夕节始终和牛郎织女的传说相连，这是一个很美丽的、千古流传的爱情故事，成为我国四大民间爱情传说之一。

相传在很早以前，南阳城西牛家庄里有个聪明、忠厚的小伙子，父母早亡，只好跟着哥哥嫂子度日，嫂子马氏为人狠毒，经常虐待他，逼他干很多的活，一年秋天，嫂子逼他去放牛，给他九头牛，却让他等有了十头牛时才能回家，牛郎无奈只好赶着牛出了村。

牛郎独自一人赶着牛进了山，在草深林密的山上，他坐在树下伤心，不知道何时才能赶着十头牛回家，这时，有位须发皆白的老人出现在他的面前，问他为何伤心，当得知他的遭遇后，笑着对他说："别难过，在伏牛山里有一头病倒的老牛，你去好好喂养它，等老牛病好以后，你就可以赶着它回家了。

牛郎翻山越岭，走了很远的路，终于找到了那头有病的老牛，他看到老牛病得厉害，就去给老牛打来一捆捆草，一连喂了三天，老牛吃饱了，才抬起头告诉他：自己本是天上的灰牛大仙，因触犯天条被贬下天来，摔坏了腿，无法动弹。自己的伤需要用百花的露水洗一个月才能好，牛郎不畏辛苦，细心地照料了老牛一个月，白天为老牛采花接露水治伤，晚上依偎在老年身边睡觉，到老牛病好后，牛郎高高兴兴赶着十头牛回了家。

回家后，嫂子对他仍旧不好，曾几次要加害他，都被老牛设法相救，嫂子最后恼羞成怒把牛郎赶出家门，牛郎只要了那头老牛相随。

一天，天上的织女和其他仙女一起下凡游戏，在河里洗澡，牛郎在老牛的帮助下认识了织女，二人互生情意，后来织女便偷偷下凡，来到人间，做了牛郎的妻子。织女还把从天上带来的天蚕分给大家。并教大家养蚕，抽丝，织出又光又亮的绸缎。

牛郎和织女结婚后，男耕女织，情深意重，他们生了一男一女两个孩子，一家人生活得很幸福。但是好景不长，这事很快便让天帝知道，王母娘娘亲自下凡来，强行把织女带回天上，恩爱夫妻被拆散。

牛郎上天无路，还是老牛告诉牛郎，在它死后，可以用它的皮做成鞋，穿着就可以上天。牛郎按照老牛的话做了，穿上牛皮做的鞋，拉着自己的儿女，一起腾云驾雾上天去追织女，眼见就要追到了，岂知王母娘娘拔下头上的金簪一挥，一道波涛汹涌的天河就出现了，牛郎和织女被隔在两岸，只能相对哭泣流泪。他们的忠贞爱情感动了喜鹊，千万只喜鹊飞来，搭成鹊桥，让牛郎织女走上鹊桥相会，王母娘娘对此也无奈，只好允许两人在每年七月七日于鹊桥相会。

后来，每到农历七月初七，相传牛郎织女鹊桥相会的日子，姑娘们就会来到花前月下，抬头仰望星空，寻找银河两边的牛郎星和织女星，希望能看到他们一年一度的相会，乞求上天能让自己像织女那样心灵手巧，祈祷自己能有如意称心的美满婚姻，由此形成了七夕节。

【启示】

面对一头素不相识的快要病死的老牛，牛郎却能细心照料它一个月之久，可见他的善良与忠厚。也正是因为牛郎的良好品行，织女才会爱上他。虽然可恶的王母娘娘硬生生地拆散他们，并且让他们每年只能相见一次，但是他们的爱情并没有在银河前退缩，也没有在时间的长河中淡化。这种爱情是那么的可贵，足以感动我们每一个人，难怪连喜鹊都要来帮他们的忙了。

梁山伯与祝英台

从前，有个姓祝的地主，人称祝员外，他的女儿祝英台不仅美丽大方，而且非常聪明好学。但由于古时候女子不能进学堂读书，祝英台只好日日倚在窗栏上，望着大街上身背着书箱来来往往的读书人，心里羡慕极了！"难道女子只能在家里绣花吗？为什么我不能去上学？"她突然反问自己，"对啊！我为什么就不能上学呢？"

想到这儿，祝英台赶紧回到房间，鼓起勇气向父母要求："爹，娘，我要到杭州去读书。我可以穿男人的衣服，扮成男人的样子，一定不让别人认出来，你们就答应我吧！"祝员外夫妇开始不同意，但经不住英台撒娇哀求，只好答应了。

第二天清早，天刚蒙蒙亮，祝英台就和丫鬟穿上男装，辞别父母，带着书箱，兴高采烈地去杭州了。

到了学堂的第一天，祝英台遇见了一个叫梁山伯的男同学，学问出众，人品也十分优秀。她想：这么好的人，要是能天天在一起，一定会学到很多东西，也一定会很开心的。而梁山伯也觉得与她很投缘，有一种一见如故的感觉。于是，他们常常在一起谈诗文，谈得情投意合，并相互关心体贴，彼此情投意合。后来，两人结拜为兄弟，更是形影不离。

春去秋来，一晃三年过去了，该是打点行装、拜别老师、返回家乡的时候了。同窗共读整三载，祝英台已经深深爱上了她的梁兄，而梁山伯虽不知祝英台是女儿身，但也对她十分倾慕。他俩恋恋不舍地分了手。回到家后，彼此都日夜思念着对方。几个月后，梁山伯前往祝家拜访，结果令他又惊又喜。原来这时，他见到的祝英台，已不再是那个清秀的小书生，而是一位年轻美貌的大姑娘。再见的那一刻，他们都明白了彼此之间的感情，早已是心心相印。

此后，梁山伯请人到祝家去求亲。可祝员外哪会看得上这穷书生呢，他早已把女儿许配给了有钱人家的少爷马公子。梁山伯顿觉万念俱灰，一病不起，没多久就死去了。

听到梁山伯去世的消息，一直在与父母抗争以反对包办婚姻的祝英台反而突然变得异常镇静。她套上红衣红裙，走进了迎亲的花轿。迎亲的队伍一路敲锣打鼓，好不热闹！路过梁山伯的坟前时，忽然间飞沙走石，花轿不得不停了下来。只见祝英台走出轿来，脱去红装，一身素服，缓缓地走到坟前，跪下来放声大哭。霎时间，风雨飘摇，雷声大作，"轰"的一声，坟墓裂开了，祝英台似乎又见到了她的梁兄那温柔的面庞，她微笑着纵身跳了进去。接着又是一声巨响，坟墓合上了。这时风消云散，雨过天晴，各种野花在风中轻柔地摇曳，一对美丽的蝴蝶从坟头飞出来，在阳光下自由地翩翩起舞。

【启示】

祝英台不愿像其他妇女一样锁死深闺，敢于走出礼教的束缚，走进学堂学习新知识、认识外面的世界和外面的人。她那不怕封建礼教、敢爱敢恨的精神是可贵的。而她为梁山伯殉情的举止更加表明了她对爱情的坚贞不渝。

白蛇传

清明时分，西湖岸边花红柳绿，断桥上面游人如梭，好一幅春光明媚的美丽画面。突然，从西湖底悄悄升上来两个如花似玉的姑娘，怎么回事？人怎么会从水里升上来呢？原来，她们是两条修炼成了人形的蛇精，虽然如此，但她们并无害人之心，只因羡慕世间的多彩人生，才一个化名叫白素贞，一个化名叫小青，来到西湖边游玩。

偏偏老天爷忽然发起脾气来，霎时间下起了倾盆大雨，白素贞和小青被淋得无处藏身，正发愁呢，突然只觉头顶多了一把伞，转身一看，只见一位温文尔雅、白净秀气的年轻书生撑着伞在为她们遮雨。白素贞和这小书生四目相交，都不约而同地红了脸，相互产生了爱慕之情。小青看在眼里，忙说："多谢！请问客官尊姓大名。"那小书生道："我叫许仙，就住在这断桥边。"白素贞和小青也赶忙作了自我介绍。从此，他们三人常常见面，白素贞和许仙的感情越来越好，过了不久，他们就结为夫妻，并开了一间"保和堂"药店，小日子过得可美了！

由于"保和堂"专治疑难病症，而且给穷人看病配药还分文不收，所以药店的生意越来越红火，远近来找白素贞治病的人越来越多，人们将白素贞亲切地称为白娘子。可是，"保和堂"的兴隆、许仙和白娘子的幸福生活却惹恼了一个人，谁呢？那就是金山寺的法海和尚。因为人们的病都被白娘子治好了，到金山寺烧香求菩萨的人就少多了，香火不旺，法海和尚自然就高兴不起来了。这天，他又来到"保和堂"前，看到白娘子正在给人治病，不禁心内妒火中烧，再定睛一瞧，哎呀！原来这白娘子不是凡人，而是条白蛇变的！

法海虽有点小法术，但他的心术却不正。看出了白娘子的身份后，他就整天想拆散许仙白娘子夫妇、搞垮"保和堂"。于是，他偷偷把许仙叫到寺中，对他说："你娘子是蛇精变的，你快点和她分手吧，不然，她会吃掉你的！"许仙一听，非常气愤，他想：我娘子心地善良，对我的情意比海还深。就算她是蛇精，也不会害我，何况她如今已有了身孕，我怎能抛弃她呢！法海见许仙不上他的当，恼羞成怒，便把许仙关在了寺里。

"保和堂"里，白娘子正焦急地等待许仙回来。一天、两天……始终不见许仙回来，白娘子心急如焚。终于打听到原来许仙被金山寺的法海和尚给"扣"住了，白娘子赶紧带着小青来到金山寺，苦苦哀求，请法海放回许仙。法海见了白娘子，一阵冷笑，说道："大胆妖蛇，我劝你还是快点离开人间，否则别怪我不客气了!"白娘子见法海拒不放人，无奈，只得拔下头上的金钗，迎风一摇，掀起滔滔大浪，向金山寺直逼过去。法海眼见水漫金山寺，连忙脱下袈裟，变成一道长堤，拦在寺门外。大水涨一尺，长堤就高一尺，大水涨一丈，长堤就高一丈，任凭波浪再大，也漫不过去。再加上白娘子有孕在身，实在斗不过法海，后来，法海使出欺诈的手法，将白娘子收进金钵，压在了雷峰塔下，把许仙和白娘子这对恩爱夫妻活生生地拆散了。

小青逃离金山寺后，在深山练功数十载，最终打败了法海，将他逼进了螃蟹腹中，救出了白娘子，从此，白娘子和许仙以及他们的孩子幸福地生活在一起，再也不分离了。

【启示】

这个故事告诉我们，判断一个人的善恶不能只看表面。白素贞虽说是蛇精变的，但是一心向善，从无害人之心，而且能把她所具有的法术用于救人，这种品德是一般人所不及的。而法海虽说是身在佛门，但却无佛之善心，不能明辨是非黑白善恶，甚至滥杀无辜，他的品行免不了遭受历史的唾弃。

孟姜女哭长城

秦朝时，有个善良美丽的女子，名叫孟姜女。一天，她正在自家的院子里做家务，突然发现葡萄架下藏了一个人，吓了她一大跳，正要叫喊，只见那个人连连摆手，恳求道："别喊别喊，救救我吧! 我叫范喜良，是来逃难的。"原来，这时秦始皇为了造长城，正到处抓人做劳工，已经饿死、累死了不知多少人! 孟姜女把范喜良救了下来，见他知书达理，眉清目秀，对他产生了爱慕之情，而范喜良也喜欢上了孟姜女。他俩心心相印，征得了父母的同意后，就准备结为夫妻。

成亲那天，孟家张灯结彩，宾客满堂，一派喜气洋洋的情景。眼看天快黑了，喝喜酒的人也都渐渐散了，新郎新娘正要入洞房，忽然间听见鸡飞狗叫，随后闯进来一队恶狠狠的官兵，不容分说，用铁链一锁，硬把范喜良抓到长城去做工了。好端端的喜事变成了一场空，孟姜女悲愤交加，日夜思念着丈夫。她想：我与其坐在家里干着急，还不如自己到长城去找他。对! 就这么办! 孟姜女立刻收拾收拾行装，上路了。

一路上，也不知经历了多少风霜雨雪，跋涉过多少险山恶水，孟姜女没有喊过一声苦，没有掉过一滴泪。终于，凭着顽强的毅力，凭着对丈夫深深的爱，她到达了长城。这时的长城已经是由一个个工地组成的一道很长的城墙了，孟姜女一个工地一个工地地找，却始终不见丈夫的踪影。最后，她鼓起勇气，向一队正要上工的民工询问："你们这儿有个范喜良吗?"民工说："有这么个人，新来的。"孟姜女一听，甭提多开心了! 她连忙再问："他在哪儿呢?"民工说："已经死了，尸首都已经填了城墙了!"

听到这个噩耗，真好似晴天霹雳一般，孟姜女只觉眼前一黑，一阵心酸，大哭起来。整整哭了三天三夜，哭得天昏地暗，连天地都感动了。天越来越阴沉，风越来越猛烈，只听"哗啦"一声，一段长城被哭倒了，露出来的正是范喜良的尸首，孟姜女的眼泪滴在了他血肉模糊的脸上。她终于见到了自己心爱的丈夫，但她却再也看不到他了，因为他已经被残暴的秦始皇害死了。

【启示】

这个故事通过孟姜女和范喜良的爱情悲剧控诉了封建制度的罪恶。封建统治阶级无视劳动人民的生命，这样的阶级是得不到人民的支持和拥护的。孟姜女的哭声感动了天地，连长城都被哭倒了，这无疑是在暗示秦朝统治灭亡的必然性。

刘三姐的传说

传说古代宜山县下涧河边的壮族山村，有一个聪明伶俐、年轻美丽的农家姑娘，因她排行第三，所以就叫三姐（是否源于客家人的刘三妹有待考证）。她自幼失去父母，与二哥相依为命，打柴种田过日子。刘三姐从小爱唱山歌，心灵手巧，插秧、打柴、编竹器、织壮锦样样会，勤劳艺又精，口唱山歌手不停。刘三姐的歌才出众，歌声动人，远近闻名。每到中秋佳节，青年男女都聚集在河边草坪上，抛绣球，对山歌，没有哪一个唱得过她。刘三姐才貌双全，方圆百里的后生纷纷慕名而来，一心要向她求婚。她落落大方地以歌相对，表明要依歌择配。她开口唱道：

> 三月瓜花朵朵开，
> 三妹讲歌不讲财。
> 谁能唱歌胜过我，
> 不用花轿走路来。

求婚的人络绎不绝，酬唱的歌声四时不断，就是没有一个能对倒刘三姐，来的人只好怀着敬佩的心情，恋恋不舍地告辞而归。其实，刘三姐的心里，早已悄悄地爱上了同村的李小牛。他们从小就一块儿放牛、打柴，在一起唱山歌，小牛也是一名出色的歌手哩。在共同的劳动和歌唱中，他们建立了真挚深厚的感情。三姐用柔美的歌声向小牛倾诉衷情：

> 妹相思，妹相思，
> 妹有真心哥也知；
> 蜘蛛结网三江口，
> 水推不断是真丝（思）。

三姐给小牛送了绣球，小牛给三姐送了丝线，寄物定情，以终身相许。他们唱道：

> 风吹云动天不动，
> 河里水流石不流；
> 刀切莲藕丝不断，
> 我俩连情永不丢。

这件事被当地有权势的财主莫海仁知道了，硬说刘三姐和李小牛私下定情，有失礼教，伤风败俗，要拿他们治罪。一天，三姐和小牛到河边的高山上砍柴，狠毒的莫海仁指使家丁窜到山上，乘其不备，把他们两人推下河去。小牛当场被淹死了，刘三姐被藤蔓托挂在岸崖上。财主家丁砍断藤条，三姐掉进湍急的河水里。恰巧，有一根木头飘来，三姐急忙抓住木头，顺水漂流到了柳州。一位老渔翁发现了，把她救上岸来。老渔翁很同情刘三姐的遭遇，毅然把她收为义女。

刘三姐来到柳州不久，她能歌善唱的名声又很快传扬开了。财主莫海仁闻讯后，暴跳如雷，坐立不安，恶狠狠地说："刘三姐呀刘三姐，我没有把你杀死，也一定要让你名声扫地！"于是，莫海仁托人用重金从外地请来三个秀才，装了满满的一船歌书，专程到柳州和刘三姐赛歌，一心要唱倒刘三姐。

那天，刘三姐正在河边洗衣服。三个秀才乘船靠岸后，就忙着打听刘三姐在哪里，说是奉莫海仁之命，要找她对歌，非唱赢她不可。刘三姐见他们趾高气扬，又有满船歌书，来头不小，便随口唱道：

江边洗衣刘三妹，你要对歌快唱开。
自古山歌心中出，哪有船装水载来？

这一唱，秀才们像是吃了当头棒喝，相对默然，无词以对。当刘三姐问明他们三人的尊姓是陶、李、罗之后，接着又唱道：

姓陶不见桃花发，姓李不见李花开，
姓罗不见锣鼓响，三位先生哪里来？

三个秀才被刘三姐这一反问，不能继续装聋作哑，赶快翻出歌书，勉强凑几句对答。然而，不到几个回合，就被刘三姐犀利的山歌压倒了。刘三姐见他们这副狼狈相，又气又恼，用歌声讽刺：

风打桃树桃花谢，雨打李树李花落，
棒打烂锣锣更破，花谢锣破怎唱歌？

唱得三个秀才瞠目结舌，只好上船逃走。从此，刘三姐的声誉更高了，来向她学歌、请她去传歌的人更多了。

莫海仁得知秀才败阵，一计未成又生一计，他派遣两个打手，乘夜深人静将刘三姐捆绑起来，放入猪笼，丢下河去。等到乡亲们闻讯赶到，把刘三姐打捞起来，已经救不活了。那天正是中秋节，大家用传统的葬礼，把刘三姐遗体洗净，打扮得像生前那样漂亮，埋在柳江河边，坟前供祭着两条大鲤鱼，大家含悲唱歌悼念。忽然间，坟墓裂开，只见复活了的刘三姐闪跳出来，骑在一条鲤鱼背上，跃然而起，飞上天去了。另一条鲤鱼来不及起飞，就化成了屹立江边的鱼峰山。后来，人们为了纪念刘三姐，每当中秋之夜，四乡歌手都云集在鱼峰山下举行一年一度的山歌盛会。这样代代相传，八月十五便成了壮族人民的传统歌节。

【启示】

刘三姐不仅聪明伶俐，而且才貌双全，更难得的是她不攀附权贵，重才不重财。在经历了生死的关口后依然能够不畏强暴，正义凛然，即便被放入猪笼丢下河去也不降低自己的人格，这种高洁的品格很值得我们今人学习。

第四节 古诗词

江 南
汉乐府

jiāng nán kě cǎi lián
江 南 可 采 莲，

lián yè hé tián tián
莲 叶 何 田 田，

yú xì lián yè jiān
鱼 戏 莲 叶 间。

yú xì lián yè dōng
鱼 戏 莲 叶 东，

yú xì lián yè xī
鱼 戏 莲 叶 西，

yú xì lián yè nán
鱼 戏 莲 叶 南，

yú xì lián yè běi
鱼 戏 莲 叶 北。

【注释】

①何：表示多么的意思。②田田：指荷叶相接，非常茂盛。③戏：即戏耍。

【译文】

江南的水乡是采莲的好地方，这儿的莲叶是多么茂盛鲜亮！看那一群鱼儿是多么快活，正在莲叶中自由自在地戏着水，一会儿游到东面，一会儿游到西面，一会儿钻到南面，一会儿又滑到北面。

【简析】

汉乐府古辞《江南》是一首与劳动相结合的情歌，属于汉乐府《相和歌辞》。同时，它也是一首一人唱、多人配合的歌辞。诗的后面五句每句只改变一个字，正表明了这种唱和的特点。而且这种反复回环地吟唱，更增加了音乐感和表现力。

诗歌采用民间情歌常用的比喻、双关手法。以"莲"谐"怜"，象征爱情，以鱼儿戏水于莲叶间来暗喻青年男女在劳动中相互爱恋的欢乐情景。

诗歌的开头三句勾勒出一幅生动的江南景致。后四句以东、西、南、北并列，方位的变化以鱼儿的游动为依据，显得活泼、自然、有趣。句式复沓而略有变化，是《诗经》的传统手法，用在这里，更令人联想到采莲人在湖中泛舟来往、歌声相和相应的情景。

诗中没有一字直接写人，但是通过对莲叶和鱼儿的描绘，却如闻其声，如见其人，如临其境，感受到一股勃勃生气，领略到采莲人内心的欢乐。现在人们常吟作：江南夏秋好采莲，莲叶团团圆又圆，鱼儿嬉戏莲叶间。看：鱼儿嬉戏在莲叶的东边，鱼儿嬉戏在莲叶的西

279

边，鱼儿嬉戏在莲叶的南边，鱼儿嬉戏在莲叶的北边。

这首抒情民歌语言质朴，格调清新，又采用侧面烘托的写作手法——以嬉戏的鱼儿来表现采莲人的欢乐，使得整首小歌生动、简明、欢快，充满江南情趣。

出　塞
王昌龄

qín　shí　míng　yuè　hàn　shí　guān
秦　时　明　月　汉　时　关，
wàn　lǐ　cháng　zhēng　rén　wèi　huán
万　里　长　征　人　未　还。
dàn　shǐ　lóng　chéng　fēi　jiàng　zài
但　使　龙　城　飞　将　在，
bú　jiào　hú　mǎ　dù　yīn　shān
不　教　胡　马　度　阴　山。

【注释】

①出塞：是唐代诗人写边塞生活诗常用的题目。②秦时明月汉时关：即秦汉时的明月，秦汉时的关塞。意思是说，在漫长的边防线上，一直没有停止过战争。③但使：只要。④龙城飞将：指汉武帝时镇守卢龙城的名将李广，他英勇善战，多次打败匈奴。南侵的匈奴惧怕他，称他为"飞将军"。这里泛指英勇善战的将领。⑤不教：不允许，"教"字读去声。⑥胡马：指侵扰内地的外族骑兵。⑦度阴山：跨过阴山。阴山是北方东西走向的大山脉，是汉代北方边防的天然屏障。在今内蒙古自治区，古代常凭借它来抵御匈奴的南侵。

【译文】

明月照着边关，秦汉以来战争不断，万里长征的战士还在打仗未回还。只要有李广那样的飞将军当统帅，就绝不会让进犯的敌人越过阴山。

【简析】

这是一首著名的边塞诗，表现了诗人希望起任良将，早日平息边塞战事，使人民过上安定生活的良好心愿。

诗人从写景入手，首句勾勒出一幅冷月照边关的苍凉景象。"秦时明月汉时关"不能理解为秦时的明月、汉代的关。这里是秦、汉、关、月四字交错使用，在修辞上叫"互文见义"，意思是秦汉时的明月，秦汉时的关。诗人暗示，这里的战事自秦汉以来一直未间歇过，突出了时间的久远。次句"万里长征人未还"，"万里"指边塞和内地相距万里，虽属虚指，却突出了空间的辽阔。"人未还"使人联想到战争给人带来的灾难，表达了诗人悲愤的情感。

怎样才能解脱人民的困苦呢？诗人寄希望于有才能的将军。"但使龙城飞将在，不教胡马度阴山。"只要镇守龙城的飞将军李广还活着，就不会让胡人的骑兵跨越过阴山。后两句写得含蓄、巧妙，让人们在对往事的对比中，得出必要的结论。

这首诗被称为唐人七绝的压卷之作。悲壮而不凄凉，慷慨而不浅露，王诗《出塞》两首，本诗是第一首。

送元二使安西

王 维

wèi chéng zhāo yǔ yì qīng chén
渭 城 朝 雨 浥 轻 尘，

kè shè qīng qīng liǔ sè xīn
客 舍 青 青 柳 色 新。

quàn jūn gèng jìn yì bēi jiǔ
劝 君 更 尽 一 杯 酒，

xī chū yáng guān wú gù rén
西 出 阳 关 无 故 人。

【注释】

①元二：姓元，排行第二，作者的朋友。②使：出使。③安西：指唐代安西都护府，在今新疆库车附近。④渭城：秦时咸阳城，汉改渭城，在长安西北，渭水北岸。⑤朝雨：早晨下的雨。⑥浥（yì）：湿。⑦客舍：旅店。⑧阳关：在今甘肃省敦煌县西南，是古代通西域的要道。

【译文】

渭城的早晨，细雨迷蒙，洗净了地上的灰尘，雨后的旅店更加干净了，杨柳也一派清新。朋友啊，请你再喝下这杯离别酒吧，往西出了阳关就很难遇到老朋友了。

【简析】

《送元二使安西》是盛唐著名诗人、画家和音乐家王维所著的一首脍炙人口的送别诗。自古人生重离别，自古人生又伤离别，因而"送别诗"在古诗词大家族中可谓颇具规模的一系，诗人们无一不涉足过这一主题。然而在这浩如烟海的"送别诗"中，王维的这首《送元二使安西》洗尽雕饰，用明朗自然的语言抒发诚挚、深厚的惜别之情，以情意殷切、韵味深长独树一帜。当时被谱曲传唱，称为"阳关三叠"。

这首诗的前两句，点明了送客的时间和地点。初春的早晨，一场细雨使尘埃落定，空气变得湿润清凉；从渭城的客舍放眼看去，到处是青青的柳色，一片生机盎然。诗中用"浥"字形容雨湿尘埃，用"新"字形容柳色翠嫩，准确生动地抓住了事物的特点；而柳色的"柳"与留恋的"留"谐音，更表达出诗人对好友元二的依依惜别之情。

后两句写在送别的酒席上，诗人劝他多饮几杯，因为从渭城西行出了阳关，再不会遇到熟悉的朋友了，何况此行的目的地，是比阳关更遥远的安西呢？这两句从字面上看似乎只是劝酒，实际上却是衷心地祝愿着好友，在那遥远而陌生的地方一切平安。诗中把深沉的情感融入平淡的话语中，更增添了感人的力量，成为千古传诵的名句。

望庐山瀑布

李 白

rì zhào xiāng lú shēng zǐ yān
日 照 香 炉 生 紫 烟，
yáo kàn pù bù guà qián chuān
遥 看 瀑 布 挂 前 川。
fēi liú zhí xià sān qiān chǐ
飞 流 直 下 三 千 尺，
yí shì yín hé luò jiǔ tiān
疑 是 银 河 落 九 天。

【注释】

①庐山：在江西省九江市南，是我国著名的风景区。②香炉：即香炉峰，在庐山西北，因形似香炉且山上经常笼罩着云烟而得名。③挂前川：挂在前面的水面上。④九天：古代传说天有九重，九天是天的最高层。

【译文】

香炉山在太阳光下升起紫色云烟，远远望去就像一条河流挂在山前。瀑布从几千尺高处直泻而下，让人怀疑是银河从天上落下来。

【简析】

这是诗人李白五十岁左右隐居庐山时写的一首风景诗。这首诗形象地描绘了庐山瀑布雄奇壮丽的景色，反映了诗人对祖国大好河山的无限热爱。

首句"日照香炉生紫烟"。"香炉"是指庐山的香炉峰。此峰在庐山西北，形状尖圆，像座香炉。由于瀑布飞泻，水气蒸腾而上，在丽日照耀下，仿佛有座顶天立地的香炉冉冉升起了团团紫烟。一个"生"字把烟云冉冉上升的景象写活了。此句为瀑布设置了雄奇的背景，也为下文直接描写瀑布渲染了气氛。

次句"遥看瀑布挂前川"。"遥看瀑布"四字照应了题目《望庐山瀑布》。"挂前川"是说瀑布像一条巨大的白练从悬崖直挂到前面的河流上。"挂"字化动为静，惟妙惟肖地写出遥望中的瀑布。

诗的前两句从大处着笔，概写"望"中全景：山顶紫烟缭绕，山间白练悬挂，山下激流奔腾，构成一幅绚丽壮美的图景。

第三句"飞流直下三千尺"是从近处细致地描写瀑布。"飞流"表现瀑布凌空而出，喷涌飞泻。"直下"既写出岩壁的陡峭，又写出水流之急。"三千尺"极力夸张，写山的高峻。

这样写诗人觉得还没把瀑布的雄奇气势表现得淋漓尽致，于是接着又写上一句"疑是银河落九天"。说这"飞流直下"的瀑布，使人怀疑是银河从九天倾泻下来。一个"疑"，用得空灵活泼，若真若幻，引人遐想，增添了瀑布的神奇色彩。

这首诗极其成功地运用了比喻、夸张和想象，构思奇特，语言生动形象、洗炼明快。苏东坡十分赞赏这首诗，说"帝遣银河一脉垂，古来唯有谪仙词"。"谪仙"就是李白。在我们今人看来，《望庐山瀑布》也的确是状物写景和抒情的范例。

黄鹤楼送孟浩然之广陵

李 白

gù rén xī cí huáng hè lóu
故 人 西 辞 黄 鹤 楼，

yān huā sān yuè xià yáng zhōu
烟 花 三 月 下 扬 州。

gū fān yuǎn yǐng bì kōng jìn
孤 帆 远 影 碧 空 尽，

wéi jiàn cháng jiāng tiān jì liú
唯 见 长 江 天 际 流。

【注释】

①故人：老朋友，这里指孟浩然。②黄鹤楼：故址在今湖北武汉市武昌蛇山的黄鹄矶上，传说有神仙在此乘黄鹤而去，故称黄鹤楼。③烟花：指艳丽的春景。④尽：消失。⑤唯见：只见。⑥天际：天边。

【译文】

作者在黄鹤楼和老朋友辞别了，在春光烂漫的三月，老朋友坐船顺流直下到扬州去，那远去的孤帆渐渐在碧空消逝，只看见浩浩荡荡的江水在天边奔流。

【简析】

李白是一位热爱自然、喜欢交游的诗人，他"一生好入名山游"，足迹几乎遍及整个中国，留下了许多歌咏自然美、歌颂友情的作品。《黄鹤楼送孟浩然之广陵》是历来传颂的名篇，这首诗是李白出蜀仕游期间的作品，写诗人送别友人时无限依恋的感情，也写出祖国河山的壮丽美好。

诗的起句"故人西辞黄鹤楼"紧扣题旨，点明送行的地点及自己与被送者的关系。"故人"一词说明了两位诗人的深厚情谊。"黄鹤楼"是天下名胜，是诗人墨客流连聚会之所，又是传说中仙人乘鹤升天之处。而今两位潇洒飘逸的诗人在此道别，更带有诗意和浪漫色彩。第二句"烟花三月下扬州"，紧承首句，写送行的时间与被送者要去的地方。"扬州"是东南都会，自古繁华，而"三月"又正是春光明媚，百花争艳的季节。诗人用"烟花"修饰"三月"，不仅传神地写出烟雾迷蒙、繁花似锦的阳春特色，也使人联想到处在开元盛世的扬州，那花团锦簇、绣户珠帘，繁荣而又太平的景象。孟浩然要去的地方真是好地方，时间也选择得恰当。李白对友人的这次旅游自然十分欣羡。"烟花三月下扬州"，这清丽明快的诗句，正表达了诗人内心的愉快与向往。

诗的第三、四句是写李白送别诗友时的惜别深情。"孤帆远影碧空尽，唯见长江天际流。"表面看来这两句诗全是写景，其实却有着诗人鲜明的形象。"孤帆"绝不是说浩瀚的长江上只有一只帆船，而是写诗人的全部注意力和感情只集中在友人乘坐的那一只帆船上。诗人在黄鹤楼边送行，看着友人乘坐的船挂起风帆，渐去渐远，越去越小，越去越模糊了，只剩下一点影子了，最后终于消失在水天相接之处，而诗人仍然久久伫立，目送流向天际的江水，似乎要把自己的一片情意托付江

水，陪随行舟，将友人送到目的地。这两句诗表达了多么深挚的友情，然而在诗句中却找不到"友情"这个词眼。诗人巧妙地将依依惜别的深情寄托在对自然景物的动态描写之中，将情与景完全交融在一起了，真正做到了含吐不露而余味无穷。

另外，在诗歌的用韵上，诗人也颇具匠心地选择了"楼"、"州"、"流"三个声调悠扬的韵脚，吟诵起来余音袅袅。这与孤帆远去、江流天际的景象以及诗人目送神驰、情意绵绵的神态十分吻合。再加上语言清丽自然，意境雄浑开阔，这首诗真是令人越读越爱，百读不厌，无怪乎千古传颂。

望天门山

李 白

tiān mén zhōng duàn chǔ jiāng kāi
天 门 中 断 楚 江 开，
bì shuǐ dōng liú zhì cǐ huí
碧 水 东 流 至 此 回。
liǎng àn qīng shān xiāng duì chū
两 岸 青 山 相 对 出，
gū fān yí piàn rì biān lái
孤 帆 一 片 日 边 来。

【注释】

①天门山：位于安徽省和县与当涂县西南的长江两岸，在江北的叫西梁山，在江南的叫东梁山。两山隔江对峙，形同门户，所以叫"天门"。②楚江：即长江。古代长江中游地带属楚国，所以叫"楚江"。③至此回：长江东流至天门山附近回旋向北流去。④回：回旋。⑤出：突出。⑥日边：天边。

【译文】

天门山似乎是由于水流的冲击而成，天门山中间断裂如门，使大江得以通过。碧水东流到此，回旋着向北流去。两岸边的青山，相对着不断现出。遥见一叶帆痕，渐渐来到夕阳明处。

【简析】

天门山是安徽当涂县的东梁山与和县的西梁山的合称。两山夹江对峙，像一座天设的门户，形势非常险要，"天门"即由此得名。诗题中的"望"字，说明诗中所描绘的是远望所见天门山的壮美景色。

诗的前幅即从"江"与"山"的关系着笔。第一句"天门中断楚江开"，诗人不写博望、梁山两山隔江对峙，却说山势"中断"，从而形象地写出两山峭拔相对的险峻："楚江开"，不仅点明了山与水的关系，而且描绘出山势中断、江水至此浩荡而出的气势。着重写出浩荡东流的楚江（长江流经旧楚地的一段）冲破天门奔腾而去的壮阔气势。它给人以丰富的联想：天门两山本来是一个整体，阻挡着汹涌的江流。由于楚江怒涛的冲击，才撞开了"天门"，使它中断而成为东西两山。在作

者笔下，楚江仿佛成了有巨大生命力的事物，显示出冲决一切阻碍的神奇力量，而天门山也似乎默默地为它让出了一条通道。

第二句"碧水东流至此回"，又反过来着重写夹江对峙的天门山对汹涌奔腾的楚江的约束力和反作用。由于两山夹峙，浩阔的长江流经两山间的狭窄通道时，激起回旋，形成波涛汹涌的奇观。如果说上一句是借山势写出水的汹涌，那么这一句则是借水势衬出山的奇险。"碧"字明写江水之色，暗写江水之深；"回"字描述江水奔腾回旋，更写出了天门山一带的山势走向。

"两岸青山相对出，孤帆一片日边来"这两句是一个不可分割的整体。上句写望中所见天门两山的雄姿，下句则点醒"望"的立脚点，表现诗人的淋漓兴会。诗人并不是站在岸上的某一个地方遥望天门山，他"望"的立脚点便是从"日边来"的"一片孤帆"。"相对"二字用得巧妙，使两岸青山具有了生命和感情。"出"字不但逼真地表现了在舟行过程中"望天门山"时天门山特有的姿态，而且寓含了舟中人的新鲜喜悦之感。夹江对峙的天门山，似乎正迎面向自己走来，表示它对江上来客的欢迎。青山既然对远客如此有情，则远客自当更加兴致淋漓。"孤帆一片日边来"，正传神地描绘出孤帆乘风破浪、越来越靠近天门山的情景和诗人欣睹名山胜景、目接神驰的情状。它似乎包含着这样的潜台词：雄伟险要的天门山呵，我这乘一片孤帆的远方来客，今天终于看见了你。由于末句在叙事中饱含诗人的激情，这首诗便在描绘天门山雄伟景色的同时突出了诗人的自我形象。

<h3 style="text-align:center">江畔独步寻花</h3>
杜 甫

黄师塔前江水东，
春光懒困倚微风。
桃花一簇开无主，
可爱深红爱浅红？

【注释】

①江畔：指成都锦江之滨。②独步：独自散步。③塔：墓地。④一簇：一丛。⑤无主：没有主人。

【译文】

黄师塔前的江水向东流去，春光把人熏得又懒又困，我倚仗着暖洋洋的春风在游春。桃花一丛丛地盛开着，仿佛是没有主人，你究竟是喜爱深红的桃花还是浅红色的桃花？

【简析】

本诗作于上元二年（公元761年），当时，杜甫定居于成都草堂，生活稍稍安定。但年逾半百，垂垂老矣。感慨之情，溢于言表。每每独步寻幽，消遣世虑。此诗虽题为寻花，实为遣愁散闷，因而隐藏着悲的情调。这里所选的一首，是七绝句中的第五首。它所突出表现的是桃花之美和诗人爱花、赏花的审美心理。

首先，诗人为我们勾勒出了一幅美妙的风景画：高耸的黄师塔，巍然屹立着；

流动的江水，从塔前东流而去，构成了有纵有横的几何图。塔，是静止的；江，是流动的。画面有动有静，与巨大的几何形相映衬，给人以壮美的感受。塔前、水东标明了方位，这就为下句的风景描绘，提供了广阔的空间。其中，"黄师塔前"句，在制造氛围方面，尤为重要。

然而诗人毕竟在寻春，风和日丽，春光宜人，不觉困倦，且倚微风，以寄雅怀。诗人以一"倚"字，就将自己与大好春光融合为一，达到寓情于景，以景寄情的完美境界。

下两句着力写桃花。在诗人笔下，桃花一簇，深浅放红，然主人已逝，唯有寂寞相随。若诗人不寻花至此，又有何人赏识？字里行间，流露出无人赏识的淡淡哀愁。这与七绝句的总调子是合拍的。但此诗重点毕竟是写爱花，故也萦绕着喜的气氛。"可爱深红爱浅红"一句，用了两个"爱"字，两个"红"字，表现诗人对花之美的欣悦，并以反问的语气作结，不仅饶有兴味，而且由己及人，这就扩大了审美的范围，强化了美感。

枫桥夜泊

张 继

yuè luò wū tí shuāng mǎn tiān
月 落 乌 啼 霜 满 天，

jiāng fēng yú huǒ duì chóu mián
江 枫 渔 火 对 愁 眠。

gū sū chéng wài hán shān sì
姑 苏 城 外 寒 山 寺，

yè bàn zhōng shēng dào kè chuán
夜 半 钟 声 到 客 船。

【注释】

①枫桥：桥名，在今苏州城外。②夜泊：夜间把船停靠在岸边。③江枫：江边的枫树。④渔火：渔船上的灯火。⑤愁眠：船上的旅人怀着旅愁，难以入睡。⑥姑苏：即苏州。⑦寒山寺：在枫桥西一里，因唐初一个叫寒山的僧人在这里住过而得名。

【译文】

月亮渐渐地落下去了，停在树上的乌鸦又啼叫起来，到处弥漫着寒霜，使夜空充满了凉意。诗人面对江边的枫树和渔船上的点点灯火，缕缕愁思涌上心头，难以入睡。在这充满寒意的夜里，只有城外的寒山寺的钟声在空中回荡，一直传到船上来。

【简析】

秋天的夜晚，一艘远道而来的客船停泊在苏州城外的枫桥边。明月已经落下，

几声乌鸦的啼叫，满天的寒霜，江边的枫树，点点的渔火——这清冷的水乡秋夜，陪伴着舟中的游子，让他感到多么凄凉。此诗只用两句话，就写出了诗人所见、所闻、所感，并绘出了一幅凄清的秋夜羁旅图。

但此诗更具神韵的却是后两句，那寒山寺的夜半钟声，不但衬托出夜的宁静，更在重重地撞击着诗人那颗孤寂的心灵，让他感到时空的永恒和寂寞，产生出有关人生和历史的无边遐想。这种动静结合的意境创造，最为典型地传达了中国诗歌艺术的韵味。

诗人运思细密，短短四句诗中包蕴了六景一事，用最具诗意的语言构造出一个清幽寂远的意境：江畔秋夜渔火点点，羁旅客卧闻静夜钟声。所有景物的挑选都独具慧眼：一静一动、一明一暗、江边岸上，景物的搭配与人物的心情达到了高度的默契与交融，共同形成了这个成为后世典范的艺术境界。

江　雪
柳宗元

千山鸟飞绝，
万径人踪灭。
孤舟蓑笠翁，
独钓寒江雪。

【注释】

①这是柳宗元被贬到永州之后写的诗，借寒江独钓的渔翁，抒发自己孤独郁闷的心情。②绝：绝迹。③鸟飞绝：天空中一只鸟也没有。④径：小路。⑤踪：踪迹。人踪灭，没有人的踪影。⑥蓑笠（suō lì）：蓑衣，斗笠。

【译文】

千山万岭的鸟儿已经飞尽，条条小路也已不见行人。只有一个披着蓑衣戴着斗笠的老渔翁，独自在大雪天寒冷的江上钓鱼。

【简析】

柳宗元的山水诗大多描写比较幽僻清冷的境界，借以抒发自己遭受迫害被贬的抑郁悲愤之情。这首诗描绘了一幅渔翁寒江独钓图，表达了诗人永贞革新失败后，虽处境孤独，但仍傲岸不屈的性格。

开头两句"千山鸟飞绝，万径人踪灭"描写雪景，"千山"、"万径"都是夸张语。山中本应有鸟，路上本应有人，但却"鸟飞绝"、"人踪灭"。诗人用飞鸟远遁、行人绝迹的景象渲染出一个荒寒寂寞的境界，虽未直接用"雪"字，但读者似乎已经见到了铺天盖地的大雪，已感觉到了凛冽逼人的寒气。这正是当时严酷的政治环境的折射。

三、四两句"孤舟蓑笠翁，独钓寒江雪"，刻画了一个寒江独钓的渔翁形象，

在漫天大雪，几乎没有任何生命的地方，有一条孤单的小船，船上有位渔翁，身披蓑衣，独自在大雪纷飞的江面上垂钓。这个渔翁的形象显然是诗人自身的写照，曲折地表达出诗人在政治改革失败后虽处境孤独，但顽强不屈、凛然无畏、傲岸清高的精神面貌。

赋得古原草送别

白居易

离离原上草，
一岁一枯荣。
野火烧不尽，
春风吹又生。
远芳侵古道，
晴翠接荒城。
又送王孙去，
萋萋满别情。

【注释】

①离离：繁盛的样子。②原：原野。③荣：繁盛。③远芳：牵连一片的草。⑤晴翠接荒城：在晴天，一片绿色连接着荒城。⑥王孙：贵族。这里指的是自己的朋友。⑦萋萋：草盛的样子。

【译文】

古老的原野上茂盛的野草，每年都有一次生长、繁荣和最后枯萎的轮回。草枯了，野火烧掉了草的枯叶，但烧不掉它们深深扎在土里的根，春风吹来，它们又重新发芽生长了。碧绿的野草延伸到远方，遮盖了古老的道路，连接了荒僻的边城。我又为远游的朋友送行，这离别之情好似这原野上繁茂的野草，塞满胸怀，无法排解。

【简析】

这是一首应考习作，相传为白居易十六岁时所作。按科举考试规定，凡指定的试题，题目前须加"赋得"二字，作法与咏物诗相类似。《赋得古原草送别》即是通过对古原上野草的描绘，抒发送别友人时的依依惜别之情。

诗的首句"离离原上草"，紧紧扣住题目"古原草"三字，并用叠字"离离"描写春草的茂盛。第二句"一岁一枯荣"，进而写出原上野草秋枯春荣，岁岁循环，生生不已的规律。第

三、四句"野火烧不尽，春风吹又生"，与前两句诗相对应，一句写"枯"，一句写"荣"，是"枯荣"二字意思的发挥。不管烈火怎样无情地焚烧，只要春风一吹，又是遍地青青的野草，极为形象生动地表现了野草顽强的生命力。第五、六句"远芳侵古道，晴翠接荒城"，用"侵"和"接"刻画春草蔓延，绿野广阔的景象，"古道"、"荒城"又点出友人即将经历的处所。最后两句"又送王孙去，萋萋满别情"，点明送别的本意。用绵绵不尽的萋萋春草比喻充塞胸臆、弥漫原野的惜别之情，真正达到了情景交融，韵味无穷。

全诗章法严谨，用语自然流畅而又工整，写景抒情水乳交融，意境浑成，在"赋得体"中堪称绝唱。

山 行
杜 牧

yuǎn shàng hán shān shí jìng xiá
远 上 寒 山 石 径 斜，

bái yún shēn chù yǒu rén jiā
白 云 深 处 有 人 家。

tíng chē zuò ài fēng lín wǎn
停 车 坐 爱 枫 林 晚，

shuāng yè hóng yú èr yuè huā
霜 叶 红 于 二 月 花。

【注释】

①山行：在山里走。②寒山：深秋时节的山。③径：小路。④坐：因为、由于。⑤于：比。

【译文】

深秋时节的高山，有一条石头小路，弯弯曲曲地向上伸展，在山上飘浮着白云的地方，隐约可以看到有住人的房子。我停下车子不走了，是因为喜欢这傍晚时候的枫树林，经霜的枫叶，比春天的鲜花还要红艳。

【简析】

这是一首描写和赞美深秋山林景色的小诗。

首句"远上寒山石径斜"，由下而上，写一条石头小路蜿蜒曲折地伸向充满秋意的山峦。"寒"字点明深秋季节；"远"字写出山路的绵长；"斜"字照应句首的"远"字，写出了高而缓的山势。由于坡度不大，故可乘车游山。次句"白云深处有人家"，描写诗人山行时所看到的远处风光。一个"深"字，形象地表现了白云升腾、缭绕和飘浮的种种动态，也说明山很高。"有人家"三字会使人联想到炊烟袅袅，鸡鸣犬吠，从而感到深山充满生气，没有一点儿死寂的恐怖。"有人家"三字还照应了上句中的"石径"，因为这"石径"便是山里居民的通道。

第三句"停车坐爱枫林晚"的"坐"字解释为"因为"。因为夕照枫林的晚景实在太迷人了，所以诗人特地停车观赏。这句中的"晚"字用得无比精妙，它蕴含多层意思：①点明前两句是白天所见，后两句则是傍晚之景。②因为傍晚才有夕

照，绚丽的晚霞和红艳的枫叶互相辉映，枫林才格外美丽。③诗人流连忘返，到了傍晚，还舍不得登车离去，足见他对红叶喜爱之极。④因为停车甚久，观察入微，才能悟出第四句"霜叶红于二月花"这样富有理趣的警句。

"霜叶红于二月花"，是全诗的中心句。前三句的描写都是在为这句铺垫和烘托。诗人为什么用"红于"而不用"红如"？因为"红如"不过和春花一样，无非是装点自然美景而已；而"红于"则是春花所不能比拟的，不仅仅是色彩更鲜艳，而且更能耐寒，经得起风霜考验。这首小诗不只是即兴咏景，而且咏物言志，是诗人内在精神世界的表露，志趣的寄托，因而能给读者启迪和鼓舞。

清 明
杜 牧

qīng míng shí jié yǔ fēn fēn
清 明 时 节 雨 纷 纷，
lù shàng xíng rén yù duàn hún
路 上 行 人 欲 断 魂。
jiè wèn jiǔ jiā hé chù yǒu
借 问 酒 家 何 处 有？
mù tóng yáo zhǐ xìng huā cūn
牧 童 遥 指 杏 花 村。

【注释】

①断魂：形容凄迷哀伤的心情。②借问：请问。③遥指：远远地指着。

【译文】

清明节的时候细雨纷洒，给出门在外的行旅之人平添了不少愁绪。我想找个酒店避雨、消愁，便向牧童问路，他向我指了指远处的杏花村。

【简析】

这首诗描写清明时节的天气特征，抒发了孤身行路之人的情绪和希望。

清明时节，天气多变，有时春光明媚，花红柳绿，有时却细雨纷纷，绵绵不绝。首句"清明时节雨纷纷"写出了"泼火雨"的特征（清明前两天是寒食节，旧俗要禁火三天，这时候下雨称为"泼火雨"）。次句"路上行人欲断魂"写行路人的心境。"断魂"，指内心十分凄迷哀伤而并不外露的感情。这位行人为何"欲断魂"呢？因为清明在我国古代是个大节日，照例该与家人团聚，一起上坟祭扫，或踏青游春。现在这位行人孤身一人，在陌生的地方赶路，心里的滋味已不好受，偏偏又淋了雨，衣衫全被打湿，心境就更加凄迷纷乱了。

如何排遣愁绪呢？行人自然想：最好在附近找个酒家，一来歇歇脚，避避雨；二来饮点酒，解解寒；更主要的可借酒驱散心中的愁绪。于是他问路了："借问酒家何处有？"问谁，没有点明。末句"牧童遥指杏花村"中的"牧童"二字，既是本句的主语，又补充说明上句问的对象。牧童的回答以行动代替语言，行人顺着他手指的方向望去，只见在一片红杏盛开的树梢，隐隐约约露出了一个酒望子（古代酒店的标帜）。诗到这里戛然而止，至于行人如何闻讯而喜，兴奋地赶上前去，找到酒店饮上几杯，获得了避雨、解寒、消愁的满足等等，都留待读者去想象。

江上渔者
范仲淹

jiāng shàng wǎng lái rén
江　上　往　来　人，
dàn ài lú yú měi
但　爱　鲈　鱼　美。
jūn kàn yí yè zhōu
君　看　一　叶　舟，
chū rù fēng bō lǐ
出　入　风　波　里。

【注释】

①渔者：捕鱼的人。②但：只。爱：喜欢。鲈鱼：一种头大口大、体扁鳞细、背青腹白、味道鲜美的鱼。③君：你。④一叶舟：像漂浮在水上的一片树叶似的小船。⑤出入：忽隐忽现。⑥风波：风浪。

【译文】

江上来来往往的人只喜爱鲈鱼的味道鲜美。看看那些可怜的打鱼人吧，正驾着小船在大风大浪里上下颠簸，飘摇不定。

【简析】

这首语言朴实、形象生动、对比强烈、耐人寻味的小诗，反映了渔民劳作的艰辛，唤起了人们对民生疾苦的注意。首句写江岸上人来人往，十分热闹。次句写岸上人的心态，揭示"往来"的原因。后两句牵过视线，指示风浪中忽隐忽现的捕鱼小船捕鱼的情景。鲈鱼虽味美，捕捉却艰辛，表达出诗人对渔人疾苦的同情，深含对"但爱鲈鱼美"的岸上人的规劝。"江上"和"风波"两种环境，"往来人"和"一叶舟"两种情态、"往来"和"出没"两种动态强烈对比，显示出全诗旨意所在。

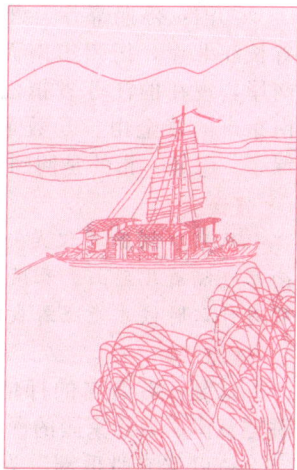

味美肉鲜的鲈鱼，是渔人驾着一叶扁舟，搏风斗浪，"出没风波里"捕捞得来。世间一切美好的东西，同鲈鱼一样，都离不开辛勤的劳动，大至巍巍宫殿，小至一针一线，哪一样不凝结着劳动者的智慧和汗水。而越美好的东西，越要付出更辛勤的劳动去创造。

这里虽然没有直言打鱼人的艰险，但情溢言外，读者是完全可以感受到的。隐喻比直言更为可取，更具有艺术魅力。

这首小诗不是艺术形象上的雕琢，而以情胜。以悲天悯人的情绪来感染读者，让读者从所描绘的事物中，自己去观察、体会、思索、判断，从而得出自己的结论。这是完全符合诗贵含蓄的创作之旨的。

这首小诗，语言朴素，感情强烈，真实感人。范仲淹写有《岳阳楼记》，写有小诗《江上渔者》，也写有《渔家傲》（"将军白发征夫泪"），寄托深远。他是从多方面来关心民间疾苦，表现了一种可贵的民主主义思想，在封建社会的文人中，这是值得称赞的。

泊船瓜洲

王安石

jīng kǒu guā zhōu yī shuǐ jiān
京 口 瓜 洲 一 水 间，

zhōng shān zhǐ gé shù chóng shān
钟 山 只 隔 数 重 山。

chūn fēng yòu lù jiāng nán àn
春 风 又 绿 江 南 岸，

míng yuè hé shí zhào wǒ huán
明 月 何 时 照 我 还？

【注释】

①泊：停船靠岸。②瓜洲：在现在江苏省长江北岸，扬州市南面。③京口：在长江南岸，现在的江苏省镇江市。④钟山：现在南京市的紫金山。⑤数重：几层。⑥绿：吹绿了。⑦还：指的是回到紫金山下的家里。

【译文】

从京口到瓜洲仅是一江之隔，而京口到南京也隔着几座山。春风又吹绿了长江南岸，明月什么时候才能照着我回到家乡。

【简析】

这是一首著名的抒情小诗，抒发了诗人眺望江南、思念家园的深切感情。

诗以"泊船瓜洲"为题，点明诗人的立足点。首句"京口瓜洲一水间"写了望中之景。诗人站在瓜洲渡口，放眼南望，看到了南边岸上的"京口"与"瓜洲"这么近，中间隔一条江水。由此诗人联想到家园所在的钟山也只隔几层山，不远了。

次句"钟山只隔数重山"暗示诗人归心似箭的心情。

第三句又写景，点出时令已经春天，描绘了长江南岸的景色。"绿"字是吹绿的意思，是使动用法，用得绝妙。传说王安石为用好这个字改动了十多次，从"到"、"过"、"入"、"满"等十多个动词中最后选定了"绿"字。因为其他文字只表达春风的到来，却没表现春天到来后千里江岸一片新绿的景物变化。

结尾句"明月何时照我还"，诗人眺望已久，不觉皓月初上，诗人用疑问的句式，想象出一幅"明月照我还"的画面，进一步表现诗人思念家园的心情。

本诗从字面上看，是流露着对故乡的怀念之情，大有急欲飞舟渡江回家和亲人团聚的愿望。其实，在字里行间也隐寓着他重返政治舞台、推行新政的强烈愿望。

书湖阴先生壁

王安石

máo yán cháng sǎo jìng wú tái
茅　檐　长　扫　净　无　苔，

huā mù chéng qí shǒu zì zāi
花　木　成　畦　手　自　栽。

yī shuǐ hù tián jiāng lǜ rào
一　水　护　田　将　绿　绕，

liǎng shān pái tà sòng qīng lái
两　山　排　闼　送　青　来。

【注释】

①湖阴先生：指杨德逢，是作者元丰年间（1078－1086）闲居江宁（今江苏南京）时的一位邻里好友。本题共两首，这里选录第一首。②茅檐：茅屋檐下，这里指庭院。③成畦：成垄成行。④护田：保护园田。据《汉书·西域传序》记载，汉代西域置屯田，派使者校尉加以领护。将：携带。绿：指水色。⑤排闼：推开门。闼：宫中小门。据《汉书·樊哙传》记载，汉高祖刘邦病卧禁中，下令不准群臣进见，但樊哙排闼直入，闯进刘邦卧室。

【译文】

先生的草屋檐下，由于经常打扫，没有一点绿苔杂草，屋前的花木都是亲手栽培的，整整齐齐分成一块一块。溪水弯弯，环绕着绿油油的农田，就像妈妈的双手护卫着自己的孩子；若是推开门来，两座青山就会扑面而来，像是热情的老友，要把满山的青绿送到你的眼前。

【简析】

这是王安石题在杨德逢屋壁上的一首诗。诗的首二句赞美杨家庭院的清幽。"茅檐"代指庭院。"静"即净。怎样写"净"呢？诗人摒绝一切平泛的描绘，而仅用"无苔"二字，举重若轻，真可谓别具慧眼。何以见得？江南地湿，又值初夏多雨季节，这对青苔的生长更为有利。况且，青苔性喜阴暗，总是生长在僻静之处，较其他杂草更难于扫除。而今庭院之内，连青苔也没有，不正表明无处不净、无时不净吗？在这里，平淡无奇的形象由于恰当的用字却具有了异常丰富的表现力。"花木"是庭院内最引人注目的景物。因为品种繁多，所以要分畦栽种。这样，"成畦"二字就并非仅仅交代花圃的整齐，也有力地暗示出花木的丰美，既整齐又不单调。

这清幽环境令人陶醉，所以当诗人的目光从院内花木移向院外的山水时，他的思绪才会那样悠远、飘逸，才会孕育出下面一联的警句。此诗将"一水"、"两山"拟人化为富于生命感情的亲切的形象，既以自然景物的特征为基础，又与具体的生活内容相吻合，所以气足神完，浑然天成，成为古今传诵的名句。

题西林壁

苏 轼

横看成岭侧成峰，
远近高低各不同。
不识庐山真面目，
只缘身在此山中。

【注释】

①西林：西林寺，在现在江西省的庐山上。这首诗是题在寺里墙壁上的。②缘：因为。③此山：指的是庐山。

【译文】

横看是连绵山岭，侧看是陡峭山峰，从不同角度看庐山，面貌各不相同。为什么不能认清庐山的真面目？只因为自己是处在这庐山之中。

【简析】

苏轼由黄州贬赴汝州任团练副使时经过九江，游览庐山。瑰丽的山水触发逸兴壮思，于是写下了若干首庐山记游诗。《题西林壁》是游观庐山后的总结，它描写庐山变化多姿的面貌，并借景说理，指出观察问题应客观全面，如果主观片面，就得不出正确的结论。

开头两句"横看成岭侧成峰，远近高低各不同"，实写游山所见。庐山是座丘壑纵横、峰峦起伏的大山，游人所处的位置不同，看到的景物也各不相同。这两句概括而形象地写出了移步换形、千姿万态的庐山风景。

后两句"不识庐山真面目，只缘身在此山中"，是即景说理，谈游山的体会。为什么不能辨认庐山的真实面目呢？因为身在庐山之中，视野为庐山的峰峦所局限，看到的只是庐山的一峰一岭一丘一壑，局部而已，这必然带有片面性。游山所见如此，观察世上事物也常如此。这两句诗有着丰富的内涵，它启迪我们认识到为人处世的一个哲理——由于人们所处的地位不同，看问题的出发点不同，对客观事物的认识难免有一定的片面性；要认识事物的真相与全貌，必须超越狭小的范围，摆脱主观成见。

这是一首哲理诗，但诗人不是抽象地发议论，而是紧紧扣住游山谈出自己独特的感受，借助庐山的形象，用通俗的语言深入浅出地表达哲理，故而亲切自然，耐人寻味。

夏日绝句

李清照

shēng dāng zuò rén jié
生 当 作 人 杰，

sǐ yì wéi guǐ xióng
死 亦 为 鬼 雄。

zhì jīn sī xiàng yǔ
至 今 思 项 羽，

bù kěn guò jiāng dōng
不 肯 过 江 东。

【注释】

①人杰：人中的豪杰。汉高祖曾称赞开国功臣张良、萧何、韩信是"人杰"。②鬼雄：鬼中的英雄。屈原《国殇》："身既死兮神以灵，魂魄毅兮为鬼雄。"③项羽：秦末下相（今江苏宿迁）人。曾领导起义军消灭秦军主力，自立为西楚霸王。后被刘邦打败，突围至乌江（在今安徽和县），自刎而死。

【译文】

活着应当成为人中的豪杰，就是死了也要做鬼里的英雄。直到现在人们还想起楚霸王项羽，他不回江东的英雄气概令人感动。

【简析】

这首诗起调高亢，鲜明地提出了人生的价值取向：人活着就要做人中的豪杰，为国家建功立业；死也要为国捐躯，成为鬼中的英雄。爱国激情，溢于言表，在当时确有振聋发聩的作用。但南宋统治者不管百姓死活，只顾自己逃命；抛弃中原河山，但求苟且偷生。因此，诗人想起了项羽。项羽突围到乌江，乌江亭长劝他急速渡江，回到江东，重整旗鼓。项羽自己觉得无脸见江东父老，便回身苦战，杀死敌兵数百，然后自刎。诗人鞭挞南宋当权派的无耻行径，借古讽今，正气凛然。

"生当作人杰，死亦为鬼雄"，这是李清照对项羽的评价，对项羽充分肯定。全诗充满阳刚之气，与其婉约风格大相径庭，写的相当有气魄。

全诗仅二十个字，连用了三个典故，但无堆砌之弊，因为这都是诗人的心声。如此慷慨雄健、掷地有声的诗篇，出自女性之手，实在是压倒须眉了。

小 池

杨万里

quán yǎn wú shēng xī xì liú
泉 眼 无 声 惜 细 流,

shù yīn zhào shuǐ ài qíng róu
树 阴 照 水 爱 晴 柔。

xiǎo hé cái lòu jiān jiān jiǎo
小 荷 才 露 尖 尖 角,

zǎo yǒu qīng tíng lì shàng tóu
早 有 蜻 蜓 立 上 头。

【注释】

①泉眼:泉水的出口,因为小,故称泉眼。②晴柔:晴天柔和的风光。③尖尖角:还没有放开的嫩荷叶的尖端。

【译文】

泉眼像爱惜水一样不出声地细细流淌,树影像爱惜晴天那柔和美好的风光一样倒映水中。荷花那尖尖的角刚露出水面,就有爱花的蜻蜓飞来,停留在那柔嫩的尖尖上了。

【简析】

这首诗描写一个泉眼、一道细流、一池树阴、几支小小的荷叶、一只小小的蜻蜓,构成一幅生动的小池风物图,表现了大自然中万物之间亲密和谐的关系。

开头"泉眼无声惜细流,树阴照水爱晴柔"两句,把读者带入了一个小巧精致、柔和宜人的境界之中,一道细流缓缓从泉眼中流出,没有一点声音;池畔的绿树在斜阳的照射下,将树阴投入水中,明暗斑驳,清晰可见。一个"惜"字,化无情为有情,仿佛泉眼是因为爱惜涓滴,才让它无声地缓缓流淌;一个"爱"字,给绿树以生命,似乎它是喜欢这晴柔的风光,才以水为镜,展现自己的绰约风姿。

三、四两句,诗人好像一位高明的摄影师,用快镜拍摄了一个妙趣横生的镜头:"小荷才露尖尖角,早有蜻蜓立上头。"时间还未到盛夏,荷叶刚刚从水面露出一个尖尖角,一只小小的蜻蜓立在它的上头。一个"才露",一个"早立",前后照应,逼真地描绘出蜻蜓与荷叶相依相偎的情景。

杨万里写诗主张师法自然,他对自然景物有浓厚的兴趣,常用清新活泼的笔调,平易通俗的语言,描绘日常所见的平凡景物,尤其善于捕捉景物的特征及稍纵即逝的变化,形成情趣盎然的画面,因而诗中充满浓郁的生活气息。

题临安邸

林升

山外青山楼外楼，
西湖歌舞几时休？
暖风熏得游人醉，
直把杭州作汴州。

【注释】

①临安：南宋的京城，即今浙江省杭州市。②邸：客栈、旅店。③汴州：即汴梁（今河南省开封市），北宋京城。

【译文】

杭州西湖周围山外有山，楼外有楼，那酣歌醉舞的荒淫生活何时罢休？暖洋洋的风熏得游人像喝醉了酒一样，简直把临时避难的杭州当成了故都汴州！

【简析】

这是一首写在临安城一家旅店墙壁上的诗。

公元1126年，金人攻陷北宋首都汴梁，俘虏了徽宗、钦宗两个皇帝，中原国土全被金人侵占。赵构逃到江南，在临安即位，史称南宋。南宋小朝廷并没有接受北宋亡国的惨痛教训而发愤图强，当政者不思收复中原失地，只求苟且偏安，对外屈膝投降，对内残酷迫害岳飞等爱国人士；政治上腐败无能，达官显贵一味纵情声色，寻欢作乐。这首诗就是针对这种黑暗现实而作的，它倾吐了郁结在广大人民心头的义愤，也表达了诗人对国家民族命运的深切忧虑。

诗的头两句"山外青山楼外楼，西湖歌舞几时休？"抓住临安城的特征：重重叠叠的青山，鳞次栉比的楼台和无休止的轻歌曼舞，写出当年虚假的繁荣太平景象。诗人触景伤情，不禁长叹："西湖歌舞几时休？"西子湖畔这些消磨人们抗金斗志的淫靡歌舞，什么时候才能罢休？

后两句"暖风熏得游人醉，直把杭州作汴州"，是诗人进一步抒发自己的感慨。"暖风"一语双关，既指自然界的春风，又指社会上淫靡之风。正是这股"暖风"把人们的头脑吹得如醉如迷，像喝醉了酒似的。"游人"不能理解为一般游客，它是特指那些忘了国难、苟且偷安、寻欢作乐的南宋统治阶级。诗中"熏"、"醉"两字用得精妙无比，把那些纵情声色、祸国殃民的达官显贵的精神状态刻画得惟妙惟肖，跃然纸上。结尾"直把杭州作汴州"，是直斥南宋当局忘了国恨家仇，把临时苟安的杭州当作了故都汴州。辛辣的讽刺中蕴含着极大的愤怒和无穷的隐忧。

这首诗构思巧妙，措词精当；冷言冷语的讽刺，偏从热闹的场面写起；愤慨已

极，却不作谩骂之语。确实是讽喻诗中的杰作。

游园不值

叶绍翁

yīng lián jī chǐ yìn cāng tái
应 怜 屐 齿 印 苍 苔，

xiǎo kòu chái fēi jiǔ bù kāi
小 扣 柴 扉 久 不 开。

chūn sè mǎn yuán guān bú zhù
春 色 满 园 关 不 住，

yī zhī hóng xìng chū qiáng lái
一 枝 红 杏 出 墙 来。

【注释】

①不值：没有遇到人。②屐齿：木屐底下两头的突出部分。③小扣：轻轻地敲。④柴扉：用树枝编成的简陋的门。

【译文】

大概是园子的主人爱惜苍苔，怕我的木底鞋在上面留下脚印吧。轻轻地敲那柴门好久了也没有人来开。园里的花开得正好，这些花所代表的春色是关不住的，一枝开得正旺的红杏伸出了墙外。

【简析】

这首小诗写诗人春日游园观花的所见所感，写得十分形象而又富有理趣。

头两句"应怜屐齿印苍苔，小扣柴扉久不开"，交代作者访友不遇，园门紧闭，无法观赏园内的春花。但写得很幽默风趣，说大概是园主人爱惜园内的青苔，怕我的屐齿在上面留下践踏的痕迹，所以"柴扉"久扣不开。将主人不在家，故意说成主人有意拒客，这是为了给下面的诗句作铺垫。

由于有了"应怜屐齿印苍苔"的设想，才引出后两句更新奇的想象：虽然主人自私地紧闭园门，好像要把春色关在园内独赏，但"春色满园关不住，一枝红杏出墙来"。这后两句诗形象鲜明，构思奇特，"春色"和"红杏"都被拟人化，不仅景中含情，而且景中寓理，能引起读者许多联想，受到哲理的启示："春色"是关锁不住的，"红杏"必然要"出墙来"宣告春天的来临。同样，一切新生的美好的事物也是封锁不住、禁锢不了的，它必能冲破任何束缚，蓬勃发展。

村 居

高 鼎

cǎo zhǎng yīng fēi èr yuè tiān
草 长 莺 飞 二 月 天，

fú dī yáng liǔ zuì chūn yān
拂 堤 杨 柳 醉 春 烟。

ér tóng sàn xué guī lái zǎo
儿 童 散 学 归 来 早，

máng chèn dōng fēng fàng zhǐ yuān
忙 趁 东 风 放 纸 鸢。

【注释】

①村居：住在农村。②拂堤杨柳：杨柳枝条很长，垂下来，微微摆动，像是在抚摸堤岸。③醉：迷醉，陶醉。④散学：放学。⑤纸鸢：鸢：老鹰。纸鸢：风筝。

【译文】

农历二月，地面青草生长，空中莺儿飞翔，堤岸上杨柳飘拂，陶醉在大好春光里。孩子们放学回来天还早，赶忙趁着东风放起风筝，那心里别提有多高兴了。

【简析】

这是一幅自然景物和活动着的人物融合在一起的、充满生机、春意盎然的农村生活图画，作者在诗中所描绘的是早春二月的明媚景色。

读了这首诗，我们好像跟诗人一起饱览了农村的美丽春景，分享着孩子们放风筝时的欢乐。

前两句描写江南二月里的自然风光。早春二月，小草长出了嫩绿的芽儿，黄莺在天上飞着，欢快地歌唱。堤旁的杨柳长长的枝条，轻轻地拂着地面，仿佛在春天的烟雾里醉得直摇晃。用一个"拂"字，一个"醉"字，把静止的杨柳人格化了。

后两句叙写了儿童们放学归来放风筝的情景，刻画出了孩子们的天真烂漫，孩子们放学回来的早，趁着刮起的东风，放起了风筝。儿童、东风、纸鸢，——诗人选写的人和事为美好的春光平添了几分生机和希望。

全诗字里行间透出诗人对春天来临的喜悦和赞美。

第五节　中外诗歌

再别康桥

徐志摩

轻轻的我走了，
正如我轻轻的来；
我轻轻的招手，
作别西天的云彩。

那河畔的金柳，
是夕阳中的新娘；
波光里的艳影，
在我的心头荡漾。

软泥上的青荇，
油油的在水底招摇；
在康河的柔波里，
我甘心做一条水草！

那榆阴下的一潭，
不是清泉，是天上虹？
揉碎在浮藻间，
沉淀着彩虹似的梦。
寻梦？撑一支长篙，
向青草更青处漫溯，
满载一船星辉，
在星辉斑斓里放歌。

但我不能放歌，
悄悄是别离的笙箫；
夏虫也为我沉默，
沉默是今晚的康桥！
悄悄的我走了，
正如我悄悄的来；
我挥一挥衣袖，
不带走一片云彩。

[解读]

这首诗是我国现代著名诗人徐志摩的代表作之一。康桥，即英国著名的剑桥大学所在地。1920年10月至1922年8月，诗人曾游学于此。康桥时期是徐志摩一生的转折点。1928年秋，徐志摩再次到英国访问，旧地重游，勃发了诗兴，将自己的生活体验化作缕缕情思，融汇在所抒写的康桥美丽的景色里，也驰骋在诗人的想象之中。《再别康桥》是一首优美的抒情诗，宛如一曲优雅动听的轻音乐。诗中那鲜明的意境、流动的画面无不给人以美的享受。

全诗以离别康桥时感情起伏为线索，抒发了对康桥依依惜别的深情。诗人以"轻轻的""走""来""招手""作别云彩"起笔，接着用虚实相间的手法，描绘了一幅幅流动的画面，构成了一处处美妙的意境，细致入微地将诗人对康桥的爱恋，对往昔生活的憧憬，对眼前的无可奈何的离愁，表现得真挚、浓郁、隽永。

繁星·春水

冰　心

繁星（一）
繁星闪烁着——
深蓝的太空，
何曾听得见他们对语？
沉默中
微光里
他们深深的互相颂赞了。

春水（五）
一道小河
平平荡荡的流将下去，
只经过平沙万里——
自由的，
沉寂的，
它没有快乐的声音。
一道小河
曲曲折折的流将下去，
只经过高山深谷——
险阻的，
挫折的，
它也没有快乐的声音。
我的朋友！
感谢你解答了
我久闷的问题，
平荡而曲折的水流里，
青年的快乐
在其中荡漾着了！

[解读]

　　第一首诗，如一曲优美、温婉的"天籁之音"，诗人吟唱"爱"的哲学思想。在夜里，天空高远而深邃，繁星在闪烁，这是一个和谐、充满爱的世界，人的世界亦应如此。

　　第二首诗，体现了冰心"为人生"的文学追求，诗中借流淌的小河来述说她对青年与人生间关系的理解。她用小河来比喻人生，平坦与曲折都是单调的，生活应该是变化的，快乐应该诞生在既是平静的又是曲折的、既是平坦的又是多变的河床之中。

雨　巷

戴望舒

撑着油纸伞，独自

彷徨在悠长，悠长

又寂寥的雨巷，

我希望逢着

一个丁香一样地

结着愁怨的姑娘。

她是有

丁香一样的颜色，

丁香一样的芬芳，

丁香一样的忧愁，

在雨中哀怨，

哀怨又彷徨；

她彷徨在这寂寥的雨巷

撑着油纸伞

像我一样，

像我一样地

默默彳亍着，

冷漠，凄清，又惆怅。

她默默地走近

走近，又投出

太息一般的眼光，

她飘过

像梦一般地，

像梦一般地凄婉迷茫。

像梦中飘过

一枝丁香地，

我身旁飘过这女郎；

她静默地远了，远了，

到了颓圮的篱墙，

走尽这雨巷。
在雨的哀曲里，
消了她的颜色，
散了她的芬芳，
消散了，甚至她的
太息般的眼光，
丁香般的惆怅。
撑着油纸伞，独自
彷徨在悠长，悠长
又寂寥的雨巷，
我希望飘过
一个丁香一样的
结着愁怨的姑娘。

[解读]

　　诗歌表面上是描会了一副梅雨时节江南小巷的悲凉的画面，其实诗人是运用象征的手法，把当时黑暗阴沉的社会现实暗喻为悠长狭窄而寂寥的"雨巷"。没有阳光，也没有生机和活气，诗中"悠长，悠长"，"寂寥"重复的字眼里和"撑在细雨中的油伞"，无不透露着入骨的凄凉气息，让人感到人生的渺茫与绝望，这正是大革命失败后一部分有所追求的青年知识分子在政治低压下因找不到出路而陷于惶惑迷惘心境的真实反映。被困在悠长的小巷，找不到出路，他们是继续走下去还是要放弃，他们在心里嘀咕着，寻找着答案，然而就在绝望与迷惘中，诗人并没有放弃对美好理想和希望的憧憬与追求。而"丁香一样的姑娘"就是美好的象征，但是她却又是"像梦一般的，像梦一般地凄婉迷茫。"让人感到唏嘘和渺茫不可实现，说丁香是梦一般，其实是他们睡在梦中，分不清方向与目的，让人惆怅，让人无奈，可谓的是"巷中人"。

　　在艺术上诗人采用了象征派重暗示、重象征的手法，通过具体的事物写抽象的意境，让人由浅到深，由外到内，此外全诗还回荡着一种流畅的节奏和旋律，诗韵很浓，重叠反复手法的运用也强化了音乐效果，使人读起来如小河般的流畅与起伏。

断　章

卞之琳

你站在桥上看风景，
看风景人在楼上看你。
明月装饰了你的窗子，
你装饰了别人的梦。

[解读]

　　在茫茫的大千世界里，你、我、他都有自己所喜爱的风景，殊不知，人外有人，天外有天，你、我、他又都会在不知不觉中成为了别人所欣赏的风景。

万事万物都在联系之中，又在不知不觉地运行着。生活在这个世界里的你、我、他，或许是蚕，或许是螳螂，又或许是黄雀，但不管怎么样，我们都无法逃脱这个漩涡！

诗人用宁静的、美妙的风景述说了一个永恒的、警策的人生哲理：你、我、他或许有过美丽的、璀璨的人生，但终究都是一抔尘土，只是历史进程中的匆匆过客；又或只是棋盘里的一个棋子，冲锋陷阵过后又被放回到棋盒里。生命永远无法牢牢把握在自己的手里。所以，不管看风景的人是否在楼上看你，你只需放开心胸尽情沉浸在你的风景之中，也不管你是否装饰了别人的梦，你只管让月亮去装饰你的窗子吧！

风 景

辛 笛

列车轧在中国的肋骨上

一节接着一节社会问题

比邻而居的是茅屋和田野间的坟

生活距离终点这样近

夏天的土地绿得丰饶自然

兵士的新装黄得旧褪凄惨

惯爱想一路来行过的地方

说不出生疏却是一般的黯淡

瘦的耕牛和更瘦的人

都是病，不是风景！

1948年夏在沪杭道上

[解读]

这首诗向读者展示了中国20世纪40年代末惨淡的社会画面，表现了作者对国家和民族的忧虑和关切。末句强烈地传达了作者炽热而冷峻的情绪以及对现实的批判。

秋

杜运燮

连鸽哨也发出成熟的音调，

过去了，那阵雨喧闹的夏季。

不再想那严峻的闷热的考验，

危险游泳中的细节回忆。

经历过春天萌芽的破土，

幼叶成长中的扭曲和受伤，

这些枝条在烈日下也狂热过，

差点在雨夜中迷失方向。

现在，平易的天空没有浮云，

山川明净，视野格外宽远；

智慧、感情都成熟的季节啊，

河水也像来自更深处的源泉。
紊乱的气流经过发酵，
在山谷里酿成透明的好酒；
吹来的是第几阵秋意？醉人的香味
已把秋花秋叶深深染透。
街树也用红颜色暗示点什么，
自行车的车轮闪射着朝气；
塔吊的长臂在高空指向远方，
秋阳在上面扫描丰收的信息。

[解读]

　　本诗发表在 1979 年，这首诗发表之后，在诗坛引起了错位性的反应，有评论家在阐述朦胧诗朦胧得"让人气闷"时，并不是列举北岛、舒婷的诗歌，而是以这首《秋》为典型的例子来批判，从而引发了持续近两年的有关"朦胧诗"的大讨论，由此也带来了新诗的美学原则与诗学观念的嬗替与更新。《秋》从描写季节变换的角度出发，来折射历史的转轨与时代的变迁，在刚刚解冻的历史时期，对新诗结束颂歌范式重回美学轨辙是有着重大的引导和启示意义的。

<h2 style="text-align:center">乡　愁</h2>

余光中

小时候
乡愁是一枚小小的邮票
我在这头
母亲在那头

长大后
乡愁是一张窄窄的船票
我在这头
新娘在那头

后来啊
乡愁是一方矮矮的坟墓
我在外头
母亲在里头

而现在
乡愁是一湾浅浅的海峡
我在这头
大陆在那头

[解读]

　　首先呈现给读者的是四幅鲜明而又具体的生活画面。第一小节：幼年求学，母子分离，借书信以慰别情；第二小节：成年后，告别新婚妻子，离乡背井，天各一方；第三小节：生离死别，母子不得相见；第四小节：同胞难得相聚，国家不能统一。同时，读者可以感受到作者浓郁而又强烈的感情，诗人的乡思之愁不是直白地说出来的，而是通过联想、想象，塑造了四幅生活艺术形象，使之呈现在读者眼前。作者把对母亲、妻子、祖国的思念、眷念之情熔于一炉，表达出渴望亲人团聚、国家统一的强烈愿望。

错　误

郑愁予

我打江南走过

那等在季节里的容颜如莲花的开落

东风不来，三月的柳絮不飞

你的心如小小的寂寞的城

恰若青石的街道向晚

跫音不响，三月的春帷不揭

你的心是小小的窗扉紧掩

我达达的马蹄是美丽的错误

我不是归人，是个过客……

［解读］

这个九行小诗共分三节。

第一节的两句诗写"我"骑马在江南赶路，自然而然的想起那位还在这里苦等的"佳人"。"莲花的开落"是个变化着的意象，它在诗中有两层意思：一是暗示"我"与她分别的时间之长，一是说她的容颜在等待中憔悴。

第二节五行诗全写"我"对她的想象：时节虽是阳春，但由于"我"仍未归来，所以她丝毫也未感觉到柳絮飘飞的春意。她的心寂寞犹如小城的傍晚，惆怅犹如紧掩的窗扉。这几行诗不禁让我们想起宋代柳永的《八声甘州》："想佳人、妆楼颙望，误几回，天际识归舟。"由此也可见出郑诗的古典韵味。

第三节写"我"从想象中回到现实，我从她的身边路过，她也许能隐约听到这"达达的马蹄声"但"我不是归人，是个过客"。"美丽的错误"是全诗最让人激赏的字眼，与她越来越近确实是美丽的，但不能相见无疑是一个错误，诗人把两个相互矛盾的词组合在一起，真可谓妙笔生花。全诗情意缠绵，格调凄婉，含蓄蕴籍，韵味悠长。

这首诗在台湾被誉为"现代抒情诗的绝唱"，"愁予风"之所以能长盛不衰，与这首诗有很大的关系。

面朝大海，春暖花开

海　子

从明天起，做一个幸福的人

喂马，劈柴，周游世界

从明天起，关心粮食和蔬菜

我有一所房子，面朝大海，春暖花开

从明天起，和每一个亲人通信

告诉他们我的幸福

那幸福的闪电告诉我的
我将告诉每一个人
给每一条河每一座山取一个温暖的名字
陌生人，我也为你祝福
愿你有一个灿烂的前程
愿你有情人终成眷属
愿你在尘世获得幸福
我只愿面朝大海，春暖花开

[解读]

这是首理性与深情、诗与真相结合的诗歌，写出了诗人对质朴、单纯而自由的人性境界的向往，找到幸福后无法抑制的喜悦之情和诗人对世界的祝福。全诗描绘了一个浪漫、略带梦幻色彩的质朴、单纯世界。

横越大海
丁尼生

夕阳西下，金星高照，
好一声清脆的召唤！
但愿海浪不呜呜咽咽，
我将越大海而远行；
流动的海水仿佛睡了，
再没有涛声和浪花，
海水从无底的深渊涌来，
却又转回了老家。
黄昏的光芒，晚祷的钟声，
随后是一片漆黑！
但愿没有道别的悲哀，
在我上船的时刻；
虽说洪水会把我带走，
远离时空的范围，
我盼望见到我的舵手，
当我横越了大海。

[解读]

这首诗出自诗人的诗集《悼念集》，为诗人的名诗之一。诗人借写意欲乘船横越大海，去寻找挚友，来表达自己对逝去挚友的怀念之情。但诗超越了平常的思念之情，在诗中写出了对人类心灵的思考。

篱笆那边

艾米莉·狄金森

篱笆那边
有草莓一棵
我知道，如果我愿
我可以爬过
草莓，真甜！
可是，脏了围裙
上帝一定要骂我
哦，亲爱的，我猜，
如果他也是个孩子
他也会爬过去，如果，他能爬过！

[解读]

这是狄金森的一首"非典型作品"，因为她一扫以前诗人那种华丽的风格，整首诗不加雕琢，非常质朴。诗歌的语言也非常简单，没有多余的修饰，没有可以的渲染，而用最简单的笔触勾勒出一副生活的场景。但其中又蕴涵着深刻的哲学思想。给人一种非常纯洁的美感和对心灵的冲击力。

诗歌的篇幅也非常短小精悍。诗歌风格可爱又耐人寻味，语调平易轻巧。但熟悉狄金森作品的人都知道，读她的作品绝对不能满足于表面的意义，从她平凡的语言中，可以提炼到深刻甚至"神奇"的思想，这也是诗人毕生追求的，她的这种写作风格在《篱笆那边》中体现得十分明显。短短的九行诗，通过对篱笆那边的场景描写，陈述了她对人生的感叹。

第六节　现代文赏析

一诺千金

秦文君

我做女孩时曾遇上一个男生开口问我借钱，而且张口就是借两元钱，在当时，这相当于我两个月的零花钱。我有些犹豫，因为人人都知道那男生家很贫穷，他母亲仿佛是个职业孕妇，每年都为他生一个弟弟或妹妹。她留给大家的形象不外乎两种：一是腹部隆起行走蹒跚；另一种是刚生产完毕，额上扎着布条抱着新生婴儿坐在家门口晒太阳。

我的为难令那男生难堪，他低下头，说那钱有急用，又说保证五天内归还。我不知道怎么来拒绝他，只得把钱借给了他。

时间一天一天过去，到了第五天，男生竟没来上学。整个白天，我都在心里责怪他，骂他不守信用，恍恍惚惚地总想哭上一通。

夜里快要睡觉时忽然听到窗外有人叫我。打开窗，只见窗外站着那个男生，他的脸上淌着汗，手紧紧攥着拳头，哑着喉咙说："看我变戏法！"他把拳头搁在窗台上，然后突然松开，手心里像开了花似的展开了两元钱的纸币。

　　我惊喜地叫起来，他也快活地笑了，仿佛我们共同办成了一件事，让一块悬着的石头落了地。他反复说："我是从旱桥奔过来的。"

　　后来，从那男生的获奖作文中知道，他当时借钱是急着给患低血糖的母亲买葡萄糖，为了如期归还借款，他天天夜里到北站附近的旱桥下帮菜家推菜。到了第五天拂晓，他终于攒足了两元钱，乏极了，就倒在桥洞中熟睡，没料到竟酣睡了一个白天和黄昏。醒来后他就开始狂奔，所有的路人都猜不透这个少年为何十万火急地穿行在夜色中。

　　那是我和那男生的惟一的一次交往，但它给我留下的震撼却是绵长深切的。以后再看到"优秀""守信用"这类的字眼，总会联系上他，因为他身上奔腾着一种感人的一诺千金的精神。

　　那个男生后来据说果然成就了一番事业。也许他早已遗忘了我们相处的这一段，可我总觉得那是他走向成功的源头。

　　一诺千金看来只是一种作风，一种实在，一种牢靠，可它的内涵涉及到对世界的郑重。诚挚、严谨的人做人做事自然磊落、落地生根，一言既出，驷马难追。那种准则的含义已超出了本身，而带着光彩的人类理想和精神、正气都在其中。

　　然而处在大千世界，有着太多随意许诺，却从不兑现的人。那种人较之于一诺千金的人似乎活得轻松。可惜，这种情景不会长久，一个人失信多了，他的诺言也就被当成戏言，大打折扣，全面降价。且不说别人会怎样看轻他，就是他自己，那种无聊、倦怠都会渐渐袭上心。人一沾上那种潦倒的气味，做人的光彩就会大为逊色。

　　去年秋天的一个傍晚，天降大雨，那是场罕见的倾盆大雨，我打着伞去车站接一个朋友，我们曾约定，风雨无阻。我在车站久等也没见朋友露面，倒是看到一个少年，没带伞，抱着肩瑟瑟地站在车牌边守候。我把伞伸过去，他感激地说谢谢，告诉我说，他也是在这儿等一个朋友。车一辆一辆开过，雨在伞边上形成一道道雨帘，天地间白茫茫的，怎么也不见我们所盼望的人。我对少年说，他们也许不会来了，可少年固执地摇摇头。又来了一辆车，突然，车上跳下一个少年，无比欢欣地叫了一声。伞下的少年一下蹿了出去，两个人热烈地击掌问候，那份快乐是如此坦荡无愧，相互的欣赏流淌在那一击中，让目睹那画面的我感到一种灵魂的升华。

　　我终于未能等到我的那份欣喜。当我失望而归，却在家接到朋友的电话。她说雨实在太大，所以……我想说，当时约定时为何要说风雨无阻，区区风雨又何足畏惧。不过，我什么也没说，只是轻轻地挂断了电话。因为对于并不怎么看重诺言的人，她会找出一千条为自己开脱的理由，而我，更爱腾出时间想想那两个相会暴雨中的少年。

　　[赏析]
　　作为一个儿童文学作家，秦文君总是对少年的世界充满了希冀和怜惜。在这篇叙事散文中，通过一个男生信守承诺、两个少年坚守承诺和"我"的女友不守诺言的故事，说明了信守诺言是一种优秀品德，每个人都应该有一诺千金的精神。

快乐很简单
孟　琳

提着几瓶汽水回家，刚到楼洞口，脚下一滑，一个趔趄，只听劈啪声响，人没摔倒，汽水瓶却摔成了碎片。边上楼边懊恼，可开门的刹那心已释然：幸好手没扎破，自己也未摔伤。

刚穿了月余的鞋就断了底，找商家前已做好与之理论的准备，没曾想，店主二话没说给换双新的。心中郁积的怒火立时化作涓涓细流，谁说干个体的只讲赚钱？

快乐其实就是如此简单，关键看你能不能发现，懂不懂得享用和体味。

快乐是目前看着宝贝甜甜地进入梦乡；是少男少女心中朦胧的憧憬；是恋人间亲密的呢喃；是老伴间相依相伴的牵手；是与亲人、朋友们没有距离，无需言说的默契和思念。

快乐是下岗后重新的审视人生、正视自我；是跌倒爬起后拍拍灰尘的不屈不挠；是失败了依然不放弃初衷的那份执著；是面对坎坷仍能挺起坚强的脊梁。

快乐是收到邮寄来的一张卡片；是听到一句发自内心的"你好"；是小聚时谈天说地的酣畅；是会心的一抹微笑；是会意的一个眼神。快乐是"为伊消得人憔悴，衣带渐宽终不悔"；是"众里寻他千百度，蓦然回首，那人却在灯火阑珊处"；是"风萧萧兮易水寒，壮士一去兮不复返"的豪迈与悲壮。

快乐可以融于一首诗、一幅画、一本书，可以隐于一盅淡酒、一杯香茗、一捧清泉，甚至只是忙里偷闲的小憩，或是静听广播中的娓娓诉说。当你刻意捕捉快乐这个精灵时，常常是芳踪难觅，可当你刚停下寻找的脚步，她却正围绕在你的身边。

生命只有一次，又何其短暂，又有谁不愿选择快乐的人生？不妨学学孩子，用澄澈的眼睛、纯真的心灵去看事待人；不妨把"我是我自己痛苦的主人"演绎成"我是我自己快乐的主宰"，学会在贫困时不因物质的匮乏忘记快乐，在富足时不因事务的繁忙丧失快乐。快乐其实如此简单！不论得意还是消沉、健康还是残弱、年少还是年老、繁华或者萧条，都应把快乐当做旅程中不变的风景，当做贯穿生命的主线！

记住，快乐其实如此简单，她就在你身边。只要你愿意，你的人生会因此充实而精彩。对每个人而言，不是快乐太少，而是缺少善于发现的眼睛以及享受的心情。

[赏析]

善待自己很简单，快乐也很简单，生活原本就是如此简简单单、平平淡淡。一本渴盼已久的书，一首久违的老歌，一杯醇美的酒，身边任何一件普通至极的事物都可以让我们疲惫的心灵重新飞翔。徘徊在苦痛和快乐的边沿，我们小心地迈着脚步，以为它们中间有着遥远的距离，而实际上它们是那么的近，只要推开窗，我们就会发现：每一朵花都是美的，每一棵树都是绿的，对每一天都微笑吧。

愿化泥土
巴　金

最近听到一首歌，我听见人唱了两次：《那就是我》。歌声像湖上的微风吹过我的心上，我的心随着它回到了我的童年，回到了我的家乡。近年来我非常想念家乡，大概是到了叶落归根的时候吧。有一件事深深地印在我的脑子里，三年半了。我访问巴黎，在一位新认识的朋友家中吃晚饭。朋友是法籍华人，同法国小姐结了婚，家庭生活很幸福。他本人有成就，有名望，也有很高的地位。我们在他家谈得畅快，过得愉快。可是告辞出门，坐在车上，我却摆脱不了这样一种想法：长期住在国外是不幸的事。一直到今天我还是这样想。我也知道这种想法不一定对，甚至不对。但这是我的真实思想。几十年来有一根绳子牢牢地拴住我的心。一九二七年一月在上海上船去法国的时候。我在《海行杂记》中写道："再见吧，我不幸的乡土哟！"一九七九年四月再访巴黎，住在凯旋门附近一家四星旅馆的四楼，早饭前我静静地坐在窗前扶手椅上，透过白纱窗帷看窗下安静的小巷，在这里我看到的不是巴黎的街景，却是北京的长安街和上海的淮海路、杭州的西湖和广东的乡村，还有成都的街口有双眼井的那条小街……到八点钟有人来敲门，我站起来，我又离开了"亲爱的祖国和人民"。每天早晨都是这样，好像我每天回国一次去寻求养料。这是很自然的事，我仿佛仍然生活在我的同胞中间，在想象中我重见那些景象，我觉得有一种力量在支持我。于是我感到精神充实，心情舒畅，全身暖和。

我经常提到人民，他们是我所熟悉的数不清的平凡而善良的人。我就是在这些人中间成长的。我的正义、公道、平等的观念也是在门房和马房时培养起来的。我从许多被生活亏待了的人那里学到热爱生活、懂得生命的意义。越是不宽裕的人越慷慨，越是富足的人越吝啬。然而人类正是靠这种连续不断的慷慨的贡献而存在、而发展的。

我多么想再见到我童年时期的脚迹！我多么想回到我出生的故乡；摸一下我念念不忘的马飞。我的思想……但是我的思想会冲破一切的阻碍，会闯过一切难关，会到我怀念的一切地方，他们会像一股烈火把我的心烧成灰，使我的私心杂念化成灰烬。

我家乡的泥土，我祖国的土地，我永远同你们在一起接受阳光雨露，与花树、禾苗一同生长。

我唯一的心愿是：化作泥土，留在人们温暖的脚印里。

一九八三年六月二十九日

[赏析]

　　说真话，写实感，是巴金散文的最大特点。泥土，是平凡朴实的，也是我们赖以生存的根基。作者以"泥土"喻人民、家乡、祖国，并表示自己也愿化作泥土，"留在人们温暖的脚印里。"这是一位离世不久的世纪老人发自肺腑的心声，也是宽博真爱的生动体现。

　　作者从"听歌"有感联想到六七年前的往事，从往事中自省和祈愿"化作泥土"，与人民同在，感情澎湃而深沉，读来十分感人。

枯叶蝴蝶

徐　迟

峨眉山下，伏虎寺旁，有一种蝴蝶，比最美丽的蝴蝶还要美丽些，是峨眉山最珍贵的特产之一。

当它阖起两张翅膀的时候，像生长在树枝上的一张干枯了的树叶。谁也不去注意它，谁也不会瞧它一眼。

它收敛了它的花纹、图案，隐藏了它的粉墨、彩色，逸出了繁华的花丛，停止它翱翔的姿态，变成了一张憔悴的，干枯了的，甚至不是枯黄的，而是枯槁的，如同死灰颜色的枯叶。

它这样伪装，是为了保护自己。但是它还是逃不脱被捕捉的命运。不仅因为它的美丽，更因为它那用来隐蔽它的美丽的枯槁与憔悴。

它以为它这样做可以保护自己，殊不知它这样做更教人去搜捕它。有一种生物比它还聪明，这种生物的特技之一是装假作伪，因此装假作伪这一种行径是瞒不过这种生物——人的。

人把它捕捉，将它制成标本，作为一种商品去出售，价钱越来越高。最后几乎把它捕捉得再也没有了。这一生物品种快要绝种了。

到这时候，国家才下令禁止捕捉枯叶蝶。但是，已经来不及了。国家的禁止更增加了它的身价。枯叶蝶真是因此而要绝对地绝灭了。

我们既然有一对美丽的和真理的翅膀，我们永远也不愿意阖上它们。做什么要装模作样，化为一只枯叶蝶，最后也还是被售，反而不如那翅膀两面都光彩夺目的蝴蝶到处飞翔，被捕捉而又生生不息。

我要我的翅膀两面都光彩夺目。

我愿这自然界的一切都显出它们的真相。

[赏析]

如此美丽的枯叶蝶，其结束是悲哀的。作者对枯叶蝶由赞美到鄙视到摒弃，借蝶寓意，表达了对生活的独特看法以及对捕捉枯叶蝶的厌恶。读到这里，也许有人以为作者是在痛责那些搜捕它的人的行径呢，作者的确表达了他对这种行为的厌恶："将它制成标本"、"去出售"并强调"价钱越来越高"，枯叶蝶就"快要绝种了"。但仔细推敲，就不难发现，作者这样写只是一种铺垫，他的哲理思索在于文末的三段话，那是对真相、真情、真趣的呼唤。

以真诚面对世界，还一切以真实面目——这才是作者借"蝶"述感的本意。

泰山日出

徐志摩

振铎来信要我在《小说月报》的泰戈尔号上说几句话。我也曾答应了，但这一时游济南游泰山游孔陵，太乐了，一时竟拉不拢心思来做整篇的文字，一直挨到现在期限快到，只得勉强坐下来，把我想得到的话不整齐的写出。

我们在泰山顶上看出太阳。在航过海的人，看太阳从地平线下爬上来，本不是奇事；而且我个人是曾饱饫过江海与印度洋无比的日彩的。但在高山顶上看日出，尤其在泰山顶上，我们无餍的好奇心，当然盼望一种特异的境界，与平原或海上不同的。果然，我们初起时，天还暗沉沉的，西方是一片的铁青，东方些微有些白意，宇宙只是——如用旧词形容——一体莽莽苍苍的。但这是我一面感觉劲烈的晓寒，一面睡眼不曾十分醒豁时约略的印象。等到留心回览时，我不由得大声的狂叫——因为眼前只是一个见所未见的境界。原来昨夜整夜暴风的工程，却砌成一座普遍的云海。除了日观峰与我们所在的玉皇顶以外，东西南北只是平铺着弥漫的云气，在朝旭未露前，宛似无量数厚氄长绒的绵羊，交颈接背地眠着，卷耳与弯角都依稀辨认得出。那时候在这茫茫的云海中，我独自站在雾霭溟蒙的小岛上，发生了奇异的幻想——

我躯体无限的长大，脚下的山峦比例我的身量，只是一块拳石；这巨人披着散发，长发在风里像一面墨色的大旗，飒飒的在飘荡。这巨人竖立在大地的顶尖上，仰面向着东方，平拓着一双长臂，在盼望，在迎接，在催促，在默默的叫唤；在崇拜，在祈祷，在流泪——在流久慕未见而将见悲喜交互的热泪……

这泪不是空流的，这默祷不是不生显应的。

巨人的手，指向着东方——

东方有的，在展露的，是什么？

东方有的是瑰丽荣华的色彩，东方有的是伟大普照的光明出现了，到了，在这里了……

玫瑰汁、葡萄浆、紫荆液、玛瑙精、霜枫叶——大量的染工，在层累的云底工作；无数蜿蜒的鱼龙，爬进了苍白色的云堆。

一方的异彩，揭去了满天的睡意，唤醒了四隅的明霞——

光明的神驹，在热奋地驰骋……

云海也活了；眠熟了兽形的涛澜，又回复了伟大的呼啸，昂头摇尾的向着我们朝露染青馒形的小岛冲洗，激起了四岸的水沫浪花，震荡着这生命的浮礁，似在报告光明与欢欣之临莅……

再看东方——海句力士已经扫荡了他的阻碍，雀屏似的金霞，从无垠的肩上产生，展开在大地的边沿。起……起……用力，用力。纯焰的圆颅，一探再探地跃出了地平，翻登了云背，临照在天空……

歌唱呀，赞美呀，这是东方之复活，这是光明的胜利……

散发祷祝的巨人，他的身彩横亘在无边的云海上，已经渐渐的消翳在普遍的欢欣里；现在他雄浑的颂美的歌声，也已在霞采变幻中，普彻了四方八隅……

听呀，这普彻的欢声；看呀，这普照的光明！

这是我此时回忆泰山日出时的幻想，亦是我想望泰戈尔来华的颂词。

[赏析]

有才华的作家跟一般的作者相比，就是有点不一样，那怕是应命而作，那怕是匆促成章，也总会显露出一些天才的鳞爪来。

《泰山日出》是篇应命之作自不待言，这在文章的小序中已有说明（第一段即小序）。更重要的是，泰戈尔作为东方文学的泰斗，不仅有"天竺圣人"之誉，还是获诺贝尔文学奖的第一位世界性诗人。在他一九二四年来华访问前夕，"泰戈尔热"已来势汹涌。为"泰戈尔专号"写颂词，不是件轻而易举的事。徐志摩以"泰山日出"来隐喻泰戈尔的文学创作和来华访问，表达中国诗人对泰戈尔的敬仰的感情，真是一个卓越的比喻。这是何等倾心的盼望，何等热烈的迎候，何等辉煌的莅临！诗人以他才华横溢的想象和语言，描绘了一幅令人难忘的迎日图。本文这不仅体现在作者笔笔紧扣泰山日出的奇伟景观，却又每笔都蕴含着欢迎泰戈尔的情思与赞美方面；而且反映在独特的个人经验与普遍情感的融合方面。特别是前面长风散发的祷祝巨人的描写，以及临结尾时写这巨人消翳在普遍的欢欣里，叫人产生许多想象和联想，最能体现徐志摩的才情和创造性。

海 燕

郑振铎

乌黑的一身羽毛，光滑漂亮，积伶积俐，加上一双剪刀似的尾巴，一对劲俊轻快的翅膀，凑成了那样可爱的、活泼的一只小燕子。当春间二三月，轻飔微微的吹拂着，如毛的细雨无因的由天上洒落着，千条万条的柔柳，齐舒了它们的黄绿的眼，红的白的黄的花，绿的草，绿的树叶，皆如赶赴市集者似的奔聚而来，形成了烂漫无比的春天时，那些小燕子，那么伶俐可爱的小燕子，便也由南方飞来。加入了这个隽妙无比的春景的图画中，为春光平添了许多的生趣。小燕子带了它的双剪似的尾，在微风细雨中，或在阳光满地时，斜飞于旷亮无比的天空之上，隽的一声，已由这里稻田上，飞到了那边的高柳之下了。同几只却隽逸的在粼粼如波纹的湖面横掠着，小燕子的剪尾或翼尖，偶沾了水面一下，那小圆晕便一圈一圈的荡漾了开去。那边还有飞倦了的几对，闲散的憩息于纤细的电线上，——嫩蓝的春天，几支木杆，几痕细线连于杆与杆间，线上是停着几个粗而有致的小黑点，那便是燕子，是多么有趣的一幅图画呀！还有一家家的快乐家庭，他们还特为我们的小燕子备了一个两个小巢，放在厅梁的最高处，假如这家有了一个匾额，那匾后便是小燕子最好的安巢之所。第一年，小燕子来往了，第二年，我们的小燕子，就是去年的一对，它们还要来住。

"燕子归来寻旧垒。"

还是去年的主，还是去年的宾，他们宾主间是如何的融融泄泄呀！偶然的有几家，小燕子却不来光顾，那便很使主人忧戚，他们邀召不到那么隽逸的嘉宾，每以为自己运命的蹇劣呢。

这便是我们故乡的小燕子，可爱的活泼的小燕子，曾使几多的孩子们欢呼着，注意着，沉醉着，曾使几多的农人们市民们忧戚着，或舒怀的指点着，且曾平添了几多的春色，几多的生趣于我们的春天的小燕子！

如今，离家是几千里！离国是几千里！托身于浮宅之上，奔驰于万顷海涛之间，不料却见着我们的小燕子。

这小燕子，便是我们故乡的那一对，两对么？便是我们今春在故乡所见的那一对，两对么？

见了它们，游子们能不引起了，至少是轻烟似的，一缕两缕的乡愁么？

海水是皎洁无比的蔚蓝色，海波是平稳得如春晨的西湖一样，偶有微风，只吹起了绝细绝细的千万个翻翻的小皱纹，这更使照晒于初夏之太阳光之下的、金光烂灿的水面显得温秀可喜。我没有见过那么美的海！天上也是皎洁无比的蔚蓝色，只有几片薄纱似的轻云，平贴于空中，就如一个女郎，穿了绝美的蓝色夏衣，而颈间却围绕了一段绝细绝轻的白纱巾。我没有见过那么美的天空！我们倚在青色的船栏上，默默的望着这绝美的海天；我们一点杂念也没有，我们是被沉醉了，我们是被带入晶天中了。

就在这时，我们的小燕子，二只，三只，四只，在海上出现了。它们仍是隽逸地从容地在海面上斜掠着，如在小湖面上一样；海水被它的似剪的尾与翼尖一打，也仍是连漾了好几圈圆晕。小小的燕子，浩莽的大海，飞着飞着，不会觉得倦么？不会遇着暴风疾雨么？我们真替它们担心呢！

小燕子却从容的憩着。它们展开了双翼，身子一落，落在海面上了，双翼如浮圈似的支持着体重，活是一只乌黑的小水禽，在随波上下的浮着，又安闲，又舒适。海是它们那么安好的家，我们真是想不到。

在故乡，我们还会想象得到我们的小燕子是这样的一个海上英雄么？

海水仍是平贴无波，许多绝小绝小的海鱼，为我们的船所惊动，群向远处窜去；随了它们飞窜着，水面起了一条条的长痕，正如我们当孩子时之用瓦片打水漂在水面所划起的长痕。这小鱼是我们小燕子的粮食么？

小燕子在海面上斜掠着，浮憩着。它们果真是我们故乡的小燕子么？

啊，乡愁呀，如轻烟似的乡愁呀！

[赏析]

本文感情热烈奔放，状物细腻逼真。作者通过对海燕可爱的形态和飞翔姿态的描绘，巧妙地将其与故乡的燕子联系起来，借物（燕子）寄情，表达了对故乡的眷恋之情。

阅读本文，可结合前苏联作家高尔基的《海燕》对比阅读。二者同中有异。相同点都是借"海燕"而寄情，抒写强烈的内心感受；异者，高尔基笔下的海燕更具一种象征意义，象征了大智大勇的革命者，所以那"海燕"便多几分刚烈。郑振铎笔下的海燕更具有一种引申意义，即由海燕而引申出对故乡的绵绵思情，所以那海燕便多几分柔情。

板块四 写作表达

语文写作口诀歌

审定题目不要慌，围绕主题拟提纲，
事实说话很重要，有根有据有份量。
选择材料要典型，切莫写成流水帐，
开门见山扣紧题，直截了当最理想。
层次分明段落清，详写略写须得当，
首尾呼应要牢记，过渡句段莫牵强。
用词造句应确切，语句连贯使通畅。
修饰词语有讲究，生动活泼感人强。
防止错字不涂改，书写工整又清爽，
句、逗、分、冒、引、问、叹，标点正确不能忘。
用心琢磨细推敲，认真检查方为好。
多读多写多修改，定能作出好文章。

第一章 写作词汇

第一节 写人

对人物的描写，包括外貌描写、行动描写、语言描写和心理描写。这四项描写，可以同时并用，也可以只选用其中的某一两项。一般地说，在记人文章中对主要人物的描写，往往采取多项描写同时并用的方法；在记事、写景、状物文章中对人物的描写，或在记人文章中对次要人物的描写，则往往只选用四项描写中的某一两项。

外 貌

须发

莱髯 虬髯 茸茸 乌黑 柔软 光洁 蓬松 长须短髭 白发苍髯
白发苍苍 斑斑白发 鬓发皆白 长发乌润 发白如银 蓬头垢面

眼睛

眼色　眼帘　深邃　焦灼　圆睁　惺忪　昏花　失神　浑浊　惊惶　抑郁
明净　水灵灵　冷冰冰　泪汪汪　笑眯眯　明亮亮　圆溜溜　丹凤眼　眯缝眼
目光混浊　目光坚定　目光如剑　目光如电　目光如豆　目不暇接　目光炯炯
晶莹闪烁　炯炯有神　熠熠生辉　流光四射　晶莹闪烁　机警灵敏　深沉含蓄
明亮秀丽　饱含泪水　忧郁无神　布满血丝　瞠目结舌　顾盼生辉

眉睫

剑眉　修长　浓黑　淡淡　紧蹙　紧皱　微皱　高挑　斜翘　新月　柳叶
卧蚕　蛾眉　寿眉　眉清目秀　眉飞色舞　愁眉不展　喜上眉梢

口鼻

细润　端正　薄片　歪斜　高隆　灵秀　小巧　酒糟鼻　蒜头鼻　鹰钩鼻
狮子鼻　塌鼻梁　端庄秀气　微微翘起　鼻翼翕动

面容

红润　白净　英俊　俊秀　粗犷　淳朴　温和　厚道　憨厚　善良　谦和
敦厚　白皙　文静　稚气　端庄　俊俏　油黑　苍白　蜡黄　凶狠　红扑扑
红彤彤　粉扑扑　白净净　亮光光　容光焕发　神采奕奕　白里秀红
满面髭须　面有郝色　面容憔悴　面不改色　面如土色　面目可憎　布满皱纹
胡子拉碴　凶神恶煞

身材

魁伟　魁梧　剽悍　敦实　矫健　威武　修长　颀长　高挑挺拔　细高　苗条
硬朗　五短　匀称　窈窕　健美　纤细　纤弱　丰满　胖墩墩　胖乎乎
矮墩墩　瘦嶙嶙　虎彪彪　袅袅婷婷　体魄健壮　老态龙钟　背阔肩宽
亭亭玉立　玲珑苗条　骨瘦如柴　体态丰满　膀大腰圆　微微发胖　虎背熊腰
大腹便便　腰弯背驼　彪形大汉　短小精悍　雍容大度　袒胸露臂　风华正茂
其貌不扬

神　态

沉着　沉静　沉稳　安详　娇憨　傲慢　愧疚　惊慌　慌乱　恐慌　沉思
庄重　镇定　恳切　羞涩　羞愧　憨厚　诚挚　沮丧　诧异　踌躇　惊讶
疲惫　腼腆　出神　默然　惬意　悠闲　喜滋滋　乐融融　笑眯眯　笑哈哈
笑呵呵　笑盈盈　喜洋洋　兴冲冲　乐悠悠　乐陶陶　哭啼啼　泪汪汪
傻呆呆　阴沉沉　闲情逸致　举止闲雅　安之若素　举止庄重　谈笑自若
从容不迫　镇静自若　旁若无人　行若无事　满不在乎　若无其事　心急火燎
老成持重　天真无邪　兴高采烈　喜形于色　莞尔一笑　嫣然一笑　粲然一笑
哑然失笑　忍俊不禁　温情脉脉　慈眉善目　从善如流　冷若冰霜　郁郁寡欢
快快不乐　闷闷不乐　心不在焉　恍恍惚惚　神不守舍　一本正经　不可侵犯
不屑一顾　自命不凡　趾高气扬　心悦诚服　英姿勃勃　威风凛凛　和蔼可亲
心平气和　无精打采　垂头丧气　犹豫不决　气喘吁吁　瞠目结舌　哑口无言
气势汹汹　气急败坏　装腔作势　油腔滑调　咄咄逼人　鬼鬼祟祟　不知所措
手足无措　漫不经心　垂涎欲滴　目瞪口呆　声泪俱下　唉声叹气　泪水盈眶
泣不成声　嚎啕大哭　老泪纵横　大惊失色　心惊肉跳　张皇失措　岿然不动
不露锋芒　居心叵测　乞哀告怜　厚颜无耻

心 理

高兴

愉悦　欣慰　畅快　爽快　喜悦　开心　欢乐　快慰　愉快　幸福　欣喜
陶醉　狂喜　欢快　扬眉吐气　喜从天降　心旷神怡　洋洋得意　欢欣鼓舞
欣喜若狂　又惊又喜　情不自禁　兴致勃勃　乐不可支　惊喜交集　称心如意
心花怒放　沾沾自喜　自鸣得意　手舞足蹈　眉开眼笑　大快人心　游兴正浓

悲愁

悲惨　悲戚　悲切　悲壮　悲叹　悲怆　悲哀　悲恸　悲伤　悲痛　忧愁
忧伤　忧虑　忧郁　惨痛　凄惨　凄凉　烦恼　烦闷　苦闷　苦恼　隐痛
沉痛　哀痛　哀叹　哀愁　哀伤　哀怜　哀鸣　痛切　伤感　愁闷　愁思
忧虑　哀怨　焦急　焦虑　沮丧　感伤　辛酸　悲伤忧郁　悲天悯人
心如刀绞　悲痛欲绝　痛心疾首　痛彻肺腑　惴惴不安　忧心忡忡　心乱如麻
心神不定　心急如焚　五脏俱焚　心如火燎　痛不欲生　愁肠寸断　万箭钻心
欲哭无泪　肝胆欲裂　痛定思痛　长歌当哭　俯地悲泣　疾首蹙额　慷慨悲歌

愤怒

恼怒　暴怒　狂怒　愤然　愤怒　愤懑　愤慨　怨恨　气愤　愤激　愤恨
生气　恼恨　怒吼　怒发冲冠　怒火中烧　暴跳如雷　火冒三丈　七窍生烟
恼羞成怒　怒气冲天　勃然大怒

惊恐

惊恐　惊慌　惊愕　惊讶　惊奇　惊惶　惊骇　惊诧　惊悸　惊惧　惊异
惧怕　畏惧　吃惊　诧异　震惊　恐惧　恐慌　恐怖　恐惶　惶恐　惊恐万状
毛骨悚然　毛发倒竖　惊心触目　心惊肉跳　魂不附体　魂飞天外　杯弓蛇影
失魂落魄　惶恐不安　提心吊胆　心有余悸　草木皆兵　惊慌失措　张皇失措
惊魂未定

思念

思绪　思索　思量　思忖　寻思　深思　苦思　理想　默想　畅想　幻想
联想　回想　梦想　遐想　妄想　预想　料想　思念　怀念　想念　惦念
挂念　眷恋　迷恋　依恋　留恋　希望　盼望　渴望　企望　期望　欲望
愿望　巴望　指望　期冀　希冀　猜度　盘算　憧憬　相思　思绪纷繁
绞尽脑汁　费尽心机　深思熟虑　暗中思量　胡思乱想　痴心妄想　异想天开
心血来潮　心照不宣　挖空心思　不假思索　百思不解　不可思议　满腹狐疑
出乎意料　顾虑重重　冥思苦想　前思后想　浮想联翩　思绪万千　千头万绪
神机妙算　急中生智　不谋而合　心不在焉　一心向往　深切怀念　无比思念
终生难忘　铭心刻骨　镂骨铭心

其他

情意绵绵　温情脉脉　十恶不赦　刚正不阿　披肝沥胆　光明正大　豪放不羁
直抒胸臆

语 言

语音

圆润　响亮　纯净　轻柔　悦耳　清亮　温柔　铿锵　深沉　委婉　粗犷

甜润　柔和　沙哑　哀婉　哀伤　尖利　洪亮　激昂　清脆　沉闷　柔声柔气

奶声奶气　尖声尖气　细声细气　粗声粗气　娇声娇气　恶声恶气　声嘶力竭

铿锵有力　婉转悠扬　抑扬顿挫　如泣如诉　震耳欲聋　余音袅袅　娓娓动听

侃侃而谈

语态

兴冲冲　慢悠悠　假惺惺　恶狠狠　冷冰冰　窃窃私语　津津有味　滔滔不绝

甜言蜜语　娓娓而谈　津津乐道　絮絮细语　巧言令色　忿忿不平　楚楚动人

头头是道　唾沫横飞　彬彬有礼　诚心诚意　似笑非笑　自言自语　绘声绘色

心服口服　好说歹说　无拘无束　有声有色　吞吞吐吐　躲躲闪闪　唠唠叨叨

唧唧咕咕　亲亲热热　欲言又止　结结巴巴　羞羞答答　支支吾吾　含含糊糊

开诚布公　干脆利落　直截了当　开门见山　直言不讳　无所顾忌　拐弯抹角

旁敲侧击　真心实意　推心置腹　虚情假意　慢条斯理　和颜悦色　嬉皮笑脸

声色俱厉　蛮不讲理　慷慨激昂　强词夺理　厚颜无耻　天花乱坠　阴阳怪气

指手画脚　苦口婆心　语重心长　畅所欲言　平心静气　对答如流　言为心声

言不由衷　神手其神　东拉西扯　颠三倒四　语无伦次　张口结舌　异口同声

哑口无言　口干舌燥　理直气壮　义正辞严　意味深长　争先恐后　喜笑颜开

据理力争　一声不吭　闭口不谈　欲言又止　能说会道　语言锋利　闪烁其词

出口成章　口齿伶俐　油腔滑舌

话语

慷慨陈词　语重心长　直言不讳　语言冗长　语言朴实　语言贴切　语言形象

语言洗练　语言流畅　语言华丽　语意双关　言犹在耳　词不达意　钢铁誓言

豪言壮语　话中有话　言外之意　一语双关　老生常谈　陈词滥调　只言片语

空话连篇　言过其实　信口开河　热情洋溢　谆谆教导　冷嘲热讽　出口伤人

奇谈怪论　指鹿为马　指桑骂槐　大放厥词

动　作

视听

凝视　注视　审视　逼视　环视　俯视　仰视　正视　斜视　怒视　仇视

相视　对视　藐视　窥视　歧视　观望　探望　展望　瞻望　遥望　瞭望

眺望　张望　盼望　看见　瞧见　望见　瞅见　瞥见　观看　收看　察看

端详　审阅　鸟瞰　俯瞰　瞻仰　纵览　参观　纵观　旁观　偷看　目睹

侦察　浏览　察看　观察　打量　侧目　监视　巡视　游览　远眺　睥睨

听取　倾听　聆听　偷听　窃听　探听　打听　传闻　鸟瞰全景　翘目远眺

登高远眺　高瞻远瞩　四下观望　睹物思人　左顾右盼　瞻前顾后　一目了然

历历在目　目不暇接　走马观花　眼花缭乱　虎视眈眈　怒目而视　面面相觑

有目共睹　定睛一看　目不转睛　凝神注视　横眉冷对　察言观色　挤眉弄眼

瞪眼竖眉　洗耳恭听　侧耳细听　百听不厌　听而不闻　闻鸡起舞　耳闻目睹

偏听偏信　道听途说　闻风丧胆　凝神细听　屏息静听　悉心倾听

读写

阅读　阅览　浏览　博览　朗读　默读　背诵　书声琅琅　琅琅上口

如饥似渴　爱不释手　津津有味　如醉如痴　虔心捧读　全神贯注　聚精会神
不求甚解　工工整整　端端正正　龙飞凤舞　行云流水　刚劲有力　力透纸背
横平竖直　字字珠玑　潦潦草草　歪歪扭扭　老鸦蜘蛛　挥洒自如　一挥而就
落笔成章　奋笔疾书　笔走龙蛇　照猫画虎　乱涂乱抹

立行

伫立　挺立　肃立　矗立　屹立　耸立　树立　僵直　呆立　举步　徒步
阔步　疾走　踱步　缓步　溜达　漫步　信步　闲逛　游逛　游荡　恭恭敬敬
毕恭毕敬　彬彬有礼　大大方方　垂手而立　春风满面　无精打采　怒气冲冲
愁眉苦脸　摇摇晃晃　垂头丧气　金鸡独立　鞠躬作揖　跋山涉水　闲庭信步
如履薄冰　止步不前　碎步而行　奔走相告　踱来踱去　姗姗来迟　跌跌撞撞
打个趔趄　磕磕绊绊　大步流星　两腿生风　健步如飞　昂首阔步　原地踏步
蹑手蹑脚　蹒跚而行　踱着方步　勇往直前　履险如夷　闻风而逃　踟蹰不前
从容自若　安详潇洒　慢慢腾腾　耀武扬威　大摇大摆　大模大样　趾高气扬
小心翼翼　忧心忡忡　心神不定　筋疲力尽　疲惫不堪　人困马乏　忐忑不安
雷厉风行

跑跳

奔跑　驰骋　驰驱　驱驰　飞驰　奔驰　疾驰　长驱直入　风驰电掣
万马奔腾　纵横驰骋　一溜小跑　东奔西窜　狼狈而逃　抱头鼠窜　落荒而逃
望风而逃　仓皇逃遁　猛虎下山　风风火火　离弦之箭　子弹出膛　急火流星
心急如焚　日夜兼程　气喘吁吁　疾走如飞　蹦蹦跳跳　欢蹦乱跳　活蹦乱跳
狂蹦乱跳　蹦来跳去　飞檐走壁　步态轻盈　欢呼雀跃

坐躺

正襟危坐　席地而坐　坐卧不宁　盘膝而坐　呆若木鸡　四仰八叉　高枕无忧
逍遥自在　默默无言　闭目养神　蜷缩一团

动作

拂袖而去　拔刀相助　弯弓搭箭　蹑手蹑脚　扶老携幼　抓耳挠腮　摩拳擦掌
拳打脚踢　并驾齐驱　拨乱反正　乘风破浪　藏头露尾　搔首弄姿　操之过急
唱对台戏　趁热打铁　逆来顺受　成家立业　惩前毖后　承上启下　持之以恒
冲锋陷阵　一筹莫展　出手不凡　出尔反尔　出头露面　处之泰然　触景生情
垂帘听政　蠢蠢欲动　由此及彼　措手不及　打躬作揖　得过且过　登峰造极
对症下药　绳之以法　翻山越岭　放虎归山

娱乐

轻歌曼舞　翩翩起舞　载歌载舞　手舞足蹈　引吭高歌　行云流水　敲锣打鼓
拿腔拿调　捧腹大笑　使枪弄棍　耍刀舞剑　精彩表演

其他

点头赞许　点头微笑　万头攒动　细嚼慢咽　啧啧称颂　舔舔嘴唇　能说会道
信誓旦旦　问寒问暖　交头接耳　仰天长叹　仰天长啸

正直、善良

慈善　仁慈　耿介　耿直　刚直　刚正　纯正　刚正不阿　大义凛然
光明正大　光明磊落　堂堂正正　问心无愧　廉洁奉公　心慈面善

慈眉善目　大发慈悲　菩萨心肠　于心不忍　与人为善　善意待人

坚强、勇敢

坚定　倔强　刚强　顽强　刚毅　坚决　果敢　毅然　决然　断然　坚韧
坚贞　百折不挠　百折不回　威武不屈　坚强不屈　坚贞不屈　宁死不屈
不屈不挠　万死不辞　视死如归　坚韧不拔　斩钉截铁　坚定不移　坚贞不渝
锲而不舍　孤胆英雄　一身是胆　胆大包天　群威群胆　奋不顾身　赴汤蹈火
出生入死　舍生忘死　临危不惧　前赴后继　前仆后继　有勇有谋　智勇双全
大智大勇

诚实、谦虚

忠诚　至诚　赤诚　诚挚　诚实　公允　仁厚　憨厚　温厚　谦恭　谦逊
谦让　表里如一　心口如一　表里一致　言行一致　言而有信　信守诺言
忠心耿耿　赤胆忠心　忠贞不贰　忠贞不渝　规规矩矩　循规蹈矩　忠厚老诚
谦虚谨慎　虚怀若谷　不耻下问

聪明、机智

智慧　聪慧　聪颖　内秀　明智　精明　精干　机灵　机敏　机警　灵巧
灵敏　敏捷　敏锐　足智多谋　大智若愚　秀外慧中　料事如神　明察秋毫
独具慧眼　心灵手巧　耳听八方　对答如流　能言善辩　灵活机动

勤奋、节约

勤谨　勤恳　勤奋　勤勉　辛勤　节省　俭省　俭朴　节俭　勤俭　廉洁
朴素　吃苦耐劳　不辞劳苦　任劳任怨　发愤忘食　废寝忘食　孜孜不倦
披星戴月　夜以继日　争分夺秒　分秒必争　只争朝夕　不舍昼夜　好学不倦
学而不厌　勤学苦练　节衣缩食　省吃俭用　精打细算　细水长流　开源节流

无私、高尚

肝胆相照　光明磊落　大公无私　公而忘私　克己奉公　舍己为人　舍己救人
忧国忘家　先人后己　吃苦在前　享乐在后　鞠躬尽瘁　死而后已　报国为民
天下为公　宁为玉碎　不为瓦全　光明正大　助人为乐　毫不利己　专门利人
忧国忧民　不谋私利　公正无私　公正廉明　慷慨就义　见义勇为　视死如归
以身报国　为国争光　为国捐躯　以身殉职　奋发图强　襟怀坦白　远大理想
崇高志向　大义凛然　铁面无私　无私无畏　从容就义　救死扶伤　兢兢业业
一尘不染　英勇献身　严于律己　精忠报国　舍生取义

第二节　状物

　　状物的"状"、就是用文字对物体临摹（也就是陈述）；"物"主要指自然界中的动物、植物和静态实物。练习写这类文章，能锻炼提高自己的观察能力、认识能力和语言表达能力。

　　状物主要有三点要求：

　　一是言之有物。即作文要写出物体的形状、颜色、结构、现象、景象、用途、意义等，最主要的是写出物体的特征。

二是言之有序。即状物时要条理清楚，有详有略。写作顺序和观察顺序一致。

三是围绕中心思想来描述，同时，写出作者的真实感受。

小学阶段所写的状物，大体有这样几种：植物、动物和静态物体。下面，分别介绍一下作文时应注意的问题。自然界中的植物数不胜数。简单地说，有花、草、树木、粮食作物等。但具体到每一类里到底有多少种，谁也说不清。它们种类不同，形态也各异。但是既然它们同属于植物，描写它们时，还是有一些规律可循的。

在描写小动物时，除了要注意它的外表之外，还要注意它的习性。对动物外表描写时，一般要注意按从头到尾，从体到肢的顺序来观察描写它们的形与色。

同时还要注意动物食、住、行、生长繁殖、自卫进攻等方面的情况，特别要注意发现那些特殊情况下的特殊表现，以便有所发现，写出新意。

静态物体，这个概念可以说是包罗万象。小到学习用品、生活用具、玩具、工艺品等，大到汽车、火车、飞机……

描写这类事物，重点是要写好物体的外形、构造、用途等方面。

总之状物，要注意状其形，力求形象的逼真，更重要的是通过联想和想像写出神韵来。很多优秀的作文，描写形象生动，大多得力于作者善于通过联想加以比喻，通过想像加以拟人或夸张，使所描绘的对象不但有形、有象，而且有神、有韵。

植　物

花卉

金灿灿	红艳艳	紫盈盈	粉团团	蓝湛湛	一朵朵	一束束	一片片
一枝枝	一团团	一簇簇	一丛丛	一树树	丛丛簇簇	含苞初绽	漫山遍野
花香四溢	艳丽夺目	光艳四溢	花团锦簇	五彩缤纷	万紫千红	姹紫嫣红	
色彩斑斓	千姿百态	竞相开放	争芳斗艳	古色古香	争妍斗艳	馥郁芬芳	
芳香四溢	香气袭人	粉蝶纷飞	蜂蝶争飞	含苞待放	蓓蕾满枝	鲜花盛开	
百花争艳	群芳斗艳	花洁如玉	馨香阵阵	婀娜多姿	繁花似锦	幽香醉人	
令人陶醉	群芳凋零	落英缤纷	衰微破败	枯枝败叶	百花凋谢	含蕾欲放	
春意盎然	蓓蕾初开	花蕊怒放	如云似雾	妩媚动人	娇媚迷人	雍容华贵	
端庄典雅	冰清玉洁	傲霜怒放	迎冰斗雪	清香缕缕			

草树

绿油油	绿茸茸	绿茵茵	碧茵茵	野茫茫	莽苍苍	软绵绵	干枯枯
绿森森	阴森森	寸草春晖	天涯芳草	争荣竞秀	芳草萋萋	碧草如茵
芳草苍翠	杂草丛生	绿遍天涯	树木丛生	树影婆娑	树影斑斓	高耸云天
直插云霄	亭亭玉立	郁郁葱葱	铺青叠翠	四季常青	枝繁叶茂	浓荫蔽日
虬枝盘旋	藤蔓缠绕	万树森森	老树盘结	古树参天	万木争荣	华盖如伞
盘根错节	枯枝败叶	枯槁苍老	枯木逢春	茂林修竹	万木吐翠	傲然挺立
舒枝展叶	翠绿欲滴	摇曳多姿	茫茫林海	松涛滚滚	密密层层	密不透风
层林尽染	纷乱交错	苍松翠柏	擎天巨树	高大的云杉	挺拔的白杨	

粗壮的梧桐　苍翠的龙柏　依依的垂柳　婆婆的翠竹　枝叶蔓披的榕树

硕果满枝的石榴　树红似火焰的枫树　凌空展臂的雪松

庄稼

五谷丰登　丰收在望　青翠欲滴　麦浪滚滚　金波荡漾　颗粒饱满　棉花似雪
一望无际　一望无垠　茶树青青　果实累累　硕果累累　叶绿花香　酽酽香茗
繁枝密叶　金黄的小米　灿黄的大豆　金黄的谷子　珍珠般的玉米
胀鼓鼓的大豆　沉甸甸的谷穗　胖累累的棉桃　高粱涨红了脸　谷穗笑弯了腰

蔬菜

白菜肥大　油菜花黄　番茄猩红　茄子润紫　鱼肥藕甜　鹦鹉菠菜　龙须金针
尖尖竹笋　尖尖的竹笋　甘甜的红薯　肥嫩的茭白　辛辣的大葱　肥大的土豆
碧绿的黄瓜　磨盘似的南瓜　胖墩墩的冬瓜　披紫袍的茄子　穿红衣的大萝卜
火焰焰的西红柿　碧玉般的莴笋　绿油油的雪里红　灯笼似的辣椒
圆团团的卷心菜　雪嫩嫩的白藕　细腻嫩滑的蘑菇　红嘴绿被的菠菜
丝丝相连的山药　清香爽口的香椿　红玛瑙般的大椒　脆生生的胡萝卜

瓜果

果香四溢　苹果殷红　葡萄串串　凤梨可口　蜜桃甘美　荔枝鲜美　柑子灿黄
菠萝金黄　枇杷泛金　硕果缀枝　硕果满枝　甘美多汁　清脆可口　甜酸适口
皮薄肉厚　清香引人　水灵灵的鲜桃　甜丝丝的杨梅　甜津津的石榴
酸溜溜的草莓　黄澄澄的柑橘　红艳艳的山楂　红扑扑的苹果　绿盈盈的黄瓜
青里透红的苹果　白里透红的蜜桃　晶莹透明的葡萄　香脆可口的哈密瓜

动　物

鸟

大鹏展翅　燕穿雀跃　百鸟归巢　夜鸟投林　雏鸟试飞　杜鹃啼血　昏鸦聒噪
鸦雀无声　鹧鸪啼唱　喜鹊叽喳　夜莺欢唱　羽毛未丰　展翅高飞　迎风展翅
凌空翱翔　比翼齐飞　比翼双飞　盘旋滑翔　百鸟争鸣　莺歌燕舞　婉转悦耳
贴水疾飞　燕子衔泥　白鹤亮翅　鹦鹉学舌　雄鹰展翅　黄鹂歌唱　鸳鸯戏水
悠闲高贵的天鹅　英姿勃勃的雄鹰　长空归来的大雁　亭亭玉立的仙鹤
飘然而起的白鹭　传书报信的信鸽　送暖报春的燕子　捕鱼助手鸬鹚

兽

虎虎生气　虎口余生　虎踞龙盘　虎视眈眈　虎口拔牙　虎啸狼嚎　虎啸猿啼
调虎离山　生龙活虎　降龙伏虎　藏龙卧虎　珍禽异兽　庞然大物　凶猛威武
张牙舞爪　一丘之貉　凶牙剑齿　龇牙咧嘴　吼声震天　仰天长啸　凶残成性
馋涎欲滴　憨态可掬　毛骨悚然　犬吠狼嚎　狼烟四起　引狼入室　狼子野心
豕突狼奔　狼狈为奸　声名狼藉　鬼哭狼嚎

鱼

满身五彩　鳞光闪闪　银光闪烁　鲤鱼打挺　如鱼得水　鱼水情深　鱼贯而入
浑水摸鱼　鱼龙混杂　鱼目混珠　鱼翔浅底　栖息水底　竭泽而渔　一鳞半爪
鱼跃人欢　晶亮闪光　活蹦乱跳　鲜灵活跳　悠然戏水　穿梭游弋　击水翻浪
浮沉自若　摇头摆尾　漏网之鱼　金红色的鲤鱼　银灰色的鲢鱼
铁灰色的鲫鱼　金闪闪的黄鱼　毒素剧烈的鱼　鲜美可口的鲫鱼
扁长如带的带鱼　色彩斑斓的金鱼　狰狞可怕的鲨鱼　狡猾多变的章鱼

虫

蜂飞蝶舞　凤蝶如团　蝶飞翩翩　咯咯欢唱　振翅鸣叫　鸣声唧唧　低吟高唱
嗡嗡乱叫　沙沙作响　翩翩起舞　结网捕食　彩蝶飞舞　蜻蜓点水　春蚕吐丝
蚂蚁搬家　蚯蚓松土　蜜蜂酿蜜　蜗牛爬行　蜘蛛结网　螳螂挥臂　蝈蝈弹唱
萤火闪烁　飞蛾扑火　蟋蟀搏斗　沙鸡振羽　壁虎捉虫　蝗虫成灾　飞蝗成阵
蚊子吸血　孑孓蠕动　蚍蜉撼树　螳螂挡车　金蝉脱壳　雄鸡报晓　鸡鸣狗叫
鸡鸭成群　引颈长鸣　引吭报晓　声声催晓　拍翅长鸣　吱吱戏闹　啾啾争食
池中嬉戏　振翅欲飞

家畜家禽

毛茸茸　亮闪闪　咕咕叫　懒洋洋　万马奔腾　膘肥体壮　扬蹄奔腾
快马加鞭　纵情驰骋　四蹄飞扬　四蹄凌空　牛肥马壮　充满野性　萧萧长鸣
牛羊成群　两角弯弯　毛色光洁　俯首帖耳　驯如羔羊　力大如牛　精壮剽悍
雪堆玉咪　咪乱叫双　双耳直竖　昂首嘶鸣　腾跃撒欢　引颈长啸　贪吃好睡
嗅觉灵敏　初生牛犊　猴子精灵　趾高气扬的大公鸡　一步三摇的小鸭子
昂首机警的大白鹅　红掌拨清波的鸭子

器　物

旗帜

五彩缤纷　五色斑斓　五颜六色　红红绿绿　彩旗飘扬　庄严肃穆　迎风招展
随风飘扬　鲜红耀眼　凌空飞舞　傲然挺立　霍霍招展

家具

款式新颖　古色古香　经久不变　美观大方　色彩协调　富丽堂皇　端庄典雅
自然纹理

灯具

火树银花　挑灯夜战　如同白昼　满室生辉　灿烂辉煌　明灭变幻　五光十色
争妍斗艳　闪闪烁烁　明光闪闪　熠熠生辉　熠熠耀眼　金碧辉煌　光华四射
千只万盏　油尽灯灭　华灯初上　万家灯火　灿如银河　灿若星辰

文具

整整齐齐　工工整整　美观实用　合理安排　有条不紊　安排有序　亲密朋友
忠实伙伴

飞机

班机　客机　专机　机头　机身　机舱　机翼　机窗　起飞　飞行　盘旋
降落　俯冲　滑翔　滑行　着陆　上升　下降　翱翔　银燕　雄鹰　运输机
直升机　轰炸机　民航机　冲上蓝天　穿云破雾　腾云驾雾　自由翱翔
腾空而起　直冲云霄　冲破云层　穿云而过　一掠而过　银鹰展翅
银光闪闪　碧空展翼

车船

车辆　火车　列车　汽车　童车　轿车　卧车　叉车　铲车　灵车　货车
囚车　拖车　自行车　摩托车　手推车　黄包车　出租车　汽笛长鸣
风驰电掣　川流不息　高速行驶　慢慢爬行　呼啸而过　戛然而止　一掠而过

熙熙攘攘	井然有序	来来往往	热闹繁忙	豪华舒适	船舶船只	轮船木船
帆船拖轮	游船龙舟	渡船渔轮	商船汽艇	军舰货船	客船木排	木筏船板
一帆风顺	劈波斩浪	迎风斗浪	乘风破浪	怒海轻骑	扬帆远航	随风漂流
逆流而上	追波逐浪	一叶扁舟	龙船竞发	孤帆远影	龙舟竞渡	如鱼穿水
雾海夜航	白帆点点	江筏成片	渔火点点			

服　饰

衣服

时髦洒脱	朴素大方	色彩鲜艳	花里胡哨	珠光宝气	素雅整洁	花枝招展
美观大方	色调谐和	新颖大方	不合时宜	挺括平整	干净利落	半新不旧
补丁累累	光彩夺目	花团锦簇	形形色色	丰富多彩	破破烂烂	淳朴自然
宽松舒适	衣衫褴褛	破旧寒碜				

第三节　写景

"景"是景色、风景的意思。我们描写景物一要抒发作者的情感。有些文章是以写景物为主的，但不是为写景而写景。在景物的描绘中，寄寓着作者的情感。二要烘托特定的气氛。景物描写往往能很好地衬托文章中记叙的事情和人物的表现。

描写景物时要做到：

1. 要写出景物的形状。

2. 要写出景物的颜色。

3. 要写出景物的动态。

要想学会写景，一要学习名作名篇的描写手法；二要做有心人仔细观察景物，把握特点与细微差别；三要时常练习，多写勤练才能写出好文章。

时　间

早晨

黎明	凌晨	拂晓	清早	晨光	晨曦	晨星	曙光	曙色	朝阳	旭日

霞光	红霞	朝霞	旭日东升	微风拂煦	晓星隐没	曙光初升	曙色微明
雾气蒙蒙	朝云灿烂	朝霞满天	明媚清新	风和日丽	朝霞似锦	霞光初照
朝阳新出	春风拂面	春风融融	晨风习习	细雨霏霏	绿叶滴露	露水闪烁
寒霜铺地	秋意瑟瑟	北风凛冽	朔风刺骨	晨曦微露		

中午

正午	晌午	日中	骄阳	烈日	炎日	艳阳	酷热	炎热	火烤	炙烤
炙热	骄阳似火	烈日当空	闷热难当	阳光灿烂	骄阳肆虐	太阳吐火
热浪灼人						

夜晚

子夜	午夜	深夜	黑夜	良宵	夜幕	夜幕沉沉	深更半夜	夜半三更
三更半夜	漫漫长夜	夜色苍茫	夜深人静	夜阑人静	森严黑暗	清晖满湖		

月光如水　月色清闵　月光清朗　月白风清　星月交辉　月明星稀　月朗星稀
月色朦胧　月色柔美　月光婆娑　月色阴沉　繁星闪烁　满天星斗　满天繁星
星光灿烂　华灯满街　火树银花　咫尺难辨　宁静沉寂　寂静神秘　如同白昼

四 季

春

阳春　初春　新春　早春　暮春　晚春　残春　仲春　春光　春色　春意
春景　春晖　春日　积雪初融　冰消雪融　春寒料峭　万物复苏　万象更新
草木萌生　万木萌发　万木吐翠　新绿初上　万物向荣　春风轻拂　阳光和煦
春日融融　风和日丽　春满人间　春风化雨　春暖花开　吐芽绽叶　山花烂漫
飞花点翠　草绿花红　春桃吐蕊　桃李争艳　桃红柳绿　百花吐艳　百花争妍
万紫千红　生机勃勃　群芳竞秀　蝶舞蜂飞　莺歌燕舞　百鸟争春　风光明媚
鸟语花香　群莺乱飞　杂花生树　阳春三月　早春二月　春回大地　枯木逢春
繁花似锦　满园春色　春色怡人　春暖人心　春意盎然　春意正浓　柳絮如棉
欣欣向荣　千枝吐翠　万绿丛中　万花丛中　蓓蕾待放

夏

暑日　初夏　炎夏　盛暑　酷暑　炎热　火热　灼热　炽热　炙热　燥热
酷热　闷热　干热　热气　热浪　热风　滚烫　凉快　风凉　阴凉　清凉
凉爽　乘凉　纳凉　中暑　消暑　避暑　干燥　干涸　干旱　枯焦　潮湿
湿润　滋润　热浪滚滚　暑气逼人　挥汗如雨　焦渴难忍　大汗淋漓
烈日炎炎　骄阳似火　烈日曝晒　夏日炎炎　烈日当头　暑气蒸腾　热气蒸人
满头大汗　汗流浃背　汗水涔涔　汗流满面　挥汗不止　避暑胜地　清凉宜人
习习凉风　清爽怡人　露珠晶莹　蛙声阵阵　鸟语长鸣　乌云密布　倾盆大雨
雷声隆隆　雷电交加　麦浪滚滚　稻田绿茵　葵花向阳　蜻蜓点水

秋

金秋　三秋　初秋　深秋　晚秋　秋风　秋雨　秋色　秋水　秋意　秋景
秋虫　秋思　落叶　霜叶　秋收　凉爽　萧瑟　湛蓝　火红　金黄　初霜
寒意　萧疏　飘零　稀疏　凄凉　天高云淡　秋高气爽　风霜高洁
金风送爽　金风乍起　凉风消暑　秋风萧瑟　冷雨霏霏　秋雨绵绵　凄风苦雨
绚丽多彩　满山红叶　霜天红叶　霜叶如醉　秋菊怒放　金桂飘香　稻谷飘香
瓜果飘香　果实累累　五谷丰登　硕果满枝　丰收在望　秋虫唧唧　北雁南飞
秋雨淅沥　一叶知秋　落叶纷纷　秋叶飘丹　野菊傲霜　蟋蟀振羽　遍地铺金
芦花飘扬

冬

初冬　残冬　严冬隆冬　寒冬　深冬　凛冽　冷寂　寒风　寒流　寒气　寒冷
寒天　冰冻　结冰　冰封　冰凌　冰花　冰霜　冰雪　封河　封地　冻僵
干枯　清冷　干冷　雪花　积雪　枯草　萧索　悲凉　呼啸　残雪　浮冰
严霜　寒风刺骨　寒风呼啸　天低云暗　滴水成冰　大雪封山　数九寒天
寒冬腊月　呵气成霜　雪漫长空　漫天风雪　雪花飞扬　寒风怒号　大雪漫天
冰雪封山　白雪皑皑　大雪纷飞　万物萧条　草枯叶黄　衰草连天　百草凋零

万木凋敝　寒凝大地　天寒地冻　寒气袭人　寒风如针　冰雪封门　银装素裹
寒冬时节　飞雪迎春　水瘦山寒　红装素裹

风　光

天空

蓝天　碧空　晴空　天穹　苍穹　天幕　天宇　苍天　九天　云天　云汉
天际　辽阔　无垠　广漠　寥廓　浩渺　高远　深邃　晴朗　清朗　明净
明丽　洁净　蔚蓝　淡蓝　湛蓝　澄蓝　瓦蓝　碧蓝　碧澄　宝蓝　阴暗
昏暗　阴晦　雾蒙蒙　灰蒙蒙　昏沉沉　黑沉沉　铅灰色　无边无际
广阔无垠　杳杳冥冥　绵延无尽　晴天一碧　一碧千里　柔和清澈　流云奔涌
万里无云　晴空万里　碧空万里　万里长空　碧空如洗　满天阴雨　乌云满天
朝霞漫天　曙色微明　旭日东升　朝霞似锦　阴晴不定　夜空澄碧　繁星如海
众星捧月　晨曦初露

日

朝阳　旭日　朝日　夕阳　斜阳　残阳　落日　骄阳　烈日　炎日　红日
白日　朝晖　光线　亮光　光明　光芒　光华　光焰　光辉　日光　阳光
春晖　曙光　晨光　斜晖　照射　反射　直射　投射　斜射　四射　夕晖
霞光　朝霞　晚霞　红霞　彩霞　温暖　柔和　夺目　刺眼　明媚　炙热
炎热　赤热　炽热　鲜红　金红　金黄　光亮　绯红　火红　殷红　炫目
高照　西沉　西下　璀璨　灿烂　灼热　毒热　炙人　明晃晃　红橙橙
红艳艳　金灿灿　火辣辣　暖融融　热辣辣　红彤彤　毒花花　光闪闪
旭日东升　红日东升　日出东山　一轮红日　喷薄而出　朝阳如火
冉冉升起　跃出海面　光芒四射　光芒耀眼　光照四海　灿若锦绣　金光灿灿
万缕金光　金光四溢　霞光万道　日上三竿　光辉灿烂　夕阳西下　落日余晖
脉脉斜晖　残阳如血　夕阳衔山　红日西沉　夕阳残照　日落西山　日薄西山
落日熔金　红日西垂　万道金光　霞光几缕　一抹红霞　晚霞含羞　烈日当空
烈日中天　烈日炎炎　丽日当空　骄阳似火　赤日炎炎　烈日灼灼　烘天烤地
金箭穿空　微弱暗淡　凄凉昏暗

月

圆月　弯月　新月　玉钩　玉兔　满月　晓月　皎月　皓月　明月　冰镜
冰轮　冰盘　残月　眉月　月牙　斜月　月光　月色　银辉　清辉　银光
明亮　亮堂　光亮　清亮　皎洁　明澈　清澈　澄澈　纯净　清晰　弯弯
低垂　皎皎　皓皓　朗朗　清冷　苍凉　惨白　溶溶　婆娑　一轮明月
新月如眉　新月如钩　月上柳梢　月挂中天　皎皎明月　皓月千里　皓月当空
满月如镜　玉轮冰盘　姣好明媚　清辉四射　月光如银　月光如水　月光似霜
月光轻柔　月色朦胧　月色迷人　月明星稀　月朗星稀　月影横斜　明月高照
明月高悬　星月交辉　群星拱月　月明风清　风清月白　满月如盘　秋月如镜
月光如纱　清淡阴凉　欲隐还现

星

星辰　星斗　星球　星座　星宿　银河　天河　星河　云汉　金星　火星

土星　木星　彗星　流星　陨星　陨石　星云　行星　卫星　星群　繁星
孤星　晨星　晓星　群星　星空　明星　下沉　升起　布满　悬挂　悬垂
铺满　跳动　晃动　闪动　缀满　镶嵌　散布　坠落　暗淡　明亮　眨眼
隐灭　凝视　闪射　明灭　灿烂　闪光　闪耀　闪烁　寥落　冷落　稀疏
牵牛星　织女星　北斗星　北极星　牛郎星　扫帚星　太白星　启明星
繁星满天　繁星点点　北斗高悬　众星拱月　群星捧月　群星闪烁　疏星淡月
月朗星稀　星空万里　斗转星移　星月交辉　星光灿烂　星河灿灿　月冷星稀
繁星如海　星月辉映　星群密布　满天星斗　星光朦胧　晨星寥寥　满天闪烁
熠熠闪光　闪闪发光　密密麻麻　晶亮密集　疏疏落落　一颗孤悬　横亘长空
灿若明珠　点点寒光　忽隐忽现　忽明忽灭　半明半昧　一晃而逝　稍纵即逝
划破长空　斜挂苍穹　摇摇欲坠　昏暗不明

风

疾风　狂风　暴风　台风　微风　清风　冷风　阴风　热风　春风　秋风
逆风　顶风　旋风　晚风　晨风　和风　重风　狂飙　暖风　轻风　飓风
长风　劲风　山风　海风　寒风　朔风　吹拂　吹送　拂面　和煦　轻柔
瑟瑟　萧条　徐徐　柔和　习习　飘拂　湿润　袅袅　送暖　清爽　柔润
凉爽　劲吹　怒号　呼啸　凛冽　号叫　强劲　飒飒　猎猎　凌厉　猛烈
狂暴　刺骨　料峭　吼叫　尖厉　狂吼　怒嚎　萧瑟　吹面不寒　吹绽百花
吹绿大地　惬意舒爽　飘然而至　清爽怡人　春风送暖　春风拂面　春风和煦
春风浩荡　春风化雨　春风杨柳　春风轻拂　和风吹拂　和风煦煦　东风解冻
清风徐来　春风荡漾　寒冷刺骨　逞强施威　狼嚎虎啸　铺天盖地　如同野马
横扫大地　脱缰野马　遮天蔽日　飞沙走石　满天黄沙　北风劲吹　朔风怒吼
寒风呼啸　风起云涌　暴风骤雨　狂风暴雨　风狂雨猛　风雨大作　风雨交加
风卷残云　风吹云散

云

云影　云朵　云气　阴云　彤云　彩云　云霞　祥云　瑞云　白云　乌云
浮云　低云　云海　云层　云头　云端　积云　云雾　云烟　流云　游云
轻云　薄云　云丝　云块　云团　乱云　浓云　灰云　黑云　浊云　云峰
云带　雨云　洁白　纤巧　轻柔　飘逝　飘浮　浮动　微微　缕缕　层层
团团　朵朵　丝丝　茫茫　薄薄　厚厚　低低　高高　淡淡　滚滚　轻轻
缓缓　悠悠　叠叠　蒙蒙　苍茫　迷漫　缭绕　停滞　弥漫　舒卷　飞渡
翻腾　翻卷　浓重　密布　轻盈　飘忽　移动　汇聚　翻涌　遮蔽　变幻
流动　飘荡　散开　流散　云海茫茫　云海奇观　如烟似雾　一抹柔丝
瞬息变化　神奇缥缈　变幻莫测　千姿百态　飘忽不定　变化多端　令人神往
神奇莫测　虚无缥缈　云雾弥漫　云开雾散　流云奔涌　白云缭绕　彤云密布
乌云翻滚　轻拢慢涌　红云如山　红霞满天　垂挂天际　薄纱似的轻云
织锦似的彩云　飘带似的云丝　棉絮般的白云　海潮般的浮云　山峰般的积云

雨

微雨　细雨　雨丝　急雨　暴雨　阵雨　雷雨　喜雨　甘雨　甘霖　春雨
秋雨　阴雨　雨花　毛毛雨　雷阵雨　及时雨　黄梅雨　零星小雨　倾盆大雨

瓢泼大雨　滂沱大雨　狂风暴雨　暴风骤雨　疾风猛雨　凄风苦雨　斜风斜雨
斜风细雨　雨丝风片　密密匝匝　霏霏雨丝　渐渐沥沥　纷纷扬扬　沾衣欲湿
静静飘洒　铺天盖地　润物无声　连绵不断　微带寒意　浮雨绵绵　秋雨春雨
丝丝春雨　飘飘春雨　潇潇牛毛　细风细雨　如丝绵绵　连绵雨丝　飘洒大雨
雨丝如注　纷飞雨过　天晴烟雨　雨后彩虹

雷电

霹雳　霹雷　迅雷　闷雷　响雷　炸雷　闪电　飞闪　春雷　巨雷　沉雷
惊雷　雷霆　雷鸣　轰响　轰隆　电光　巨响　隆隆　阵阵　滚滚　滚动
轰鸣　震耳　震天　惊天　低沉　沉闷　四射　闪烁　闪耀　晃眼　夺目
烨烨　惨白　青白　汪蓝　火蛇　火龙　利剑　雪亮　金光　雷声隆隆
雷声滚动　雷霆霹雳　雷电大作　雷电交加　雷声轰响　电闪雷鸣　电光闪闪
惊天动地　接连不断　不及掩耳　惊心动魄　划破长空　立劈直下　山崩地裂

雪

雪花　雪片　雪粒　雪海　雪白　雪团　瑞雪　积雪　初雪　风雪　雪景
雪珠　飘洒　飘扬　轻扬　飞扬　飘落　冷森　冰冷　玉屑　洁白　晶莹
皎洁　纯净　耀眼　柔软　蓬松　轻盈　棉絮　肆虐　打旋　厚厚　皑皑
纷飞　银装　飞舞　降落　飘荡　翩飞　纷纷　飞动　乱纷纷　轻飘飘
白皑皑　白茫茫　冰冷冷　冷森森　冷飕飕　亮晶晶　轻盈盈　静悄悄
纷纷扬扬　飘飘扬扬　冉冉飘落　漫天纷飞　漫天飞洒　满天飞舞　随风乱舞
鹅毛大雪　团团飞舞　又密又急　大块飞落　如沙似粉　纯净晶莹　冰雕玉琢
堆银砌玉　玉枝琼花　碎银满地　粉装玉砌　有如棉絮　漫天风雪　层层白絮
漫无边际　无穷无尽　大雪飘飘　飞飞扬扬　瑞雪霏霏　银装万里　万里飘雪
大雪纷飞　银装玉砌　大雪封门　大雪盈天　瑞雪丰年　弥天盖地　铺天盖地
风消雪停

露霜

露珠　玉露　寒露　朝露　夜露　浓重　湿重　滋润　片片　串串　滴滴
点点　滚动　晶莹　透明　透亮　闪亮　闪烁　闪光　溜圆　圆润　早霜
晚霜　白霜　冰霜　霜花　银霜　薄霜　霜晶　铺地　层层　清冷　无情
覆盖　布满　挂满　凝结　结成　浓霜　严霜　寒霜　秋霜　白花花　白刷刷
白茫茫　亮晶晶　冷冰冰　光灿灿　白晶晶　毛茸茸　低垂欲滴　湿润柔和
晶莹剔透　晶莹光芒　晶亮透明　珠圆玉润　如同珍珠　清凉如玉　天降甘露
寒气逼人　薄薄玉屑　如盐似雪　如同玉屑　银白一片　银霜满地

烟雾

风烟　烟雾　云烟　烟幕　硝烟　烽烟　香烟　烟柱　青烟　轻烟　烟云
烟霭　炊烟　晨烟　浓烟　黑烟　黄烟　白烟　袅袅　舒卷　缭绕　轻柔
浓烈　滚滚　弥漫　翻滚　呛人　缕缕　盘绕　弯曲　飘展　淡蓝　灰白
银灰　灰黄　雾气　浓雾　薄雾　雾霭　烟雾　云雾　迷雾　大雾　水雾
晨雾　晚雾　暮霭　飘绕　冥冥　淡淡　浮动　散布　浓重　弥漫　浓密
迷漫　翻腾　覆盖　迷蒙　笼罩　沉沉　瓦灰　浓黑　白茫茫　灰蒙蒙
昏沉沉　湿漉漉　袅袅浮起　徐徐上升　笔直向上　缕缕炊烟　滚滚浓烟

冉冉升腾　横卧山间　飘来浮去　烟气腾腾　团团浓烟　青烟缭绕　阵阵白烟
稀薄如烟　轻柔如纱　朦朦胧胧　灰暗浓密　冥冥昏雾　半雨半雾　素淡柔和
遍山弥漫　漫山遍地　飘飘冉冉　若隐若现　似有似无　一片迷茫　悄无声息
虚无缥缈　模糊不清　如烟似雾　漫天大雾　雾气腾腾　轻如薄纱

山　水

山

山岭　巨山　山岳　山峦　山巅　　高峰　奇峰　群山　山脉　青山　苍山
山冈　峰峦　山崖　悬崖　绝壁　　山谷　高峻　高耸　嶙峋　峥嵘　崔嵬
巍峨　矗立　雄伟　青翠　吐翠　　苍翠　光秃秃　冷清清　静幽幽　莽苍苍
突突兀兀　高入云际　高峰插云　直插云霄　拔地而起　一柱擎天　险峻陡立
绝壁如削　壁立千仞　连绵千里　横亘千里　蜿蜒起伏　逶迤连绵　峰峦起伏
若断若连　雄丽多姿　千山竞秀　郁郁苍苍　树木葱茏　林木叠翠　云缠雾绕
忽隐忽现　千山一碧　万山丛中　峰回路转　高山峻岭　崇山峻岭　荒山野岭
巍然屹立　山势险峻　奇峰突兀　青峰独秀　千山万岭　两山对峙　群山环抱
山清水秀　青山滴翠　气势磅礴　山外青山　千山万壑　悬崖绝壁　山路崎岖

石

石崖　石缝　斑驳　嶙峋　嶙嶙　　怪异　细腻　光滑　光泽　古朴　壮美
雄奇　屹立　尖利　斧劈　刀削　　圆润　冰凉　岩石　卵石　礁石　雨花石
大理石　钟乳石　七棱八角　尖角嶙峋　不可名状　奇形怪状　斧削刀劈
洁白如玉　色彩美丽　五色斑斓　花纹奇特　纹理怪异　神奇多采　千姿百态
怪石嶙峋　巨石狰狞　细石鳞鳞　突兀怪异　兀立山巅　百岩争奇　娇小玲珑
精巧细致　雄伟古朴　气势磅礴　奇异光泽　如同春笋　群集成阵　散落滩头
明礁暗岩　盘龙伏虎　珠圆玉润　细腻如脂

海

海洋　沧海　海域　海峡　海浪　　海面　波涛　巨浪　狂涛　浪涛　碧波
涟漪　浪花　洪波　白浪　浩瀚　　辽阔　广漠　茫茫　汪洋　蔚蓝　湛蓝
碧绿　神秘　沸腾　翻滚　咆哮　　宁静　平静　沉静　恬静　酣睡　沉睡
明净　温柔　撞击　奔涌　呼啸　　怒吼　宽阔无际　广阔无边　渺茫无际
无边无垠　碧波万顷　一望无垠　一碧万里　雄伟壮观　气势磅礴　烟气浩渺
水天一色　烟波渺渺　幽深莫测　扑朔迷离　汹涌澎湃　白浪滔天　恶浪冲天
惊涛骇浪　波涛汹涌　风急浪高　风狂浪险　风平浪静　水平如镜　浪花朵朵
水波涟涟　微波不兴　排山倒海　声似奔雷　粼粼碧波　微波荡漾

湖

湖泊　秀美　明秀　清丽　平静　　宁静　静谧　碧绿　清澈　碧蓝　盈盈
沉静　微荡　轻舟　风光如画　景色秀丽　景色宜人　波光潋滟　波光闪闪
波光粼粼　银波泛泛　粼波闪闪　耀金闪银　碧波涟漪　水澄波静　波平如镜
明澈如镜　碧波凌空　一碧万顷　一色澄碧　水花飞扬　万顷烟波　烟水空湖
水天一色　清洁如玉　水势浩渺　水雾满天　碧波荡漾　碧水蓝天　绿水轻舟
长堤翠柳　桥卧平湖　柳岸滴翠　扁舟泛湖

河

江河	河流	洪流	急流	激流	溪流	沟渠	泉水	清泉	瀑布	飞瀑
江涛	堤岸	江畔	江潮	湍急	拍岸	冲击	冲刷	奔腾	奔涌	翻腾
惊涛	急浪	汹涌	恶浪	泡沫	漩涡	飞溅	险滩	细流	浊浪	漂浮
沙滩	帆影	航行	清清	清碧	清澈	黄浊	浑黄	混浊	恬静	安详
汹涌	奔泻	飞流	碧粼粼	碧盈盈	静悄悄	明净净		水波悠悠		水波粼粼
清波荡漾	默默无语	汹涌奔泻		一泻千里	奔流不息		水浪滔滔		袅袅水雾
蜿蜒如带	浪花朵朵	涓涓细流		流水淙淙	汩汩有声		潺潺流水		帆影点点
舟楫如梭	浩浩荡荡	浊浪滔滔		泥沙俱下	大浪淘沙		急流险滩		风急浪高
惊涛拍岸	浪花如雪	惊涛骇浪		白浪滔天	声如雷鸣		大江暴怒		金波灿烂
溪水欢唱	曲曲弯弯	泉水叮咚		飞流千尺	声震山谷		银珠飞溅	

岛

岛屿	沙洲	孤岛	荒岛	小洲	孤寂	孤立	荒凉	荒僻	排列	耸立
安然	顽强	默然	美丽多姿		景色宜人		风光明媚		诗情画意		荒无人烟
渺无人迹	人迹罕至	林木葱郁		野兽出没		禽兽栖息		候鸟乐园

地

陆地	沃野	荒地	荒野	原野	旷野	田野	平原	平野	平川	草原
沼地	沙漠	荒漠	戈壁	沙海	肥沃	肥美	富饶	贫瘠	荒凉	荒芜
荒寂	苍茫	空旷	混沌	沉睡	广漠	莽莽	静穆	茫茫	浩瀚	无垠
空寂	干旱	干燥	绿地	沃土	沃地	大地	一片新绿		渺无人烟
人迹罕至	莽莽苍苍	千古沉沦		荒草萋萋	美丽富饶		不毛之地		锦绣大地
辽阔无垠	广袤无边	一望无边		辽阔无涯	浩茫无涯		绵延千里		平展无边
一碧万顷	阡陌交错	一片油绿		麦浪起伏	坦坦荡荡		波澜起伏		连绵起伏
荒无人烟	人烟荒芜	烟雾迷茫		壮丽锦绣	风光如画	

建　筑

城市、村镇

小城	都会	城池	码头	城镇	集镇	市镇	村镇	乡村	农村	村庄
村落	荒村	山寨	边寨	小镇	重镇	都市	繁荣	繁华	兴旺	热闹
喧闹	嘈杂	古老	新型	宁静	荒僻	偏僻	荒远	边远	冷清	冷落
富饶	富庶	萧条	恬静	幽静	凄凉	衰败	破烂	废墟	欣欣向荣
车马喧嚣	人口密集	人满为患		熙熙攘攘	拥挤不堪		空气清新		风光秀美
四季常青	秀丽如画	依山傍水		绿阴笼罩	山灵水秀		物华天宝		经济发达
文明古老	清洁文明	民风古朴		高楼耸立	车水马龙		古树参天		市场繁荣
交通方便	买卖兴隆	山明水秀		草木苍翠	绿树掩映		茂林翠竹		修竹成行
六畜兴旺	群山环绕	花果满山		山幽路僻	几缕炊烟		一片凄凉		鸡犬相闻
机声隆隆	和平宁静	青堂瓦舍

道路、船、桥

道路	路途	路径	通途	坦途	小径	蹊径	山道	岔路	要道	险路
半道	半途	归途	熟路	近路	歧路	陌巷	弄堂	宽阔	平坦	狭窄

崎岖	弯曲	平展	泥泞	笔直	光滑	光洁	清幽	幽静	喧闹	繁华
空旷	开阔	热闹	拥挤	狭小	阴暗	潮湿	幽暗	灰暗	船舶	船只
扁舟	小舟	大船	轮船	游船	游艇	汽艇	渡船	拖船	龙舟	江轮
客轮	渔船	渔轮	商船	木筏	桥梁	吊桥	天桥	盘回	盘曲	木桥
石桥	竹桥	铁桥	浮桥	铁索桥	立交桥	独木桥	曲折迂回	纵横交错

四通八达　三弯九转　蜿蜒曲折　迂回曲折　坎坷不平　坑坑洼洼　七高八低
年久失修　破败不堪　曲如回肠　又窄又陡　泥浆四溅　肮脏不堪　清静干净
绿树成荫　松柏掩映　铺满落叶　花香四溢　绿阴遮掩　柳絮飞舞　阴影斑斑
落英缤纷　山路蜿蜒　小径弯弯　大路坦坦　车水马龙　人流如潮　万头攒动
人山人海　交通通畅　交通阻塞　拥挤不堪　立体相交　盘旋环绕　庞然大物
万吨巨轮　海上堡垒　雄伟壮观　长虹飞架　气势磅礴　气势雄壮　高大奇伟
精巧玲珑　古朴小巧　一桥飞架　天堑通途　九曲玉桥　坚固美观　气魄宏伟

工厂、工地

厂房	车间	锅炉	烟囱	场地	仓库	宏伟	雄伟	巍峨	宏大	庞大
高大	巨大	宽大	宽敞	喧闹	繁忙	紧张	沸腾	机器轰鸣	机声震耳

白烟滚滚　烟囱林立　铁架矗立　有条不紊　明净清洁　热气腾腾　热火朝天
人来车往　争分夺秒　光焰耀眼　稳稳当当　整整齐齐　紧张忙碌　炉火熊熊
火光闪烁　干劲冲天　技术精湛　心灵手巧　力大无穷　兢兢业业　无私忘我
沉着冷静　高产超产　安全生产　一丝不苟　百年大计　质量第一　优质高产
流水作业　环环相扣　精密仪器　熟练操作　灯火通明　堆积成山　劳逸结合
挥汗如雨　聚精会神　团结协作

楼堂、房屋

楼房	大楼	大厦	楼台	高楼	厅堂	房屋	住宅	宅院	小屋	平房
草屋	茅屋	茅舍	毡房	宿舍	工棚	餐厅	礼堂	富丽堂皇	金碧辉煌

气势雄伟　宏伟巍峨　庄严肃穆　巍然屹立　纤巧精致　古色古香　威严屹立
幽静舒适　光线柔和　宽敞明亮　灯光淡雅　人声嘈杂　谈天说地　灯火通明
设备齐全　笑意融融　热闹非凡　精心布置　光彩夺目　气派不凡　气魄雄伟
金光灿灿　耀眼夺目　朴素大方　典雅美观　别具一格　造型别致　布局巧妙
结构精巧　错落有致　小巧玲珑　油饰一新　焕然一新　雕梁画栋　小院沉沉
破落简陋　乱七八糟　混乱肮脏　不堪入目　荒疏萧条　七零八落　东倒西歪
拔地而起　巍巍壮观　设计新颖　装潢讲究　歪歪扭扭　摇摇欲坠　低矮潮湿
拥挤不堪　挤挤巴巴　空空落落　纤尘不染　窗明几净　杂乱无章　素净清雅
井然有序　荒草丛生　满目荒凉　花草凋零

学校、园林

小学	校园	校舍	教室	操场	花坛	课堂	桌椅	国旗	红旗	墙报
壁报	花园	草坪	院落	整齐	整洁	寂静	干净	舒畅	喧闹	鲜明
翠绿	雪白	鲜红	朗朗	清脆	欢唱	幽静	严肃	悦耳	热闹	安静
亭台	宁静	安详	可爱	温暖	温馨	和谐	书声琅琅	鲜花盛开

国旗飘扬　绿草如茵　美丽喜人　百花盛开　百花争妍　鲜花似锦　繁花绿树
奇花异草　花红柳绿　满树红花　花树簇簇　曲径通幽　长廊曲回　心旷神怡

春色迷人	春光明媚	柳暗花明	美不胜收	一片碧绿	碧草如茵	芳香四溢
赏心悦目	小溪流水	泉水叮咚	小河古树	翠竹红梅	苍松翠柏	蝶舞蜂忙
池清水秀						

第四节　写活动

写活动类的作文重点是写活动的过程和场面，同时也要写人物在活动中的感受，具体来说应注意以下几点：

1. 要把活动的时间、地点、参加人员交待清楚。

2. 应按照活动的先后顺序，把活动的经过写具体。

3. 应"点""面"结合，有详有略。"面"指活动的全过程和总场面。"点"是指活动过程中最关键的阶段，最精彩的场面，最突出的人物，这些内容应详写，其他内容可以略写。

4. 对于表演性或竞赛性活动，除写好参加人员的活动外，切不可忘了还有许多观众，应写好观众的不同反映。

5. 在记叙活动经过时，在关键地方要适当加上一些议论和抒情，突出人物感受，以起到画龙点睛的作用。

教　育

教育	感化	教诲	启蒙	传授	示范	开导	诱导	启发	启示	启迪
指点	指导	点拨	提醒	引导	指引	修养	陶冶	感染	管教	教养
管束	教训	训导	训话	警告	告诫	授课	讲授	讲解	考查	会意
深奥	精深	奥妙	奥秘	协调	融洽	周详	友善	渊博	团结	紧凑
连贯	扼要	概括	简明	详细	详尽	透彻	平淡	广博	贫乏	
动人	感人	有趣	风趣	诙谐	幽默	乏味	无味	强烈	奇怪	奇异
新奇	奇妙	奇特	神奇	鲜明	醒目	显眼	触目	得体	谆谆教导	
循循善诱	诲人不倦	口传心授	言传身教	代代相传	现身说法	指引方向				
因势利导	乐育英才	真心实意	诚心诚意	实事求是	名不虚传	名副其实				
名实相符	绘声绘色	栩栩如生	博大精深	一字千金	百听不厌	余音绕梁				
数一数二	名列前茅	不同凡响	与众不同	不拘一格	别具一格	只可意会				
不可言传	华而不实	纸上谈兵	不着边际	空空如也	空洞无物	无微不至				
无可非议	无可指责	无可争辩	头头是道	差之毫厘	谬以千里	一语道破				
一针见血	切中要害	错误百出	漏洞百出	鞠躬尽瘁	入情入理	合情合理				
理所当然	情理之中	动之以情	晓之以理	名正言顺	理直气壮	义正词严				
振振有词	顺理成章	言之成理	理屈词穷	岂有此理	莫名其妙	生搬硬套				
牵强附会	削足适履	声泪俱下	情真意切	娓娓动听	不讲情面	毫不留情				
雷厉风行	耐人寻味	言外之意	默默无闻	体贴入微	依依不舍	不厌其详				
淋漓尽致	扣人心弦	感人肺腑	引人入胜	沁人心脾	振奋人心	妙趣横生				
妙语如珠	津津有味	引人注目	不言而喻	言之有理	任劳任怨	语重心长				

学 习

攻读　拜师　模仿　效仿　仿效　仿照　效法　阅览　默读　朗读　精读
泛读　通读　查阅　吟诵　背诵　临池　抄录　临摹　临帖　记录　速记
附记　释疑　注释　摘录　引用　参阅　参考　分析　辨析　剖析　推敲
琢磨　斟酌　研究　钻研　研讨　探究　探索　探讨　分类　归纳　概括
综合　总结　推理　类比　勤学苦练　千锤百炼　勤工俭学　取长补短

囫囵吞枣　不求甚解　鹦鹉学舌　东施效颦　邯郸学步　照猫画虎　亦步亦趋
过目成诵　引经据典　条分缕析　字斟句酌　去粗取精　去伪存真　举一反三
触类旁通　咬文嚼字　寻根究底　勤奋刻苦　深入钻研　潜心钻研　发奋攻读
琅琅书声　专心致志　聚精会神　全神贯注　如饥似渴　专心一意　心无二用
虚心请教　谦逊好学　好学不倦　孜孜不倦　学而不厌　手不释卷　笨鸟先飞
勤能补拙　勤学好问　不耻下问　质疑问难　一丝不苟　精益求精　生搬硬套
心不在焉　悉心揣摩　相互切磋　博览群书　日积月累　循序渐进　温故知新
融会贯通　顿开茅塞　豁然开朗　滚瓜烂熟　熟能生巧　运用自如　学以致用
一心一意　专心专意　精雕细刻　深思熟虑　冥思苦想　有始有终　持之以恒
一清二楚　废寝忘食　水滴石穿　积少成多　生吞活剥　断章取义　望文生义
死记硬背　张冠李戴　蜻蜓点水　半途而废　浅尝辄止　一曝十寒　一知半解
浮光掠影　好高骛远　才疏学浅　不学无术　乱七八糟　支离破碎　乐在其中

写 作

著作　创作　编写　撰写　编著　笔耕　起草　草稿　执笔　完稿　交稿
编造　虚构　编辑　编排　摘录　修改　修正　修饰　改动　涂改　更正
指正　删改　删除　修订　订正　删去　描述　佳作　新作　文章　作品
手法　简洁　生动　鲜明　通顺　流畅　朴实　精彩　隽永　深刻　精炼
洗练　轻松　活泼　生涩　铎利　犀利　尖刻　抒情　优美　感人　凄婉
悲壮　悲凉　真实　虚假　真切　逼真　巧妙　精辟　粗劣　独特　透彻
实事求是　中心明确　重点突出　结构合理　语言通畅　栩栩如生　一字千金
妙笔生花　一挥而就　言之无物　东拉西扯　结构严谨　有声有色　图文并茂
跃然纸上　耐人寻味　生动细腻　层层深入　平铺直叙　繁简相宜　独出心裁
风格奇特　洋洋万言　空洞乏味　结构散乱　扣人心弦　下笔有神　一望而知
细细品味　形象鲜明　情节简洁　结尾精彩　标点准确　卷面整洁　字迹工整
画蛇添足　语句不通　词语生硬　莫名其妙　极有文采　才华过人　充满哲理
感人至深　催人泪下　妙手文章　含义深刻　忍俊不禁　有血有肉　环环相扣
语重心长　回味无穷

绘 画

图画　描画　描绘　写生　点染　丹青　勾勒　勾画　着色　设色　渲染
白描　写意　烘托　素描　速写　画卷　构图　笔墨　山水　花鸟　人物
风景　静物　崭新　新奇　绝妙　绮丽　优美　生动　真切　真实　逼真
乱真　传神　形似　神似　失真　精美　高超　超群　明快　潇洒　深远

细致　著名　醒目　天然　自然　　沉重　轻浮　引人　感人　惟妙惟肖
活灵活现　栩栩如生　呼之欲出　　以假乱真　完美无缺　妙不可言　白璧微瑕
有目共赏　交口称赞　鬼斧神工　　巧夺天工　出神入化　神乎其神　一塌糊涂
首屈一指　名列前茅　不同凡响　　见所未见　与众不同　一挥而就　破绽百出
漏洞百出　似是而非　改头换面　　力透纸背　笔走龙蛇　价值连城　气势磅礴
宏伟壮观　气象万千　诗情画意　　浓淡相宜　色彩浓重　笔墨淡雅　笔墨酣畅
东涂西抹　刷刷几笔　凝神挥笔　　寥寥数笔　十日一山　五日一水　色彩艳丽
别具一格

体　育

训练　操练　锻炼　锤炼　磨炼　　培养　扶植　造就　比赛　竞赛　比试
较量　交锋　田径　球类　争夺　　交替　喝彩　助威　失利　绝招　拼搏
夺魁　冠军　夺标　锦标　比分　　拼抢　暂停　舒展　安然　忙碌　冒失
莽撞　轻率　老练　沉着　熟练　　精干　生龙活虎　斗志昂扬　精神抖擞
全力以赴　身强体壮　摩拳擦掌　　实力雄厚　斗志旺盛　奋斗拼搏　勇猛顽强
敢打敢拼　沉着应战　激烈争夺　　你追我赶　你来我往　难分难解　胜负难测
毫不示弱　不甘示弱　急起直追　　万马奔腾　龙腾虎跃　气氛紧张　快速进攻
灵活多变　以逸待劳　不慌不忙　　两军相峙　不相上下　棋逢对手　将遇良才
一鼓作气　连续进攻　稳扎稳打　　讲究战术　配合默契　得心应手　一马当先
士气高涨　究追不舍　千钧一发　　转危为安　化险为夷　长驱直入　稳操胜券
首战告捷　再传捷报　捷报频传　　万众欢呼　掌声雷动　如醉如痴　节节胜利
比分拉开　打破纪录　金牌得主　　屈居第二　进攻不利　盲目轻敌　准备不足
仓促上阵　临阵磨枪　指挥有误　　紧张局促　进攻不利　防守不严　阵脚紊乱
被动挨打　节节败退　痛失良机　　连连失利　一筹莫展　闭目凝思　悲惨教训
再接再厉　东山再起　刻苦训练　　自强不息　冲出亚洲　走向世界　锻炼身体
建设祖国　保卫祖国　更高更强　　团结进步　增强体质　振奋精神　东亚病夫
东方巨龙

文　艺

演出　表演　汇演　演唱　演奏　　排演　排练　扮演　化装　装扮　摄影
拍摄　广播　播映　歌声　舞蹈　　吹奏　歌曲　齐唱　轮唱　歌唱　舞姿
动作　舞步　身姿　曲调　嗓音　　弹奏　乐曲　琴声　笛声　锣鼓　伴奏
独唱　话剧　戏曲　戏剧　曲艺　　说唱　音乐　舞台　纵声歌唱　引吭高歌
高歌入云　自然流畅　行云流水　　饱含激情　轻松活泼　热情奔放　雄浑悲壮
甜润悦耳　委婉动人　粗犷嘹亮　　激越雄壮　深沉有力　清脆入耳　婉转悠扬
优美动听　甜美抒情　沙哑尖利　　不堪入耳　怪腔怪调　矫揉造作　令人心碎
催人泪下　轻松自如　音色甜美　　声情并茂　节奏鲜明　旋律优美　歌声飞扬
高歌一曲　赏心悦目　耳目一新　　娓娓动听　如泣如诉　轻盈潇洒　婀娜多姿
轻歌曼舞　翩翩起舞　载歌载舞　　翩跹起舞　翩然起舞　婆娑起舞　缩手缩脚

生 活

起居	居住	谋生	安身	寄居	聚居	落户	住宿	停留	迁移	迁徙
度过	经历	自立	流浪	投靠	奔走	奔波	奔忙	操劳	抽空	发奋
奋发	奋起	奋斗	斗争	努力	自勉	自强	继承	发扬	从事	投入
出席	担负	承担	承受	肩负	担任	充当	兼任	采集	收集	挑选
选择	使用	应用	利用	采用	计算	合并	分开	平均	停歇	乘凉
纳凉	疗养	保养	整理	料理	携带	躲藏	寻找	储蓄	点燃	加热
烹饪	品尝	用餐	蔬菜	会餐	敬酒	游戏	游览	消遣	出错	改正
衣食住行	安家立业	无处安身		安居乐业	安家落户	虚度光阴	蹉跎岁月
自食其力	自给自足	无所事事		不劳而食	各尽所能	流离失所	投亲靠友
艰苦奋斗	埋头苦干	奋发图强		自强不息	苟且偷生	大显身手	解甲归田
肩负重担	重任在肩	改过自新		浪子回头	赡养父母	繁荣兴旺	繁荣昌盛
热火朝天	人欢马叫	欣欣向荣		百废俱兴	蒸蒸日上	气象万千	忙忙碌碌
披星戴月	日理万机	舒舒服服		安然无恙	一路平安	一帆风顺	生活甜蜜
幸福美满	人寿年丰	花好月圆		丰衣足食	小康人家	相互体谅	融洽节约
精打细算	细水长流	省吃俭用		克勤克俭	反对浪费	珍惜粮食	绰绰有余
窗明几净	不吵不闹	幸福生活					

劳 动

建造	修筑	施工	安装	粉刷	油漆	装饰	制造	修理	制作	铸造
电镀	纺织	编织	印刷	装订	测量	开采	灌溉	防洪	垦荒	种田
耕耘	选种	播种	栽培	种植	施肥	锄草	收割	打猎	捕鱼	饲养
放牧	擦洗	搬运	勤恳	勤劳	勤快	辛勤	劳累	辛劳	实干	苦干
巧干	瞎干	蛮干	主动	肯干	持久	耐心	急躁	能干	老练	消极
大刀阔斧	干脆利落	百折不挠		笨头笨脑	蒙头转向	糊里糊涂	头脑灵活
随机应变	见机行事	精明强干		游刃有余	多才多艺	以一当十	干劲冲天
知难而进	力争上游	再接再厉		吃苦耐劳	不辞辛苦	任劳任怨	废寝忘食
笨鸟先飞	有志竟成	夜以继日		日以继夜	争分夺秒	分秒必争	见缝插针
坚持到底	持之以恒	有始有终		善始善终	自始至终	始终如一	一丝不苟
呕心沥血	四平八稳	脚踏实地		不厌其烦	煞费苦心	埋头苦干	全心全意
辛辛苦苦	勤勤恳恳	兢兢业业		起早摸黑	不遗余力	竭尽全力	全力以赴
小心翼翼	力所能及	披星戴月		热火朝天	快马加鞭	热忱负责	忘我工作
雷厉风行	一鼓作气	扎扎实实		井井有条	争先恐后	汗流浃背	生龙活虎
马不停蹄	齐心协力	马到成功		虎头蛇尾	有始无终	前功尽弃	拖拖拉拉
松松垮垮	粗心大意	粗枝大叶		马马虎虎	挑挑拣拣	挑三拣四	拈轻怕重
丢三落四	因循守旧	碌碌无为		一事无成	愣头愣脑	困难重重	接受教训

变 化

变动	转变	变更	扭转	转移	变幻	演变	演化	巨变	突变	渐变
循环	改变	更改	改动	改换	更换	变换	轮换	替换	交换	扩大

壮大	扩充	扩展	放大	膨胀	蔓延	伸长	延长	收缩	缩小	压缩
增多	增加	增大	添加	增添	猛增	增补	补充	弥补	减少	削减
上升	提高	下降	上涨	降落	下落	提前	推迟	加快	放慢	抓紧
放松	好转	改进	恶化	更新	复旧	前进	后退	千变万化	瞬息万变

变幻不定	变幻莫测	变化多端	摇身一变	日新月异	今非昔比	急转直下
面目全非	改天换地	移风易俗	改弦更张	改朝换代	队伍壮大	扩大范围
热胀冷缩	发扬光大	与日俱增	有增无减	每况愈下	锦上添花	云卷云舒
快马加鞭	变本加厉	转祸为福	雨过天晴	转危为安	化险为夷	绝处逢生
死里逃生	枯木逢春	面目一新	焕然一新	万象更新	破旧立新	除旧布新
推陈出新	吐故纳新	整旧如新	此起彼伏	时光流逝	春去秋来	寒来暑往
年复一年	循环往复	周而复始	水到渠成	一鸣惊人	循序渐进	由浅入深

第五节　其它

　　所谓其他，范围很广，可以是颜色，也可以是味觉；可以是自然风光，也可以是心理感受；如此等等，不一而足。

　　所以要具体地谈如何写，这做不到，但有一点那就是要抓住你所表达的东西的特点——有别于其他东西的特点。将这些特点描写出来，就能给人鲜明的印象，使你所要表达的东西历历在目。

颜　色

红色	鲜红	血红	火红	朱红	猩红	殷红	嫣红	嫩红	浅红	粉红
淡红	桃红	肉红	正红	大红	绯红	品红	绛红	深红	暗红	橘红
杏红	枣红	紫红	水红	藕色	黄色	淡黄	嫩黄	鹅黄	米黄	橘黄
杏黄	橙黄	金黄	正黄	土黄	浅黄	苍黄	昏黄	焦黄	枯黄	豆绿
绿色	碧绿	青绿	翠绿	油绿	鲜绿	嫩绿	浅绿	淡绿	葱绿	深绿
墨绿	暗绿	草绿	蓝色	蔚蓝	天蓝	碧蓝	青蓝	宝蓝	浅蓝	淡蓝
深蓝	湛蓝	藏蓝	淡青	深青	黄白	白色	洁白	雪白	纯白	粉白
乳白	苍白	惨白	煞白	刷白	花白	斑白	银白	灰白	黑色	纯黑
墨黑	漆黑	乌黑	黝黑	焦黑	紫色	浅紫	雪青	青莲	深紫	绛紫
酱紫	青紫	赭色	棕色	酱色	驼色	褐色	茶色	淡赭	浅棕	红赭
赤褐	红褐	藕荷色	玫瑰红	西洋红	杜鹃红	红彤彤	红扑扑	红艳艳
黄灿灿	黄澄澄	柠檬黄	蓝盈盈	蓝晶晶	蓝湛湛	蓝莹莹	苹果绿
橄榄绿	鹦哥绿	绿盈盈	绿茸茸	绿油油	白花花	白晃晃	白净净
白茫茫	黑油油	黑黝黝	黑漆漆	黑糊糊	黑溜溜	葡萄紫	咖啡色
茶褐色	古铜色	浅灰色	灰溜溜

味　道

甜

甘甜　香甜　甜美　甘美　甜如蜜　甜丝丝

酸

辛酸　醋酸　酸溜

苦

溜苦　辛苦　苦涩　苦如黄连

辣

辛辣　麻辣　甜辣　酸辣　辣丝丝　辣糊糊

咸

苦咸　咸涩

腥

腥气　腥味　土腥味　腥臊味

香

喷香　芳香　清香　馨香　异香　浓香　幽香　奇香　甜香　淡香　暗香
芬芳　酒香　花香　土香　书香　墨香　香气扑鼻　芳香扑鼻　缕缕清香
清幽淡雅　沁人心脾　清淡温馨
浓烈醉人　醇美浓郁　幽香浮动

臭

腥臭　恶臭　口臭　腋臭　狐臭　臭烘烘　臭呼呼　臭糊糊　臭气冲天
臭味扑鼻　臭不可闻　臭气熏人　臭不可当　臭味难闻

声　音

声响　响声　声息　乐声　噪声　鸟鸣　回声　水声　浪涛　琴声　钟声
锣声　鼓声　枪声　炮声　掌声　人声　鼾声　话声　嗓音　哀嚎　嚎叫
歌声　号声　潺潺　淙淙　叮咚　凄惨　哗哗　激越　柔和　悠悠　呜咽
悠扬　动听　悦耳　哀婉　洪亮　隆隆　嘈杂　喧闹　刺耳　尖利　密集
沉沉　沉闷　轻轻　悄悄　清脆　高亢　雄浑　均匀　爽朗　朗朗　浑厚
苍老　嘶哑　沙哑　凄厉　哈哈　嘿嘿　嘻嘻　呜呜　汪汪　哞哞　喵喵
喔喔　咕咕　咯咯　唧唧　呼呼　淅沥　轰隆　叮当　沙沙　嗒嗒　突突
扑棱　嘟嘟　扑腾　乒乓　砰砰　咔嚓　嘎巴　扑哧　呱呱　哗啦　呼哧
呼噜　机器声　汽笛声　鞭炮声　轰鸣声　口号声　脚步声　马蹄声　欢笑声
悦耳动听　清脆甜润　浑厚动听　轻柔婉转　字正腔圆　抑扬顿挫　节奏鲜明
爽朗动人　流畅悠扬　此起彼伏　震撼人心　经久不息　娓娓动听　余音绕梁
如丝如缕　声如洪钟　响彻云霄　细声细气　不绝如缕　声如银铃　清朗圆润
锣鼓喧天　鞭炮齐鸣　高亢激越　低回委婉　深沉有力　断断续续　震耳欲聋
隆隆不断　尖利刺耳　凄切哀婉　如泣如诉　声泪俱下　朗朗笑声　铿锵有力
回响共鸣　叽里呱啦　叽叽嘎嘎　喊喊喳喳　叽里咕噜　滴滴答答　哗啦哗啦
乒乒乓乓　劈里啪啦　劈劈啪啪　轰轰隆隆　哎哟哎哟　咔嚓咔嚓

疾　病

病症　病痛　毛病　急症　绝症　瘟疫　内伤　外伤　创伤　烧伤　肿瘤
冻疮　疼痛　剧痛　伤口　病体　痼疾　瘫软　瘫痪　憔悴　致命　疾病缠身

久治不愈　不死不活　来势凶猛　救治无望　治疗无效　衰弱无力　面容憔悴
鲜血直流　血肉模糊　红肿化脓　腐烂发臭　隐隐作痛　日益恶化　高烧不退
浑身火烫　忽冷忽热　迷迷糊糊　口吐鲜血　过度疲劳　积劳成疾　昏迷不醒
呻吟不止　痛苦不堪　渗不忍睹　天旋地转　一阵眩晕　眼冒金星　耳聋眼花
疼痛钻心　针灸服药　打针吃药　立竿见影　妙手回春　回春有术　抢救得法
恢复健康　大病初愈　加强锻炼　增强体质　讲究卫生　救死扶伤　人道主义
病入膏肓

火、光

大火　野火　篝火　火焰　火花　烈火　火海　猛火　烟火　烽火　战火
炮火　火网　灯火　鬼火　焰火　火光　磷火　火龙　烈焰　火星　火苗
火舌　火势　强烈　凶猛　跳动　闪动　乱窜　蔓延　熊熊　冲天　狂喷
飞腾　进发　燃烧　燃起　猛烈　回旋　火炬　淡紫　橘红　光晕　光泽
阳光　月光　星光　灯光　霞光　光环　光圈　光束　光彩　反光　晨光
光柱　火光　闪光　放光　发光　强烈　柔和　柔弱　微弱　耀眼　刺目
夺目　灿烂　绚丽　隐约　昏黄　辉煌　迷离　阑珊　缕缕　金色　金黄
光线　光亮　亮光　光明　光芒　烈火熊熊　冲天大火　火龙飞腾　金蛇狂舞
摇曳不定　跳动不停　摇摇晃晃　风助火势　火借风威　烈焰腾腾　冲天而起
满天火红　火舌乱舐　火势凶猛　四下蔓延　浓烟烈火　烽火狼烟　鬼火闪烁
磷火闪闪　点点火星　漫山大火　放火烧荒　火光一片　灯火辉煌　战火纷飞
炮火连天　一片火网　刀山火海　篝火熊熊　火花四射　高举火炬　引火烧身
火上加油　火烧眉毛　火烧火燎　火树银花　火龙飞舞　火中取栗　隔岸观火
火光冲天　死灰复燃　火灭烟散　星星之火　可以燎原　鲜艳夺目　满屋通明
五彩鲜明　柔和悦目　光芒万丈　光辉灿烂　永放光芒　强烈刺眼　晨光熹微
霞光万道　灯光明亮　月光如水　晃动不已　摇曳不定　微弱可见　依稀可辨
刺破黑暗　令人目眩　若隐若现　明灭不定　忽明忽灭　忽明忽暗　熠熠闪光
冲天光柱　一片灯海　灯火辉煌　电光一闪　星星点点　灯火阑珊　无精打采
光环璀璨　玉石光泽　闪闪放光　闪闪烁烁　明明灭灭　一片光明　光焰万丈
光芒四射　光辉耀眼　灿烂夺目　眼花缭乱　一丝亮光　红光闪闪　一道蓝光
阳光灿灿　光照人间　照亮人间　五光十色　野火烧不尽　春风吹又生

第二章　写作综合能力

第一节　观　察

"没有什么可写的。"不少同学在写作文时，爱这样发牢骚。

为什么会觉得没有什么可写的呢？关键是我们平时对生活观察得很不够仔细。有的同学认为，天天如此，没有什么可观察的，也有的同学没有掌握观察的要领，不知道怎么观察。还有的甚至连什么是"观察"都不清楚。如果问他什么是观察，他说："就是认真看呗！"总之，不观察，不会观察，不懂得什么是观察，脑子里总是空空的，难怪写作文时总是没有材料。

"年年岁岁花相似，岁岁年年人不同。"我们处在相对变动的人和事中，必须提高自己的观察能力。有一位作家说得好："在走熟了的路上，每天找出一点自己没有注意到的特征；用文字给自己周围的人画像，要画出别人没有看到的特色来；对一处大家看惯了的景色，用别人没说过的话把它写出来，而且不走样。"

那么，怎样进行观察，才会有较为充实的作文材料呢？

（1）"观察"不等于"看"而是包括"看"。观察是了解事物的过程，必须动用多种器官，除了眼看，还包括耳朵听、鼻子闻、嘴尝、手摸脚踩，用身体进入环境，还得用心去认真体会，也就是用脑子把得到的材料综合起来。

（2）观察任何事物都要有目的。在观察某一具体事物前，应该想好需要了解什么。例如，《挑山工》的作者在登泰山时，看到挑山工挑着重物，走的路比游人大约多一倍，可花的时间并不比游人多。于是他主动去跟挑山工攀谈，了解到他们没有捷径，只是一心向着目标步步踩实一个劲儿往前走，从而受到了启发，写出了富有哲理的文章。目的明确，"熟视"的事物才能"有睹"，也才能成为写作的材料。

（3）观察要有顺序。例如，一位同学写的《落叶》中有这样一段话："杨树的落叶已经失去了往日的光泽，不过叶面仍是绿色的，只是暗了些，叶子的背面是灰白色的。早落下来的杨树叶已经变成枯黄色或浅棕色了。由于失去了水分，落叶已不那么平整，边缘都向里卷着，而且变得很脆。"小作者是按顺序并细致地观察了落叶：先说刚落下不久的树叶，介绍完正面的颜色后再说背面颜色，接着再说早落下的树叶的颜色和形状。这就告诉我们：观察事物必须有一定顺序，这样才会看得清楚、细致、深入，写起来才会有条理。

（4）必须掌握了事物的特点，才能真正认识事物。例如，一位同学写她的好朋友很诚实：那天，我俩都起晚了，跑到学校时已经上课了。老师看着我俩，不用说，准得挨批。我急忙假咳了几声，说："我病了，可怕缺课还是来了。"老师表扬我"精神可嘉"。可她却说："我睡过头儿了……"老师严肃地说："就知道睡懒觉，写份检查！"后来，我埋怨她："你就不会编个理由？真傻！"她眨了眨眼，说："事实就是那样，为什么要做骗子——骗人家是骗自己的骗子？"

不难看出，作者是抓住了能表现好朋友特点的事，因此能使读者感到真实、亲切、具体。

下面介绍几种观察方法：

（1）定序观察：就是按一定顺序逐一观察。例如，《高大的皂荚树》是按春、夏、秋、冬的时间顺序，《海滨小城》是按海滨、小城的方位顺序等等。有时，同一种事物，可以把几种顺序结合在一起观察。如《课间半分钟》是按照东墙边、球台左边、西墙边、操场中间的方位顺序和打乒乓球、爬竿、丢沙包的分类顺序。定序观察，不但适用于观察人物活动，而且也适用于观察事物。

（2）移位观察：就是在观察时不断改换观察的位置。

如《颐和园》，作者通过观察位置的变化，按照进门、长廊、万寿山、昆明湖及十七孔桥的顺序，展示出颐和园的美丽风姿。

（3）分类观察：就是按照一定的标准，分门别类地观察。

如《趵突泉》，按照大泉、小泉分类观察。观察时要注意每一类事物的特征和整体特征的关系，尽量做到和谐一致。

（4）短期观察：用来观察发展较快、过程较短的事物。

如《海上日出》，全文描写了短期观察海上日出的全过程。这种观察所用时间不长，而事物又不断变化，所以要选好观察点，以便看清变化的全过程及每一阶段的细微变化，还要注意事物变化的阶段性，即开始、中间、最后各是什么样，还要把精力放在重点上。

（5）瞬间观察：许多明显的丰富多彩的景象往往在一瞬间急剧发生变化，因此要注意事物变化前的先兆，要把所有感官调动起来，要仔细观察急剧变化的瞬间周围事物的景象和反应，如形状、姿态、声响和气味等。

（6）点面观察：就是在复杂的观察对象中选取一个或几个既能体现共同特点，又具有鲜明个性特征的部分，作为重点观察对象，以点带面。

如《放风筝》中放飞大蜻蜓的部分，就是"点"，其他部分则是"面"。观察时首先要注意全貌，对所选取的点要认真观察，要善于发现新奇的部分。

此外还有静态、动态、比较等观察方法。

第二节 审 题

作文审题口诀歌

作文审题作用大，首先体裁要定下；
再抓关键字和词，确定重点别瞎抓。
选材范围考虑好，事例平凡意义大；
写作方法选恰当，区别人称我你他。
议论文有三要素，论点论据和论法；
时地人事四要素，记叙文章不能差。
如果你要自拟题，标题力求准新雅。
审好题目动笔写，一挥而就笔生花。

对于教师布置的作文题目，在写作前要进行审题，领会出题的意图。有的小学生写起作文来，洋洋千言，却离题万里，这是没有很好审题的结果。为了防止"跑题"，这里介绍两种常用的审题方法。

（1）补充审题法

把作文的题目限制在一个较小的范围，就是补充审题法。如作文题是《可敬的人》，你写的时候可以写《一个可敬的人——我的老师》，或写得更细：《一个可敬的人——我的语文老师》，如果你把《可敬的人》写成无数个英雄群像或许多好人好事的总汇，就容易杂乱无章，缺乏可读性。

（2）分析审题法

就是从题目的语言文字上去研究，吃准它的题外之意。有的文章题目只有一个字，如鲁迅先生的《药》，写华老栓用馒头去沾被反动派枪杀了的革命党人夏瑜的血，然后用这人血馒头当药治他儿子的病，写出了辛亥革命失败的根本原因是脱离群众，文章暗示了只有广泛宣传革命，才是医治旧中国的良药。又如一篇《路》，写作时应分析一下，路有正路和歧路之分，也有弯路和直路之分，前者可写思想、品行，后者可写攀登科学高峰的道路，如果你去写公路、街道就未免太肤浅了。有时题目是一个词、短语或句子，那么分析的重点应放在语句中的动词上，如《爸爸的咳嗽》一文，把重点放在"咳嗽"上，第一层写东南风来了就咳嗽；第二层写东南方有个硫酸厂，引起了爸爸的咳嗽；第三层呼吁全社会都来重视环境保护，加强环境治理，让爸爸不再咳嗽了。层层递进，言简意赅。

第三节 选 材

选材要紧紧围绕文章的主题，并不是越多越好，关键在于能说明问题，以小见大。因此，不管是文字也好，数据也好，表格也好，图形也好，凡是有用的，都应选取作为作文素材。下面介绍两种常用的选材方法。

（1）典型选材法

在众多的写作素材中，选取最能反映事物客观本质的材料作为重点写作对象的一种方法。如写一个人，社会上有各种各样的人，你要选一个有代表性的人，即使写坏人，也要写一个有代表性的坏人。这里不是不能写普通人，写普通人，要把这个人能代表一群普通人的特征写出来。具体写起来，要防止面面俱到，什么都写，什么都不典型。写事物也一样，选了典型的事或物，要让它为主题服务，借物件烘托出人物的形象，如《金色的鱼钩》一文，写红军长征过草地时，老炊事班长把缝衣针弯成鱼钩，钓鱼给病弱的小战士吃，自己却饿死在茫茫草地的真实故事。文章使读者看了潸然泪下，明白了这不是一个普通的鱼钩，它"永远闪烁着灿烂的金色的光芒"！小小鱼钩令人肃然起敬，其中就有典型选材法的功劳。

（2）材料铸合法

把原始的、分散的素材综合起来，进行有机的"熔铸"，使之成为一个整体。如把分散在几个人身上的优点合到一个人的身上，可以塑就一个好人形象，把一个人在不同时期做的一些相关的事，根据作文题目的要求写在一起，就能突出这个人的生动形象。如《少年闰土》中，写闰土"捕鸟"、"看西瓜地的危险经历"、"海边捡贝壳"等等，给少年鲁迅带来了许多新鲜事，借此描写闰土作为海边农村少年的天真与淳朴。运用材料铸合法，所铸合的材料，在内容上要有一定的联系，同时可以对原材料进行必要的加工。

在使用以上两种选材法时，还可以同时结合这两种方法，即在使用材料铸合法时，选择其中最典型的材料深入地展开写，其他材料一笔带过，该详写时详写，该略写时略写。因此在正式写作前，对详写的材料应尽可能多掌握一些。

第四节 构 思

小学生写作文一般不要求虚构，但不等于说不要构思。一篇好的文章，少不了精心的构思。构思是写作以前，根据题目的要求，通过观察、审题、选材三个环节之后所打的腹稿。构思的目的是使文章有较为明确的主题思想，有一定的逻辑层次，是写作前所作准备工作最重要的一道环节。构思有许多种方法，因题而异。

（1）悬念构思法

在写人或叙事作文中，用平铺直叙的方法写出来的东西往往流于一般，不生动，不精彩，可读性差。如能在文章的开头先设下一个悬念，然后围绕这个悬念一层层地写，就能吸引读者往下看，在结尾处再解开这个悬念，这篇文章就不一般了。如《魔鬼三角洲的秘密》这篇科普读物，开头先写有多少多少架飞机和海船葬身此地，给读者以神秘的感觉，引起你往下读的兴趣，然后再用地球磁场和太阳聚焦等科学推测来逐一解释其中原因，使人看了这篇文章后不但没有感到自然科学的枯燥，而且增长了见识。悬念构思法往往开头设问，结尾回答问题，前后相呼应。

（2）连锁构思法

世上各种事物往往存在着一定的内容或形式上的联系，写作者要通过一定的想象和分析，利用扩散性思维对某种特定的对象进行联想和对比，抓住特征加以统筹构思。这种方法一般适用于以字、词或短语作为题目的文章。如《数星星的孩子》，描写我国汉代著名天文学家张衡童年时的一个故事，没人知道张衡小时候是否数过星星，但为了低年级小学生能了解张衡这个历史人物，作者用连锁构思法编了这么一个"数星星"的故事，深入浅出，使小读者对张衡的形象难以忘怀。

（3）一波三折法

利用特定事件的产生、发展、高潮、低谷、结果，用抑扬顿挫的手法写出其曲折过程。这种构思方法可用于写人，也可用于抒情。如《晏子使楚》，说的是春秋末年，齐王派矮个子晏子出使到楚国，几番被楚王嘲弄，晏子利用三寸不烂之舌驳得楚王无地自容：晏子初到楚国，楚国见他矮小，不开城门，让他钻狗洞，晏子说，到狗国才钻狗洞，胜了一招；进而楚王又说，齐国真是没人了，派这么矮的人当大使，话题还是在"矮"字上做文章，读者真替晏子捏了把汗，不料晏子从容地说，齐国的规矩是到上等国家出访，用有用之人，到下等国家出访用我这样无用的人也就足够了，此言一出，楚王只有陪笑的份；楚王不甘心输给区区一个士大夫，又授意手下带一犯人经过晏子面前，并说这个强盗是齐国人，借此让晏子失面子，晏子凭着丰富的阅历和聪明的头脑，以橘子为喻，说明水土环境对橘子生长的影响，然后话锋一转，说齐国的百姓个个都安居乐业，到了楚国就做了强盗，那是像橘子一样，是楚国的水土条件使这个人做强盗的。语到之处，精彩之极。通篇文章不长，却一波三折，读后令人拍手叫好。

（4）主线展开法

写文章前，先分析什么是重点，然后抓住重点做文章进行展开，把重点的东西作为主线来写，可以是明线，也可以是暗线，这种围绕主线做文章的构思方法就是主线展开法。如冰心的《小桔灯》，文章紧紧抓住小道具——把橘子镂空后用整桔皮做的灯——贯穿全文，使人觉得这篇文章结构严谨，条理清楚。

（5）欲扬先抑法

写人或事，先贬低，而后再见其高大，那人或事则更大。这种构思方法称为欲扬先抑法。这种方法是以"抑"衬"扬"，所以要有对照，在篇幅安排上要注意"抑"的部分少写些，"扬"的部分多写些，"抑"是手段，而"扬"才是目的。写一个小朋友怎么怎么好，不妨先写他从前的一些不好的东西，然后再写他的转变，这样写来就能令人物形象真实可信，当然，也不必造出些不好的东西来瞎写，重要的是以生活为素材，实事求是地写。

第三章　写作基本功

小学生要苦练写作基本功，才能写出好作文。字、词、句、段、篇，无一不包含着写作功底。有时一篇文章，往往只要有几个字用得不恰当，就不能成为一篇好文章。作文基本功包括很多内容，主要的有遣词、造句、段落、立意、谋篇。下面分别加以介绍。

第一节　遣　词

通过看一篇作文中用词的准确与否、规范与否、简练与否、优美与否，可以看出写作者的水平。有时读普通小学生的作文，虽然勉强能看懂作者的本意，但作者在用词上漏洞百出，让人看了不舒服，这就是遣词上的毛病。

用词不准、词不达意是小学生作文中的最大毛病。要注意用自己熟悉的词，当非要用自己不很熟悉的某个词时，应该先查一下字典或词典，了解其准确含义，再根据情况考虑是否选用这个词。小学生平时要注意积累，课文中出现的生字或生词，或老师在课堂中讲解过，都应认真掌握，日积月累，慢慢地就有了自己的词库，写作起来，就运用自如了。有时还有这样一种情况，词是再熟悉不过的了，但搭配不当，如"我们玩得很痛苦"，句中"玩"与"精神"是很难搭配的，改为"我们玩得很高兴"，用词就准确了。另一种情况是前后矛盾，如"电影中三十年代的上海，不夜城的霓虹灯映衬着十里洋场，熙熙攘攘，灯火阑珊。""阑珊"一词是衰落的意思，和前面的"不夜城"相矛盾。因此，在写作时应对所用的词再三推敲。

用词不规范，也是小学生作文的常见病。造成用词不规范的原因有多种，除了没有很好地把握词的含义以外，还有来自方言的影响。在写作中，如不是带有地方特色的文艺作品，一般应把用词统一到现代汉语规范上来，即遵照以普通话为基础的语言规则。如"这只鸡老好吃"，在上海一带，"老"字有"很"的意思，表示程度，但写在文章中，让北方人读了，会误以为"鸡越老越好吃"，产生歧义。

虽然用词准确而规范，但一个意思多次使用相近的词，或一个意思用一个词就可以表达，却用好几个不同的词来写，就会让人感到冗长，这叫用词不简练。如一篇作文中的开头这样写道："今天是晴天，晴空万里，万里无云"，三句话讲来讲去讲一个"晴天"的意思，没有必要这么强调天气情况。

一篇好作文，在用词上要讲究词藻，用华而实的词。用词优美是最能体现一个人的写作水平的。"春风又绿江南岸"，这里只一个"绿"字，包含了"春天来了"、"草木转青"等多种意思，绘就了一幅多彩的江南美景图卷，既华丽又实在，比用单一动词"吹"字要耐读一百倍。所以，用词除了要准确、规范、简洁以外，还要尽量选用体现写作者水平的、富有表现力和感染力的词语，前三点是基本要求，后一点是使作品升华、耐人寻味的一条途径。

第二节　造　句

句子由字和词组成，能用词不等于会造句。造句的起码要求是把句子写通顺，读起来顺畅。要把句子写通顺，关键在于句子中词和词的和谐统一，还有就是要表达完整的意思。逗号以前的句子不是完整的句子，一般地说，句号以前的句子才算一个整句，如《雷锋日记》中有一句话："我看到一位老太太很吃力地背着一个大包袱上火车，我急忙跑上前，接过那老太太的包袱，扶着她安全地上了车，给她找了个座位，这才放心。"这句话共有五个逗号，由六个小句子组成，第一句写"我看到"的情况，第二到第五句写雷锋的接连四个帮助"老太太"的行动，第六句写雷锋的心理活动。如果少了第一句，这整句话就别扭；如果少了第二至第五句，雷锋的动作就不连贯；而第六句，更是画龙点睛，表现了伟大的共产主义战士雷锋助人为乐的高贵品质。

在写顺句子的基础上，力求富有变化，生动形象。一个句子，可以是肯定句，如"他这个人很好。"也可以是否定句，如"他这个人不错。"再有用反问句形式出现："他这个人难道不好吗？"还有双重否定句式："他这人不能说不好。"在写作时，根据需要选用句式，还要考虑前后句的情况，注意衔接。

造句要调动感觉器官，像食物一样，色香味俱全才好吃。在朱自清的《荷塘月色》中，他是这样描写月色的："月光是隔了树照过来的，高处丛生的灌木，落下参差的斑驳的黑影，弯弯的杨柳的稀疏的倩影，却又像是画在荷叶上。塘中的月色并不均匀；但光与影有着和谐的旋律，如梵婀玲上奏着的名曲。"人们司空见惯的月光，在朱自清的笔下写出来，像画、像音乐，给读者以视觉和听觉上的享受。

造句要注意修饰语的运用和修辞方式的正确使用。不要以为修饰语是可有可无的，实际上，修饰语虽然不是用来作句子的主要成分，但是没有修饰语，句子就会干巴巴。如《董存瑞舍身炸暗堡》一文："董存瑞瞪着敌人的暗堡，两眼迸射出仇恨的火花，他跑到连长身边坚决地说：'连长，我去炸掉它！'……"文中"瞪着"比用"看着"更能反映董存瑞的阶级仇恨，"迸射出"也比用"放出"更进一步，"坚决"一词，也表达了董存瑞为取得战斗胜利而不惜以生命为代价的决心。另如鲁迅先生的《纪念刘和珍君》一文中写道："但这回很有点出乎我的意外。一是当局者竟会这样地凶残，一是流言家竟如此之下劣，一是中国的女性临难竟能如是之从容。"三个"一是……竟……"构成排比句，阐述"出乎我的意外"的原因，语意深刻，悲愤之情溢于言表，这是正确使用修辞方式的结果。关于修辞，下文有详细介绍，在此不再展开。

小学生造句的另一难点是关联词语的正确运用。表示并列关系的关联词语主要有：一方面……一方面、既……又……、又……又……；表示因果关系的关联词语主要有：由于……因而……、因为……所以……、既然……就……；表示递进关系的关联词语主要有：不但……而且……、不但……还……、不仅……还……、不仅……而且……；表示条件关系的关联词语主要有：只有……才……、没有……就没有……、只要……就……、无论……都……、不管……总……；表示转折关系的关联词语主要有：虽然……但是……、尽管……但是……、尽管……还是……、却、可是等；表示假设关系的关联词语主要有：如果……就……、即使……也……；表示选择关系的关联词语主要有：是……还是……、不是……就是……、或者……或者……等等。小学生在写作时，不仅要根据分句之间的关系，恰当使用关联词语，还要在同一种关系里面把握住不同关联词语的细微差别，如"只有……才……"和"只要……就……"，同样是表示条件关系的关联词语，前者是唯一条件关系的关联词语，而后者是特定条件关系的关联词语。

造句有简单句和复杂句之分，简单句无需多说，复杂句往往要使用连词。一个复杂句，要显示其层次性，必须要选用恰当的连词。如"我起床以后，先去卫生间洗脸、刷牙，再吃早餐，然后到学校去读书。"以"我"的行动顺序加上"先"、"再"、"然后"三个连词，比较有条理。

第三节　段　落

掌握了遣词和造句，就可以写段了。一篇文章是由几个段落组成的，因此，段落对于句子和文章来说，处于中间环。正确写段，对于写好作文是至关重要的，尤其是写开头段和结尾段，对整篇作文影响很大，也是文章写作中的难点。

开头段的写法：

①写总结性的话，是全文的中心思想。如《伟大的友谊》一文中的开头段是这样写的：

"马克思和恩格斯是好朋友。他们共同研究学问，共同领导国际工人运动，共同办报，编杂志，共同起草文件。著名的《共产党宣言》就是他们共同起草的。"

这个开头段，实际上概括了全文的内容，是文章的中心思想，同时也点了题。

②写交代性的话，交代时间、地点、人物等内容。如《孙悟空三打白骨精》这一回中，开头是：

"一天，唐僧带着他的徒弟来到一座高山前。山上有个洞，洞里住着白骨精，专门残害百姓，而且诡计多端，善于变化。"

这段话明确地交代了时间是某天，地点是高山前的白骨洞，人物为唐僧和他的徒弟以及白骨精。

③写引子性的话，把下文自然地引出来。如科普文章《猫》的开头是：

"猫的性格实在有些古怪。说它老实吧，它的确有时候很乖。它会找个暖和的地方，成天睡大觉，无忧无虑，什么事也不过问。可是，它决定要出去玩玩，就会出走一天一夜，任凭谁怎么呼唤，它也不肯回来。说它贪玩吧，的确是啊，要不怎么一天一夜不回家呢。可是，它听到老鼠的一点响动，又是多么尽职。它闭息凝视，一连就是几个钟头，非把老鼠等出来不可!"

写这段的目的是把话引出来，为写第二自然段提供了方便。

结尾段的写法：

①总结全文，突出主题。一篇文章的结尾，往往需要写一段概括性的文字来突出全文的中心思想。如《我爱家乡的七星河》中，结尾只有一句话："我爱我的家乡，更爱我家乡的七星河。"既点了题，又总结了全文，语言朴实、精练。

②交代事物发展的结果，或分析事件发生的原因。如《发书》，写一本被绳子勒坏了书皮的书，老师在发书时问栗磊怎么发好，栗磊回答说往空中一抛，落在谁处就归谁，老师又接连问了其他一些同学，其中有个同学回答说发给自己，老师对这个答案很满意。栗磊在作文《发书》中叙述了以上情况后，结尾是这样写的：

"放学的路上，我思索着，我为什么没想出好办法呢? 主要原因就是我并不是甘心情愿地想要那本坏书。今后，我一定要向张洋同学学习，做一个先人后己的好学生。"

在文章结尾处分析了原因，并指出了存在的问题和今后的努力方向，这种结尾方法是较典型的。

③与开头呼应。如小学生习作《捉鱼》一文的开头是：

"暑假的一天，太阳火辣辣地照着大地，表哥和表姐带我去离村子不远的小河里捉鱼。"

结尾段是：

"一天的时间很快过去了，我和表哥、表姐踏着夕阳，满载而归。"

结尾中的"夕阳"、"我和表哥、表姐"、"满载而归"分别与开头"太阳火辣辣"、"我和表哥、表姐"、"去小河里捉鱼"相呼应。

过渡段的写法：

①内容相异时的过渡。文章中前后两段话内容相差较大，必须有一个过渡段来承前启后。如《伟大的友谊》中：

"碰到恩格斯需要帮助的时候，马克思同样竭尽全力，毫不犹豫。1848 年 11 月，恩格斯逃亡到瑞士，因为走时匆忙，身边没多少钱。马克思知道了，连忙从病床上挣扎起来，到银行将自己仅有的钱取出，全寄给了恩格斯。

马克思和恩格斯不仅在生活上互相关心，互相帮助，更重要的是他们在共产主义的事业上，不分你我，亲密合作。

他们同住在伦敦时，每天下午，恩格斯总要到马克思家里去。他们讨论各种政治事件和科学问题，一连谈上好几个小时，各抒己见，滔滔不绝，有时候还进行激烈的争论。天气晴朗的日子，他们就一起到郊外散步。后来他们住在两个地方，就经常通信，彼此交换对政治事件的意见和研究工作的成果。"

以上第一自然段写伟大导师马克思和恩格斯在生活上互相关心，第三自然段写马克思和恩格斯在事业上亲密合作，第二自然段为把第一和第三自然段衔接起来，前半句总结上段，后半句总结下段，使整篇文章一气呵成。

②时间跨度大时或地点转换时的过渡。有时在前后两段文章中，季节的变化或地点的转移，会引起阅读上的突然和不适，要避免这种前后段连接上的生硬，往往需要一段承上启下的文字，也可以是一句话带过。如《落叶》中的一个过渡句：

"我觉得秋天比春天还要美丽呢。"前面一段是写夏天的景象，后面一段将要写秋天，有了这一句作过渡，自然而贴切。

③插叙时的过渡。在一篇叙述性文章中，有时为了表达内容的需要，需在某一特写的位置插入一个与整篇文章有关的内容或与中心事件有关的材料，为了达到结构完整的要求，这时需要有一个过渡段来连结它们，使插叙符合文理。

④在记叙文中，有时为了表达的需要，要打乱原有的叙述顺序，通篇或局部采用倒叙手法，此时，也需要有一过渡段来衔接它们。

⑤其他过渡。当所写的文章中，几段内容由总写到分写，或由分写到总写时，也需要有过渡段或一段中的过渡性文字来照应。

第四节　立　意

每篇文章的写作都有一定的目的，作者的这种写作意图是通过文章的字里行间透析出来的，这种写作意图就是文章的立意。

①立意正确是作文的起码要求。一篇作文的立意必须正确，没有正确的立意，把黑的说成是白的，颠倒是非，混淆视听，写得再好，也只是哗众取宠，甚至是反动的。立意的正确，要求作者从生活中来，把从生活中提炼出来的素材，经过必要的加工，用来反映生活的本质，并具有普遍的意义。一篇文章不可能不带有作者的主观感情色彩，但这种主观感情必须是由作者对客观事物的认识中得来，而不是闭门造车，也不是凭空想像出来的。因此，立意正确是作文的起码要求。

②立意集中是作文的技巧要求。小学生做作文，往往东一榔头，西一棒子，把文章写散了，这就是立意不集中。一篇文章立意集中，既让人看了舒服，又充分表达了作者的意图，立意集中是写作技巧上的要求。小学生可以从写一人一事开始练习，如能把一人或一事写得立意集中了，然后再练习写多人或几桩事。魏巍在《谁是最可爱的人》中，描写抗美援朝时期的几个战役中我志愿军战士的几个典型事例，这篇文章，写不好是很容易写"散"的，但作者紧紧抓住"最可爱的人"这一主题，围绕志愿军战士的几个生活和战斗场面展开描写，如"以雪代茶"这个场景的描写，一个小战士说："我在这里吃雪，后方的人民就可以不用吃雪……"以此来衬托战士的可爱，全篇文章很长，但给人看了却毫无冗长感。尽管全文没有正面回答"最可爱的人是谁"，但是读者从文中分明可以读出我们的战士是世界上最可爱的人。

③立意新颖是作文在艺术上的要求。千篇一律的作文给人的感觉是迟钝的，毫无新意。如写一个同学，你可能写他像雷锋一样做好事，写他用功学习，写他德智体美劳全面发展，但这样写，肯定没人看，因为在报上看得多了，把一个活生生的人用一个相对固定的模式去表现，手法上是陈旧的。因此，小学生写作文，在立意上要有所突破，敢与众不同，也就是求异作文。如徐迟的报告文学《哥德巴赫猜想》，是写数学家陈景润刻苦钻研，终于攀登了数学的高峰，解开了千古之谜——哥德巴赫猜想。这篇文章是很容易写成枯燥乏味的教条式的东西，因为写的事是高难数学命题，写的人是书呆子式的数学家，作者十分巧妙地把哥德巴赫猜想

比喻为"1+1等于几"这个有趣的问题，引人入胜，写陈景润，也不是只写他如何用功地学习和刻苦地从事他的研究，而是写他在六平方的居室内，堆着写得密密麻麻的六麻袋草稿纸，炒鸡蛋时，因思考数学问题，误把手表当鸡蛋炒等等，把他写得很有趣。这篇报告文学是在我国恢复高考后不久写就的，当时我国教育界正处在"学会数理化，走遍天下都不怕"的社会思潮下，因此这篇文章一发表，就作为经典被广大学生争相传阅，一时洛阳纸贵。可见，立意新颖对于提高作文的艺术性和可读性是十分必要的。

④立意深刻是作文的思想性要求。立意深刻是指作者对生活的认识有深度，作品中反映出来的思想具有较强的社会意义。唐代伟大的现实主义诗人杜甫，因同情劳动人民，痛恨剥削阶级的不劳而获，曾有"朱门酒肉臭，路有冻死骨"的千古绝句，区区十字，立意深刻；还有"安得广厦千万间，大庇天下寒士俱欢颜……吾庐独破受冻死亦足"一诗，反映了作者高尚的情操和伟大的理想。又如鲁迅先生的《一件小事》，写作者坐在黄包车上，车夫因不小心擦伤了一个老妇人，作者的心理活动是快点走路，别耽误了正事，而车夫的实际行动是"放下车，扶起那老妇人……"截然不同的两种态度，说明了劳苦大众和小资产阶级知识分子在人生观、世界观上的本质差别，最后作者以赞赏的态度肯定了那个车夫，而对自己在这件"小事"上的心态作了无情的鞭挞和深深的忏悔。这篇文章给人看了使人觉得"小事"不小，而且可读性强，可谓立意深刻。要做到立意深刻，作者必须对写作素材进行仔细分析，从众多的表面现象中提炼出带有本质属性的东西，为深化主题服务。

第五节　谋　篇

谋篇指文章的总体写作思路，涉及到结构布局。因此，小学生在写作时，最好列一个写作提纲，围绕提纲的各个要点去合理组织材料。在列提纲时，要根据文章的中心思想和已掌握的素材，对文章进行谋篇布局。

①以时间为线索。通篇文章以时间为顺序来安排材料和叙述层次。如《十里长街送总理》：

"天灰蒙蒙的，又阴又冷。长安街两旁的人行道上，挤满了男女老少。路是那样的长，人是那样多，向东望不见头，向西望不见尾。人们的臂上都缠着黑纱，胸前都佩着白花，眼睛都望着周总理的灵车将要开来的方向。一位满头银发的老奶奶，双手拄着拐杖，背靠着一棵洋槐树，焦急而又耐心地等待着。一对青年夫妇，丈夫抱着小女儿，妻子领着六七岁的儿子，他们挤下了人行道，探着身子张望。一群泪痕满面的少先队员，相互扶着肩，踮着脚望着，望着……"

"夜幕开始降下来。几辆前导车过去以后，周总理的灵车缓缓地开来了。灵车四周挂着黑色和黄色的挽幛，上面佩着大白花，庄严，肃穆……"

"灵车缓缓地前进，牵动着千万人的心。许多人在人行道上追着灵车奔跑。人们多么希望车子能停下来，希望时间能停下来！可是灵车渐渐地远去了，终于消失在苍茫的夜色中了……"

三个自然段均出现表示时间的短句："天灰蒙蒙的"、"夜幕开始降下来"、"消失在苍茫的夜色中"，这样以时间为顺序写，不仅条理清楚，而且有利于表达作者沉痛的"灰蒙蒙的"心情。可见，以时序写，不一定要写出几点几分等明确的时间，可以用模糊时间概念，具体应根据文章要求来选择。

②以空间为线索。即整篇文章按空间转移或变换的顺序来组织材料，这种方法特别适合写游记。如《天然动物园漫游记》中"我们从坦桑尼亚首都达累斯萨拉姆出发，向西南奔驰"、"到了米库米天然动物园"、"眼前出现了一些羚羊和长颈鹿"、"斑马"、"在长满水草的池塘边，站着几只刚从水里钻出来的河马"、"前进途中，我们曾试图接近一只水牛"、"几十只鸵鸟在车前蹦跳"、"母豹侧卧在草地上，四只小豹争着挤到它的腹下吃起奶来"、"车子通过一片小树林。前方，一群大象正横过道路"、"不久，又看到了犀牛、鬣狗和数不清的黄牛"、"不远处一棵大树下聚集着十几只狮子"等等，是以景点的变换为线索，来写游动物园的所见所闻，引人入胜。

③以事件为线索，即按照事件的发生、发展、高潮、结局来进行全过程叙述，这样写来，较能体现一篇文章的逻辑性。如《撤除"三八线"》一文（上海学生龚华斐习作）：

"我跟同桌李萍画了一条'三八线'。那天下午，我正抓紧做作业。忽然李萍的腿碰了我一下，我想她是有意的，也用腿回敬了她一下。她也毫不示弱，于是爆发了一场'脚碰脚大战'，一直到上课铃响……后来，她在桌子中间画出一条'三八线'，约定谁也不许超越这条线，我同意了。

"不知怎么，爸爸知道了这件事，他问我什么叫'三八线'，我说不出。他指着地球仪告诉我：朝鲜和韩国的分界线约画在北纬38°上，这就是'三八线'的历史。爸爸后来还叮嘱我：同学之间应该友好，不要像敌对国家那样拼得你死我活。

"自从画了'三八线'后，我俩都提心吊胆，怕超线挨罚，有一天，李萍竟九次越线，我想狠狠地罚她一下，不料她却嬉皮笑脸地说道：'算了，我们撤除这条线吧'。我想，我们毕竟是同桌，我也有犯她的时候，所以同意撤线。

"撤除了'三八线'，我俩都觉得自由了，上课也不再为是否超线分心了。"

以上这篇学生习作，就是用事件的发生——"碰脚"、事件的发展——"画线"、事件发展的高潮——"越线"和事件的结局——"撤线"来描述的，文趣很浓，真实地反映了小朋友的童心——天真、活泼而又有点淘气。

④以人物为线索。可以以第一人称"我"为线索，也可以以其他人称如"你"、"他"或复数形式如"我们"、"你们"、"他们"等为线索这种方法可以把发生在不同地点、不同时间的事情用一个始终在场的人物联系起来，使全文结构完整，层次分明、如《元帅和小棋手》一篇是写陈毅元帅关怀小棋手聂卫平成长的短文：

"一天下午，陈毅请来了围棋教练老雷，笑着说：'老雷，聂卫平那孩子，已小有名气了。我想试试他的棋艺，考考他的胆量。'"

这个第一自然段，点了题，说明全文将以陈毅元帅和"小棋手"聂卫平为主人公，同时引出第二自然段。在第三自然段，描写了陈毅和小棋手的对话：

"陈毅走到他面前，弯下腰，眯着眼问：'小棋手，你知道我是谁呀？''我知道，你是带兵的大元帅！''你敢和大元帅杀一场吗？'"

……

　　课文后来写陈毅和小聂卫平战和，进入了第二盘，在第二盘棋中，陈毅要悔棋，小聂卫平不肯，还说"下棋好比打仗，子弹射出去，能收回吗"为由，让陈毅认输。在小聂卫平过 10 岁生日时，陈毅又把自己心爱的书《围棋名谱精选》送给他，后来聂卫平终于在陈毅的关怀下成为世界冠军。

　　上面这篇文章，以两个人物为线索，陈毅为经，聂卫平为纬，选取两个人从相识、交流棋艺、给予鼓励、送书到棋手成才，全文始终不离开陈毅和聂卫平这两个人物，写得非常集中。

　　⑤以物品为线索。在电影中，我们常常见到一种或多种"道具"在银幕中多次出现，这是用道具把整部影片连结起来的一种表现手法，其目的一是为了内容不散，二是为了突出影片所要表现的主题。作文像电影一样，除了表现手法不同外，整个谋篇布局还是相似的。以物品为线索，要注意不能过度表现和描述物品的形状、性质、内容和其他特征，而是让它在全文多次出现，点到为止，以连接材料，贯穿全文，并注意用这件物品去更好地体现题意。如作文《奶奶家的灯》一文中，涉及了许许多多的灯：村头路边的灯，房前屋下的灯，新时代的五彩灯，奶奶家的灯，其他人家的灯，加上回忆过去的煤油灯。作者的意图跃然纸上：用"灯"的不断升级，来反映改革开放以来我国广大农村地区生活水平的不断提高，用"灯"的发光原理来象征祖国的明天将一片光明。

　　⑥内容与题目相一致。除小说外，内容与题目相一致是小学生作文的起码要求，在谋篇中应加以考虑。一个题目，要概括一篇文章的某种特征，提示文章的内容，深刻一点，题目还要体现全文的中心思想；如果是命题作文，先有题目，后有内容，那么在谋篇时，就应思考一下安排什么材料，写些什么内容，才能与题目相一致。

　　⑦结尾与开头相呼应。开头和结尾分别从不同的角度去写同一个问题，或开头设问，结尾作答。注意开头和结尾不能在文字上重复，但要意思相同或相近。如《我的伯父鲁迅先生》一文的开头，写鲁迅死了以后，就许多人去万国殡仪馆进行吊唁，作者提出问题："为什么伯父得到这么多人的爱戴？"该文的结尾总结了鲁迅先生受人爱戴的原因："的确，伯父就是这样个人，他为自己想得少，为别人想得多。"言简意赅，首尾照应。

　　不过也应注意，不是每篇作文都要求首尾照应的，这要考虑实际写作需要。

　　⑧伏笔的写法。在一篇较长的文章中，或一篇文章的某些重要环节上，应安排伏笔。伏笔就是在文章的某个适当的地方交待一个情况，使以后内容中出现材料不至于生硬和突然，使文章前后连贯，内容完整统一，在艺术上达到一波三折的效果，增强全文的感染力。

第四章　名师点津

第一节　写人记事

（一）写人篇

1. 我

我是一个好孩子

在我很小的时候，大人们总爱开玩笑地说我是"坏孩子"，后来大了，每次听到这话，我心里就不快活。暗想：谁好谁坏，总有一天让你们亲口更正。

在"母亲节"的那一天，妈妈和平日一样忙碌着，好像忘了是什么日子。我悄悄地把自己平日积攒的钱取出来，溜出屋子奔向商店。商店里摆满了各种各样的商品，我仔细寻找着满意的物品。有的合心意，价格太贵；有的价格合适，东西却不合心意。突然，我发现挂在正中的一排胸针，它们放射着耀眼的光芒。我在售货员的帮助下，终于挑选了一个"母女情深"图案的胸针。

回到家中，我把胸针小心翼翼地放在台灯旁，打开录音机开始录音："……亲爱的妈妈，在节日里我送您一首小诗……"我深情地朗诵起来。录音机录下了我的声音，也录下了我的一片真情。

天黑了，全家人坐在桌前，我请求妈妈把大灯关上，打开了小灯。我一按开关，录音机中传出了我祝福的声音："亲爱的妈妈，今天是'母亲节'，这胸针是女儿的一点心意，请您戴上它，让女儿的心天天贴近您……"

这一时刻，我看到妈妈的眼眶里盈满了泪水，她把我紧紧地搂在怀中，轻声说："孩子，妈妈明白你的心意，你真是个好孩子！"

名师点评

作文如何才能感动别人，本文就是很好的范例。

妈妈整日忙碌，忘了"母亲节"，"我"在节日这一天用自己积攒的钱为妈妈买了一枚"母女情深"胸针，还录制了自己朗诵的送给母亲的小诗。笔端凝情，结尾在母女的情感对流中点题，真实、自然，因而有了动人心弦的力量。

2. 爸爸妈妈

我家的"大侦探"

要说谁是我们家的"大侦探"呀，那就非爸爸莫属。他那双"火眼金睛"，能看透一切东西，我做的那些"丑事"，总瞒不住他。

爸爸长期不在家，妈妈每天中午又不回来吃饭。这一系列的条件，便为我中午提供了"作案"的机会。那天中午，爸爸妈妈都说好不回家，我的"鼠胆"便大了起来，从容地打开电视机，津津有味地看起《宰相刘罗锅》来，边看还边吃着妈妈为我准备好的美味佳肴。正看得高兴时，"咔嚓"一声门响把我吓坏了，从门缝里一看，妈呀！不好，爸爸回来了，我顾不得去想，便使出浑身的解数，用最快的速度关电视，放遥控器，罩罩子，把电视机"伪装"成原来的模样，这才松了口气儿，就在这时，爸爸开门进来，我赶紧假装跟没事儿人似的，坐到桌边，吃起饭来。爸爸瞅了我一眼，问："是不是又看电视了？"我禁不住脸红起来。但我还是"鸭子死了嘴巴硬——死不承认"，连忙说道："没……没看过电视呀！您有什么证据？可……可不能乱冤枉好人呀！"爸爸开始搜寻我"作案"的"罪证"。这时，我怀里像揣着一只小兔子似的，怦怦直跳，怕得要命……"找到了！"爸爸一声大叫，把本来就恐慌的我吓了一大跳。原来，爸爸在电视机的"屁股"一摸，后面直发热。爸爸像个物理学家似的，骄傲地对我说："凡是机器，使用后，都会产生热量，电视机也不例外，如果你没看过电视，电视机怎么会发热呢？"我被爸爸问得哑口无言，又气又恼地撅起小嘴，但我也不得不佩服爸爸的机敏和知识的渊博。爸爸又意味深长地说："孩子，爸爸妈妈不是不让你看电视，而是电视辐射太大，经常看，会伤害眼睛，21世纪的建设者，不能是近视眼吧，所以你还是少看一点儿哟！"我笑着回答爸爸："下次一定少看点！""电视机案件"就这样结束了。

怎么样，同学们，听了我的介绍，你们一定会叹服我们家的这位"大侦探"吧！

名师点评

一看这篇习作的文题，你们一定会想到小作者家里是否发生了什么"案件"，公安局派来了大侦探立案侦查……你们还一定会急着读下去，非弄个明白不可。读完了才知道，不过是他爸爸侦查他偷看电视的事。只是为小作者的幽默一笑。

3. 爷爷奶奶

我心目中的爷爷

棋有棋迷，戏有戏迷，我爷爷迷的是花，他是一个地地道道、不折不扣的花迷。

他爱花，可真爱到"顶"了。为了养好花，他把许多有营养的东西做成了营养液。我真不明白，平时他舍不得吃，舍不得穿，舍不得浪费一度电、一滴水，怎么一养起花来，就好像把这些都忘了？为了得到奇花名花，他跑南闯北地买花种；每次上街也总忘不了买几本养花书回来。

记得有一次天还没有亮，我还在梦中甜甜地睡着。突然耳边传来爷爷的声音："萍萍，快起来，你看昙花开了。"我迷迷糊糊地被拉到桌前，果然一朵碗大的昙花正徐徐地开放。那粉白色的花瓣真讨人喜欢。再看爷爷，一边手舞足蹈地欣赏，一边不住地唠叨着："昙花一现真是难得见到啊！"过了一会儿，他的神态变得庄重起来。他拿起放大镜默默地盯着昙花，仿佛要看清每根叶脉的颤动，要看清每片花瓣的舒展。后来我才知道，他为了观察昙花开放，大半夜都没睡。奇怪的是，他还是那么有精神。

我问爷爷为什么养这么多花，而且这么关心它们，爷爷认真地对我说："要做成一件事，一定要专心，必须努力去做，甚至要付出很大代价，否则是不会成功的。"

听了爷爷的话，我受到很大的启发，"人要有所成就，就必须专心，必须付出代价。"这句话在我人生的道路上印上了深深的痕迹。

名师点评

"我"心目中的爷爷可能有千般可写之处，但作者只抓住"花迷"一点来写。开头即以棋迷、戏迷比之于爷爷的花迷；中间部分紧扣"花迷"，写爷爷爱花爱到

"顶"的种种表现：不厌其烦地养花、省吃俭用地买花、不辞辛苦地研究花、自得其乐地赏花……有略写，也有详写，写爷爷的语言，也写爷爷的动作和表情。结尾从爷爷对花的迷恋中提炼出人生的哲理，升华了文章的主题，文章笔墨集中，语言简练，结构清晰。

4. 老师同学

"善婆婆"

"善婆婆"是谁？你一定想知道吧！她就是教我们一年级到三年级的语文老师。她50多岁，中等身材，微微有点发胖，脸上总挂着一点点微笑，特别是那双慈祥的眼睛，常闪烁着智慧和真诚的光芒。

她的尊称是怎样来的呢？这要从我们第一次见面说起。那天上课铃响过了，班里仍乱哄哄的，竟不知新任语文教师已站在教室门口。她咳嗽了几声，我们才如梦方醒，静了下来。我们心里都有点紧张，谁料她笑着说："看来学校的铃声不够响，以后大家可要多留神呀。"咳！同学们心里的一块石头终于放下了。"我姓赵，以后就教你们语文了……"一节课下来，我们都窃窃私语："今天铃声不够响，是不是电少了？"这老师真善呀！从此，"善婆婆"的美称就在我们中间传开了。

"善婆婆"上课的第三天，课代表在班上当众宣布有两名差生没交作业。两名差生低着头，"善婆婆"走近他们说："可能我昨天没说清什么时候交作业吧？我特地给你们准备了一本记作业的本子，以后有听不清的地方及时问老师，我很欢迎的。"隔一天，"善婆婆"上课时拿起两个作业本子说："我看了这两本作业很高兴。"接着打开作业给大家看了看，"这作业后面的字比前面的字写得端正、写得好，说明他们对自己的要求越来越严格。我按后面的作业给他们较好的分数。"同学们听了，觉得老师又细致又公平。半个学期过去了，两个差生的成绩居然跃进到了班里中上等的行列！我们班也一跃成了全年级成绩最好的班。

"善婆婆"从来没有训斥过我们任何一个人，可我们都觉得听"善婆婆"的话准会有进步。我们全都从心眼里喜欢她——"善婆婆"。

名师点评

这是一篇细致、真实地反映师生间良好关系的优秀作文。谁能想到一位女教师在同学们当中被传颂为"善婆婆"，这篇作文的一开头就提出了一个新鲜的称呼——"善婆婆"。然后又通过铃响了，同学们仍然没有安静下来，而女老师却幽默地说："看来学校的铃声不够响，以后大家可要多留神呀。"两名同学没有按时写作业，女老师的处理方法是：要求同学准备一个记作业的小本子，在同学有了进步时，及时提出表扬。这样几件事，生动地刻画了"善婆婆"的形象和循循善诱的育人方法。

（二）记事篇

1. 童年趣事

我的照片

在我面前，摆着我从出生6个月时到现在的照片。

瞧，这张照片上的胖娃娃，那光秃秃的头上带着一顶浅色的太阳帽，又白又净的脸上嵌着一对细长明亮的眼睛，他正对着我甜甜地微笑，样子可爱极了，这就是6个月时的我。

第二个我，骑着一辆儿童三轮车，两只胖乎乎的手紧紧地握住车把，头上带着一顶宽沿帽，帽子上的那只白鸽子，好像正在广阔的天空自由自在地飞翔。两只黑亮的眼睛紧张地盯着前方，好像怕和迎面而来的伙伴撞车似的，那时我才一岁多。

最有趣的是我 4 岁时的这张照片。那时正是大夏天，我刚从乡下的奶奶家回来，被火热的太阳烤得黑不溜秋的，穿着花背心和小红裤，实实在在是个山里娃。爸爸妈妈拉我去照相，我不乐意，小嘴噘得像朵喇叭花，脸拉得长长的，两条浓浓的眉毛几乎拧到了一块，肚子胀得鼓鼓的，里边大概全是气吧！

紧挨着第三张的照片是我 7 岁时照的。我的爸爸妈妈去参加叔叔的婚礼，新婶子拿着照相机给我照了一张照片，嘿，甭提多威风了，我站在花池边上，左手叉着腰，一身合体的牛仔服映衬着红扑扑的脸蛋，身后是宽阔的大马路，汽车来来往往地穿梭着。婶婶用的是仰视的镜头，把我的形象照得又高又大，连我自己也不敢相信，那时我才 7 岁呀！

今年我已经整整 10 岁了。国庆节，爸爸妈妈带我去太原市的五一广场游玩，照相机又一次拍下了我的形象。啊，我身后是一片花的海洋，黄的九月菊，红的鸡冠花，在绿叶的衬托下，显得格外鲜艳。我的脸也像一朵盛开的鲜花，洋溢着幸福的微笑，胸前的红领巾在微风中轻轻飘动，看上去像一团燃烧的火炬……

我面前的照片把我 10 年来的变化清清楚楚地记录下来。我喜欢我的照片，我也喜欢我自己。

名师点评

此文写得很"甜"，人物形象天真可爱。文章对人物形象的描写采用了递进的写作方法，从简到繁，层层加深，其中又糅进了人物在不同环境下的感情变化，使文章生动活泼，富有生活情趣。另外，全文从对人物形象的描述中，反映出人物的成长过程，从中也可见社会的进步和发展，以及作者对生活的热爱。

2. 校园内外

今天，我好快乐

清晨，我和平时一样，背上书包去上学。

走进学校，花还是那些花，草还是那些草，一点儿也没什么异样。可是我一走进教室，就觉得两样，不知为什么，同学们总是围着我，又说又笑。这是怎么回事？我很惊讶，问他们，可他们谁也不说。下午班会课前，我从教室外进来，大家又把我围上了。他们拉着我，走到黑板前面，我一看，黑板上用红笔写了 9 个大字："祝马骏同学生日快乐！"虽然字写得歪歪扭扭，但却包含了同学对我的一片情谊。我想，今天是我的生日，可他们是怎么知道的呢？我是从灾区转学到这里的，爸爸妈妈供我上学，已经很不容易，别说过生日了。站在黑板前，我呆住了，一动也不动，泪水在眼眶里滚动着，好半天，我才大声对大家说了声："谢谢！"

铃响了，林老师捧着一盒大蛋糕走进教室，用非常愉快的语调对大家说："今天是马骏同学的生日，而且她又快要回家乡去了，我和几个班干部商量，特地为她买了一盒蛋糕，希望她永远记住这一天。"我实在忍不住了，眼泪像雨水似的流了下来，在同学一阵又一阵的掌声中，我吹灭了 13 根生日蜡烛。林老师请我切蛋糕，我把蛋糕分成 42 份，挑了最大的一块给林老师，又在每个同学的桌上放了一块，此时此刻，我内心感到无比激动，一边吃着蛋糕一边含着泪跟同学们再次道声"谢谢"，同学们都带着微笑一起唱着《祝你生日快乐》这支歌，美好的歌声表达了同学们的一片友好情谊。

生活在这样的集体中，我感到了幸福，感到了集体生活的温暖，我永远忘不了这一天，忘不了这次特别而又有意义的生日。

名师点评

《今天，我好快乐》，是从一般的景物上起笔的。"一样"而又"不一样"的景，一开始设置一个悬念。虽然紧接着就亮出了底线，但把自己不可能过甚至忘记了过的生日，在老师和同学们的一片热心中推了出来，以及接下去的庆祝生日的过程描写，虽然着墨不多，却都是情深谊厚、意切情真的抒发，因而能够把作者激动之情较好地传达给读者。最后，小作者把这片美好的情谊，概括集中到集体生活的温暖幸福，并以此作结，从而进一步升华了主题。

3. 课余生活

开心一刻

每个星期我都盼望星期天早点到来，好和爸爸妈妈一起去奶奶家。因为我可以在奶奶那里见到我那个刚满3岁的活泼可爱的小弟弟。小弟弟很淘气，他常常做出一些滑稽的事，让我们笑得肚子痛。他可以算得上是我们家的"开心果"。

夏天里一个星期天的晚饭后，我们都坐在客厅里看电视，婶婶在浴室里给弟弟洗澡。这时电视里正好播放《西游记》音乐广告片，弟弟一听到《西游记》的音乐，连忙从盆子里站起来，湿淋淋地就往客厅里跑，婶婶想抓住他，可他一身的肥皂，滑得像泥鳅似的，一下就逃脱了婶婶的掌心。小弟弟一踮一踮地跑到电视机前，大家被他"不文明"的举动逗乐了。只见他满头卷发水淋淋的，本来就不大的眼睛眯成一条缝儿，光着身子，把那只胖乎乎的右手搭在额前，左手放在身后，撅着光屁股，一只又胖又短的右脚向后钩去，做着孙悟空探路的样子。谁知他右脚刚一离地，左脚一滑，"叭"地一声摔了个四脚朝天。你瞧，刚才还神气十足的小弟弟现在可变成了地上的"小肉团"啦。这一下呀，全屋子里的人都乐了。爷爷奶奶笑得直摇头，老花镜都挂到鼻尖上，差点掉下来，叔叔笑得直不起腰，妈妈哈哈大笑着逗弟弟说："怎么了，我们的美猴王怎么狗啃泥了？"我更是笑得坐在地上直捶地板。小弟弟趴在地上扁着小嘴巴本来想哭，这时见到我们一个个笑得东倒西歪，前俯后仰，也跟着莫名其妙地笑起来。我们看着他想哭又笑的样子更乐了。奶奶说："小宝今天自编自演的'开心一刻'真有意思。"

名师点评

本文抓住人物的肖像神情、言语动作进行具体、细致、生动的描述。小作者把全家人开心的原因、开心那一刻的神色姿态言行举止写得非常具体而有层次，特别是对全家老小，包括机灵可爱的小弟弟的"笑"的描写，非常符合人物的年龄特点，很是生动、传神，让人忍俊不禁。

4. 梦想天地

我多么希望到维也纳演奏钢琴

我从5岁起，开始学弹钢琴。演奏钢琴，是一种高雅的艺术。那优雅的琴声，时快，时慢，时而高昂，时而低沉，能把人带进一个美好的艺术境界，使人得到高尚的艺术享受。因此，我从小就特别崇拜那些钢琴巨匠：巴赫、莫扎特、贝多芬、肖邦……崇拜他们的演奏技巧，崇拜他们的爱国思想。有一回，我听了贝多芬的《月光》，在那如梦如幻的意境中陶醉了好久。我心中产生了一个美好的愿望：总有一天，我这中国孩子要到音乐家的摇篮、世界音乐之都——维也纳去演奏钢琴！

为了实现这个愿望，我天天练琴。我练琴并不轻松，在幼儿园时一天要练两小时，后来上了小学，每天也坚持练一小时。我喜欢弹圆舞曲、小夜曲，但老师偏让我弹那些枯燥无味的练习曲，还告诉我：练这些曲子有助于技术的提高。真的，当我不厌其烦地把巴赫写的钢琴教材《键盘小曲》《平均律钢琴曲集》弹得纯熟以后，一双小手竟能在键盘上演奏《欢乐颂》《蓝色多瑙河》等大师们的作品啦！

7 岁那年，我参加了省里举办的"武夷杯"少儿钢琴赛。矮矮的我庄重地坐在过去见都没见过的三角豪华钢琴前，从容地弹奏着。没想到，我竟夺得了这届钢琴赛的第三名。我感到，我向自己的理想跨进了一步。

参加钢琴赛以后，我练琴更加刻苦、认真了。我学弹波兰音乐家肖邦的钢琴曲《C 小调练习曲》，这首乐曲悲愤、激昂，曲调忽而上升，忽而急剧地下降，像一匹烈马在咆哮、奔腾，表现出波兰民族在华沙起义失败后顽强不屈的意志。我为了用琴声表达出肖邦强烈的爱国主义情感，双手使劲敲击琴键，手指弹得胀痛发热了，再练琴就痛得难受，真想不练了。可这时想起德国著名音乐家舒曼说过"肖邦的作品是藏在花丛里的一尊大炮。"不这样弹，怎能表现波兰民族刚毅、坚强、大无畏的英雄气概呢？想到这儿，我咬着牙自己按摩一会疼痛的手指，又练习下去。

这以后，不管遇到什么困难，我都不屈服。我牢记巴赫说过的一句名言："谁像我一样用功，谁也会有我一样的成就。"

朋友们，你们说，我儿时的梦想能实现吗？

名师点评

本文写的是学弹钢琴的事，说明理想是学习的动力，小学生应该以坚强的毅力去发展自己的特长，实现自己的理想。全文围绕"希望是如何产生的——怎样为实现自己的希望而奋斗"这一思路来记叙，前者略，后者详，重点很突出。第 4 自然段具体写参加钢琴比赛后更加刻苦、认真练琴的情况，运用了细节描写和心理描写，充满真情实感。

第二节　写景状物

（一）写景篇

1. 春夏秋冬

夏天三部曲

夏天，是热魔王最猖狂的时刻，他毫无顾忌地把魔爪伸向人间。

热！热！热！热得知了直叫："热死了，热死了。"热得狗伸出那长长的、血红的舌头，"呼哧、呼哧"直喘大气。热得猫眯着眼睛，一天到晚懒洋洋地睡大觉……

在热魔王的统治之下，夏天，这位刚烈的少女奏起了动听的"三部曲"。

早晨的节奏是轻快、明朗的。

当时间女神刚刚叩响清晨的大门时，人们就开始了一场别出心裁的比赛——竞走。

不消说，你只要到菜场里去转上一圈，就可大饱眼福。人人都似乎成了当代卓别林。

快！快！快！

在熙熙攘攘的人群里挤得汗流浃背，和小贩为那么 1 角钱讨价还价争得面赤耳红、唾沫横飞，然后是付钱，接着，"噌噌噌"几下就没了影儿。人人心中都有一口无形的钟，人人眉宇间都透着一股焦躁之气。人人都脚底生风，快得不得了。

看，一位大嫂采取突击战，不到 10 分钟，菜篮子就满满的了，这纪录恐怕连短跑名将也只能望洋兴叹。一位大叔呢？愁眉苦脸，显得十分焦急。哎呀，菜篮子还空空如也，是菜不对口味吧？加油！

出了菜场，全身都湿漉漉的。不用说，这是汗的杰作。

买好了菜的，便要赶着上班去。走的，步伐如飞；骑车的，似一股旋风，一下子就无影无踪了。

呵，一口气总算能喘过来了。

中午的节奏是沉闷而缓慢的。

午饭搞一突击战后，人们便甜甜地入睡了。虽说只能睡个把钟头，不过这滋味可不亚于吃蜜糖——舒服至极。这时，方圆几十里毫无一点声息，只有电风扇在默默地工作。

起床后，骨头酥酥的，于是，洗一个冷水脸，又打起精神奔赴"战场"。

屋外，太阳晒得地面火烫火烫，唯有知了还在无聊地叫着："热死了，热死了……"

偶尔，有一两个农民在田间辛勤耕耘。

夜晚的节奏是欢快而又舒畅的。

当夜之神给大地套上黑装后，阳台上、庭院里到处都是乘凉的人们。活动开展得很丰富：讲故事、猜谜语、讨论问题等等。连天上的星星都似乎被吸引了，眨着眼不愿离去。

夜晚，更是孩子们的天下，捉蛐蛐、做游戏……真是一群快乐的小星星。

入夜，月亮怕羞似的躲进云层里。人们进入了甜甜的梦乡，大地显得格外静谧，仿佛等待着黎明的到来……

于是，三部曲戛然而止。

名师点评

小作者经过细心观察，运用流畅自如的文笔，对夏日人们生活的情趣，进行了逼真的描绘。

首先，小作者采用先总括后分述的写法，循时序而写，让你相继欣赏到"轻快、明朗"的"晨曲"、"沉闷、缓慢"的"午曲"、"欢快、舒畅"的"小夜曲"三部曲层次清楚，脉络分明。

其次，小作者注意抓住夏天的热，运用拟人手法，把热的情景，描绘得生动而逼真。

再次，写清晨的菜场，有幽默感；写午饭后的场面和入夜的活动，描写简洁，妙趣横生，充满了生活趣味

2. 日月星空

月　夜

天色逐渐暗下来，大地笼罩着一片朦胧的夜色。月亮姑娘悄悄地露出了它那圆圆的笑脸，俯视着辽阔的大地，村庄、山川、田野好像一座逼真的玉雕，庄严而美丽。

奔腾一天的小河，在月光下慢慢地流淌。晚风吹来，波光粼粼，就像无数小鱼在水面追逐、跳跃。河边沙滩上，有许多人在那里乘凉，显得十分轻松、闲适，连歌声、笑声、说话声也像月光那样轻柔、和谐。

田野里高高的玉米，被微风一吹，发出"沙沙沙"的声音。月光洒下满天透明

的光辉，如同天空把琼浆般的雨水浇进玉米地里，得到了滋润的玉米，显得格外抖擞。

啊，多么宁静的月夜！你默然无语地沉浸在月光之中，月光却无声地传达出你那绵绵无尽的心声。我喜爱月光，也喜爱月夜。因为，它赶走了黑暗，给人们带来了光明，而且，引起了我无限的遐思……

名师点评

这篇短文写月夜。描绘了月光下的村庄、田野、小河以及乘凉的人们，都是那么宁静、闲适、轻松在朦胧如玉雕的景物中，不由引起人们无限的遐思。文章写得如月光一样轻柔，是一篇短小而美丽的散文诗。

3. 名山奇景

三眼洞

沿迁陵喜鹊溪进沟约一公里，有一个洞，叫三眼洞。它虽然不那么宽大，但却有自己的风姿。

三眼洞有三个洞眼，我想这大概就是三眼洞名字的由来吧！

一进三眼洞，给人一种心旷神怡之感：一滴一滴的水从洞里岩石的尖端落下来，像取之不尽，用之不竭的珍珠。岩石尖端和洞壁上渗出的水在洞里形成一潭活水，喝一口，好甜啊！泉水落在潭里的声音像仙女在弹奏着和谐的音乐，乐声不断传出洞外，飘然而逝。洞中有一个巨大的岩石，像一位亭亭玉立的仙女在随着音乐声翩翩起舞。

看，洞里的钟乳石，有的像倒挂的荷花，有的像卧着的雄狮，有的像高悬的海螺，还有的像海豹在嬉戏……真是千姿百态，美不胜收。顿时使你感觉到了神话王国一般，"王国"的居民们都在招手欢迎呢！

站在岩石上，顺着洞口向外望，眼前豁然开朗。只见蓝天和白云像蓝底白花的巨大穹顶，周围的山像一幢幢豪华的房子。草地和鲜花像房子里那宽大、别致的地毯。小树在微风的吹拂下表演着大型的舞蹈，在欢迎春天的到来。

望着这美景，使我深深地感到没有什么东西比大自然的杰作更美丽的了。我要大声地呼喊："大自然，我爱你！"

名师点评

作者充分发挥了丰富的想像力，多处运用了比喻、拟人的修辞手法，贴切、生动，使人仿佛置身于三眼洞，听山泉叮咚的合弦，看"仙女"婀娜的舞姿，品味着山泉的甘甜，接受神话王国的居民们的欢迎……的确使人如身临其境，让人心旷神怡。

4. 公园美景

三潭印月游记

三潭印月又称小瀛洲，是西湖三岛中最大的一岛，也是一处湖中有岛、岛中有湖的名胜，暑期游西湖，自然少不得在此游玩。

我们乘游艇来到岛上，首先见一湖塘，上有九曲桥。还没登桥，便见满眼荷红叶绿，闻得一塘荷香。深绿色的荷叶，像伞似的立满塘中。因是早上，荷叶上的露珠还未干，珠光点点，闪闪烁烁，还有一些游人丢的硬币，在阳光下也闪闪发光，十分好看。在这一片绿色之上，是满塘硕大而带露的荷花，或含苞，或盛开，娇态不一。那浅红渐深的花瓣在绿叶的映衬下分外妖娆。我以前常在书上看到对荷花的赞美，今日见到这一片荷塘，才知人们为什么都偏爱荷花，也才知西湖的"十里荷花"，为何令人向往不已了。

下了九曲桥，我们沿着堤埂走。杨柳依依，和风拂面，有说不出的舒坦。岛上的亭阁在碧波、绿柳和奇花掩映中，异常美丽。边看边走，如痴如醉，不觉来到一片小竹林。那一片翠竹，在阳光和轻风中沙沙作响，竹影婆娑，清香怡人，也使我流连忘返。

看过九狮石、曲桥、叠山等精致的园林小品之后，我们来到一小片开阔的草地，观赏那著名的"三潭"。"三潭"其实是湖中鼎立的石塔，塔高均2米左右，造型古朴而又优美，每个塔上还有五个清晰可见的圆洞。听导游说，中秋佳节，人们总会在塔中点上蜡烛或小灯，把五个圆洞用纸封住，远远望去，每个塔上都出现五个小月亮，三个石塔，就有15个月亮，加上映在水中的，连真带假便有32个月亮。我在南昌也曾在中秋之夜到东湖游玩，可只看过天上、水中两个月亮，我多想看看这西湖独有的32个月亮呀！

"水光潋滟晴方好，山色空蒙雨亦奇。欲把西湖比西子，淡妆浓抹总相宜。"西子湖是个美丽的地方，三潭印月是美中之美。

名师点评

人们游览一处风景名胜，往往要经过许多地方，看到许多景观，行文时就应该按照游览的先后次序来记叙。只有准确地交代游览路线，才能够具体地描述景物的特点。这样，就会在读者面前展现出一幅幅栩栩如生的图画，使读者仿佛身临其境。本文正是这样一篇生动、优美的游记。

（二）状物篇

1. 鸟兽虫鱼

水中仙女

暑假，姐姐送给我十条美丽的金鱼。那些金鱼大小不同，颜色不一，有红的、黑的、红黄相间的……每一条都美丽得像是水中的仙女。

我最喜欢其中那条红色的金鱼，它的样子十分可爱。一双圆溜溜的大眼睛镶嵌在头的两边。张开的小嘴就像一年级小朋友在读"O"。全身的鳞片是金红色的，在阳光照耀下，通身闪闪发光，漂亮极了。它身子两边的鳍就像船桨在不停地划动。最引人注目的是那条红色的尾巴，远看，像少女的红裙；近看，像一把打开的大扇子。游在水里，它就像一朵红云在飘动，多美丽啊！

金鱼吃食的时候很有趣。每当我把食物抛进水里时，金鱼们"刷"的一下冲过来，奋不顾身地展开夺食大战。第一个抢到食物的金鱼很得意，它先把身子竖起来，把食物吞进去又吐出来，然后才慢慢享用。吃饱了的金鱼就在自己的小天地里悠闲地玩耍：有的顽皮地吐着水泡，有的互相追逐嬉闹着，有的静静地停在水底养神。有一次，我不小心把一支铅笔头掉进水里，只听"咚"的一声，铅笔沉入水底，溅起朵朵水花。那些顽皮的金鱼被吓得不知所措，四处奔逃，有的紧贴缸底，有的拼命乱窜，小嘴一张一合，眼睛一突一突，好像在发呼救信号，那惊慌失措的样子把我逗得哈哈大笑。我敢说，你要是看见了，也会笑破肚皮的。

金鱼是我家的一道风景线，每一条金鱼都像是一朵游动的花，像是水中的仙女，给我们的生活增添了许多乐趣。

名师点评

本文的题目拟得好！小作者把金鱼称为水中仙女，既展示了金鱼的美丽，又表达了对金鱼的喜爱之情。文中对金鱼的观察和描写非常细致。文章按照顺序描绘了眼、嘴、鳞、鳍、尾的形状和颜色，在描写时运用了生动的比喻，如："张开的小嘴就像一年级小朋友在读'O'"，比喻多么形象啊！对尾巴的描写就更加精彩了，"远看，像少女的红裙；近看，像一把打开的大扇子。"作者从不同的观察视角描绘了尾巴的样子，既有静态，又有动态。为什么要重点描写尾巴呢？因为尾巴最能展示金鱼的美丽！小作者还分别写了金鱼吃食和胆小的样子，从字里行间可以看出，作者不但善于观察，而且还饱含喜爱之情，生动形象的描写中渗透了感情，很好地体现了情景交融。

2. 花草树木

九月菊

它，不像茉莉那样娇气，也不像月季那样华而不实；它不需要多少肥料和水分，也不用人精心管理，在简易的花盆里，就能生根发芽，茁壮成长。它，便是九月菊。

在那西风萧瑟、百花凋谢、草木枯零、寒霜弥漫的深秋，九月菊仍顶风斗寒，含笑竞放。陈毅爷爷说得好："秋菊能傲霜，风霜重重恶。本性能耐寒，风霜其奈何？"西风越紧，九月菊开得越是繁茂；寒霜越大，九月菊开得越是艳丽，好像要和风霜比个高低。它不与春花抢功——向人们报告春天的到来，只警告人们小心霜冻："此花开尽更无花。"在百花丛中，它总是最后辞别大自然。这是因为它热爱生活，留恋大自然的壮美。

我爱九月菊，我赞美九月菊，我要像九月菊一样，具有坚强的意志、拼搏的精神，去开创新的生活。

名师点评

本文小作者描写"九月菊"，突出其"耐霜"及"最后辞别大自然"，抓住了特点。在描写自然景物和花的姿态时，使用了近30个词汇，大都自然贴切，并且避免了用词的重复，显示出较高的遣词造句的功夫。另外，在行文中，小作者交替使用长短结合的语句，使文章显得活泼多变，不呆板。

3. 收藏品

三只小瓷象

在我家的写字台上，摆着三只小瓷象，它们是我最喜爱的玩具。

你看，它们淡黄色的身上夹杂着一道道白色的条纹，在阳光的照耀下闪闪发光。左边那只小象多神气呀！它翘着长长的鼻子，像是在来回甩动。两颗匕首似的牙齿从嘴里伸出来。在脑袋的两侧，两只扇子般的大耳朵微微掀起，好像是在一张一合地扇动着。四条粗壮的腿仿佛在慢慢地向前走。小象屁股后面的那条又小又细的尾巴，从前面看根本发现不了。中间的那只鼻子向左前方伸展，一条腿高抬着，像在踢球。第三只的神态、姿势和前两只截然不同：它坐在地上，两只前腿高高地抬起，仰着头，翘着鼻子，好像在数着天上的星星，这三只小象多么可爱！

我望着这三只天真可爱的小象，好像来到了象的故乡。在西双版纳的一片神奇茂密的大森林中，伴着清脆悦耳的鸟鸣声，一只只小象悠闲自在地漫步，它们不时地卷起长鼻子，摘下一个野果，津津有味地咀嚼起来，吃得多香啊！我喜爱小象，小象的故乡更令人向往。

想着，看着，我随手拿起这三只神态各异、栩栩如生的小瓷象，真是爱不释手。

文章通过详细介绍三只小瓷象的外形、神态，表达了作者对小瓷象的喜爱和对大自然的向往。

在介绍三只小瓷象时，文章仔细写了第一只，后两只只写其主要特点，显得详略得当，重点突出。

4. 建筑篇

我的小乐园

在一片生机勃勃、犹如一层绿地毯的草地上，开满了千姿百态，万紫千红的鲜花，散发着沁人心脾的香味，你一定会惊奇地问："这是什么地方呀"我便会自豪地告诉你，这是我的小乐园！

我的小乐园是个宽阔的地方，在我家院子后面。每当到了百花争艳的季节，花儿就会一个个地探出身子，看着这个美丽可爱的世界。在我的小乐园里，有鲜艳娇媚的花中之王牡丹，有芬芳四溢的茉莉花。美丽的花朵在玉石般的翠叶上享受着春雨的滋润，变得生机勃勃。叶子上的一颗颗露珠晶莹透亮，像颗颗珍珠似的一动不动。小乐园的一切显得那样幽静。

一阵风吹过，花儿都微微抖动，像一个个美丽的小姑娘穿着五颜六色的纱裙在翩翩起舞。花瓣上的那颗"珍珠"，随着摆动的叶瓣儿在滚荡，不断地变换形状，一会儿，便顺着叶尖滴了下来。

这时，从小乐园传出阵阵银铃般的笑声，那是我和小伙伴们正在小乐园里嬉戏、玩耍呢。瞧，我们玩得多开心呀！一会儿玩老鹰捉小鸡，一会儿玩捉迷藏，一会儿又在草地上玩起踢毽子比赛。五六个毽子，忽上忽下，此起彼落，如同一朵朵盛开的鲜花。此时，花儿在风中哗哗作响，似乎也在为我们的比赛呐喊加油呢！

晚上，小乐园的一切都甜蜜地睡了，只有小星星还在天上一闪一闪地眨着眼睛望着小乐园，似乎在欣赏园中的美景。

啊，可爱的小乐园！你为我的生活增添了许多乐趣。

这篇文章详略得当，动静结合，情景交融，写得不错。小乐园中有绿草地，有鲜花，小作者略写了草地，详写了鲜花。在鲜花中又重点写了叶子在春雨中的姿态、叶子上的露珠。风吹花动，动中的鲜花更富神韵："像一个个美丽的小姑娘穿着五颜六色的纱裙在翩翩起舞"，这个比喻生动形象。小作者还写了孩子们在这里获得的乐趣。童趣、草地和鲜花交融在一起，使人感到它的确是一个迷人的小乐园。